ensino-aprendizagem com
modelagem matemática

uma nova estratégia

Rodney Carlos Bassanezi

ensino-aprendizagem com
modelagem matemática

uma nova estratégia

prefácio de Ubiratan D'Ambrosio

Copyright © 2004 Rodney Carlos Bassanezi

Todos os direitos desta edição reservados à
Editora Contexto (Editora Pinsky Ltda.)

Coordenação editoral
Antonio Durán Jr.

Capa
Antonio Kehl

Foto de capa
Rodney Carlos Bassanezi

Dados Internacionais de Catalogação na Publicação (CIP)
(Câmara Brasileira do Livro, SP, Brasil)

Bassanezi, Rodney Carlos
Ensino-aprendizagem com modelagem matemática: uma nova estratégia / Rodney Carlos Bassanezi. 4. ed., 2ª reimpressão. – São Paulo : Contexto, 2023.

Bibliografia.
ISBN 978-85-7244-207-7

1. Aprendizagem – Metodologia 2. Ensino – Métodos.
3. Métodos de estudo 4. Modelos matemáticos 5. Professores – Formação profissional I. Título

02-4506   CDD-511.8

Índice para catálogo sistemático:
1. Aprendizagem : Modelagem matemática   511.8

2023

EDITORA CONTEXTO
Diretor editorial: *Jaime Pinsky*

Rua Dr. José Elias, 520 – Alto da Lapa
05083-030 – São Paulo – SP
PABX: (11) 3832 5838
contato@editoracontexto.com.br
www.editoracontexto.com.br

Proibida a reprodução total ou parcial.
Os infratores serão processados na forma da lei.

Sumário

1 Modelagem Matemática – Um método científico de pesquisa ou uma estratégia de ensino e aprendizagem?   **15**
- 1.1 Introdução 15
- 1.2 Considerações sobre Modelagem Matemática 17
  - 1.2.1 Modelagem e Modelos Matemáticos 19
  - 1.2.2 Usos da Modelagem Matemática 32

2 Técnicas de Modelagem   **43**
- 2.1 Introdução 43
- 2.2 Formulação de Problemas 45
  - 2.2.1 Escolha de temas 45
  - 2.2.2 Coleta de dados 46
  - 2.2.3 Formulação de modelos 46
- 2.3 Regressão ou Ajuste de Curvas 54
  - 2.3.1 Ajuste Linear 58
  - 2.3.2 Ajuste Quadrático 84
- 2.4 Variações 85
  - 2.4.1 Variações Discretas 87
  - 2.4.2 Variações Contínuas 89
- 2.5 Equações de Diferenças 98
  - 2.5.1 Equações de Diferenças Lineares 101
  - 2.5.2 Sistemas de Equações de Diferenças 108
  - 2.5.3 Equações de Diferenças não lineares ($1^{\underline{a}}$ ordem) - estabilidade 117
- 2.6 Equações Diferenciais Ordinárias 124
  - 2.6.1 Equações Diferenciais Ordinárias de $1^{\underline{a}}$ ordem 125
  - 2.6.2 Equações diferenciais lineares ordinárias de $2^{\underline{a}}$ ordem 141
  - 2.6.3 Modelos compartimentais lineares 151
  - 2.6.4 Modelos compartimentais não lineares 157

3 Modelagem Matemática em Programas de Cursos Regulares   **171**
- 3.1 Modelação Matemática 171
- 3.2 Modelagem matemática – uma disciplina emergente nos programas de formação de professores 179
  - 3.2.1 Modelagem Matemática: uma disciplina para formação de professores. 181

5

3.3 Algumas Experiências de Modelagem em Disciplinas Regulares 184
   3.3.1 Escolha de um tema para todo o curso 184
   3.3.2 Modelagem Parcial e Resolução de problemas 185

4 Modelagem como Estratégia para Capacitação de Professores de Matemática   203
4.1 Introdução 203
4.2 Programa para Cursos de Aperfeiçoamento de Professores 204
   4.2.1 Justificativas para o ensino de matemática 206
   4.2.2 Diretrizes básicas para planejamento do curso 208
   4.2.3 Etapas de desenvolvimento do programa 209
4.3 Casos Estudados 214
   4.3.1 Tema: abelha 214
   4.3.2 Tema: MAÇÃ 234
4.4 Análise de dados (Métodos estatísticos) 242
4.5 Modelos Variacionais 248
   4.5.1 Processo de Resfriamento da Maçã 248
   4.5.2 Propagação de Doenças 253
   4.5.3 Tema: Vinho 257

5 Modelagem na Iniciação Científica   287
5.1 Introdução 287
   5.1.1 Tópicos ou conceitos isolados 287
   5.1.2 Conceitos interrelacionados ou matéria específica 290
   5.1.3 Disciplina específica 291
5.2 Projeto de Iniciação Científica
    "Modelagem Matemática de Fenômenos Biológicos" 293
   5.2.1 Programa desenvolvido 293
   5.2.2 Modelos Desenvolvidos 295
   5.2.3 Considerações 319
5.3 Iniciação Científica em outros países 321

6 Evolução de Modelos   325
6.1 Introdução 325
6.2 Modelos Determinísticos de Populações Isoladas 326
   6.2.1 Modelo Malthusiano 330
   6.2.2 Modelo Logístico contínuo (Verhurst) 333
   6.2.3 Modelo de Montroll (1971) 340
   6.2.4 Modelo de Gompertz (1825) 343
   6.2.5 Modelo de Smith (1963) 345
   6.2.6 Modelo de Ayala, Ehrenfeld, Gilpin (1973) 346
   6.2.7 Modelos Mesoscópicos 347
   6.2.8 Crescimento em peso de corvinas 351

	6.2.9	Dinâmica Populacional de molusco 352
6.3		Modelos Subjetivos de Crescimento Populacional 356
	6.3.1	Modelo Estocástico de Pielou 356
	6.3.2	Modelos variacionais Fuzzy [1] 360
6.4		Modelos de Interação entre espécies 362
	6.4.1	Modelo de Lotka-Volterra 362
	6.4.2	Modelo Geral de Kolmogorov 369
	6.4.3	Modelo de Holling-Tanner 370
6.5		Controle Biológico de Pragas 371
	6.5.1	Controle Biológico da Broca Cana-de-Açúcar 372
	6.5.2	Modelo do tipo Lotka-Volterra: vespa $\times$ broca 376
	6.5.3	Modelo de Nicholson-Bailey (1935) [15] 380

Apresentação

Este livro começou a ser escrito nos meados da década de 1990. A cada nova experiência realizada, alguma informação era acrescentada ou retirada. O plano original sofreu modificações contínuas, geradas pela própria dinâmica dos argumentos envolvidos, seja pela atuação em cursos regulares, em programas de aperfeiçoamento de professores e em projetos de iniciação científica. Do trabalho com modelagem matemática surgiu a maioria dos exemplos citados. A dinâmica própria da modelagem gerou a coleção deste material que apresentamos ao leitor preocupado com o desenvolvimento dos programas e disciplinas que têm a matemática como eixo central.

Acreditamos que este livro possa ser utilizado em diversas situações: como texto complementar para disciplinas específicas (cálculo diferencial e integral, equações diferenciais etc), como material para desenvolvimento de programas de Iniciação Científica, como texto para programas de capacitação e aperfeiçoamento de professores ou simplesmente, para estudos individuais.

Não seria possível, pelo menos atualmente, comparar seu conteúdo com algum programa desenvolvido em cursos regulares ou a uma coletânea de tópicos constantes de alguma ementa com estrutura rígida e estática. Deve ser visto como um projeto de ensino e aprendizagem de matemática onde o leitor, sem muito esforço, poderá se aventurar a construir seus próprios modelos. A variedade dos modelos apresentados permite que, a partir de uma abordagem comum, os interesses diversos dos leitores possam ser enfatizados por conta própria.

A diversidade de aplicações contribuiu para que o livro não tivesse um caráter regional no seu endereçamento e, desde o início, tivemos o propósito de transcrever nosso depoimento pessoal sobre modelagem, procurando quase sempre uma maneira simples e atraente de apresentá-la.

Os pré-requisitos matemáticos utilizados na modelagem são, em geral, modestos e muitas vezes desenvolvidos na própria formulação dos modelos, facilitando propositadamente a sua compreensão por qualquer leitor, independentemente do seu interesse principal.

Os projetos propostos destinam-se a verificar o aprendizado das técnicas e conceitos e, principalmente, estimular o leitor a formular e analisar seus modelos.

O Capítulo 1 apresenta a conceituação informal de modelagem matemática, sua importância como estratégia de ensino-aprendizagem e a caracterização de alguns tipos de modelos. O Capítulo 2 trata das técnicas mais simples de modelagem, desde a obtenção de uma tabela de dados, passando pelo ajuste de curvas até a elaboração dos modelos. enfatizada a importância da tradução de uma linguagem usual para a linguagem matemática e vice-versa. São evidenciados termos linguísticos como variação e estabilidade, próprios da maioria das situações modeladas com equações diferenciais e de diferenças. Neste caso, foram utilizados dois tratamentos matemáticos, visando transferir os argumentos de uma matemática superior, como as derivadas, para conceitos mais simples, como as diferenças, e que podem ser apresentados facilmente no ensino médio. Experiências de modelagem em cursos regulares são apresentadas no Capítulo 3, exemplificando seu uso quando se tem um programa preestabelecido. Neste capítulo tambm sugerido, o programa de uma disciplina que poderia ser adotado nos cursos de licenciatura de matemática.

Em todo esse tempo que trabalhamos com projetos de capacitação de professores de matemática, usando as técnicas de modelagem, foram abordados mais de uma centena de temas de estudo foram abordados. No Capítulo 4, so apresentadas as etapas de um programa desenvolvido em cursos de aperfeiçoamento de professores, juntamente com três temas estudados neste contexto: abelhas, maçã e vinho.

A modelagem na Iniciação Científica é discutida no Capítulo 5, onde mostrado o processo e os temas desenvolvidos em duas situações distintas.

A evolução de modelos, característica fundamental da modelagem, está enfatizada no processo de dinâmica populacional que apresentamos no Capítulo 6. A elaboração dos modelos populacionais segue uma ordem cronológica e de complexidade, começando com o modelo de *Malthus*, passando por modelos *fuzzy* e chegando aos modelos de sistemas "presa-predador". Ao final do capítulo, dois modelos de controle biológico da broca da cana-de-açúcar so estabelecidos, um deles desenvolvido em um curso de aperfeiçoamento de professores em Piracicaba.

A realização deste livro não seria possível sem a intervenção e cooperação de várias pessoas. Particularmente, gostaríamos de expressar nossos agradecimentos aos professores U. D'Ambrosio e A. Barretos que nos iniciaram nesta aventura tão excitante: como ver matemática em situações ou fenômenos os mais variados; Aos colegas e alunos de tantos cursos que, com suas sugestões e dúvidas nos motivaram a empreender este caminho em busca de novos horizontes. Um agradecimento especial aos alunos/amigos Cardoso, Luciano, Cantão, Geraldo e Marina que ajudaram diretamente na finalização deste livro. A minha família pelo constante incentivo e, particularmente à Carla que, mesmo sendo historiadora, não se inibiu diante da matemática e deu várias sugestão para a melhoria e compreensão do texto.

De fato, carinho e amor não se agradece, retribui-se.

Campinas, maio de 2002

Rodney C. Bassanezi

Prefácio

Ser convidado para prefaciar um livro é muito honroso. Particularmente, quando o autor é um amigo, colega e ex-aluno. E, sobretudo, tratando-se de um dos mais conceituados especialistas na área, reconhecido nacional e internacionalmente, como é o caso de Rodney C. Bassanezi.

A modelagem matemática é matemática por excelência. As origens das ideia centrais da matemática são o resultado de um processo para entender e explicar fatos e fenômenos observados na realidade. O desenvolvimento dessas ideias e sua organização intelectual se dão a partir de elaborações sobre representações do real. A linguagem, desde a natural até uma mais específica e formal, permite compartilhar socialmente essas ideias, estruturando-as como teorias. Algumas dessas teorias são difundidas e incorporadas ao pensamento dominante, tornando-se instrumentos fundamentais para o desenvolvimento das ciências. Assim é a matemática acadêmica, desde suas origens mediterrâneas. Após uma ampliação, organização e crítica, durante a Idade Média Islâmica e Europeia, a matemática legada pelos gregos deu origem, a partir do final do século XVIII, ao instrumental do Cálculo Diferencial, desenvolvido inicialmente por Isaac Newton e Gottfried W. Leibniz, criando o que poderíamos chamar de as bases do pensamento moderno. Muitos historiadores consideram a matemática a espinha dorsal da civilização moderna.

A partir das teorias pode-se trabalhar outros fatos e fenômenos propostos pela realidade, elaborando modelos do mundo real. Mais ou menos precisos, esses modelos, devidamente calibrados e convalidados, permitem entender e explicar, com diferentes graus de precisão e detalhamento, esses fatos e fenômenos. Modelagem é, portanto, matemática por excelência.

Os sistemas educacionais têm sido, nos últimos duzentos anos, dominados pelo que se poderia chamar uma fascinação pelo teórico e abstrato. Teorias e técnicas são apresentadas e desenvolvidas, muitas vezes, sem relacionamento com fatos reais e, mesmo quando são ilustradas com exemplos, apresentam-se de maneira artificial.

Entende-se a razão disso. A realidade é muito complexa. Para que se possa lidar com problemas reais, é necessário que o observador tenha grande flexibilidade e conhecimentos variados. Trabalhar com a realidade intimida, inibindo sua abordagem no ensino. Fica-se no teórico e abstrato, mencionando que "essas teorias e técnicas servem para isso ou aquilo"e ilustrando com exemplos artificiais, manipulados e descontextualizados. Isso é particularmente notado nos cursos universitários de cálculo, assim como no ensino fundamental e médio da matemática.

Este livro propõe um tratamento alternativo. Reconhecendo as dificuldades inerentes à abordagem de problemas e situações reais, o autor dedica todo um capítulo à capacitação de docentes.

Este belíssimo livro inicia-se com um oportuno apanhado do que seriam as bases teóricas da Modelagem Matemática. Faz uma breve história da emergência da modelagem no ensino, da qual ele é um dos protagonistas, com referências muito úteis e interessantes sobre o que se passou e vem se passando nos cenários nacional e internacional. As bases cognitivas sobre as quais repousa a modelagem são abordadas na justa medida para a compreensão do porquê e das vantagens da metodologia proposta, fazendo também uma sugestão de currículo que, mesmo subordinado aos programas existente, muitas vezes difíceis de mudar, conduz à prática da modelagem.

A maior parte da obra é ocupada por modelos da realidade. As reflexões teóricas são feitas a partir de modelos. Por exemplo, o volume de um tronco de cone tem como motivação as técnicas, aprendidas de seus ancestrais, utilizadas por "seu" Joaquim, um produtor de vinho de Ijuí, RS. Um belo exemplo de etnomatemática, que tem, no livro de Bassanezi, seu encontro natural com a modelagem matemática. A dinâmica populacional das tilápias servem para introduzir equações de diferença e conduz, naturalmente, a uma discussão da sequência de Fibonacci e do número áureo, enriquecida com referências históricas.

A preocupação com a formação de pesquisadores é igualmente presente. Um capítulo, inteiramente dedicado à iniciação científica, discute a importância dessa etapa na preparação do futuro pesquisador. Sempre a partir de exemplos, o autor mostra as várias etapas da pesquisa, inclusive a busca bibliográfica, ilustrando com um projeto completo de "Modelagem Matemática de Fenômenos Biológicos". Todas as fases do desenvolvimento de projetos, inclusive de sub-projetos, como, por exemplo, o modelo de crescimento em peso de aves e o modelo de enterramento de larvas de moscas, são mostradas com detalhes.

O autor termina o livro deixando bem claro que não existem modelos definitivos. A modelagem é um processo. Um modelo de fato ou fenômeno real sempre pode ser melhorado. Assim justifica a discussão do último capítulo, intitulado "Evolução de Modelos".

Sempre recorrendo a exemplos muito interessantes, Bassanezi revela sua predileção por modelos biológicos. Como um dos introdutores da área de Biomatemática no Brasil, e um dos seus mais destacados divulgadores, discute modelos elaborados de dinâmica populacional. Sem comprometer o rigor, apresenta, numa linguagem clara e muito acessível modelos variacionais fuzzy e o clássico modelo de Lotka-Volterra sobre interação entre espécies.

O livro é riquíssimo em bibliografia, equilibrando, com excelente critério, referências nacionais e internacionais, e mencionando interessantes projetos no Brasil e no exterior.

Rodney C. Bassanezi oferece aos alunos, professores e pesquisadores, um livro que há muito se fazia necessário, enriquecendo a bibliografia acadêmica brasileira.

Ubiratan D'Ambrosio
São Paulo, 16/04/2002

*À minha mulher e àqueles que
acreditam num mundo melhor*

Capítulo 1
Modelagem Matemática – Um método científico de pesquisa ou uma estratégia de ensino e aprendizagem?

> "A educação existe por toda parte e, muito mais do que a escola, é o resultado da ação de todo meio sociocultural sobre os seus participantes. É o exercício de viver e conviver o que educa. A escola de qualquer tipo é apenas um lugar e um momento provisórios onde isto pode acontecer."

> C. Brandão

1.1 Introdução

Levá-lo a gostar mais de Matemática é, leitor, o objetivo principal desse livro.

Acreditamos que esse gosto se desenvolve com mais facilidade quando é movido por interesses e estímulos externos à Matemática, vindos do "mundo real". A matemática aplicada é o caminho.

Ao contrário dos que acreditam ser a matemática aplicada uma matemática inferior – onde os problemas são abordados com técnicas modestas ou métodos computacionais que desvalorizam esta ciência – pensamos que, para o desenvolvimento de um novo modelo de educação menos alienado e mais comprometido com as realidades dos indivíduos e sociedades, necessitamos lançar mão de instrumentos matemáticos interrelacionados a outras áreas do conhecimento humano. É também nessa capacidade de estabelecer relações entre os campos da matemática e os outros, evitando reproduzir modos de pensar estanques fracionados, que, a nosso ver, está o futuro da formação de novos quadros de professores e pesquisadores, prontos a enfrentar o desafio de *pensar a unidade na multiplicidade*.

Na própria atividade de ensino, elementar e médio, o porquê de se ensinar matemática deve ser questionado. Os conhecimentos básicos de cálculo, geometria e estruturas algébricas seriam meros "jogos" destinados a desenvolver habilidades intelectuais (como ocorre com freqüência em nossas escolas) ou deveriam ser instrumentos aplicáveis aos usos cotidianos? Está pergunta é ainda mais relevante se considerarmos que a grande maioria dos alunos, mais tarde, saberá utilizar ou se lembrará de apenas uma pequena parcela dos conhecimentos matemáticos ensinados nesse estágio de formação e que, mesmo no ambiente de sala de aula, nem todos se divertem com os "jogos" aprendidos. Não queremos com isso insinuar que a Matemática deva ser abolida do programa escolar ou que seja matéria curricular ensinada somente àqueles que pretendem utilizá-la num futuro. Ao contrário, acreditamos que os professores devem valorizar o que ensinam de modo que o conhecimento seja ao mesmo tempo interessante, por ser útil, e estimulante, por ser fonte de prazer. Assim, o que propomos é a busca da construção de uma prática de ensino-aprendizagem matemática que combine "jogos" e resultados práticos. A matemática não deve ser considerada importante simplesmente por alguma definição arbitrária ou porque *mais tarde ela poderá ser aplicada*. Sua importância deve residir no fato de poder ser tão agradável quanto interessante.

Nessa nova forma de encarar a matemática, a modelagem – que pode ser tomada tanto como um método científico de pesquisa quanto como uma estratégia de ensino-aprendizagem – tem se mostrado muito eficaz. *A modelagem matemática consiste na arte de transformar* problemas da realidade em problemas matemáticos e resolvê-los interpretando suas soluções na linguagem do mundo real.

As vantagens do emprego da modelagem em termos de pesquisa podem ser constatadas nos avanços obtidos em vários campos como a Física, a Química, a Biologia e a Astrofísica entre outros. A modelagem pressupõe multidisciplinariedade. E, nesse sentido, vai ao encontro das novas tendências que apontam para a remoção de fronteiras entre as diversas áreas de pesquisa.

Partindo do pressuposto de que todas as ciências são ao mesmo tempo empíricas e teóricas, saberes em que a busca da verdade deve ser impulsionada por indicações empíricas aliadas à atividade criadora a procura de leis (formulação de problemas e ensaios de hipóteses a serem testadas e avaliadas) para as quais a utilização da lógica e das ferramentas matemáticas é fundamental, é fácil percebermos o potencial da aplicação da modelagem nos campos científicos com métodos e finalidades comuns. Pesquisadores fluentes na linguagem matemática trazem contribuições importantes para suas áreas de pesquisa e transitam com mais facilidade entre os diversos campos do conhecimento científico.

No setor educacional, a aprendizagem realizada por meio da modelagem facilita a combinação dos aspectos lúdicos da matemática com seu potencial de aplicações. E mais, com este material, o estudante vislumbra alternativas no direcionamento de suas aptidões ou formação acadêmica.

Acreditamos que os professores de matemática, considerados paramatemáticos, têm a obrigação de mostrar aos alunos as duas possibilidades que na verdade se completam: tirar de um "jogo" resultados significativos (matemática aplicada) ou montar um "jogo" com regras fornecidas por alguma realidade externa (criação de matemática). A modelagem fomenta essas possibilidades num processo de ensino-aprendizagem em que a Matemática pode ser encarada como um jogo maior em que os perdedores são aqueles que não conseguem se divertir jogando (o que ocorre muitas vezes, por deficiência dos próprios treinadores, que estão mais preocupados com as regras do jogo do que com o prazer de efetivamente jogar).

Em termos de políticas públicas e opções culturais e educacionais, acreditamos que as ciências básicas devam ter o mesmo peso que as tecnológicas não sendo encaradas como um luxo permitido apenas a países desenvolvidos. Cada nação precisa procurar formar seus próprios especialistas, e não simplesmente importar conhecimentos, programas curriculares e de pesquisa estrangeiros. No caso específico da Matemática, é necessário buscar estratégias alternativas de ensino-aprendizagem que facilitem sua compreensão e utilização. A modelagem matemática, em seus vários aspectos, é um processo que alia teoria e prática, motiva seu usuário na procura do entendimento da realidade que o cerca e na busca de meios para agir sobre ela e transformá-la. Nesse sentido, é também um método científico que ajuda a preparar o indivíduo para assumir seu papel de cidadão: *A educação inspirada nos princípios da liberdade e da solidariedade humana tem por fim o preparo do indivíduo e da sociedade para o domínio dos recursos científicos e tecnológicos que lhes permitem utilizar as possibilidades e vencer as dificuldades do meio.* (Lei 4024 - 20/12/61)

1.2 Considerações sobre Modelagem Matemática

A ciência é uma atividade essencialmente desenvolvida pelo ser humano que procura entender a natureza por meio de teorias adequadas; ainda que a natureza continue existindo e funcionando independente das teorias científicas, o homem utiliza tais teorias para avançar seus conhecimentos que possibilitam num futuro tomar decisões e agir corretamente. A ciência é o produto da evolução mental-emocional-social da humanidade sendo pois um fenômeno acumulativo natural. A ciência como conhecimento acumulado, depende de codificações e símbolos associados às representações orais ou visuais de *comunicações* (ação comum para entender, explicar e manejar a realidade), dando origem à linguagem e representação gráfica. "As representações incorporam-se à realidade como *artefatos*, da mesma maneira que os mitos e símbolos, sem necessidade de recurso à codificação, também se incorporam à realidade porém como *mentefatos*. Assim a realidade é permanentemente transformada pela incorporação de *factos* (ambos artefatos e mentefactos) e *eventos*, os primeiros pela ação direta, consciente ou subconsciente, individual ou coletiva, do homem, e os segundos por conjunções que constituem o que se convencionou chamar *história*" (D'Ambrosio, [3]).

A matemática e a lógica, ciências essencialmente formais, tratam de entes ideais, abstratos ou interpretados, existentes apenas na mente humana – constroem os próprios objetos de estudo embora boa parte das ideias matemáticas sejam originadas de abstrações de situações empíricas (naturais ou sociais). Tais ideias, quando trabalhadas, enveredam-se pelo caminho do estético e do abstrato, e quanto mais se afastam da situação de origem, maior é o "perigo" de que venham a se tornar um amontoado de detalhes tão complexos quanto pouco significativos fora do campo da matemática.

Com exceção das ciências físicas que foram valorizadas e evoluiram respaldadas por teorias formuladas com o auxílio da matemática, as outras ciências factuais (biologia, química, psicologia, economia, etc.),via de regra, usavam apenas a linguagem comum para exprimir as ideias, o que geralmente resultava em falta de clareza e imprecisão. A matemática vinha em auxílio destas ciências, apenas na análise superficial dos resultados de pesquisas empíricas.

Fazia-se uso tão somente de algumas ferramentas da estatística indicativa evidente de um disfarce da falta de conceitos adequados de uma matemática mais substancial.

A ciência contemporânea, entretanto, é fruto de experiências planificadas e auxiliadas por teorias sujeitas à evolução. A consistência de uma teoria ou sua própria validação tem sido dependente, muitas vezes, da linguagem matemática que a envolve. *"Toda teoria específica é, na verdade, um modelo matemático de um pedaço da realidade"* (Bunge, [1]).

Quando se propõe analisar um fato ou uma situação real cientificamente, isto é, com o propósito de substituir a visão ingênua desta realidade por uma postura crítica e mais abrangente, deve-se procurar uma linguagem adequada que facilite e racionalise o pensamento.

O objetivo fundamental do "uso" de matemática é de fato extrair a parte essencial da situação-problema e formalizá-la em um contexto abstrato onde o pensamento possa ser absorvido com uma extraordinária economia de linguagem. Desta forma, a matemática pode ser vista como um instrumento intelectual capaz de sintetizar ideias concebidas em situações empíricas que estão quase sempre camufladas num emaranhado de variáveis de menor importância.

O crescimento científico pode se dar em superfície, expandindo por acumulação, generalização e sistematização (processo baconiano) ou então em profundidade com a introdução de novas ideias que interpretam as informações disponíveis (processo newtoniano). A aplicação correta da matemática nas ciências factuais deve aliar de maneira equilibrada a abstração e a formalização, não perdendo de vista a fonte que originou tal processo. Este procedimento construtivo conduz ao que se convencionou chamar de *Matemática Aplicada*, e teve seu início declarado (nas ciências não físicas) no começo do século XX, ganhando força após a segunda guerra mundial com o interesse marcado pelo aprofundamento das pesquisas na busca da teorização em campos mais diversos.

O *método científico* passou a ser constituido da mistura de audácia especulativa com a exigente comparação empírica, e as teorias obtidas passaram a constituir sistemas de afirmações com os quais se pode inferir outras afirmações, quase sempre com ajuda da matemática ou da lógica.

A unificação e esclarecimento de toda ciência, ou de todo conhecimento foi preconizado pelo *método da razão*, vislumbrado no sonho de Descartes e transmitido no seu célebre "Discurso sobre o método de bem conduzir a razão na busca da verdade", de 1637.

A busca do conhecimento científico, em qualquer campo, deve consistir, essencialmente, em:

1. Aceitar somente aquilo que seja tão claro em nossa mente, que exclua qualquer dúvida;

2. dividir os grandes problemas em problemas menores;

3. argumentar, partindo do simples para o complexo; e

4. verificar o resultado final.

Duas gerações mais tarde Liebnitz se referia à *"característica universalis"* – o sonho de um método universal, pelo qual todos os problemas humanos, fossem científicos, legais ou políticos, pudessem ser tratados racional e sistematicamente, através de uma computação lógica (vide Davis-Hersh, 1988 [5]).

Nas pesquisas científicas, a matemática passou a funcionar como agente unificador de um mundo racionalizado, sendo o instrumento indispensável para a formulação das teorias fenomenológicas fundamentais, devido, principalmente, ao seu poder de síntese e de generalização.

O reconhecimento de uma teoria científica passou a ter como condição necessária o fato de poder ser expressa em uma linguagem matemática. A própria matemática teve uma evolução substancial, em decorrência da demanda das diversas áreas de pesquisa por novas teorias matemáticas.

Pode-se dizer que as ciências naturais como Física, a Astrofísica e a Química já estejam hoje amplamente matematizadas em seus aspectos teóricos. As ciências biológicas, apoiadas inicialmente nos paradigmas da Física e nas analogias consequentes foram ficando cada vez mais matematizadas. Nesta área a matemática tem servido de base para modelar, por exemplo, os mecanismos que controlam a dinâmica de populações, a epidemiologia, a ecologia, a neurologia, a genética e os processos fisiológicos.

Não se pode dizer que a modelagem matemática nas ciências sociais já tenha conseguido o mesmo efeito, comparável em exatidão, com o que se obtve nas teorias físicas, no entanto, a simples interpretação de dados estatísticos tem servido, por exemplo, para direcionar estratégias de ação nos meios comerciais e políticos. A Economia utiliza um forte aparato matemático para estabelecer as teorias da concorrência, dos ciclos e equilíbrios de mercado.

O advento dos computadores digitais favoreceu o desenvolvimento e a aplicação da matemática em quase todos os campos do conhecimento – até mesmo na arte, na música, na linguística ou nos dógmas intocáveis da religião!

Não queremos dizer que todo "fenômeno" possa ser matematizado ou convertido numa forma que permita que seja processado num computador. Esforços na tentativa de modelar matematicamente a vida interior do indíviduo (amor, sonho, ciúmes, inveja, desejo, saudade, etc.) têm tido, por enquanto, alguns poucos resultados significativos como os modelos topológicos apresentados por Lacan para expressar tendências do comportamento humano.

1.2.1 Modelagem e Modelos Matemáticos

Quando se procura refletir sobre uma porção da realidade, na tentativa de explicar, de entender, ou de agir sobre ela – o processo usual é selecionar, no sistema, argumentos ou parâmetros considerados essenciais e formalizá-los através de um sistema artificial: o *modelo* (vide "A tratória", no *box* da próxima página).

A ambiguidade do termo *modelo*, usado nas mais diversas situações, nos leva a considerar aqui apenas o que concerne à representação de um sistema. Nos limitaremos neste texto a apenas dois tipos de modelos:

- *Modelo Objeto* é a representação de um objeto ou fato concreto; suas características predominantes são a estabilidade e a homogeneidade das variáveis. Tal representação pode ser *pictórica* (um desenho, um esquema compartimental, um mapa, etc.), *conceitual* (fórmula matemática), ou *simbólica*. A representação por estes modelos é sempre parcial deixando escapar variações individuais e pormenores do fenômeno ou do objeto modelado. Um modelo epidemiológico (sistema de equações diferenciais) que considera o grupo de infectados como sendo homogêneo onde todos os seus elementos têm as mesmas propriedades é um exemplo de um modelo objeto; Um desenho para representar o alvéolo usado pelas abelhas é também um modelo deste tipo.

- Um *modelo teórico* é aquele vinculado a uma teoria geral existente – será sempre construído em torno de um modelo objeto com um código de interpretação. Ele deve conter as mesmas características que o sistema real, isto é, deve representar as mesmas variáveis essenciais existentes no fenômeno e suas relações são obtidas através de hipóteses (abstratas) ou de experimentos (reais).

Chamaremos simplesmente de *Modelo Matemático* um conjunto de símbolos e relações matemáticas que representam de alguma forma o objeto estudado.

Cada autor se aventura dar uma definição de modelo matemático. Por exemplo, para McLone [20] "um modelo matemático é um construto matemático abstrato, simplificado que representa uma parte da realidade com algum objetivo particular". Ferreira Jr. [30], apresenta uma definição generalizada de modelo matemático a partir de uma abordagem abstrata dos conceitos básicos de dimensão, unidade e medida.

A importância do modelo matemático consiste em se ter uma linguagem concisa que expressa nossas ideias de maneira clara e sem ambiguidades, além de proporcionar um arsenal enorme de resultados (teoremas) que propiciam o uso de métodos computacionais para calcular suas soluções numéricas.

Os modelos matemáticos podem ser formulados de acordo com a natureza dos fenômenos ou situações analisadas e classificados conforme o tipo de matemática utilizada:

i. *Linear* ou *não linear*, conforme suas equações básicas tenham estas características;

ii. *Estático*, quando representa a forma do objeto – por exemplo, a forma geométrica de um alvéolo; ou *Dinâmico* quando simula variações de estágios do fenômeno – por exemplo, crescimento populacional de uma colmeia.

iii. *Educacional*, quando é baseado em um número pequeno ou simples de suposições, tendo, quase sempre, soluções analíticas. O modelo presa-predador de Lotka-Volterra é um exemplo típico de tais modelos. O método empregado por tais modelos envolve a investigação de uma ou duas variáveis, isoladas da complexidade das outras relações fenomenológicas. Geralmente estes modelos não representam a realidade com o grau de fidelidade adequada para se fazer previsões. Entretanto, a virtude de tais modelos está na aquisição de experiência e no fornecimento de ideias para a formulação de modelos mais adequados à realidade estudada; ou *Aplicativo* é aquele baseado em hipóteses realísticas e, geralmente, envolve interrelações de um grande número de variáveis, fornecendo em geral sistemas de equações com numerosos parâmetros. Neste caso, um tratamento analítico pode ser impossível e os métodos utilizados para obtenção das soluções devem ser computacionais. E quanto mais complexo for o modelo, mais difícil será mostrar sua validade, isto é, que ele descreve a realidade!

A tratória

Muitos problemas que serviram para testar métodos matemáticos ou estimular desafios e competições entre matemáticos nos séculos XVII e XVIII, tiveram sua origem na observação de processos mecânicos, geralmente simples.

O estudo de curvas especiais que servissem para modelar tais fenômenos físicos, proporcionou o desenvolvimento tanto da Mecânica como do próprio Cálculo Diferencial e Integral. No rol das curvas que surgiram na ocasião, podemos citar a catenária, a braquistócrona, a velária, a tratória entre outras tantas. Destas, a tratória é a menos conhecida atualmente. Acredita-se que o problema que a originou tenha sido proposto por C. Perrault por volta de 1670 que, para ilustrar a questão, puxava seu relógio de bolso, apoiado sobre uma mesa, pela corrente. Movendo a ponta da corrente sobre a borda da mesa, o relógio descrevia uma curva que tendia à borda, era a tratória. Para a obtenção da equação da tratória, basta entender que, durante o movimento de arrasto do relógio, a corrente está sempre tangente à trajetória descrita pelo relógio. Também, a distância entre o ponto de tangência (relógio) e o eixo-x (borda da mesa), sobre a reta tangente (corrente), é constante (comprimento da corrente esticada). A tradução desta linguagem para a linguagem matemática permite descrever o fenômeno pelo modelo:

$$\frac{dy}{dx} = -\frac{y}{\sqrt{a^2 - y^2}}$$

cuja solução é a tratória.

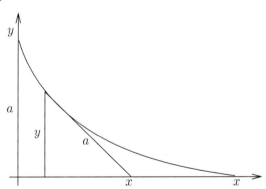

Vários matemáticos estudaram e escreveram sobre a tratória, entre eles, J. Bernoulli, L'Hopital e Huygens (1670/90)[a].

---
[a]Bos, H.J.M.-O "Cálculo no Século XVIII: Técnicas e Aplicações". Edit. UnB, unid. 5, 1985, pp. 29-30.

iv. *Estocástico ou Determinístico*, de acordo com o uso ou não de fatores aleatórios nas equações.

Os modelos determinísticos são baseados na suposição que se existem informações suficientes em um determinado instante ou num estágio de algum processo, então todo o futuro do sistema pode ser previsto precisamente.

Os modelos estocásticos são aqueles que descrevem a dinâmica de um sistema em termos probabilísticos (cf. M. Thompson). Os modelos práticos tendem a empregar métodos estocásticos, e quase todos os processos biológicos são formulados com estes modelos quando se tem pretensões de aplicabilidade.

De qualquer forma, quando se trabalha com uma amostra grande de indivíduos, podendo ser caracterizada como uma distribuição contínua, uma trajetória determinística pode representar a *média* dos casos considerados isoladamente. Por exemplo, se considerarmos uma população sujeita a um crescimento exponencial, a teoria determinística indica que o crescimento populacional $\left(\frac{dN}{dt}\right)$ é proporcional ao número de indivíduos da população (N) em cada instante t. Se λ denota o coeficiente de crescimento desta população, então o modelo matemático pode ser dado por:

$$\frac{dN}{dt} = \lambda N$$

cuja solução é $N(t) = N_0 e^{\lambda t}$, onde $N_0 = N(0)$ é a população inicial. Tem-se então o valor da população N em cada instante, dada por uma equação *determinística* que pressupõe a taxa λ constante.

Entretanto, o processo de crescimento populacional é essencialmente estocástico uma vez que a taxa λ não é necessariamente constante.

Se for considerada a probabilidade $p(N,t)$ de que, em um dado instante t, a população é igual a N, tem-se, de acordo com Pielou (1969)

$$p(N,t) = \frac{(N-1)!}{(N_0-1)!(N-N_0)!} e^{-\lambda N_0 t} (1 - e^{\lambda t})^{(N-N_0)}.$$

Neste caso, o parâmetro λ é considerado como a taxa média de crescimento.

Calculando o valor esperado $\overline{N}$, ou seja, a população média num instante t, vem:

$$\overline{N} = \sum_{N=0}^{\infty} N p(N,t) = N_0 e^{\lambda t}$$

e portanto, neste caso, a solução *determinística expressa o estado médio do processo estocástico* atual.

Estudos recentes têm mostrado que o uso de *modelos fuzzy* (sistemas com parâmetros e variáveis imprecisas) conduzem ao fato que as soluções determinísticas são as mais prováveis ou *as preferidas*.

Neste livro daremos mais ênfase aos modelos determinísticos, não por preconceito mas, simplesmente, por questão de praticidade didática e gosto pessoal.

Um modelo matemático bem estruturado deve ser composto de resultados parciais *interrelacionados*. As leis fundamentais da física são formuladas matematicamente para proporcionarem uma primeira geração de modelos matemáticos que depois são sujeitos a várias correções, algumas empíricas. A dinâmica de populações de diferentes espécies, pressupõe inicialmente, seus crescimentos independentes para se obter as respectivas taxas de reprodutividade. No entanto, tais parâmetros podem ser redimensionados quando as espécies convivem num mesmo habitat.

Enquanto a Biofísica, que possui uma filosofia basicamente reducionista, tenta reduzir os fenômenos biológicos a simples processos físico-químicos, para deduzir o comportamento de um sistema complexo pelo estudo dos comportamentos individuais dos componentes isolados, a Biomatemática procura analisar a estrutura do sistema de maneira global, tentando preservar as características biológicas essenciais.

Quando modelamos um sistema complexo, considerando partes isoladas deste sistema e ignorando as interrelações dos sub-modelos, podemos obter um conjunto de modelos válidos do ponto de vista microscópico (para cada porção isolada) mas que, globalmente, podem não representar o sistema completo.

O poema de J.G. Saxe (1816-1877) dá uma ideia do que pode ocorrer quando um modelo é obtido a partir de sub-modelos que não estão interrelacionados corretamente (veja Bender, 1978, [14]).

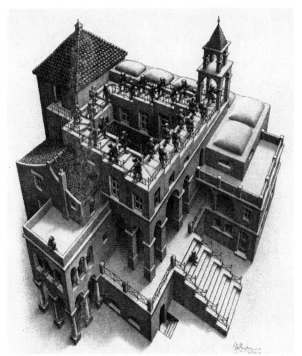

Subida e Descida: Litografia de M.C.Escher de 1960. Quando os resultados parciais não estão corretamente interrelacionados o modelo do todo se torna impossível.

The Blind Men and the Elephant

It was six men of Indostan
To learning much inclined,
Who went to see the Elephant
(Though all of them were blind),
That each by observation
Might satisfy his mind.

The first approached the Elephant,
And happening to fall
Against his broad and study side,
At once began to bawl:
"God bless! but the Elephant
Is very like a wall!"

The Second, feeling of the tusk,
Cried, "Ho! what have we here
So very round and smooth and sharp?
To me 'tis mighty clear
This wonder of an Elephant
Is very like a spear!"

The third approached the animal
And happening to take
The squirming trunk within his hands,
Thus boldly up an and spoke:
"I see," quoth he, "the Elephant
Is very like a Snake!"

The Fourth reached out an eager hand,
And left about the knee.
"What most this wondrous beast is like
Is mighty plain", quoth he;
"'Tis clear enough the Elephant
Is very like a tree!"

The Fifth who chanced to touch the ear,
Said: "E'en the blindest man
Can tell what this resembles most;
Deny the fact who can,
This marveed of an Elephant
Is very like a fan!"

The sixth no sooner had begun
About the beast to grope,
Than, seizing on the swinging tail
That fell within his scope,
"I see," quoth he, "the Elephant
Is very like a rope!"

And so these men of Indostan
Disputed loud and long
Each in his own opinion
Exceeding stiff and strong.
Though each was partly in the right
And all were in the wrong!

John Godfrey Saxe (1816–1887)
Reprinted in Engineering Concepts
Curriculum Project

Modelagem Matemática é um processo dinâmico utilizado para a obtenção e validação de modelos matemáticos. É uma forma de abstração e generalização com a finalidade de previsão de tendências. A modelagem consiste, essencialmente, na arte de transformar situações da realidade em problemas matemáticos cujas soluções devem ser interpretadas na linguagem usual.

A modelagem é eficiente a partir do momento que nos concientizamos que estamos sempre trabalhando com *aproximações* da realidade, ou seja, que estamos elaborando sobre representações de um sistema ou parte dele.

Não é nossa intenção neste livro fazer uma apologia da modelagem matemática como instrumento de evolução de outras ciências. Pretendemos simplesmente mostrar, através de exemplos representativos, como este método pode ser aplicado em várias situações de **ensino-aprendizagem**, com a intensão de estimular alunos e professores de matemática a desenvolverem suas próprias habilidades como modeladores.

A modelagem não deve ser utilizada como uma panaceia descritiva adaptada a qualquer situação da realidade – como aconteceu com a teoria dos conjuntos. Em muitos casos, a introdução de um simbolismo matemático exagerado pode ser mais destrutivo que esclarecedor (seria o mesmo que utilizar granadas para matar pulgas!) O conteúdo e a linguagem matemática utilizados devem ser equilibrados e circunscritos tanto ao tipo de problema como ao objetivo que se propõe alcançar. Salientamos que, mesmo numa situação de pesquisa, a modelagem matemática tem várias restrições e seu uso é adequado se de fato contribuir para o desenvolvimento e compreensão do fenômeno analisado.

A obtenção do modelo matemático pressupõe, por assim dizer, a existência de um dicionário que interpreta, sem ambiguidades, os símbolos e operações de uma teoria matemática em termos da linguagem utilizada na descrição do problema estudado, e vice-versa. Com isto, transpõe-se o problema de alguma realidade para a Matemática onde será tratado através de teorias e técnicas próprias desta Ciência; pela mesma via de interpretação, no sentido contrário, obtém-se o resultado dos estudos na linguagem orginal do problema.

Esquematicamente, poderíamos representar este processo com o diagrama da figura 1.1.

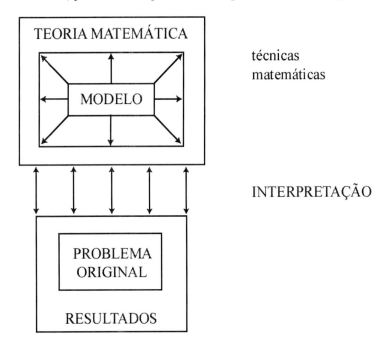

Figura 1.1: Processo de modelagem.

Vários comentários devem ser feitos neste ponto. Primeiro, a teoria matemática para a construção do modelo matemático adequado ao problema original pode não existir. Esta situação exige do estudioso uma tarefa talvez histórica: desenvolver um novo ramo da Matemática. Obviamente isto não acontece todos os dias. Como um exemplo recente podemos citar a Teoria dos Jogos criada por J. Neumann para modelar situações de competição econômica. De qualquer maneira, o objetivo (e a esperança) de todo *matemático aplicado* ao estudar um problema é construir um modelo dentro de uma teoria matemática já desenvolvida e amplamente estudada, que facilite a obtenção de resultados. Afinal, a sua missão deve ser resolver o problema da maneira mais simples possível, e não complicá-lo desnecessariamente.

Segundo, mesmo que o modelo matemático da situação estudada possa ser construído dentro de uma teoria matemática conhecida, ainda assim pode acontecer que as técnicas e métodos matemáticos existentes nesta teoria sejam insuficientes para a obtenção dos resultados desejados. Neste caso, a situação não é tão dramática como antes, mas de qualquer forma vai exigir do matemático aplicado habilidade e criatividade essencialmente matemáticas para desenvolver os métodos necessários. Estas situações se constituem nas grandes motivações para o desenvolvimento de teorias matemáticas já estabelecidas. Isto é amplamente exemplificado no caso das Equações Diferenciais, desde a sua origem até os dias de hoje.

Observe que as setas de interpretação do nosso esquema acima ligam, em grande parte, a teoria matemática ao ramo de conhecimnto de onde vem o problema original. Com isto, queremos dizer que, mesmo no tratamento matemático do modelo, é interessante que os métodos e técnicas matemáticas possam ser frequëntemente interpretados na linguagem do fenômeno original. Em alguns casos esta interpretação é decisiva no auxílio ao desenvolvimento matemático da questão e pode acontecer que o argumento matemático seja inadequado e deva ser substituido por argumentos mais claros na área do problema original. Este tipo de desenvolvimento na argumentação, perfeitamente aceito na Matemática Aplicada, talvez seja o ponto que provoque maior descontentamento entre matemáticos ditos puristas. É obvio que uma argumentação desta natureza, apesar de sua importância científica, mesmo para a Matemática, não pode ser considerada como argumento estritamente matemático. Este processo de intermediação entre o problema original e o modelo matemático é uma atividade que poderíamos classificar como típica da Matemática Aplicada, exigindo uma avaliação competente da questão sob os dois pontos de vista. Talvez seja esta a atitude mais importante quando se trabalha com modelagem, pois nos fornece a *validade* ou não do modelo.

A maior parte das ideias que colocamos até aqui estão na introdução de nosso livro *Equações Diferenciais com Aplicações*; Harbra (1988) pp: 1-7, que elaboramos juntamente com Ferreira Jr. e achamos por bem repetí-las neste contexto (Veja [13]).

A modelagem matemática de uma situação ou problema real deve seguir uma sequência de etapas, simplificadamente visualizadas no esquema da figura 1.2:

As atividades intelectuais da Modelagem Matemática esboçadas na figura 1.2 são as seguintes:

1. Experimentação – É uma atividade essencialmente laboratorial onde se processa a obtenção de dados. Os métodos experimentais, quase sempre são ditados pela própria

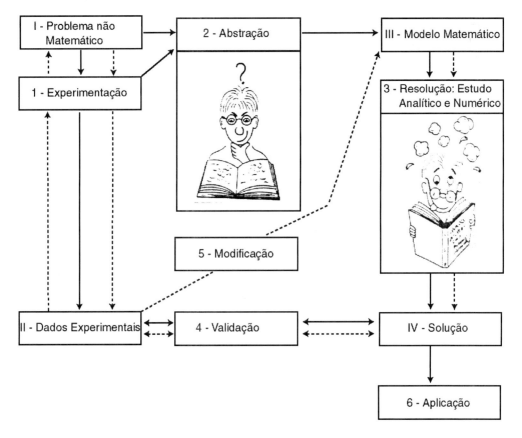

Figura 1.2: Esquema de uma modelagem: as setas contínuas indicam a primeira aproximação. A busca de uma modelo matemático que melhor descreva o problema estudado torna o processo dinâmico, indicado pelas setas pontilhadas.

natureza do experimento e objetivo da pesquisa. Entretanto, a contribuição de um matemático nesta fase, muitas vezes, pode ser fundamental e direcionar a pesquisa no sentido de facilitar, posteriormente, o cálculo dos parâmetros envolvidos nos modelos matemáticos. A adoção de técnicas e métodos estatísticos na pesquisa experimental podem dar maior grau de confiabilidade aos dados obtidos. Muitas vezes, novas técnicas de pesquisa empírica exercem pressão sobre o foco de interesse da teoria e permitem uma melhor seleção das variáveis essenciais envolvidas no fenômeno.

2. Abstração – É o procedimento que deve levar à formulação dos Modelos Matemáticos. Nesta fase, procura-se estabelecer:

    a. *Seleção das variáveis* – A distinção entre as variáveis de estado que descrevem a evolução do sistema e as variáveis de controle que agem sobre o sistema. Uma das exigências fundamentais da pesquisa é que os conceitos (variáveis) com os quais se lida sejam claramente definidos.

b. *Problematização ou formulação aos problemas teóricos numa linguagem própria da área em que se está trabalhando.*

A adequação de uma investigação sistemática, empírica e crítica leva à formulação de problemas com enunciados que devem ser explicitados de forma clara, compreensível e operacional. Desta forma, um problema se constitui em uma pergunta científica quando explicita a relação entre as variáveis ou fatos envolvidos no fenômeno.

Enquanto que a escolha do tema de uma pesquisa pode ser uma proposta abrangente, a formulação de um problema é mais específica e indica exatamente o que se pretende resolver.

c. *Formulação de hipóteses* – As hipóteses dirigem a investigação e são comumente formulações gerais que permitem ao pesquisador deduzir manifestações empíricas específicas. As hipóteses devem incorporar parte da teoria que podem ser testadas e desta forma constituem investimentos poderosos para o avanço da ciência.

De uma maneira geral as hipóteses se referem à frequência da interrelação entre as variáveis, observada experimentalmente (hipóteses observacionais), mas podem também ser enunciadas de forma universal quando se procura generalizar os resultados investigados.

Em relação à profundidade, as hipóteses podem ser *fenomenológicas* quando se referem ao funcionamento interno do sistema, neste caso podem conter conceitos observacionais ou contruções abstratas mas não especificam mecanismos, atributo das hipóteses *representacionais* onde o funcionamento externo do sistema é especificado.

A geração de hipóteses se dá de vários modos: observação dos fatos, comparação com outros estudos, dedução lógica, experiência pessoal do modelador, observação de casos singulares da própria teoria, analogia de sistemas etc (veja Lakatos-Marconi, [9]). A *analogia* entre sistemas é fundamental para a formulação e desenvolvimento de modelos.

Dois sistemas são formalmente análogos quando podem ser representados pelo mesmo modelo matemático o que implica numa correspondência entre as propriedades dos elementos de ambos os sistemas. Por exemplo, um *sistema mecânico* do tipo massa-mola-amortecedor-força externa e um *sistema elétrico* como os circuitos elétricos RLC, são modelados com o mesmo tipo de equação matemática: $a\ddot{x} + b\dot{x} + cx = f(t)$, o que permite a construção dos computadores analógicos, ou seja, circuitos elétricos ajustáveis de tal forma que possam simular uma vibração mecânica (veja Bassanezi-Ferreira Jr. [13], pp. 114-124).

A analogia entre sistemas presa-predador e processos epidemiológicos propiciou, no início, o desenvolvimento destas duas áreas de Biomatemática. A percepção de analogias pode ser também um fator negativo na modelagem quando seu sentido simplista ignora outras propriedades essenciais inerentes do fenômeno analisado – " as inegáveis analogias entre organismos e sociedades geraram o darwinismo social, uma filosofia social estéril e conservadora" (cf. Bunge, [1], pg. 197)

A montagem do modelo matemático, que se dá nesta fase do processo de modelagem, depende substancialmente do grau de complexidade das hipóteses e da quantidade das variáveis interrelacionadas. Um fenômeno biológico – por exemplo – raramente pode ser representado, de maneira completa e abrangente em toda sua complexidade, por uma equação matemática ou um sistema de equação. De qualquer modo, toda teoria tem sempre um estágio embrionário e a insistência sobre a profundidade desde o início poderia inibir seu crescimento.

d. *Simplificação* – Os fenômenos que se apresentam para o estudo matemático são, em geral, excessivamente complexos se os considerarmos em todos os seus detalhes. O método científico analítico, iniciado com Galileu (1564-1642) e o método da razão de Descartes, consistem exatamente em restringir e isolar o campo de estudo apropriadamente de tal modo que o problema seja tratável e, ao mesmo tempo, mantém sua relevância. Esta foi a atitude que rompeu com a Ciência da Idade Média que pretendia entender de uma só vez: a pedra filosofal!

R. Bellman (1924-1985), um matemático (aplicado), exprime bem este aspecto: "É irônico que para compreendermos algo cientificamente precisemos lançar fora informações. Isto acontece porque neste estágio de nosso desenvolvimento intelectual não somos capazes de lidar com uma ordem de complexidade maior. Consequentemente devemos simplificar!"

Não são raras as situações em que o modelo dá origem a um problema matemático que não apresenta a mínima possibilidade de estudo devido à sua complexidade. Neste caso, a atitude será de voltar ao problema original a tentar restringir as informações incorporadas ao modelo a um nível que não desfigure irremediavelmente o problema original, mas que resulte em um problema matemático tratável. Ou, como diz Mark Kac (1914-1983), um extraordinário matemático polonês: "Se você não consegue resolver o problema a que se propôs, então tente simplificá-lo. A condição única é esta: você não deve simplificá-lo demasiadamente a ponto de perder as informações essenciais". (texto do livro Equações Diferenciais com Aplicações, Bassanezi-Ferreira Jr., [13]).

3. Resolução – O modelo matemático é obtido quando se substitui a linguagem natural das hipóteses por uma linguagem matemática coerente – e como num dicionário, a linguagem matemática admite "sinônimos" que traduzem os diferentes graus de sofisticação da linguagem natural. Por exemplo, é muito frequente, em se tratando de modelar fenômenos que envolvam dados temporais, obtermos equações que interpretam as *variações* das quantidades (variáveis) presentes e consideradas essenciais. Neste caso, as hipóteses formuladas podem ser traduzidas por equações de variações discretas (equações de diferenças finitas) ou contínuas (equações diferenciais).

A resolução de um modelo está sempre vinculada ao grau de complexidade empregado em sua formulação e muitas vezes só pode ser viabilizada através de métodos computacionais, dando uma solução numérica aproximada. De qualquer forma, os métodos computacionais podem oferecer pistas e sugestões para posteriores soluções analíticas.

A modelagem pode vir a ser o fator responsável para o desenvolvimento de novas técnicas e teorias matemáticas quando os argumentos conhecidos não são eficientes para fornecer soluções dos modelos – nisto consiste a riquesa do uso da modelagem, em se tratando de pesquisa no campo próprio da Matemática.

A resolução de modelos é uma atividade própria do matemático, podendo ser completamente desvinculada da realidade modelada.

4. Validação. – É o processo de aceitação ou não do modelo proposto – Nesta etapa, os modelos, juntamente com às hipóteses que lhes são atribuídas, devem ser testados em confronto com os dados empíricos, comparando suas soluções e previsões com os valores obtidos no sistema real – O grau de aproximação desejado destas previsões será o fator preponderante para sua validação.

Um modelo deve prever, no mínimo, os fatos que o originaram. Um bom modelo é aquele que tem capacidade de previsão de novos fatos ou relações insuspeitas.

O problema de aceitação ou não de um modelo depende muito mais de fatores que condicionam o modelador, incluindo seus objetivos e recursos disponíveis. O simples confronto com os dados empíricos pode não bastar. De qualquer forma, um bom modelo matemático é aquele que o usuário, especialista na área onde se executou a modelagem, o considera como tal, tendo as qualidades de ser suficientemente simples e representar razoalvelmente a situação analisada.

A interpretação dos resultados obtidos através dos modelos pode ser feita com o uso de gráficos das soluções que facilita avaliar as previsões ou mesmo sugerir um aperfeiçoamento dos modelos.

5. Modificação – Alguns fatores ligados ao problema original podem provocar a rejeição ou aceitação dos modelos. Quando os modelos são obtidos considerando simplificações e idealizações da realidade, suas soluções geralmente não conduzem às previsões corretas e definitivas. Também uma previsão pode estar errada ou discordar da intuição por força das seguintes razões:

- Alguma hipótese usada pode ser falsa ou não suficientemente próxima da verdade, i.e., os pressupostos de partida são incorretos e/ou constituem uma simplificação demasiado drástica;

- Alguns dados experimentais ou informações podem ter sido obtidos de maneira incorreta;

- As hipóteses e os dados são verdadeiros mas insuficientes, e nossa intuição da realidade é inadequada;

- Existem outras variáveis envolvidas na situação real que não foram utilizadas no modelo teórico;

- Foi cometido algum erro no desenvolvimento matemático formal;

- "Um penetrante princípio novo foi descoberto" (Harvey J. Gold).

O aprofundamento da teoria implica na reformulação dos modelos. *Nenhum modelo deve ser considerado definitivo, podendo sempre pode ser melhorado*, e agora poderíamos dizer que *um bom modelo* é aquele que propicia a formulação de novos modelos. A reformulação de modelos é uma das partes fundamentais do processo de modelagem e isto pode ser evidenciado se considerarmos que:

- Os fatos conduzem constantemente a novas situações;

- Qualquer teoria é passível de modificações;

- As observações são acumuladas gradualmente de modo que novos fatos suscitam novos questionamentos;

- A própria evolução da Matemática fornece novas ferramentas para traduzir a realidade (Teoria do Caos, Teoria Fuzzy etc.).

A modelagem eficiente permite fazer previsões, tomar decisões, explicar e entender; enfim participar do mundo real com capacidade de influenciar em suas mudanças. Salientamos mais uma vez que a aplicabilidade de um modelo depende substancialmente do contexto em que ele é desenvolvido – um modelo pode ser "bom" para o biólogo e não para o matemático e vice-versa. Um modelo parcial pode atender às necessidades imediatas de um pesquisador mesmo que não comporte todas as variáveis que influenciam na dinâmica do fenômeno estudado.

De uma maneira geral podemos classificar como atividade do *matemático aplicado* a construção e análise do modelo matemático – sua aplicabilidade e validação são predominantemente, atividades dos pesquisadores de outras áreas. O intercâmbio do matemático com estes pesquisadores é que proporciona a obtenção de modelos coerentes e úteis.

No esquema da figura 1.3, procuramos dar uma ideia desta divisão de atividades intelectuais:

O quadro acima dá, a grosso modo, as atividades do matemático. A interrelação com outros pesquisadores está essencialmente nos processos de formulação de hipóteses, escolha de variáveis e validação do modelo.

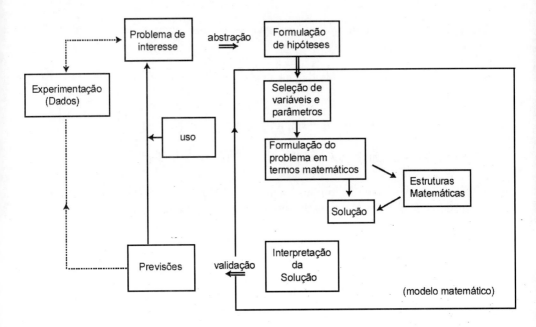

Figura 1.3: Divisão de atividades intelectuais.

1.2.2 Usos da Modelagem Matemática

Usualmente o termo *aplicação* de matemática denota o fato de se utilizar seus conceitos para entendimento de fenômenos do mundo real. Eventualmente, modelos matemáticos, ou mais geralmente, todo argumento matemático que é ou pode ser, de alguma forma, relacionado com a realidade, pode ser visto como pertencente à Matemática Aplicada (cf. W. Blum, cap. I, [16]).

A **Matemática Aplicada** moderna pode ser considerada como a *arte de aplicar matemática a situações problemáticas*, usando como processo comum a modelagem matemática. É esse elo com as ciências que distingue o matemático aplicado do matemático puro. A diferença consiste, essencialmente, *na atitude de se pensar e fazer matemática*.

Modelagem como método científico

Uma série de pontos podem ser levantados para destacar a relevância da modelagem matemática quando utilizada como instrumento de pesquisa:

- Pode estimular novas ideias e técnicas experimentais;

- Pode dar informações em diferentes aspectos dos inicialmente previstos;

- Pode ser um método para se fazer interpolações, extrapolações e previsões;

- Pode sugerir prioridades de aplicações de recursos e pesquisas e eventuais tomadas de decisão;

- Pode preencher lacunas onde existem falta de dados experimentais;

- Pode servir como recurso para melhor entendimento da realidade;

- Pode servir de linguagem universal para compreensão e entrosamento entre pesquisadores em diversas áreas do conhecimento.

A modelagem matemática, com toda sua abrangência e poder de síntese, é por excelência o método científico usado nas ciências factuais – sua larga esfera de aplicação e variedade das ideias matemáticas utilizadas podem ser melhor expressas examinando-se suas *atuais áreas de pesquisa*. (Vide G. G. Hall, in Mathematical Education, 1978, [18]).

Física Teórica

A evolução e complexidade dos modelos matemáticos para a teoria dos campos, deu impulso ao desenvolvimento de sistemas de equações diferenciais ordinárias – a estabilidade e regularidade de soluções tornou-se o alvo preferido dos matemáticos. A Eletricidade e o Magnetismo, a Hidrodinâmica, a Elasticidade e em geral os fenômenos de difusão levam às Equações Diferenciais Parciais. Todas estas sub-áreas da matemática têm um ponto inicial comum: a Teoria dos Campos Vetoriais. As técnicas das séries de funções ortogonais, juntamente com as transformações integrais, fornecem soluções convenientes para um grande número de problemas específicos.

Com o desenvolvimento da Teoria da Relatividade e Teoria Quântica, as categorias físicas fundamentais de espaço, tempo e matéria foram re-examinadas e não puderam se adaptar aos conceitos intuitivos tradicionais. Em socorro vieram a Teoria dos Grupos de Lorentz e a Teoria da Álgebra de Von Newmann, essenciais nos modelos, respectivamente, da Teoria da Relatividade e da Teoria Quântica.

Muitas outras descobertas, além das citadas, estão transformando o físico teórico num indivíduo cada vez mais especializado devido à necessidade de trabalhar em teorias altamente sofisticadas, que precisam de consideráveis habilidades matemáticas. A Física Teórica passou a constituir, nos melhores centros de pesquisa, uma sub-área ou disciplina da matemática aplicada (também denominada Física-Matemática).

Química Teórica

A Química Teórica está surgindo como uma disciplina distinta da Física Teórica, embora tenha aplicado por muitos anos os conceitos da Mecânica (Estatística e Quântica). A Química procura entender as propriedades das moléculas individualizadas em termos dos elétrons e de outras partículas. A princípio os modelos matemáticos podem ser estabelecidos e resolvidos em analogia com os fenômenos físicos, mas o maior complicador está na escala das operações. Por outro lado, o fato das propriedades químicas frequentemente seguirem leis empíricas simples, mostra aplicações em várias direções: uso de equações diferenciais para modelar velocidade de reações químicas (lei da ação das massas), teoria das matrizes e grafos para descrever a estrutura das moléculas etc.

Biomatemática

As tentativas de representação matemática de fenômenos biológicos ganharam alguma credibilidade com os modelos didáticos de interação entre espécies devidos a Lotka-Volterra e Kostitizin (vide Scudo Z. [28]) e com os modelos de epidemiologia de Kermack-McKendrick, nos meados deste século. Tais modelos utilizavam a teoria das equações diferenciais, ordinárias ou parciais, invariavelmente baseadas nas leis físicas de conservação.

A dificuldade maior em aplicar matemática às situações biológicas está no fato de que tais fenômenos têm um comportamento bem mais complexo que os da Física – suas variáveis têm um comportamento fortemente aleatório e muitas vezes sensíveis às pequenas pertubações.

Nas últimas décadas a Biomatemática vem tendo um desenvolvimento fortemente encorajado pelo aparecimento de novas teorias matemáticas (Teoria do Caos e as bifurcações, Teoria Fuzzy, Espaços de Aspectos, etc.) e técnicas derivadas de recursos computacionais. Recentemente, o surgimento de novos paradigmas, cada vez mais desvinculados dos tradicionais, pressupostos pelo reducionismo, propiciam modelos mesoscópicos mais realistas capazes de simular, prever e influir nos fenômenos biológicos tais como: dinâmica de redes filamentares, difusão de insetos e poluentes, redes neuronais, agregação celular, padrões de formação em geral etc (Murray, 1990, [23]).

"A interface entre modelos microscópicos e macroscópicos de um mesmo fenômeno é uma região de difícil análise e a estratégia mais comum para seu estudo é a formulação de um modelo abrangente, o que implica no uso de escalas muito diversas. A transição destas descrições entre submodelos se faz quase sempre de maneira singular" (veja Ferreira Jr., [30]).

A complexidade dos fenômenos biológicos que poderia ser a causa do desinteresse de matematização desta ciência, ao contrário tem cada vez mais adeptos, mesmo porque a Biomatemática se tornou uma fonte fértil para o desenvolvimento da própria Matemática.

Aplicações em outras áreas

Um esforço maior em Matemática Aplicada tem sido na solução de *problemas industriais e de engenharia*. Nem todo problema tecnológico é essencialmente físico em natureza. Os mais importantes e comuns nesta área são originados dos processos de controle e automação. A sofisticação e automação de máquinas têm sido desenvolvidas com o uso da álgebra fuzzy, teoria do controle, além das técnicas modernas para resolver equações diferenciais parciais com computadores (método dos elementos finitos, método da relaxação e outros).

A *Ciência da Computação* está em fase de ser cristalizada como disciplina. Ela inclui muitas aplicações da lógica matemática (teoria das máquinas de Turing) e mais recentemente a lógica fuzzy, as funções recursivas, e de um modo geral a computabilidade. A interação entre a computação e a matemática tem crescido de tal forma que seria difícil afirmar quem ajuda quem em seu desenvolvimento.

As várias *Ciências Sociais* estão, gradualmente, tornando-se clientes do poder da Matemática para a organização de seus dados e para testar a objetividade de seus pensamentos. Em Economia, a econometria tem se desenvolvido rapidamente e tornou-se um estudo especializado por si mesmo. A análise de equilíbrio em Economia (equilíbrio de mercado, equilíbrio de renda, dívida etc.) tem usado a teoria de controle como instrumento em busca de otimizações. A análise da dinâmica de sistemas (modelos de dívida externa, renda familiar, mercado, ciclos de maturação etc) utiliza sistemas de equações diferenciais e de diferenças. A programação matemática, cálculo de variações e teoria dos jogos têm sido ferramentas matemáticas utilizadas também em problemas de otimização nesta área.

Outras áreas sociais (Geografia, História, Sociologia, Política, Psicologia, Antropologia etc) ainda estão nos primeiros passos (modelos elementares) no que se refere ao uso de matemática em suas pesquisas e o progresso tem sido lento. Algumas aplicações foram obtidas com a Análise Estatística de Dados, Teoria dos Grafos, Teoria da Informação e Teoria dos Jogos, mas os resultados têm sido pouco significativos.

A Arqueologia usa matrizes para a classificação de dados e reconhecimento de modelos; a Linguística usa um tratamento matemático para a gramática e para a sintaxe. A Arquitetura acha inspiração nas formas e modelos geométricos e a Filosofia tem sido influenciada pela matematização da lógica, por filósofos da matemática e pelo estudo dos métodos científicos. As técnicas de computação gráfica têm sido utilizadas nas artes criativas (televisão, cinema, pintura etc.) e a música computacional está se iniciando (veja Hall, 1978, [18]).

Modelagem como estratégia de ensino-aprendizagem

O êxito dos modelos matemáticos quanto à previsibilidade - causal ou estocástica -tem implicado seu uso também em situações menos favoráveis e, neste sentido a *Matemática Aplicada* vem ganhando terreno nas últimas décadas, proliferando como curso de graduação e pós-graduação estruturados em várias universidades bem conceituadas.

A tônica dos cursos de graduação é desenvolver disciplinas matemáticas "aplicáveis", em especial aquelas básicas que já serviram como auxiliares na modelagem de fenômenos de alguma realidade como Equações Diferenciais Ordinárias e Parciais, Teoria do Controle Ótimo, Programação Linear e não Linear, Teoria das Matrizes, Métodos Computacionais, Análise Numérica etc.

Nos cursos de Mestrado e Doutorado, além de um aprofundamento das disciplinas matemáticas, o objetivo principal é desenvolver a criatividade matemática do aluno no sentido de torná-lo um *modelador* matemático quando se dedica ao estudo de alguma situação fenomenológica.

O pós-graduando pode também ser levado a realizar pesquisas visando a obtenção de novos métodos e técnicas que facilitem a modelagem (métodos numéricos na maioria das vezes ou teorias matemáticas em alguns casos isolados). É notório o crescimento da procura por estes "cursos aplicados" em detrimento do bacharelado em Matemática Pura.

"Convém lembrar que em grande escala, a *aprendizagem* teve início a partir do século XIX quando *Ler-Escrever-Contar* eram os 3 pilares da educação das pessoas. A matemática vinha em terceiro lugar mas seu objetivo era bem claro: ensinar algorítmos efetivos para as 4 operações aritméticas e familiarizar o aluno com sistema de peso, volume, dinheiro e tempo" (Garding, [7]).

O desenvolvimento de novas teorias matemáticas e suas apresentações como algo acabado e completo acabaram conduzindo seu ensino nas escolas de maneira desvinculada da realidade, e mesmo do processo histórico de construção da matemática. Assim é que um teorema é ensinado, seguindo o seguinte esquema: **"enunciado → demonstração → aplicação"**, quando de fato o que poderia ser feito é sua construção na ordem inversa (a mesma que deu origem ao teorema), isto é, sua *motivação* (externa ou não à matemática), a *formulação de hipóteses*, a *validação* das hipóteses e novos questionamentos, e finalmente seu *enunciado*. Estaríamos assim reinventando o resultado juntamente com os alunos, seguindo o processo da modelagem e conjugando verdadeiramente o binômio ensino-aprendizagem.

A individualização dos cursos de Matemática, com a separação artificial de *"Matemática Pura"* e *"Matemática Aplicada"*, pressupõe que a primeira se interessa mais pelas formalizações teóricas enquanto que a segunda se dedica às suas aplicações. Esta separação pode ter como causa o pedantismo exagerado dos puristas que se sentem autosuficientes e na maioria das vezes, nunca experimentaram aplicar seus conhecimentos em outras áreas – talvez com medo de falharem. Consideram a matemática aplicada de categoria inferior, da mesma forma que os matemáticos gregos consideravam o "cálculo" uma ferramenta popular e se isolavam em comunidades secretas para discutirem a "verdadeira matemática".

Não pretendemos fazer uma apologia da matemática aplicada em detrimento da pura, afinal a matemática é uma ciência básica e importante para atender a vários interesses e não deve servir apenas aos seus usuários e à sociedade em geral - deve também cuidar de seus próprios interesses.

No processo evolutivo da Educação Matemática, a inclusão de aspectos de aplicações e mais recentemente, *resolução de problemas e modelagem*, têm sido defendida por várias pessoas envolvidas com o ensino de matemática. Isto significa, entre outras coisas, que a matéria deve ser ensinada de um modo significativo matematicamente, considerando as próprias realidades do sistema educacional.

Selecionamos aqui alguns dos principais argumentos para tal inclusão (veja Blum, [16])

1. *Argumento formativo* – enfatiza aplicações matemáticas e a performace da modelagem matemática e resolução de problemas como processos para desenvolver *capacidade* em geral e *atitudes* dos estudantes, tornando-os explorativos, criativos e habilidosos na resolução de problemas.

2. *Argumento de competência crítica* – focaliza a preparação dos estudantes para a vida real como cidadãos atuantes na sociedade, competentes para ver e formar juízos próprios, reconhecer e entender exemplos representativos de aplicações de conceitos matemáticos.

3. *Argumento de utilidade* – enfatiza que a instrução matemática pode preparar o estudante para utilizar a matemática como ferramenta para resolver problemas em diferentes situações e áreas.

4. *Argumento intrínseco* – considera que a inclusão de modelagem, resolução de problemas e aplicações fornecem ao estudante um rico arsenal para entender e interpretar a própria matemática em todas suas facetas.

5. *Argumento de aprendizagem* – garante que os processos aplicativos facilitam ao estudante compreender melhor os argumentos matemáticos, guardar os conceitos e os resultados, e valorizar a própria matemática.

6. *Argumento de alternativa epistemológica* – A modelagem também se encaixa no *Programa Etnomatemática*, indicado por D'Ambrosio ([3],[4]) "que propõe um enfoque epistemológico alternativo associado a uma historiografia mais ampla. Parte da realidade e chega, de maneira natural e através de um enfoque cognitivo com forte fundamentação cultural, à ação pedagógica", atuando, desta forma, como uma metodologia alternativa mais adequada às diversas realidades socioculturais.

Apesar de todos estes argumentos favoráveis ao uso da modelagem matemática, muitos colocam obstáculos, principalmente quando aplicada em cursos regulares. Estes obstáculos podem ser de tres tipos:

a. *Obstáculos instrucionais* – Os cursos regulares possuem um *programa* que deve ser desenvolvido completamente. A modelagem pode ser um processo muito demorado não dando tempo para cumprir o programa todo. Por outro lado, alguns professores têm dúvida se as aplicações e conexões com outras áreas fazem parte do ensino de Matemática, salientando que tais componentes tendem a distorcer a estética, a beleza e a universalidade da Matemática. Acreditam, talvez por comodidade, que a matemática deva preservar sua "precisão absoluta e intocável sem qualquer relacionamento com o contexto sociocultural e político" (cf. D'Ambrosio, [4]).

b. *Obstáculos para os estudantes* – O uso de Modelagem foge da rotina do ensino tradicional e os estudantes, não acostumados ao processo, podem se perder e se tornar apáticos nas aulas. Os alunos estão acostumados a ver o professor como transmissor de conhecimentos e quando são colocados no centro do processo de ensino-aprendizagem, sendo responsáveis pelos resultados obtidos e pela dinâmica do processo, a aula passa a caminhar em rítmo mais lento (veja Franchi, [31]).

A formação heterogênea de uma classe pode ser também um obstáculo para que alguns alunos relacionem os conhecimentos teóricos adquiridos com a situação prática em estudo.Também o tema escolhido para modelagem pode não ser motivador para uma parte dos alunos provocando desinteresse.

c. *Obstáculos para os professores* – Muitos professores não se sentem habilitados a desenvolver modelagem em seus cursos, por falta de conhecimento do processo ou por medo de se encontrarem em situações embaraçosas quanto às aplicações de matemática em áreas que desconhecem. Acreditam que perderão muito tempo para preparar as aulas e também não terão tempo para cumprir todo o programa do curso.

Nossa experiência pessoal ou de colegas com o emprego da modelagem em cursos regulares (Cálculo Diferencial e Integral, ou mesmo quando aplicada no ensino fundamental e médio), mostraram efetivamente que as dificuldades citadas podem aparecer.

A falta de tempo para "cumprir" um programa, a inércia dos estudantes para desenvolver a modelagem e a inexperência de professores são dificuldades que podem ser minoradas quando modificamos o processo clássico de modelagem, levando-se em conta o *momento de sistematização do conteúdo* e utilizando uma *analogia* constante com outras situações problemas. A modelagem no ensino é apenas uma estratégia de aprendizagem, onde o mais importante não é chegar imediatamente a um modelo bem sucedido mas, caminhar seguindo etapas onde o conteúdo matemático vai sendo sistematizado e aplicado. Com a modelagem o processo de ensino-aprendizagem não mais se dá no sentido único do professor para o aluno, mas como resultado da interação do aluno como seu ambiente natural. (veja Dissertações de Mestrado: Burak [27], Gazzeta [32], Biembegut [26], Monteiro [34] e Franchi [31]).

A proposta deste texto é sugerir a modelagem matemática como uma estratégia a ser usada para o ensino e aprendizagem de Matemática em cursos regulares ou não – e neste contexto recebe o nome de *Modelação Matemática* (modelagem em Educação).

Na modelação a validação de um modelo pode não ser uma etapa prioritária. Mais importante do que os modelos obtidos é o processo utilizado, a análise crítica e sua inserção no contexto sociocultural. O fenômeno modelado deve servir de pano de fundo ou motivação para o aprendizado das técnicas e conteúdos da própria matemática. As discussões sobre o tema escolhido favorecem a preparação do estudante como elemento participativo da sociedade em que vive – "O indivíduo, ao mesmo tempo que observa a realidade, a partir dela e através da produção de novas ideias (mentefatos) e de objetos concretos (artefatos), exerce uma ação na realidade como um todo" (D'Ambrosio, [17]).

O mais conveniente, a nosso ver, seria a unificação dos cursos de graduação de Matemática onde o ensino poderia ser desenvolvido de maneira equilibrada com teoria e prática se alternando para uma melhor compreensão e motivação dos alunos.

Por enquanto podemos dizer que a modelação tem sido aplicada com algum êxito em diversos tipos de situações: em cursos *regulares*, isto é, com programas pré-estabelecidos, em *treinamento e aperfeiçoamento de professores de Matemática*, em *programas de reciclagem de adultos*, em *cursos de serviço*, como *disciplina do curso de licenciatura* e em programas de Iniciação Científica.

A Iniciação Científica é o processo intermediário entre a pesquisa e o ensino pois preconiza a recriação de modelos, baseados ou não em outros incorporados a realidades, o que constitui o ponto central dos sistemas educativos. A Modelação utiliza o mesmo método da Iniciação Científica, voltado para a aprendizagem da Matemática como ciência básica, vinculado às suas aplicações à realidade. Em nosso país muitos professores-pesquisadores de Matemática têm procurado desenvolver suas atividades com os procedimentos delineados pela Modelagem. Destes, destacamos aqueles que contribuíram mais de perto com a iniciação e encorajamento de nossas experiências: Aristides Barreto (UFF) e Ubiratan D'Ambrosio (Unicamp) – e nossos alunos e orientandos, que transformaram nossos anseios e devaneios em trabalhos efetivos, aos quais seremos eternamente gratos.

Referências Bibliográficas

[1] Bunge, M. - *Teoria e Realidade*, Ed. Perspectiva, S. Paulo, (1974).

[2] Costa, M. A. - As ideias Fundamentais da Matemática e Outros Ensaios, Ed. Convívio - EDUSP, S. Paulo, (1981).

[3] D'Ambrosio, U. - As matemáticas e o seu entorno sociocultural; conferência de encerramento do I congresso lberoamericano de Educación Matematica, Servilla, em Enseñanza Cientifica y Tecnológica, nº 42, pp. 70-81,(1990).

[4] D'Ambrosio, U. - Etnomatemática um problema; *Educação Matemática em Revista*, SBEM, 1, pp. 5-18, (1993).

[5] Davis, P. J. & Hersh, R. - *A Experiência Matemática*, Francisco Alves, Rio de Janeiro, (1985).

[6] Davis, P. J. & Hersh, R. - *O Sonho de Descartes*, Francisco Alves, Rio de Janeiro, (1988).

[7] Garding, L. - *Encontro com a Matemática*, Ed. Univ. Brasília, Brasília, (1981).

[8] Gerdes, P., Karl Marx. - Arrancar o véu misterioso à Matemática, *Revista de Educação Matemática*, Maputo.

[9] Lakatos, E. M. & Marconi, M. A. - *Metodologia Científica*, Atlas, S. Paulo, (1983).

[10] Struik, D. J. *A Concise History of Mathematics*, Dover, (1948).

Modelagem

[11] Bassanezi, R. C. & Barros, L. C. - "A simple model of life expectancy with subjective parameters", *Kibernetes*, **24**, 7, pp. 91-98, (1995).

[12] Bassanezi, R. C. - Modelagem como método de ensino de Matemática, *Boletim da SBMAC*, R. de Janeiro, (1991).

[13] Bassanezi, R. C. & Ferreira Jr., - "Equações Diferenciais com Aplicações" - Edit. Harbra, S. Paulo, 1988)

[14] Bender, E. A. - *An Introduction to Mathematical Modeling*, John-Wiley & Sons, N. York, (1978).

[15] Berry, J. S. et alli edts. - *Teaching and applying Mathematical Modelling*, Ellis Horwood Ed., N. York, (1984).

[16] Blum, W.& Niss, M. - Mathematical Problem Solved, Modelling, ..., Cap. 1 em *Modelling, Applications and Applied Problem Resolved* (Blum-Niss-Huntley), Ellis Horwood Ed., Chinchester, (1989).

[17] D'Ambrosio, U. - *Da realidade à Ação: Reflexões sobre Educação Matemática*, Sammus Edit., Campinas, (1986).

[18] Hall, C. G. - Applied Mathematics, Cap. 2, *Mathematical Education*, Ed. by G. T. Wain, Van Nostrand Reinhold Co, U.S.A, (1978).

[19] Kapur, J. N. - The art of teaching the art of Mathematical Modelling, *I. J. M. E. S. T.* **13** (2): 185-193, (1982).

[20] McLone, R. R. - Mathematical Modelling - The art of applying mathematics, in *Math. Modelling* (Andrews-McLone), Butterwords, London, (1976).

[21] McLone, R. R. -*Can Mathematical Modelling be Taught?* in Teaching and Applying Mathematical Modelling, Berry, J.S. edts, N. York, pp.476-483, (1984).

[22] Oke, K. H.& Bajpai, A. C. - Teaching the formulation... *I. J. M. E. S. T.* **13** (6): 797-814, (1982).

[23] Murray, J. D. - *Mathematical Biology*, Biomath. Texts **19**, Springer-Verlag, USA, (1990).

[24] Breiteig, T.; Huntley, I. e Kaiser-Messmer, G.-Teaching and Learning mathematics in Context. Ellis Horwood Ltd., N.York, 1993.

Teses e Dissertações (Modelagem)

[25] Anastácio, M. G. A. (1990). *Considerações sobre a Modelagem Matemática e a Educação Matemática* - (Mestrado), UNESP, Rio Claro.

[26] Biembengut, M. S. (1990). *Modelação Matemática como Método de Ensino-Aprendizagem de Matemática em Cursos de 1º e 2º Graus* - (Mestrado), UNESP, Rio Claro.

[27] Burak, D. (1987). *Modelagem Matemática: Uma metodologia alternativa para o ensino de Matemática na 5ª série* - (Mestrado), UNESP, Rio Claro.

[28] Carrera, A. C. (1991). *Sensos Matemáticos: Uma abordagem externalista da Matemática* - (Doutorado), F.E-Unicamp, Campinas.

[29] Dolis, M. (1989). *Ensino de Cálculo e o Processo de Modelagem* - (Mestrado), UNESP, Rio Claro.

[30] Ferreira, Jr.,W. C. (1993). *Modelos matemáticos para dinâmica de populações distribuídas em espaços de aspecto com interações não locais: paradigmas de complexidade* - (Doutorado), IMECC-UNICAMP, Campinas.

[31] Franchi, R. H. O. L. (1993). *M.M. como estratégia de aprendizagem do Calc. Dif. e Integral nos curso de Engenharia* - (Mestrado), UNESP, Rio Claro.

[32] Gazzetta, M. (1988). *Modelagem como estratégia de aprendizagem da Matemática em curso de aperfeiçoamento de professores* - (Mestrado), UNESP, Rio Claro.

[33] Mendonça. M. C. D. (1993). *Problematização: Um caminho a ser percorrido em Educação Matemática* - (Doutorado), FE-Unicamp, Campinas.

[34] Monteiro, A. (1991). *O ensino de Matemática para adultos através da Modelagem Matemática* - (Mestrado), UNESP, Rio Claro.

Capítulo 2
Técnicas de Modelagem

"Eu penso que seria uma aproximação relativamente boa da verdade (que é demasiadamente complexa para permitir qualquer coisa melhor que uma aproximação) dizer que as ideias matemáticas têm a sua origem em situações empíricas... Mas, uma vez concebidas, elas adquirem uma identidade e crescimento próprios governados quase que inteiramente por motivações estéticas..."

J. Von Newmann – 1903–1957

2.1 Introdução

A maior dificuldade que notamos para a adoção do processo de modelagem, pela maioria dos professores de matemática, é a transposição da barreira naturalmente criada pelo ensino tradicional onde o objeto de estudo apresenta-se quase sempre bem delineado, obedecendo a uma sequência de pré-requisitos e que vislumbra um horizonte claro de chegada – tal horizonte é muitas vezes o *cumprimento do programa da disciplina*.

Na modelagem, o início é apenas o *tema de estudo* escolhido quando ainda não se tem ideia do conteúdo matemático que será utilizado. Nesse estágio, colocamos para os iniciantes que *quando não se tem nenhuma ideia do que fazer, comece "contando" ou "medindo"* – com este procedimento, é natural aparecer uma tabela de dados e isto pode ser o começo da modelagem. A disposição dos dados em um sistema cartesiano e um bom *ajuste* dos seu valores, facilitará a visualização do fenômeno em estudo, propiciando tentativas de propostas de problemas, conjecturas ou leis de formação. A formulação de modelos matemáticos é simplesmente uma consequência deste processo. A situação colocada desta forma pode dar a falsa impressão que *aprender* modelagem matemática é como aprender o conteúdo de uma disciplina cristalizada. Entretanto, o aprendizado de modelagem não se restringe ao aprendizado de técnicas padronizadas ou procedimentos sequenciais tal como um *protocolo cirúrgico*. Da mesma forma que só se pode aprender a jogar futebol, jogando, só se aprende modelagem, modelando! O técnico pode aprimorar o comportamento de um jogador e ensaiar jogadas mais efetivas mas o resultado final depende exclusivamente da criatividade e habilidade deste jogador; ainda assim, em cada partida sua atuação e rendimento podem ser bastante diferenciados, dependendo do comportamento da equipe adversária.

A *atividade de aplicar matemática* é tão antiga quanto à própria matemática. É sabido que muitas ideias em matemática surgiram a partir de problemas práticos. Também é verdade que o uso de matemática em outras áreas do conhecimento tem crescido substancialmente a ponto de se esperar que ela venha a resolver todos os tipos de situações. Apesar disso, por mais que se treine os matemáticos com o estudo de teorias, é possível que boa parte deles não demonstre *habilidades* para empregar matemática em outras áreas. O que entendemos por habilidades neste contexto, consiste na capacidade de tomar um problema definido em alguma situação prática relativamente complexa, transformá-lo em um modelo matemático e procurar uma *solução* que possa ser reinterpretada em termos da situação original.

Um esquema simples deste processo é dado por McLone [2].

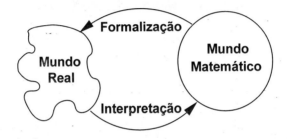

Figura 2.1: Esquema simplificado de Modelagem Matemática.

Entretanto, tal esquema não revela como se pode desenvolver habilidades de matemático aplicado nem tampouco como adquirí-las, o que nos leva ao questionamento: é possível ensinar modelagem matemática?

Sem querer ser demasiadamente simplista na reposta, nem tampouco pernósticos como donos da verdade, diríamos que a melhor maneira de se aprender modelagem matemática é *fazendo* modelagem, e de preferência juntamente com alguém mais experiente.

Partimos da premissa de que não é necessariamente o conteúdo matemático, mas o estilo e atitudes considerados em um curso de Matemática Aplicada que proporcionam condições favoráveis para que os estudantes se sintam interessados e motivados pelas aplicações.

A atividade de matematização de situações reais não é diferente em Biologia ou mesmo em História daquela obtida em aplicações tradicionais como em Física, por exemplo.

É importante para aqueles que se dispõem a trabalhar com modelagem matemática estabelecer alguns critérios de qualidade. Os critérios devem ser adequados aos objetivos que devem ser bem definidos a priori. Por exemplo, se vamos utilizar o processo de modelagem matemática para motivar o aprendizado de certos conteúdos matemáticos ou o reconhecimento do valor da própria matemática, muitas vezes a *validação dos modelos* não é um critério fundamental para sua qualificação. Por outro lado, se estamos mais interessados nos resultados fornecidos pelo modelo para entender a situação modelada então a sua validação é indispensável.

Alguns procedimentos podem ser considerados gerais em modelagem:

- aquisição de técnicas básicas e teoria (utilização do "dicionário" bilingue: linguagem usual-matemática, matemática – linguagem usual);

- estudo de problemas clássicos;

- emprego de técnicas conhecidas em situações novas;

- questionamento ou crítica a respeito da fabilidade de modelos clássicos;

- improvisação de novas técnicas quando as existentes são inadequadas;

- abstração de princípios unificadores para certas situações;

- formulação de problemas em termos matemáticos;

- organização de material (dados experimentais, bibliográficos, etc.);

- cooperação com especialistas de outras áreas.

Neste capítulo vamos introduzir alguns *recursos* básicos para a iniciação à modelagem, não perdendo de vista nosso objetivo principal que é o ensino-aprendizagem de matemática.

2.2 Formulação de Problemas

A formulação de problemas novos ou interessantes nem sempre é uma atividade muito simples para um professor de matemática. Numa experiência realizada com 30 professores de Cálculo de universidades do sul do país (UNICAMP-1981), pudemos verificar, intuitivamente, que a criatividade para a formulação de problemas novos ou com algum interesse prático foi muito pouco significativa. A situação colocada, na ocasião, aos professores era simplesmente formular um problema próprio, relativo ao programa que ensinavam na disciplina Cálculo I. Os professores tiveram 2 horas para cumprir esta atividade e os problemas propostos foram, quase todos, exemplos encontrados nos livros texto adotados na época. O resultado desta experiência serviu-nos de motivação para a procura de estratégias que possibilitassem o desenvolvimento de habilidades na criação de problemas. Neste sentido, a modelagem pareceu-nos o procedimento mais eficaz.

2.2.1 Escolha de temas

O início de uma modelagem se faz com a *escolha de temas*. Faz-se um levantamento de possíveis situações de estudo as quais devem ser, preferencialmente, abrangentes para que possam propiciar questionamentos em várias direções. Por exemplo, se o tema escolhido for *vinho* pode-se pensar em problemas relativos à vinicultura, fabricação, distribuição, efeitos do álcool no organismo humano, construção de tonéis, entre outros. Se for *abelha*, poderão surgir problemas de dinâmica populacional, dispersão de colmeias, forma dos alvéolos, comercialização do mel, comunicação dos insetos, interação com plantações etc.

É muito importante que os temas sejam escolhidos pelos alunos que, desta forma, se sentirão corresponsáveis pelo processo de aprendizagem, tornando sua participação mais efetiva. É claro que a escolha final dependerá muito da orientação do professor que discursará sobre a exequibilidade de cada tema, facilidade na obtenção de dados, visitas, bibliografia etc.

Tanto no caso onde haja apenas um tema escolhido como quando os temas são diversificados, os alunos devem trabalhar em pequenos grupos com problemas específicos do tema comum de cada grupo. Assim, o levantamento de problemas deve ser feito em grupos já definidos – o professor não deve propor problemas mas deve atuar como monitor em cada grupo, sugerindo situações globais que devem ser incorporadas pelos alunos.

2.2.2 Coleta de dados

Uma vez escolhido o tema, o próximo passo é buscar informações relacionadas com o assunto. A coleta de dados qualitativos ou numéricos pode ser efetuada de várias formas:

- Através de entrevistas e pesquisas executadas com os métodos de amostragem aleatória. Neste caso a organização de um questionário eficiente e a utilização de alguns conceitos básicos de Estatística são fundamentais;

- Através de pesquisa bibliográfica, utilizando dados já obtidos e catalogados em livros e revistas especializadas;

- Através de experiências programadas pelos próprios alunos.

  Os dados coletados devem ser organizados em tabelas que, além de favorecerem uma análise mais eficiente, podem ser utilizadas para a construção dos gráficos das curvas de tendências.

2.2.3 Formulação de modelos

A natureza dos dados obtidos é que, de certa forma, vai orientar a formulação matemática dos modelos.

Em relação aos tipos de formulações matemáticas, destacamos dois:

Formulação estática

São formulações matemáticas envolvendo equações ou funções com uma ou mais variáveis onde os modelos matemáticos traduzem uma correspondência biunívoca entre as variáveis da formulação e as variáveis físicas do sistema caracterizado. As formulações estáticas utilizam, geralmente, conceitos ligados à área de geometria onde a variável *tempo* não tem interesse.

Experiência vivida: fabricação de "pipas" de vinho

O *vinho* foi foi um dos temas escolhidos num curso de Especialização para 28 professores de Matemática, desenvolvido na Universidade de Ijui (RS) – UNIJUI ([3]), no período de férias escolares em 1989 e 90 (veja Cap. 4 - O Vinho). Os outros temas escolhidos foram: madeira, ranicultura, evasão escolar e missões jesuítas.

As justificativas para a escolha do vinho como tema e da Modelagem como estratégia de aprendizagem de Matemática, podem ser reconhecidas no dizeres dos alunos participantes do projeto:

> "Em nosso trabalho a escolha da situação-problema está ligada à cultura do povo da região. O cultivo da videira foi trazido pelos colonizadores italianos no início deste século e desde então a produção do vinho tornou-se essencial para a economia do município... Uma das tendências mais recentes em Educação Matemática, aponta para a necessidade de integrar o ensino desta ciência com o de outras áreas, em todos os níveis. Para que este processo aconteça e para que a Matemática seja valorizada como "disciplina", e nos ajude a entender e até modificar o meio em que vivemos, utilizamos a Modelagem Matemática com o objetivo de associar sua teoria à prática..."

Inicialmente foram feitas visitas às granjas da região e entrevistas com produtores – os dados colhidos foram completados com pesquisa bibliográfica. A pesquisa *etnológica* e o histórico do tema ocuparam a primeira etapa do processo.

> "Seu Joaquim, além de produzir vinho, constroi suas próprias pipas."

O processo de construção das pipas pelo "seu" Joaquim chamou a atenção dos alunos que se interessaram em saber que "matemática" era aquela que ele usava em seus esquemas geométricos, herdados de seus ancestrais (figura 2.2).

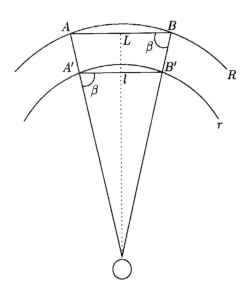

Figura 2.2: Croqui utilizado pelo "seu" Joaquim.

No croqui, a circunferência maior representa a base da pipa e a menor, sua tampa. As pipas ou reservatórios de vinho têm o formato de um tronco de cone (figura 2.3) e são construídas com *ripas* de madeira justapostas. As ripas são de rápia e têm 2.5cm de espessura, com largura variando entre 5cm e 10cm.

Para construir uma pipa com um *volume pré-estabelecido*, "seu" Joaquim deve cortar as ripas de modo que se encaixem perfeitamente. No esboço (figura 2.2), L é a largura máxima da ripa a ser utilizada; ℓ a largura a ser determinada e β é o ângulo de encaixe entre duas ripas.

Observamos que os valores de ℓ e β devem depender da largura inicial da ripa L e do volume requisitado para a pipa.

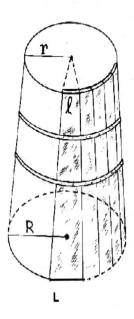

Figura 2.3: A pipa.

Observamos que a planta utilizada (figura 2.2) é uma projeção ortogonal de uma ripa da pipa (figura 2.4)

O ângulo de encaixe β, entre duas ripas, é obtido considerando:

- R: raio da base da pipa

- L: largura da ripa na base

- Todas as ripas justapostas devem formar, na base da pipa, uma circunferência.

Em 2001, foram produzidos 263 milhões de litros de vinho no RS, sendo 33.4 milhões de litros de vinhos finos, e 17 milhões de suco de uva.

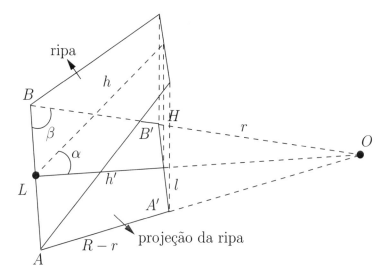

Figura 2.4: Projeção ortogonal de uma ripa.

Temos que o triângulo OAB é isósceles e portanto

$$\beta = \arccos \frac{L/2}{R} \qquad (2.1)$$

Por exemplo, se o diâmetro da base deve ter 98cm ($R = 49$) e a largura maior de cada ripa é 7cm, então

$$\beta = \arccos \frac{3.5}{49} = 85.9°$$

Para determinar a forma da ripa cortada, dados R, L e β (e supostamente também o raio r da tampa), devemos ter o mesmo ângulo de encaixe na tampa, isto é,

$$\cos \beta = \frac{\ell/2}{r} \Rightarrow \ell = 2r \cos \beta$$

Portanto,

$$\frac{\ell/2}{r} = \frac{L/2}{R} \Rightarrow \ell = \frac{rL}{R} \tag{2.2}$$

(Este mesmo resultado pode ser obtido da semelhança dos triângulos OAB e $OA'B'$).

Da figura 2.4, temos

$$h' = (R - r) \cos \beta \qquad \text{(projeção ortogonal de } h).$$

Usando as expressões (2.1) e (2.2) temos h' em função de L e ℓ, isto é,

$$h' = \frac{L - \ell}{2} \tag{2.3}$$

Então, se H é a altura da pipa, vem, do Teorema de Pitágoras

$$h^2 = H^2 + (R - r)^2 \cos^2 \beta \implies H = \sqrt{h^2 - (R - r)^2 \cos^2 \beta}$$

ou

$$H = \sqrt{h^2 - \frac{(L - \ell)^2}{4}} \tag{2.4}$$

O volume de um tronco de cone é dado por

$$V = \frac{1}{3} \pi H (R^2 + rR + r^2) \tag{2.5}$$

e "seu" Joaquim aproxima este volume usando a fórmula do cilindro médio, isto é, considera

$$r_m = \frac{r + R}{2} \quad \Rightarrow \quad V \simeq \pi r_m^2 H \tag{2.6}$$

O seguinte problema foi proposto pelos cursistas:

Problema: Construir uma pipa de 1000 litros, com altura 1.5m e diâmetro da base igual a 1m.

Solução:

Suponhamos que as ripas sejam regulares (forma de retângulo) e tenham largura de 10cm.

Dados: $V = 1000 \mathrm{dm}^3$, $H = 15 \mathrm{dm}$, $R = 5 \mathrm{dm}$ e $L = 1 \mathrm{dm}$.

Usando a expressão (2.5) do volume, temos

$$r = \frac{-R \pm \sqrt{R^2 - 4(R^2 - \frac{3V}{\pi H})}}{2}$$

como r deve ser positivo, usando os dados, obtemos $r = 4.20 \mathrm{dm}$.

O valor de ℓ é obtido de (2.2)

$$\ell = \frac{rL}{R} = \frac{4.2}{5} = 0.84 \mathrm{dm}$$

e o valor de h vem de (2.3)

$$h = \sqrt{H^2 + \frac{(L-\ell)^2}{4}} = 15.0002 \mathrm{dm}$$

Serão utilizadas n ripas, onde

$$n \cong \frac{P}{L} = \frac{2\pi R}{L} = 31.4 \text{ ripas.} \quad \text{Portanto, uma delas deve ser menor!}$$

Se quisermos que todas as ripas utilizadas sejam iguais, devemos usar 32 ripas. Então,

$$32 \cong \frac{2\pi R}{L'} \implies L' = 0.98175 \mathrm{dm}$$

e

$$\ell' = \frac{rL'}{R} = \frac{4.20 \times L'}{5} = 0.82467 \mathrm{dm}$$

O ângulo de encaixe deve ser

$$\beta = \arccos \frac{\ell'/2}{r} = \arccos(0.098175) = 84.366°.$$

Exercício: Resolva o problema anterior, usando a fórmula (2.6) do volume do "seu" Joaquim.

Formulação dinâmica

A formulação de modelos dinâmicos, em geral, envolve dois tipos de variáveis (dependentes e independentes) onde a variável independente é geralmente o tempo. O conceito de uma relação entre duas variáveis é bem conhecido, mas podemos fazer distinção entre uma *relação funcional* e uma *relação estatística*.

A relação funcional entre duas variáveis é expressa por uma fórmula matemática:

$$y = f(x),$$

onde x é a variável independente e y a variável dependente.

Exemplo 2.1. *Tilápias do Nilo*

A tabela 2.1 nos dá, em ordem crescente, o peso médio e o comprimento da "Tilápia do Nilo" (*Sarotherodon niloticus*) – peixe de origem africana e bem adaptado em nossas águas – em relação à sua idade:

t: idade	x: comp. médio	y: peso médio
0	11.0	26
1	15.0	59.5
2	17.4	105.4
3	20.6	200.2
4	22.7	239.5
5	25.3	361.2
6	27.4	419.8
7	28.2	475.4
8	29.3	488.2

Tabela 2.1: Dados sobre a tilápia do Nilo.

Considerando as variáveis: peso médio y e o comprimento x, podemos relacioná-las num gráfico como na figura 2.5 .

A curva de relação estatística (curva de regressão), figura 2.6, indica a tendência geral entre o peso médio e o comprimento da espécie estudada. Podemos, neste caso, observar que a maioria dos pontos não estão sobre a curva – esta dispersão pode ser considerada como sendo de *natureza randônica*.

Relações estatísticas são frequentemente utilizadas quando não se tem a exatidão de uma relação funcional.

Uma regressão ou curva de tendência pode ser o primeiro passo para uma Modelagem. Uma relação funcional, obtida através de um *ajuste* dos dados, propicia condições para a elaboração de hipóteses que levam à formulação dos modelos. *Os modelos são relações funcionais que incorporam as particularidades do fenômeno analisado.*

Por exemplo,

$$p(l) = b\, l^{\lambda}$$

é uma relação funcional entre o comprimento e o peso do peixe que incorpora a taxa de metabolismo b e a forma do peixe (traduzida pelo parâmetro λ). Com os dados específicos

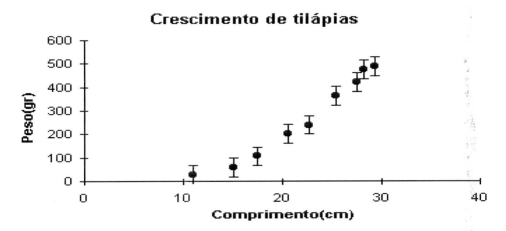

Figura 2.5: Gráfico de dispersão.

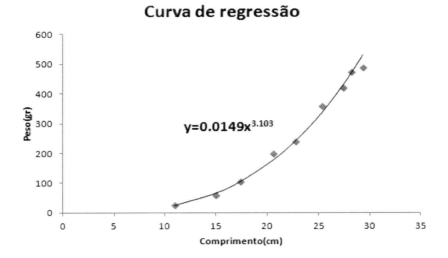

Figura 2.6: Curva de regressão.

da tabela 2.1, temos

$$p(l) = 0.0149\, l^{3.103}$$

Esta relação funcional pode ainda ser considerada como um *modelo estático* da relação entre as variáveis peso e comprimento da tilápia.

Agora, se considerarmos as relações funcionais:

$$p(t) = p_{\max} \left(1 - e^{-\frac{\beta}{3}t}\right)^3 \qquad \text{ou} \qquad l(t) = l_{\max}(1 - e^{-\beta\lambda t})$$

temos modelos *dinâmicos* que relacionam as variáveis de estado peso e comprimento do peixe com o tempo, permitindo fazer previsões destas variáveis (β é a constante de catabolismo, representando a taxa de energia gasta para o peixe se movimentar – veja modelos de von Bertalanffy, parágrafo 2.6).

Muitos modelos interessantes são formulados através de conhecimentos e dados obtidos em estudos e pesquisas ligados à Etnociência ou mais particularmente à **Etnomatemática** ([4],[5] e [6]) que, via de regra, incorpora situações regidas pelo princípio básico da Natureza: *"minimizar o esforço e obter o máximo rendimento"*. Exemplos de modelagem baseada neste princípio são abundantes na literatura.

A Etnociência propõe a redescoberta de sistemas de conhecimentos adotados em outras culturas. Quando estes conhecimentos utilizam, mesmo que intrinsicamente, algum procedimento matemático então, por meio de modelagem pode-se chegar a sua origem de maneira mais eficiente. Desta forma, muitas situações provenientes da Etnomatemática têm produzido bons resultados, em relação ao ensino-aprendizagem, quando trabalhadas através da modelagem matemática. A análise do croqui do "seu" Joaquim, para construção de tonéis de vinho, é um exemplo típico deste processo.

2.3 Regressão ou Ajuste de Curvas

O termo regressão surgiu no século XIX, utilizado por Sir Francis Galton que estudou a relação entre altura de pais e filhos, observando que, na média, havia um decréscimo nos valores encontrados entre as duas gerações. Ele considerou esta tendência como sendo uma regressão genética e por algum motivo, não muito claro, chamou este fato de *"regression to mediocrity"* ([7]).

Uma regressão ou ajuste de curvas é um recurso formal para expressar alguma tendência da variável dependente y quando relacionada com a variável independente x. Em outras palavras, regressão é um mecanismo ou artifício que fornece uma relação funcional quando se tem uma relação estatística.

Se considerarmos os dados da tabela 2.1 sobre tilápias (comprimento $\times$ peso) podemos supor que exista, para cada nível de comprimento x, uma distribuição de probabilidades do peso y correspondente, conforme figura 2.7

Uma curva de regressão é bastante útil para uma formulação simplificada dos dados ou verificação de alguma tendência entre eles.

Quando analisamos algum fenômeno ou situação através de dados numéricos estamos interessados, além da descrição e tendências locais fornecidas por uma curva de regressão, em saber se a relação funcional correspondente $y = f(x)$ é também adequada para se fazer *previsões* de y quando x escapa do intervalo pesquisado. Nos modelos estáticos esta

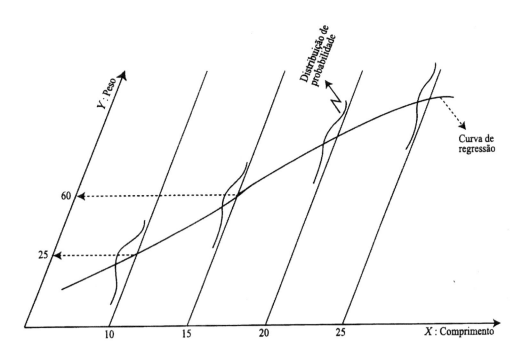

Figura 2.7: Distribuição de probabilidade e curva de regressão.

qualidade é quase sempre preservada pelo ajuste, entretanto quando se trata de modelos dinâmicos outras considerações sobre o comportamento fenomenológico das variáveis devem ser avaliadas.

Num programa simples de ajuste de curvas escolhemos, a priori, o tipo de curva que desejamos para expressar a relação funcional entre as variáveis. Este processo nem sempre satisfaz as condições mínimas exigidas para uma previsão do relacionamento futuro destas variáveis.

No caso da relação entre o comprimento e a idade da tilápia, observamos que a reta (figura 2.8)

$$x = 2.2917\,t + 12.711$$

obtida do ajuste entre os dados t (idade) e x (comprimento) não possibilita fazer "boas" previsões de x quando t cresce com valores superiores a 8. Assim, a reta ajustada não pode ser considerada um modelo matemático para o crescimento de peixes em função da idade. Neste caso, a reta é simplesmente *uma curva que descreve uma tendência deste crescimento no intervalo pesquisado.*

É claro também que, no intervalo $0 \leq t \leq 8$, podemos ter uma infinidade de curvas de regressão relacionando x e t. Poderíamos considerar um ajuste quadrático (Fig 2.9) e

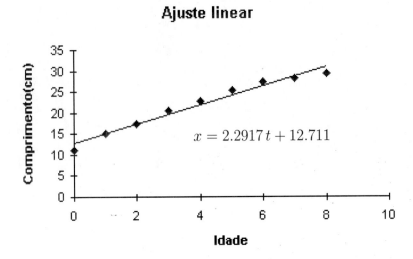

Figura 2.8: Ajuste linear – tendência do crescimento da tilápia no período de 8 semanas.

obteríamos a relação funcional da forma

$$x = -0.1752\,t^2 + 3.6934\,t + 11.076$$

que se aproxima ainda mais dos valores dados na tabela 2.1. Mesmo que com esta curva se possa fazer alguma previsão de futuros comprimentos, ainda assim, tal formulação não poderia ser considerada um modelo matemático do fenômeno enquanto seus parâmetros não tiverem algum significado biológico!

Quando consideramos t suficientemente grande, $t > 11$ por exemplo, o ajuste quadrático obtido mostra que a tendência do comprimento do peixe é diminuir com a idade (figura 2.9) o que não condiz com a realidade.

O propósito da modelagem matemática é obter uma relação funcional que comporte em seus parâmetros qualidades ou significados inerentes ao fenômeno analisado e para isto se faz necessário um estudo mais detalhado do próprio fenômeno. No caso do crescimento do peixe devemos considerar, pelo menos, que seu tamanho tende a se estabilizar quando t cresce. Esta é uma propriedade biológica de todos os seres vivos!

Em termos de modelagem matemática de fenômenos caracterizados por um processo dinâmico, a formulação do modelo pode muitas vezes preceder à analise dos dados experimentais. Nestes casos, o método de ajuste de curvas é fundamental para a *validação* dos modelos estabelecidos a priori. A validação de um modelo matemático consiste na verificação da aproximação do modelo com a realidade, ou seja, se os dados experimentais ou observados não estão "muito longe" daqueles fornecidos pelo modelo.

Em geral, o modelo depende de parâmetros e sua validação exige a *estimação* desses

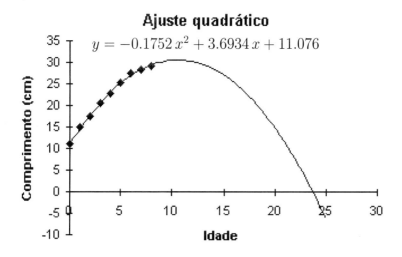

Figura 2.9: Ajuste quadrático.

parâmetros, de modo que a curva (solução do modelo) ajustada represente, o mais próximo possível, o fenômeno estudado.

É importante também, no caso da modelagem, analisar a sensibilidade do modelo aos valores dos parâmetros, o que é tratado através de argumentos estatísticos – o que não faremos sistematicamente, neste texto.

Um dos métodos mais usados para estimação de parâmetros ou ajuste de curvas é denominado *"método dos quadrados mínimos"*, ou dos *mínimos quadrados* como é usualmente conhecido (vide *box*).

Método dos Quadrados Mínimos

Considere um conjunto de n dados observados $\{\overline{x}_i, \overline{y}_i\}, i = 1.2, 3, \ldots, n$ e uma função $y(x) = f(x; a_1, a_2, \ldots, a_k)$, onde $a_j (j = 1, \ldots, k)$ são os parâmetros – o **método dos quadrados mínimos** consiste em determinar estes parâmetros de modo que "minimize" o valor de

$$S = \sum_{i=1}^{n}(y_i - \overline{y}_i)^2 = \sum_{i=1}^{n}[f(\overline{x}_i; a_1, \ldots, a_k) - \overline{y}_i]^2, \qquad (2.7)$$

isto é, devemos minimizar a soma dos quadrados dos desvios entre os valores $\overline{y}_i$ observados e os valores $y_i = f(\overline{x}_i, a_1, \ldots, a_k)$ ajustados.

2.3.1 Ajuste Linear

Um ajuste é linear se for da forma

$$y(x) = f(x; a, b) = ax + b \qquad \text{(equação de uma reta)}$$

Neste caso, devemos encontrar os valores dos parâmetros a e b que tornam mínimo o valor da soma dos quadrados dos desvios:

$$S = S(b, a) = \sum_{i=1}^{n} (b + a\overline{x}_i - \overline{y}_i)^2 \qquad (2.8)$$

Tais valores devem satisfazer, necessariamente, às condições:

$$\begin{cases} \dfrac{\partial S}{\partial b} = 0 \quad \Leftrightarrow \quad \sum_{i=1}^{n} 2(b + a\overline{x}_i - \overline{y}_i) = 0 \\ \\ \dfrac{\partial S}{\partial a} = 0 \quad \Leftrightarrow \quad \sum_{i=1}^{n} 2\overline{x}_i(b + a\overline{x}_i - \overline{y}_i) = 0 \end{cases} \qquad (2.9)$$

ou seja,

$$\begin{cases} a = \dfrac{n \sum \overline{x}_i \overline{y}_i - \sum \overline{x}_i \sum \overline{y}_i}{n \sum \overline{x}_i^2 - (\sum \overline{x}_i)^2} = \dfrac{\sum \overline{x}_i \overline{y}_i - n\overline{x}\overline{y}}{\sum \overline{x}_i^2 - n\overline{x}^2} \\ \\ b = \dfrac{\sum \overline{x}_i^2 \sum \overline{y}_i - \sum \overline{x}_i \sum \overline{x}_i \overline{y}_i}{n \sum \overline{x}_i^2 - (\sum \overline{x}_i)^2} \quad \Leftrightarrow \quad b = \dfrac{\sum \overline{y}_i}{n} - a\dfrac{\sum \overline{x}_i}{n} = \overline{y} - a\overline{x} \end{cases} \qquad (2.10)$$

onde $\overline{x}$ (respectivamente $\overline{y}$) é a média dos valores $\overline{x}_i$ (respectivamente $\overline{y}_i$).

Quando fazemos um ajuste linear para relacionar duas variáveis não sabemos a priori se a reta encontrada é de fato o melhor modelo de ajuste. A verificação da existência e do grau de relação entre variáveis é objeto do estudo da *correlação*.

A correlação linear mede a relação existente entre as variáveis y_i) dados, em torno de uma reta ajustada $y = ax + b$.

O *coeficiente de correlação de Pearson* r é um instrumento de medida da correlação linear, é dado por:

$$r = \frac{\sum x_i y_i - \frac{(\sum x_i)(\sum y_i)}{n}}{\{[\sum x_i^2 - \frac{(\sum x_i)^2}{n}][\sum y_i^2 - \frac{(\sum y_i)^2}{n}]\}^{1/2}} \quad \text{ou} \quad r = \frac{\sum (x_i - \overline{x})(y_i - \overline{y})}{\sum (x_i - \overline{x})^2 \sum (y_i - \overline{y})^{1/2}} \qquad (2.11)$$

O coeficiente de correlação de Pearson é obtido através do *teste de hipóteses* H_0 sobre a aceitação ou não do coeficiente angular de reta.

Rodney Carlos Bassanezi

O intervalo de variação de r é entre -1 e $+1$, isto é,

$$-1 \leq r \leq 1$$

A correlação será tanto mais forte quanto mais próximo r estiver de ± 1, será tanto mais fraca quanto mais próximo estiver de zero. Se $r = \pm 1$, então a correlação entre as variáveis é perfeita. Se $r = 0$, então não existe nenhuma correlação.

O sinal de r indica o sinal do coeficiente angular da reta ajustada.

Exemplo 2.2. *Dados simulados*

Calcular o coeficiente de correlação linear entre renda e números de filhos para 8 famílias (tabela 2.2)

renda x	nº de filhos y	x^2	y^2	xy
700	2	49000	4	1400
8000	4	64000000	16	32000
3000	2	9000000	4	6000
3700	3	13690000	9	11100
7000	2	49000000	4	14000
200	3	40000	9	600
480	3	230400	9	1440
500	5	250000	25	2500
$\sum x_i = 23580$	$\sum y_i = 24$	$\sum (x_i)^2 = 136700400$	$\sum (y_i)^2 = 80$	$\sum x_i y_i = 69040$

Tabela 2.2: Renda $\times$ número de filhos de 8 famílias.

Calculando o coeficiente r de correlação do ajuste, obtemos

$$r = \frac{69040 - \frac{23580 \times 24}{8}}{\{[136700400 - \frac{(23580)^2}{8}][80 - \frac{24^2}{8}]\}^{1/2}} = \frac{-1700}{[(67198350).(8)]^{1/2}} = -0.073$$

O resultado $r = -0.073$ indica uma fraca correlação entre a renda e o número de filhos dessas 8 famílias consideradas. Observamos que se a escolha das famílias fosse aleatória então o resultado poderia ser diferente. Faça um teste, sorteando 10 famílias em seu bairro.

Atualmente, a maioria das calculadoras científicas já têm o programa de ajustes incorporado juntamente com o cálculo do coeficiente de correlação. O *software* Excel é um excelente programa e também muito simples de ser utilizado.

Importante: Na impossibilidade de se fazer o ajuste linear com o uso de calculadoras, uma maneira simples, e que pode ser usada pelos alunos do 2º grau, é considerar os dados

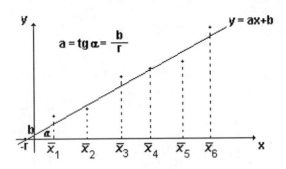

Figura 2.10: Ajuste linear no "olhômetro".

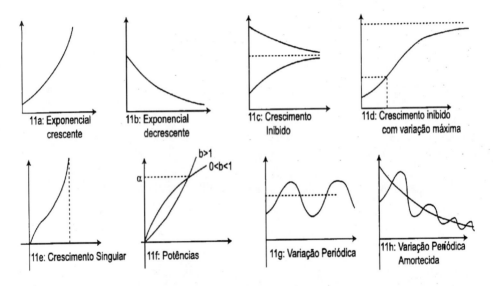

Figura 2.11: Elenco de funções típicas.

experimentais dispostos num gráfico sobre um papel milimetrado e usar uma régua para traçar, aproximadamente ou no *olhômetro*, a reta ajustada.

De qualquer forma, sempre se pode fazer uma comparação da reta *chutada* com a reta ajustada pelo método dos quadrados mínimos – as contas da expressão (2.10) são bastante simples!

Para modelos dados por outras funções (não lineares), o método do ajuste linear é ainda aplicável se conseguirmos escrever estas funções na forma

$$f(\tau) = \alpha\tau + \beta$$

mediante uma mudança de variável $\tau = g(y)$.

Na prática é bom considerar um elenco de funções típicas (figuras 2.11a-h)

Ajuste linear do Modelo Exponencial

As curvas esboçadas nas figuras 2.11a e 2.11b são do *tipo exponencial*

$$y(x) = b\,e^{ax}, \quad b > 0 \tag{2.12}$$

Se considerarmos a mudança de variável $z = \ln y$, teremos a equação (2.12) na forma de uma reta:

$$z = \ln y = ax + \ln b \quad (\alpha = a \quad \text{e} \quad \beta = \ln b) \tag{2.13}$$

Se $a > 0$, a exponencial será crescente e se $a < 0$, decrescente.

Exemplo 2.3. *Poupança*

A tabela 2.3 fornece a evolução do capital em uma caderneta de poupança, em um ano.

mês - x_i	capital - y_i	$z_i = \ln y_i$	x_i^2	$x_i z_i$	z_i^2
0	1000.0	6.90775528	0	0	47.7170830
1	1009.7	6.91740854	1	6.91740854	47.8505409
2	1021.8	6.92932106	4	13.8586421	48.0154903
3	1032.2	6.93944773	9	20.8183432	48.1559347
4	1045.3	6.95205920	16	27.8082368	48.3311272
5	1056.9	6.96309537	25	34.8154769	48.4846972
6	1065.8	6.97148097	36	41.8288858	48.6015469
7	1077.1	6.98202752	49	48.8741927	48.7487083
8	1089.7	6.99365771	64	55.9492617	48.9112481
9	1110.1	7.01220538	81	63.1098484	49.1710243
10	1121.0	7.02197642	100	70.2197642	49.3081529
11	1132.2	7.03280077	121	77.3608084	49.4602866
		$\sum = 83.6232359$	$= 506$	$= 384.20006$	$= 582.75584$

Tabela 2.3: Rendimento da poupança em um ano e dados auxiliares

Se considerarmos o modelo exponencial para o ajuste dos dados, seu cálculo será facilitado se acrescentarmos dados auxiliares na tabela, com a mudança de variável $z_i = \ln y_i$, juntamente com os componentes da fórmula (2.10).

$$\alpha = \frac{\sum \overline{x}_i \overline{z}_i - \frac{\sum \overline{x}_i \sum \overline{z}_i}{n}}{\sum (\overline{x}_i)^2 - \frac{(\sum \overline{x}_i)^2}{n}} = \frac{461.54 - \frac{66 \times 83.62}{12}}{506 - \frac{66^2}{12}} = \frac{1.63}{143} = 0.0114$$

e portanto,

$$\beta = \frac{\sum \overline{z}_i}{n} - \alpha \frac{\sum \overline{x}_i}{n} = \frac{83.62}{12} - 0.0114 \frac{66}{12} = 6.9058$$

A equação da reta ajustada é dada por:

$$z = 0.0114x + 6.9058$$

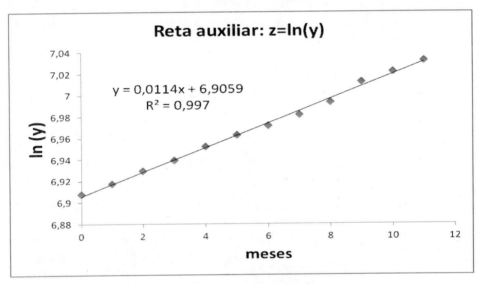

Figura 2.12: Reta ajustada.

Como $\beta = \ln b$ e $\alpha = a$, então a curva exponencial ajustada será (veja figura 2.13)

$$y = be^{ax} = 998.04 e^{0.0114x} \qquad \text{para} \quad x \geq 0$$

Observação 2.1. *Como $a^x = e^{x \ln a}$, temos que*

$$e^{0.0114x} = e^{x \ln(1.011465)} = 1.011465^x$$

Portanto, o ajuste exponencial pode ser escrito na forma

$$y = 998.04 \times 1.011465^x = 998.04 \times (1 + 0.011465)^x$$

A expressão $(1+0.011465)$ indica que para cada unidade de tempo (mês) há um acréscimo de 0.011465, ou seja, a sua taxa média mensal de crescimento (juro), no período, é de 1.1465% ao mês.

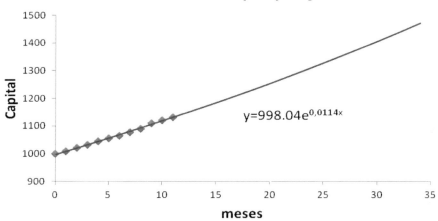

Figura 2.13: Modelo do rendimento, na forma exponencial.

Observação 2.2. *Os modelos que são formulados com a proposição:*

"*A variação de y é proporcional a y*"

sempre nos conduzem às formas exponenciais.

O exemplo anterior (poupança) poderia ser expresso por: "A variação mensal do capital é proporcional ao capital que se tem no início de cada mês".

Seja $y(x)$ o capital no início do mês x ($x = 0.1, 2, \ldots 11$) com $y(0) = 1000$; então, $[y(x+1) - y(x)]$ é a variação do capital em dois mêses consecutivos.

A tradução (formulação) matemática da expressão para crescimento de capital então é dada por

$$y(x+1) - y(x) = \alpha y(x) \quad \Leftrightarrow \quad y(x+1) = (\alpha + 1)y(x) \qquad (2.14)$$

onde α é o juro médio mensal ($\alpha = 0.011465$).

A solução de (2.14) pode ser obtida por recorrência, ou seja,

$$\begin{aligned} y(1) &= y(0)(1+\alpha) \\ y(2) &= y(1)(1+\alpha) = y(0)(1+\alpha)^2 \\ y(3) &= y(2)(1+\alpha) = y(0)(1+\alpha)^3 \end{aligned}$$

Cálculo do valor e (Euler)

O modelo discreto (mensal) de *juros compostos* pode ser aproximado por um modelo contínuo (o tempo variando continuamente):

Suponhamos que a taxa de juros seja diária, isto é, $\alpha^* \simeq \dfrac{\alpha}{30}$ onde α é a taxa mensal. Então, de (2.15) temos

$$y(x) \simeq y(0) \left(1 + \frac{\alpha}{30}\right)^{30x}$$

onde o capital cresce dia a dia (30 vezes em cada mês) — Podemos pensar ainda em computar o capital n vezes em cada dia, de tal forma que se n for "muito grande", o tempo entre os cálculos será "muito pequeno".

Assim, o modelo discreto (tempo discreto) deve se aproximar de um modelo contínuo:

$$y(x) \simeq y(0) \left(1 + \frac{\alpha}{n}\right)^{nx}, \qquad \text{com } n \text{ "grande"}$$

Consideremos, para efeito de cálculo, a seguinte mudança de variável $\dfrac{\alpha}{n} = \dfrac{1}{h}$, então

$$y(x) = y(0) \left(1 + \frac{1}{h}\right)^{h\alpha x}.$$

Temos que se n cresce então $\dfrac{\alpha}{n}$ tende a zero, e o mesmo se dá com $\dfrac{1}{h}$ quando h cresce. – Vamos calcular aproximadamente o valor de $\left(1 + \dfrac{1}{h}\right)^{h}$ quando h cresce sem limitação.

$$
\begin{aligned}
h_1 &= 1 &\rightarrow\quad & \left(1 + \tfrac{1}{h_1}\right)^{h_1} &= 2 \\[2mm]
h_2 &= 10 &\rightarrow\quad & \left(1 + \tfrac{1}{10}\right)^{10} &= 2.59374246 \\[2mm]
h_3 &= 100 &\rightarrow\quad & \left(1 + \tfrac{1}{100}\right)^{100} &= 2.704813829 \\[2mm]
h_4 &= 1000 &\rightarrow\quad & \left(1 + \tfrac{1}{1000}\right)^{1000} &= 2.716923932 \\[2mm]
h_5 &= 10000 &\rightarrow\quad & \left(1 + \tfrac{1}{10000}\right)^{10000} &= 2.718145927 \\[2mm]
h_6 &= 100000 &\rightarrow\quad & (1.00001)^{100000} &= 2.718268237
\end{aligned}
$$

Temos que a sequência $\lambda_i = \left(1 + \dfrac{1}{10^i}\right)^{10^i}$ é monótona, crescente e "limitada" — e portanto é convergente, ou seja,

$$\lim_{h \to \infty} \left(1 + \frac{1}{h}\right)^{h}$$

é um valor real, aproximadamente, igual a 2.7182 (erro de 10^{-4}). Tal valor irracional é o número de Euler e.

Assim, o modelo contínuo que aproxima o modelo discreto é dado por

$$y(x) \simeq y(0)e^{\alpha x} \simeq y_0 \left(1 + \frac{\alpha}{n}\right), \qquad \text{com } n \text{ suficientemente grande!}$$

Observe que no Exemplo 2.3, $\alpha = 0.011465$ para o modelo discreto e $\alpha = 0.0114$ para o modelo contínuo!

e, continuando o processo, teremos o modelo discreto de juro composto

$$y(x) = y(0)(1 + \alpha)^x \tag{2.15}$$

Modelos discretos, como este, serão analisados no parágrafo 2.5.

Ajuste Linear de Modelos Geométricos

Os modelos geométricos são dados por funções potências

$$y(x) = ax^b, \quad a > 0 \quad \text{e} \quad b > 0 \tag{2.16}$$

A configuração da curva é do tipo da figura 2.11f e o ajuste dos parâmetros pode ser efetuado, via ajuste linear, com as seguintes mudanças de variáveis

$$Y = \ln y \quad \text{e} \quad X = \ln x \tag{2.17}$$

De fato, a função potência (2.16) pode ser escrita como

$$\ln y = \ln a + b \ln x$$

e portanto, nas novas variáveis Y e X, é dada por

$$Y = \alpha + bX, \quad \text{onde} \quad \alpha = \ln a \quad \Leftrightarrow \quad a = e^{\alpha}$$

Exemplo 2.4. *Comprimento e peso da tilápia*

x: comp.	y: peso	$X = \ln x$	$Y = \ln y$
11	26	2.39789527	3.25809654
15	59.5	2.70805020	4.08597631
17.4	105.4	2.85647021	4.65776264
20.6	200.2	3.02529108	5.29931687
22.7	239.5	3.12236492	5.47855342
25.3	361.2	3.23080440	5.88943182
27.4	419.8	3.31054301	6.03977841
28.2	475.4	3.33932198	6.16415655
29.3	488.2	3.37758752	6.19072516

Tabela 2.4: Comprimento médio (cm) $\times$ peso médio (g) da tilápia

A reta ajustada (gráfico log-log) é dada por

$$Y = 3.103 \, X - 4.2067$$

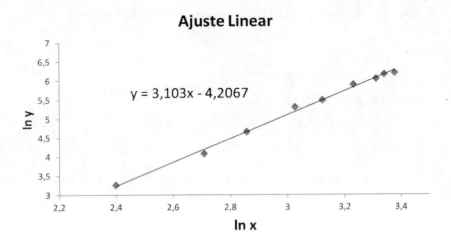

Figura 2.14: Estimação dos parâmetros para o ajuste: peso × comprimento da tilápia.

considerando que $\alpha = -4.2067 \Rightarrow a = e^{-4.20067} \simeq 0.0149$.
A função potência ajustada (Fig 2.15) é dada por:

$$y(x) = 0.0149x^{3.103}$$

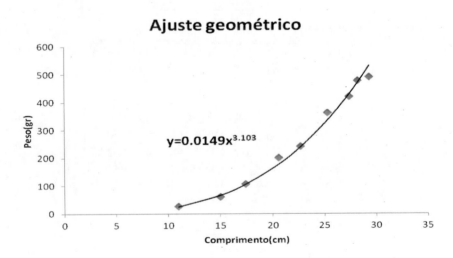

Figura 2.15: Relação alométrica peso × comprimento da tilápia.

Observação 2.3. *Os modelos geométricos são frequentes formulações da Lei de Alometria (muito usada na área biológica): "As taxas de crescimento específico dos órgãos de um mesmo indivíduo são proporcionais" (veja [8], parágrafo 2.4).*

Ajuste Linear de Modelos hiperbólicos

Os modelos hiperbólicos, esquematizados na figura 2.11c, são curvas com crescimento (ou decrescimento) limitado. Os modelos hiperbólicos mais comuns são das formas a) ou b):

a)
$$y(x) = \frac{1}{b+ax} \quad \text{com} \quad a>0 \quad \text{e} \quad b>0, \tag{2.18}$$

A equação (2.18) é esquematizada na figura 2.16.

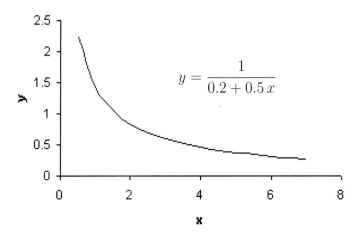

Figura 2.16: Modelo hiperbólico ($a = 0.5$, $b = 0.2$).

Se considerarmos $z = \dfrac{1}{y}$, em (2.18) obtemos a função resultante linear

$$z(x) = ax + b$$

b)
$$y(x) = a + \frac{b}{x}, \quad a>0 \tag{2.19}$$

Neste caso, considerando a mudança de variável $z = \dfrac{1}{x}$, obtemos

$$y = a + bz$$

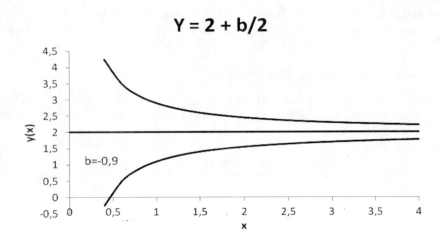

Figura 2.17: Modelo hiperbólico.

x = tempo (mês)	1	2	3	4	5	6	7	8	9
y = ração (g)	12.3	32.4	50.3	65.2	78.1	87.9	94.2	98.1	101.4

Tabela 2.5: Consumo de ração – "Tilápia do Nilo"

Exemplo 2.5. *Consumo mensal (médio) de ração por tilápia*
A curva que indica a tendência da relação entre as variáveis é dada na figura 2.18. Com a mudança de variável $z = \dfrac{1}{x}$, obtemos um ajuste linear de y e z, dado por

$$y = -101.5z + 100.8$$

e portanto a função hiperbólica ajustada é dada por

$$y = 100.8 - \frac{101.5}{x}$$

O coeficiente de correlação linear neste caso é

$$r = -0.018$$

que mostra que a correlação é bem fraca entre as variáveis para este tipo de ajuste.

Observação 2.4. *A característica importante da curva de tendência (figura 2.18) é a concavidade que está voltada para baixo – isto indica, antecipadamente, que um ajuste com a função hiperbólica do tipo $y = \frac{1}{b+ax}$ não é também conveniente, neste caso.*

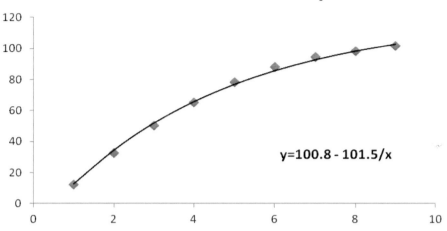
Figura 2.18: Tendência de consumo de ração por tilápia.

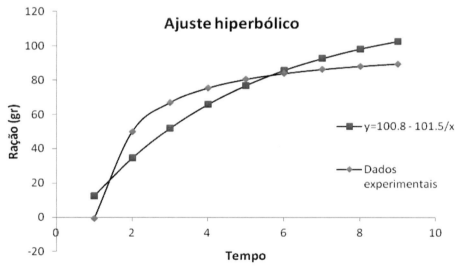
Figura 2.19: Modelo hiperbólico para o consumo de ração.

Aplicação 2.1. A tabela 2.6 fornece a distribuição de renda em uma indústria:

a. Ajuste os dados por uma função hiperbólica do tipo $y = \alpha + \beta/x$.

b. Calcule o valor do coeficiente de correlação linear.

x: Nível de Renda	600	750	900	1000	1500	3000	4500
y: No. de pessoas com renda $\geq x$	280	180	120	100	98	90	87

Tabela 2.6: Distribuição da renda numa indústria.

Ajuste Linear do Modelo de Michaelis-Menten

O modelo de Michaelis-Menten foi proposto, inicialmente, para interpretar uma reação bioquímica que é controlada por uma única enzima, onde a velocidade de conversão y de uma substância, para uma quantidade fixa de enzima, é dada por

$$y = \frac{y_{\max}x}{k + x} \qquad (2.20)$$

onde x é a concentração do substrato que está sendo convertido; $y_{\max}$ é a velocidade máxima obtida quando a concentração do sustrato x é muito alta e $k > 0$ é a concentração do substrato quando $y = \frac{y_{\max}}{2}$. A constante k é denominada *constante de Michaelis* e o valor $\frac{1}{k}$ é a afinidade de um enzima para seu substrato. A assíntota vertical na fig. 2.20 é a reta $x = -k$.

A transformação (Lineweaver-Burk) que lineariza a curva é dada por:

$$z = \frac{1}{y} \qquad e \qquad t = \frac{1}{x} \qquad (2.21)$$

De fato, a equação (2.20) pode ser escrita por

$$\frac{1}{y} = \frac{k + x}{y_{\max}x} = \frac{k}{y_{\max}}\cdot\frac{1}{x} + \frac{1}{y_{\max}}$$

Usando (2.21), temos

$$z = \frac{k}{y_{\max}}t + \frac{1}{y_{\max}}$$

cujo gráfico é uma reta (fig 2.21)

Observação 2.5. *A curva de Michelis-Menten (figura 2.20) tem sempre um bom comportamento nos ajustes do tipo "crescimento assintótico", com as características anteriores. A relação entre a razão fotossimétrica de uma folha p e a intensidade da luz (irradiância) I pode ser modelada por*

$$p = \frac{1}{a + \frac{b}{I}}$$

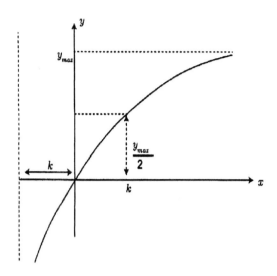

Figura 2.20: Modelo inibido de Michaelis-Menten.

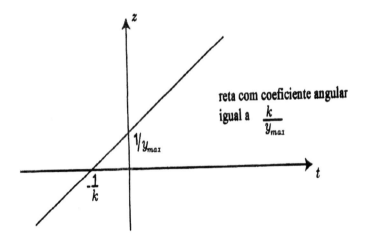

Figura 2.21: Linearização do modelo de Michaelis-Menten.

Ajuste Linear do Modelo Exponencial Assintótico

Quando se tratar de comportamento assintótico (tendência de estabilidade dos dados) outra curva típica para ajuste é dada pelo modelo exponencial assintótico:

$$y = y^* - ae^{bx} \qquad (y^* > 0 \quad \text{e} \quad b < 0) \tag{2.22}$$

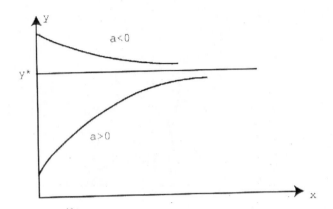

Figura 2.22: Crescimento exponencial assintótico.

Neste caso consideramos a mudança de variáveis

$$z = \ln(y - y^*) \quad \text{se} \quad a < 0 \quad \text{ou} \quad z = \ln(y^* - y) \quad \text{se} \quad a > 0,$$

e obtemos a reta:

$$z = \ln|a| + bx.$$

Observação 2.6. *Nos modelos assintóticos um dos ingredientes mais importantes é o valor assintótico da variável independente, também denominado valor de equilíbrio ou de estabilidade. Para se efetuar um ajuste assintótico (tipo Michaelis-Menten ou exponencial assintótico) é necessário conhecer a priori o valor de equilíbrio que, na verdade, é o valor limite da tendência de y quando x cresce, ou seja,*

$$\lim_{x \to +\infty} y = \lim_{x \to +\infty} \frac{y_{\max} x}{k + x} = y_{\max} \qquad \textit{(modelo de Michaelis-Menten)}$$

$$\lim_{x \to +\infty} y = \lim_{x \to +\infty} (y^* - ae^{bx}) = y^* \qquad \textit{(modelo exponencial assintótico)}.$$

Em muitos casos práticos a estimação do valor de equilíbrio pode ser realizada pelo método de Ford-Walford, apresentado a seguir.

Cálculo do Valor Assintótico – Método de Ford-Walford

Considere um conjunto de dados $\{(x_i, y_i)\}$, $i = 1.2, \ldots, n$. Vamos supor que temos a informação sobre a sequência $y_i = f(x_i)$ relativa ao seu crescimento assintótico, isto é, sabemos a priori que $\{y_i\}$ é convergente quando x_i cresce. Então, devemos determinar y^* de modo que

$$y^* = \lim_{x_i \to \infty} y_i$$

Consideremos uma função g que ajusta os pares (y_i, y_{i+1}), isto é:

$$y_{i+1} = g(y_i) \quad \text{(curva ajustada)}$$

Temos que,
$$\lim g(y_i) = \lim y_{i+1} = \lim y_i = y^*$$

ou seja, a sequência de pontos do plano $\{(y_i, y_{i+1})\}$ converge para o ponto (y^*, y^*), ou seja, y^* é um *ponto fixo* da função g:

$$y^* = g(y^*)$$

Assim, y^* é tal que $y_{i+1} \simeq y_i$.

Resumindo, y^* é o valor limite da sequência $\{y_i\}$ quando

$$\begin{cases} y_{i+1} = y_i = y^* \\ y_{i+1} = g(y_i) \end{cases} \Leftrightarrow y_i = g(y_i) \Leftrightarrow y_i \text{ é um } \textit{ponto fixo} \text{ de } g$$

Graficamente, temos a figura 2.23.

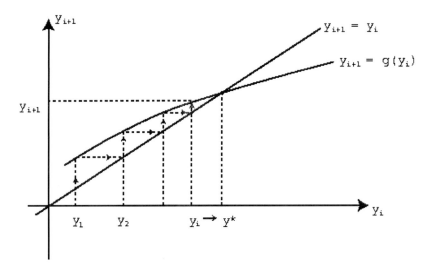

Figura 2.23: Cálculo de y^*.

Exemplo 2.6. *Adubação* ×*Produção de Cana-de-Açúcar*

A tabela 2.7 apresenta a produção de cana-de-açúcar para diversas dosagens x de nitrogênio (na forma de sulfato de amônia):

x_i: adubo	y_i: produção	y_{i+1}	$y_{i+1} = g(y_i)$	$y^* - y_i$	modelo
0	47.68	48.96	48.965	6.826	47.692
5	48.96	50.01	50.004	5.546	48.969
10	50.01	50.85	50.856	4.496	50.007
15	50.85	51.54	51.538	3.656	50.850
20	51.54	52.09	52.098	2.966	51.535
25	52.09	52.55	52.545	2.416	52.092
30	52.55	52.91	52.918	1.956	52.544
35	52.91	53.21	53.210	1.596	52.912
40	53.21	53.45	53.454	1.296	53.210
45	53.45	53.65	53.649	1.056	53.453
50	53.65	53.81	53.811	0.856	53.650
55	53.81	53.94	53.941	0.696	53.811
60	53.94	—	54.046	0.566	53.941

Tabela 2.7: Produção da cana de açúcar e dosagem do nitrogênio.

A curva de tendência é dada pela figura 2.24, com coeficiente de correlação $r = R^2 = 1$.

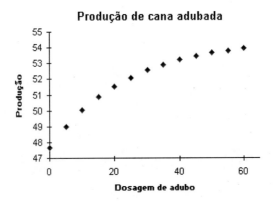

Figura 2.24: Tendência de produção × dosagem de adubo.

Considerando que a produção por hectare de cana-de-açúcar deve se estabilizar, relativamente à aplicação de nitrogênio, devemos calcular o valor assintótico da produção.

Para o ajuste $y_{i+1} = g(y_i)$ vamos tomar, neste caso expecífico, uma reta (figura 2.25) cuja equação é dada por:

$$y_{i+1} = 0.8118 y_i + 10.258$$

O valor de y^* (valor assintótico) é obtido, considerando $y^* = y_{i+1} = y_i$, ou seja,

$$y^* = 0.8118 y^* + 10.258$$

e portanto

$$y^* \simeq 54.50584485$$

Agora, considerando um ajuste exponencial entre x_i e $(y^* - y_i)$, obtemos (figura 2.26)

$$y^* - y = 6.8134 e^{-0.0414x}, \quad \text{com } r = 1$$

Portanto a função que ajusta x_i e y_i, na hipótese de um crescimento assintótico de y_i (modelo exponencial assintótico), é dada por (figura 2.26):

$$y(x) = 54.5058 - 6.8134 \exp(-0.0415x)$$

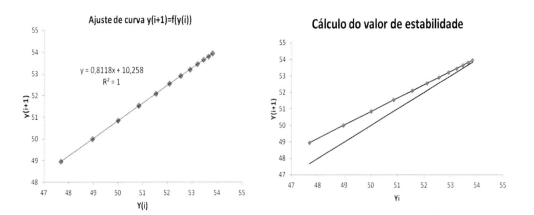

Figura 2.25: Ajuste linear de y_{i+1} com y_i e o Cálculo de y^*.

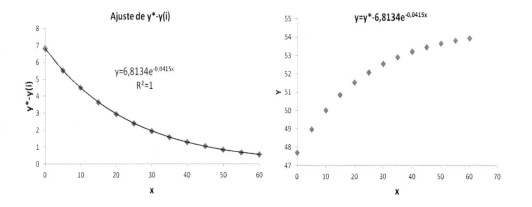

Figura 2.26: Ajuste exponencial de $y^* - y$ e o Modelo exponencial assintótico da produção de cana × dosagem de nitrogênio .

Ajuste Linear do Modelo Logístico

A curva logística foi proposta, inicialmente, para modelar a dinâmica de populações (veja Cap. 6) e pode ser visualizada no seguinte gráfico (figura 2.27)

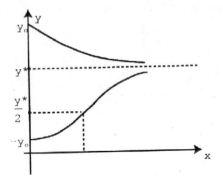

Figura 2.27: Crescimento sigmoidal ou logístico.

As características fundamentais da curva logística são:

a. A tendência da variável independente y é de estabilidade, isto é,

$$y \to y^* \quad \text{quando } x \text{ cresce.}$$

y^* é denominado *valor máximo sustentável* ou *capacidade suporte*.

b. Considerando y_0 o valor inicial da sequência monótona dos y_i, isto é, $y = y_0$ quando $x = 0$, tem-se

- y é crescente se $y_0 < y^*$;
- y é decrescente se $y_0 > y^*$.

c. A taxa de crescimento relativo de y_i é linear, isto é,

$$\lambda_i = \frac{y_{i+1} - y_i}{y_i}$$

pode ser ajustada por uma reta: $\lambda = ay + b$.

d. Se $y_0 < y^*/2$, a curva $y(x)$ muda de concavidade quando $y = \dfrac{y^*}{2}$, o que implica na existência de um *ponto de inflexão* na curva.

A expressão teórica da curva logística é

$$y = \frac{a}{b\,e^{-\lambda x} + 1} \tag{2.23}$$

onde, $a = y^*$, $b = \dfrac{y^*}{y_0} - 1$ e $\lambda = \alpha y^*$ é a taxa de reprodutividade máxima.

Uma estimação dos parâmetros da curva logística pode ser feita, por meio de um ajuste linear, usando a mudança de variáveis:

$$z = \ln\left(\frac{y/a}{1 - y/a}\right) \tag{2.24}$$

ou seja,

$$z = \ln\left(\frac{\frac{1}{1+b\,e^{-\lambda x}}}{1 - \frac{1}{1+b\,e^{-\lambda x}}}\right) = \ln\left(\frac{\frac{1}{1+b\,e^{-\lambda x}}}{\frac{b\,e^{-\lambda x}}{1+b\,e^{-\lambda x}}}\right) = \ln\left(\frac{1}{b}\,e^{\lambda x}\right)$$

e obtemos a equação de uma reta

$$z = \lambda x - \ln b.$$

O valor de $a = y^*$ pode ser estimado pelo método de Ford-Walford, visto anteriormente. Para se obter um valor razoável de y^* é conveniente considerar somente os valores de y_i que, na curva de tendência, são superiores ao valor de inflexão da curva. Quando não temos um número de dados suficientes y_i superiores a $\dfrac{y^*}{2}$ então devemos estimar y^* por outros métodos (veja exemplo a seguir).

Exemplo 2.7. *Crescimento de uma árvore*

A tabela 2.8 fornece os dados simulados do crescimento médio de uma árvore. A variável X_i é o tempo em anos e Y_i a altura em dm.

X_i	3	3.5	4	4.5	5	5.5	6	6.5	7	7.5	8	8.5	9
Y_i	21.7	22.5	23.3	24.0	24.7	25.4	26.0	26.6	27.1	27.6	28.1	28.5	28.9

Tabela 2.8: Crescimento de uma árvore.

Sejam:

a. $\Delta y_i = y_{i+1} - y_i$: crescimento simples;

b. $\lambda_i = \dfrac{\Delta y_i}{y_i}$: crescimento relativo.

Sabemos também que a tendência da altura de uma árvore é de estabilidade.
Para estimar o valor de estabilidade y^* podemos usar 2 métodos:

O Pinheiro-do-Paraná pode atingir até 50m de altura (H. Lorenzi - "Árvores Brasileiras", pág. 35, 1992).

1. Ford-Walford – (tomando os 6 últimos dados), obtemos

$$y_{i+1} = f(y_i) = 0.9151 y_i + 2.8164$$

$$y^* = y_{i+1} = y_i \quad \Rightarrow \quad y^* = 33.173 \text{ dm} \quad \text{(verifique!)}$$

2. Se considerarmos um modelo logístico para o desenvolvimento da árvore, sabemos que

$$\frac{\Delta y_i}{y_i} = \lambda_i = a y_{i+1} + b$$

e

$$\lambda_i = 0 \text{ quando } y_{i+1} = y^* \quad \Rightarrow \quad y^* = \frac{-b}{a}$$

Um ajuste linear relacionando λ_i e y_{i+1} nos dá:

$$\lambda = -0.0035 y + 0.1148$$

Então, o valor estimado da altura máxima é dado por:

$$y^* = \frac{0.1148}{0.0035} = 32.8 \text{ dm}$$

Agora, usando a mudança de variável

$$z_i = \ln \frac{\left(\frac{y_i}{y^*}\right)}{\left(1 - \frac{y_i}{y^*}\right)} = f(y_i),$$

transformamos a curva logística na reta $z = \lambda x - \ln b$.

Neste caso,

$$z = 0.2231 x + 0.0003$$

e portanto
$$\lambda = 0.2231 \quad \text{e} \quad b = e^{0.0003} \simeq 1$$

Então uma curva logística que ajusta o crescimento em altura da árvore é dada por:
$$y(x) = \frac{32.8}{1 + e^{-0.2231x}}$$

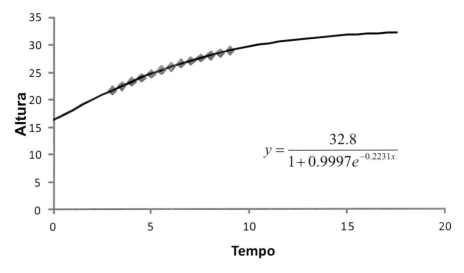

Figura 2.28: Modelo logístico para o crescimento de uma árvore.

Observação 2.7. *Nem sempre o método de Ford-Walford pode ser usado para estimar o valor de estabilidade de uma variável, principalmente quando o sistema*

$$\begin{cases} y_{i+1} = g(y_i) \\ y_{i+1} = y_i \end{cases}$$

não apresenta solução na região de interesse.

No caso do modelo logístico devemos ter um número razoável de dados já superiores aos valores de inflexão da curva para poder usar o método de Ford-Walford.

Exemplo 2.8. *Modelo logístico da População Norte-Americana*

A tabela 2.9 fornece o censo demográfico dos Estados Unidos no período de 1790 a 1920. O modelo logístico, formulado por Pearl e Reed em 1920, foi muito utilizado para projetar a população americana nos 20 anos seguintes (veja [9])

Ano	Popul.	Ano	Popul.
1790	3.929	1860	30.412
1800	5.336	1870	39.372
1810	7.228	1880	50.177
1820	9.757	1890	62.769
1830	13.109	1900	76.871
1840	17.506	1910	91.972
1850	23.192	1920	107.559

Tabela 2.9: Censo demográfico americano (em milhões de habitantes).

O cálculo de P^* (população de equilíbrio), neste caso, não pôde ser realizado pelo método de Ford-Walford pois a reta ajustada $P_{i+1} = 1.1729P_i + 2.2304$ tem coefieciente angular maior que o coeficiente angular da bissetriz $P_{i+1} = P_i$, e então,

$$P^* = P_{i+1} = P_i \Rightarrow P^* = -12.9$$

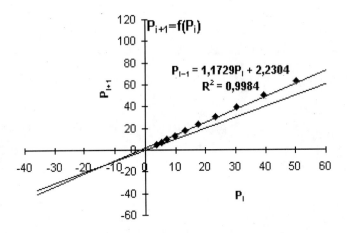

Figura 2.29: Ajuste linear de P_{i+1} e P_i.

Esta deficiência no cálculo de P^* decorre do fato que a tendência de crescimento da população americana até 1910 é ainda exponencial e, com taxa de crescimento relativa igual a 0.2595 ou 2.59% (figura 2.30).

Se considerarmos que toda população tende a ser estacionária no futuro, devemos estimar o valor limite da população (ou valor máximo sustentável) P^* por outros métodos.

Se observarmos com atenção a fig. 2.33 podemos verificar que a tendência de crescimento exponencial começa a "enfraquecer" a partir do ano 1910. Isto pode significar que, próximo

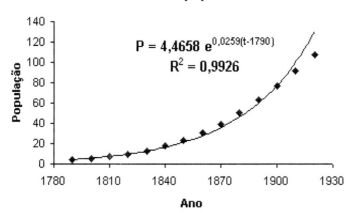

Figura 2.30: Tendência exponencial do crescimento populacional.

deste ano, deve ocorrer uma mudança de concavidade da curva (ponto de inflexão) dada pelo modelo logístico.

Entretanto, o que podemos afirmar, baseados simplesmente nos dados do censo, é que o ponto de inflexão deve ocorrer entre os anos 1910 e 1920, isto é,

$$91.972 < \frac{P^*}{2} < 107.559.$$

- Se, numa primeira aproximação, consideramos a média, das populações teremos

$$P^* = 2\left(\frac{107.559 + 91.972}{2}\right) = 199.531 \quad \text{(milhões)}$$

Da expressão teórica da curva logística, temos que o parâmetro b é estimado por

$$b = \frac{P^*}{P_0} - 1 = \frac{199.531}{3.929} - 1 = 49.7842$$

A estimação do parâmetro λ, também neste caso, não pode ser feita através da mudança de variável $z = \ln\left(\frac{P/P^*}{1 - P/P^*}\right)$ pelo mesmo motivo que não pudemos estimar P^* pelo método de Ford-Walford. Assim,

- Podemos considerar o valor de λ, aproximadamente, igual à mediana dos valores λ_i e neste caso $\lambda = 0.3113$ (Projeção 1).

- A estimação de λ pode ser obtida ainda por aproximações sucessivas, considerando valores próximos de 0.3113 e usando os dados da tabela 2.9, e obtemos $\lambda = 0.3127$ (Projeção 2).

Portanto, o modelo logístico para projeções da população americana é dado por

$$P(t) = \frac{199.531}{1 + 49.784e^{-\lambda t}}$$

A figura 2.31 é o gráfico de $P(t)$ quando $\lambda = 0.3127$.

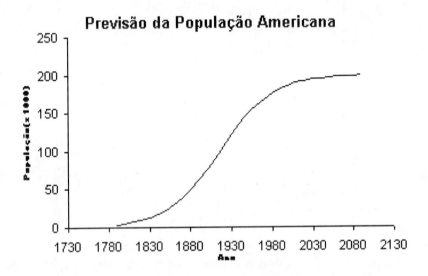

Figura 2.31: Projeção da população norte-americana (modelo 1).

- Considerando agora o fato que, num modelo logístico, a taxa de crescimento relativa é relacionada linearmente com a população, podemos determinar λ, considerando o ajuste linear dos pontos $(\lambda_i, f(P_{i+1}))$:

$$\lambda_i = \frac{P_{i+1} - P_i}{P_i} = f(P_{i+1})$$

e obtemos a reta

$$\lambda = -0.0019P + 0.3678.$$

Sabendo que $\lambda \to 0$ quando $P \to P^*$, temos

$$0 = -0.0019 \; P^* + 0.3678 \Rightarrow P^* = 193.579 \quad \text{(milhões)}$$

Neste caso, obtemos o seguinte modelo (Projeção 3) para a população americana

$$P(t) = \frac{193.579}{1 + 48.297 \exp[-0.3127(t - 1790)]}.$$

Pearl e Reed em 1920 (Proc. Nat. Acad. Sci., vol. 6, p. 275) propuseram o modelo logístico para previsões da população norte-americana baseados nos dados dos censos de 1790 a 1920. Estimaram, por outros meios, que a variação máxima da população ocorrera em abril de 1913 e obtiveram $P^* = 197.273$ milhões. O modelo é dado por

$$P(t) = \frac{197.273.000}{1 + \exp[-0.03134(t - 1913.25)]} \quad \text{com } t_0 = 1790.$$

Foi surpreendente a aproximação entre as previsões e os valores reais nos anos que se seguiram, pelo menos até meados dos anos 40.

A tabela 2.10 fornece os dado projetados pelos 4 modelos logísticos e os censos atualizados.

Podemos observar, através da figura 2.32 que a tendência de crescimento da população sofreu fortes modificações a partir de 1945 (2ª Guerra Mundial). Um modelo global mais adequado será analisado no Cap. 6.

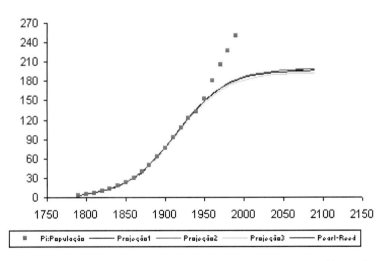

Figura 2.32: Modelo logístico da população norte-americana e nova tendência do crescimento populacional.

Além dos ajustes obtidos através de regressão lineares por transformações pode-se fazer também ajustes de dados por funções polinomiais.

x_i	Período	População	Projeção 1	Projeção 2	Projeção 3	Pearl-Reed
0	1790	3.929	3.9290	3.9290	3.929	4.059822
1	1800	5.336	5.3256	5.3326	5.3328	5.51236
2	1810	7.228	7.2003	7.2197	7.196575	7.464516
3	1820	9.757	9.7019	9.7408	9.693154	10.0717
4	1830	13.109	13.0140	13.0823	12.99544	13.52463
5	1840	17.506	17.3533	17.4646	17.3168	18.04722
6	1850	23.192	22.9615	23.1327	22.89298	23.88555
7	1860	30.412	30.0827	30.3339	29.95955	31.28294
8	1870	39.372	38.9256	39.2777	38.71267	40.43701
9	1880	50.177	49.6070	50.0781	49.25333	51.43966
10	1890	62.769	62.0862	62.6866	61.52383	64.21038
11	1900	76.871	76.1111	76.8374	75.25725	28.44615
12	1910	91.972	91.2019	92.0344	89.96772	93.61753
13	1920	107.559	106.6981	107.6010	105.0019	109.0308
14	1930	123.076*	121.8653	122.793	119.6472	123.9473
15	1940	132.122*	136.0292	136.9349	133.2621	137.7195
16	1950	152.271*	148.6878	149.5318	145.3797	149.8938
17	1960	180.671*	159.5644	160.3196	155.7539	160.2485
18	1970	205.052*	168.5982	169.2512	164.3442	168.7704
19	1980	227.224*	175.8926	176.4413	171.2632	175.5962
20	1990	249.439*	182.6493	182.0999	176.7127	180.9455
21	2000		186.1111	186.4744	180.9297	185.0665
22	2010		189.5209	189.8097	184.1486	188.1995
23	2020		192.0989	192.3259	186.5801	190.5576
24	2030		194.0322	194.2091	188.4023	192.3189
25	2040		195.4733	195.6101	189.7597	193.6272
26	2050		196.5425	196.6478	190.7666	194.5947
27	2060		197.3331	197.4138	191.5109	195.3081
28	2070		197.9163	197.9779	192.0598	195.8329
29	2080		198.3457	198.3926	192.4638	196.2183
30	2090		198.6614	198.697	192.7609	196.5009

Tabela 2.10: Projeções da população americana (em milhões de habitantes). ∗: dados obtidos após formulação dos modelos.

2.3.2 Ajuste Quadrático

Os modelos quadrático são parábolas

$$y(x) = a + bx + cx^2 \qquad (2.25)$$

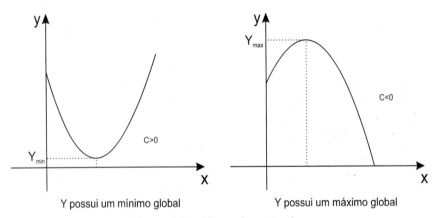

Figura 2.33: Tipos de extremos.

Sua característica principal é possuir pontos extremos (máximo ou mínimo locais) para a variável independente y em um intervalo limitado de variação de x.

A determinação dos parâmetros a, b e c também é feita mediante a aplicação do método dos mínimos quadrados, minimizando a expressão

$$f(a, b, c) = \sum_{i=1}^{n} (y_i - y)^2 = \sum_{i=1}^{n} [y_i - (a + bx_i + cx_i^2)]^2$$

As condições necessárias para o mínimo de f são:

$$\frac{\partial f}{\partial a} = 0, \qquad \frac{\partial f}{\partial b} = 0 \quad e \quad \frac{\partial f}{\partial c} = 0$$

Estas equações fornecem o sistema de ajustamento para o cálculo de a, b, c:

$$\begin{cases} \sum y_i = na + b \sum x_i + c \sum x_i^2 \\ \sum x_i y_i = a \sum x_i + b \sum x_i^2 + c \sum x_i^3 \\ \sum x_i^2 y_i = a \sum x_i^2 + b \sum x_i^3 + c \sum x_i^4 \end{cases} \tag{2.26}$$

Observação 2.8. *Muitos programas computacionais já têm este ajuste como opção de linha de tendência.*

Exercício: Ajuste os dados da tabela 2.1 com um modelo quadrático e compare com os valores observados.

2.4 Variações

A formulação de um modelo matemático é geralmente a parte mais difícil de todo processo de modelagem. Mais difícil por ser uma atividade essencialmente criativa e que depende de conhecimentos adquiridos previamente. A modelagem de situações da realidade é baseada no intercâmbio de linguagens usuais de cada área específica com a "linguagem matemática".

A matemática estabelece uma linguagem mais concisa e oferece condições para se propor padrões universais. A tradução de relações verbais em símbolos matemáticos é uma habilidade que pode ser adquirida por meio de experiências realizadas em diferentes contextos.

A formulação de um modelo é geralmente baseada nas relações de medidas existentes entre as grandezas ou elementos ("variáveis") observados. As propriedades ou relações podem ser definidas independentemente do conceito de número. Nos modelos estáticos ou qualitativos as relações entre os elementos são quase sempre de caráter geométrico ou analítico.

A modelagem matemática de situações ou fenômenos não matemáticos, através de suas variações, tem como característica essencial a evolução do sistema. Neste caso, o termo "*taxa de variação*", comum a todas as linguagens, aparece implicitamente em palavras, tais como, taxa de crescimento, crescimento relativo, taxa de mortalidade, velocidade, aceleração, taxa de reação, densidade etc.

Quantidades que influenciam em algum processo dinâmico são denominadas *variáveis*, ou *parâmetros* e algumas vezes *constantes* – não existe uma diferença precisa entre estes termos – a distinção é apenas convencional:

variáveis são "grandezas" que se modificam durante o processo;

parâmetros são medidas auxiliares e podem ou não mudar durante o processo;

constantes são quantidades que não variam e têm seus valores fixados a priori.

A formulação matemática, assim como a interpretação de um fenômeno, depende da escolha que se faz em relação à *continuidade* ou não das variáveis observadas – Existem situações em que modelos discretos são mais convenientes (caso do desenvolvimento populacional de determinados insetos que têm ciclos de vida sincronizados e não sobrepostos ou da propagação anual de plantas) – Outras situações que, inicialmente, aparecem descritas em termos de variáveis contínuas podem ser modeladas através de um conjunto finito de dados observados periodicamente.

Quando temos um conjunto finito de dados observados, dizemos que este conjunto corresponde à uma *sequência finita* de valores: $x_1, x_2, \ldots, x_n$.

A variável x é dita *contínua* se pode assumir todos os valores reais intermediários entre os valores discretos da sequência $\{x_i\}$, $i = 1, 2, \ldots, n$. Por exemplo, se $x_1 = 26.0$, $x_2 = 59.5, \ldots, x_9 = 488.2$ são os valores dados do peso da tilápia (cf. tabela 2.1), sabemos que qualquer valor x entre 26.0 e 488.2 pode ser assumido no intervalo $[26.0, 488.2]$. Logo a variável "peso da tilápia" é contínua neste intervalo. Se a variável não for contínua, será dita *discreta* o que significa que *somente* pode assumir valores em um conjunto discreto. Lembrando que um conjunto A é discreto se existe uma correspondência biunívoca entre seus elementos e um subconjunto dos números naturais. Por exemplo, se desejamos descrever o número de carros novos emplacados na cidade de Campinas no dia n, durante o mês de maio de 1998, devemos usar uma sequência finita x_n. Neste caso a variável x,número de carros emplacados, é discreta.

Em termos de modelagem, muitas vezes as variáveis aparecem na forma de sequências finitas de dados: $\{x_n\}$, $n = 1, 2, \ldots, k$. E portanto, são conjuntos discretos – O importante, neste caso, é saber quando tais sequências podem ser "interpretadas" como variáveis contínuas.

Lembramos que uma sequência real é um conjunto de pontos $\{x_n\}$ definidos por uma função f cujo domínio é um subconjunto A dos números naturais $\mathbb{N}$

$$f : A \subset \mathbb{N} \quad \to \quad \mathbb{R}$$
$$n \quad \mapsto \quad x_n$$

Notação: $x_n = f(n)$ ou $\{x_n\}_{n \in A}$.

A sequência $\{x_n\}_{n \in A}$ é um conjunto discreto de $\mathbb{R}$. No entanto, se tiver sentido real a extensão $x = f(t), t \in \mathbb{R}$ então x é uma variável contínua.

Quando se trabalha com sequências reais uma das características importantes a ser analisada é sua *convergência*:

Definição 2.1. Uma sequência $\{x_n\}$ *converge* para um valor x^* se x_n pode se aproximar, "tanto quanto se queira", de x^* quando n cresce. Em outras palavras, $x_n \to x^* \Leftrightarrow$ dado $\varepsilon > 0$, arbitrariamente pequeno, existe $n_0 \in \mathbb{N}$ tal que $0 < |x_n - x^*| < \varepsilon$, quando $n > n_0$.

Quando se tem uma tabela de dados (experimentais ou não) x_n, isto é, valores da variável $x_n = f(n)$, nem sempre é fácil obter uma expressão analítica da função f e portanto, determinar o valor de $x^* = \lim_{n \to \infty} f(n)$. Entretanto, se soubermos a priori, através das características específicas do fenômeno analisado, que a sequência x_n é convergente, podemos procurar determinar o valor aproximado de x^* (veja método de Ford-Walford). O conhecimento do valor limite x^* é essencial para a elaboração de modelos matemáticos de fenômenos caracterizados pela estabilidade.

Em termos matemáticos, se tivermos uma sequência real *monótona* (crescente ou decrescente) e *limitada* então podemos afirmar que ela é convergente. Na prática, as sequências finitas muitas vezes são provenientes de medidas periódicas temporais de alguma variável evolutiva. Por exemplo, se $\{x_n\}$, $n = 1, 2, \ldots, r$, são valores do comprimento médio de uma determinada espécie de peixes, tomados em k idades sucessivas, podemos afirmar que tal sequência *crescente* é convergente para o valor máximo do comprimento da espécie. Neste caso, o fato da sequência ser limitada é imposição biológica do fenômeno analisado.

2.4.1 Variações Discretas

Quando temos uma variável y dependendo quantitativamente de uma outra variável independente x, podemos, muitas vezes, construir o modelo matemático ou analisar esta dependência através das características variacionais destas variáveis, ou seja, o modelo é formulado através das *variações* destas grandezas.

Exemplo 2.9. *Variação populacional*

Seja N o número de indivíduos numa população. Considerando que N varia com tempo t, podemos induzir que N seja uma função de t, isto é,

$$N = f(t)$$

Sejam t_1 e t_2 dois instantes com $t_2 > t_1$. Então, a diferença

$$\Delta N = N_2 - N_1 = f(t_2) - f(t_1)$$

é a *variação total* (ou simplesmente, variação) do tamanho da população no intervalo de tempo de t_1 a t_2.

Observamos que se $\Delta N > 0$ então a população aumenta em tamanho neste intervalo de tempo – Se $\Delta N < 0$, a população decresce e se $\Delta N = 0$, a população permanece inalterada, em tamanho, neste intervalo de tempo.

Para analisarmos com que rapidez o tamanho da população varia, devemos levar em consideração o tempo transcorrido entre as medidas de $N_1 = f(t_1)$ e $N_2 = f(t_2)$.

Seja $\Delta t = t_2 - t_1$ (tempo transcorrido de t_1 a t_2) .

A proporção

$$\frac{\Delta N}{\Delta t} = \frac{N_2 - N_1}{t_2 - t_1}$$

mostra quanto varia a população por unidade de tempo. Este valor fornece a *variação média* por unidade de tempo ou *taxa média de variação* (ou simplesmente taxa de variação).

Por exemplo, a população brasileira era de 119 002 706 habitantes em 1980 e em 1991 passou para 146 825 475. Então, a variação média da população entre este dois períodos foi de:

$$\frac{N_2 - N_1}{1991 - 1980} = 2\,529\,342.6,$$

ou seja, entre 1980 e 1991 a população aumentou, em média, 2 529 342.6 por ano.

Outro tipo interessante de medida variacional, muito utilizada em dinâmica populacional, é a *taxa de variação relativa* ou taxa de crescimento interespecífico.

Esta taxa fornece uma medida de variação, relativamente à população que originou tal crescimento e sua expressão analítica depende do modelo populacional utilizado. Os casos mais usados para este tipo de taxa são:

a. *Taxa de variação média relativa* (linear) que é dada por:

$$\alpha = \frac{\Delta N}{N_1 \Delta t} = \frac{N_2 - N_1}{N_1 \Delta t}$$

Com os dados anteriores temos

$$\alpha = \frac{2\,529\,342.6}{119\,002\,706} = 0.02125.$$

Neste caso, dizemos que a taxa de crescimento populacional, entre 1980 e 1991, foi de 2.125% ao ano.

b. *Taxa de variação malthusiana*, proveniente de um crescimento exponencial em cada unidade de tempo.

$$N_{t+1} - N_t = \alpha N_t$$
$$N_{t+2} - N_{t+1} = \alpha N_{t+1}$$
$$\cdots\cdots\cdots\cdots\cdots$$
$$N_{t+\Delta t} - N_{t+\Delta t-1} = \alpha N_{t+\Delta t-1}$$

$$\overline{N_{t+\Delta t} - N_t = \alpha(N_t + N_{t+1} + \cdots + N_{t+\Delta t-1})} \quad (+)$$

$$= \alpha N_t[1 + (1 + \alpha) + \cdots + (1 + \alpha)^{\Delta t-1}]$$

$$\Rightarrow \frac{N_{t+\Delta t} - N_t}{N_t} = \alpha \frac{(1+\alpha)^{\Delta t} - 1}{\alpha} = (1+\alpha)^{\Delta t} - 1$$

e portanto,

$$\alpha = \sqrt[\Delta t]{\frac{N_{t+\Delta t}}{N_t}} - 1.$$

Por exemplo, tomando $\Delta t = t_2 - t_1 = 11$, temos $N_2 = N_{t_1 + \Delta t} = 146\,825\,475$ e $N_1 = N_{t_1} = 119\,002\,706$, temos

$$\alpha = \sqrt[11]{\frac{N_2}{N_1}} - 1 = 0.01928$$

ou seja, a população cresceu (em média) 1.928% ao ano, relativamente à proporção existente em cada ano, durante os 11 anos (de 1980 a 1991).

2.4.2 Variações Contínuas

As variações discretas introduzidas no exemplo 2.9 anterior podem ser reformuladas em termos gerais:

Sejam x e y variáveis (discretas ou contínuas) e

$$y = f(x), \qquad x \in A.$$

Sejam x_1, x_2 elementos de A, então definimos:

a. Variação simples (ou absoluta) de y:

$$\Delta y = f(x_2) - f(x_1) \tag{2.27}$$

é a diferença da variável dependente y em dois estágios da variável independente x.

b. Variação média (ou taxa de variação média):

$$\frac{\Delta y}{\Delta x} = \frac{f(x_2) - f(x_1)}{x_2 - x_1} \tag{2.28}$$

é a proporção entre as variações de y e de x. A variação média mostra quanto variou y por unidade de x.

A expressão $\dfrac{\Delta y}{\Delta x}$, geometricamente, mede o coeficiente angular (ou inclinação) da reta que liga os pontos $(x_1, f(x_1))$ e $(x_2, f(x_2))$.

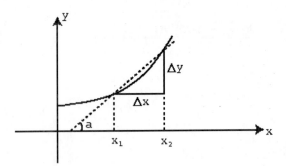

Figura 2.34: Variação média: $\frac{Dy}{Dx} = \tan a$.

c. Variação relativa:
$$\frac{1}{y_i}\frac{\Delta y_i}{\Delta x_i} = \left(\frac{f(x_{i+1}) - f(x_i)}{x_{i+1} - x_i}\right)\frac{1}{y_i} \qquad (2.29)$$

mostra a variação de y por unidade de x, relativa ao estágio inicial $y = y_i$.

As varições simples, média e relativa nem sempre são satisfatórias quando o processo envolve variáveis contínuas. Em muitas situações é necessário o conhecimento da variação em um único ponto.

d. Variação instantânea de uma função $y = f(x)$, num ponto x, é dada pelo valor do limite:
$$\lim_{\Delta x \to 0} \frac{f(x + \Delta x) - f(x)}{\Delta x} = f'(x) \qquad (2.30)$$
quando tal limite existir.

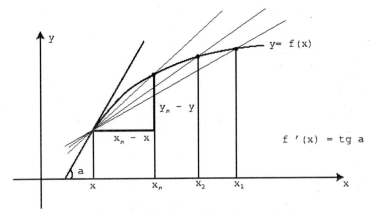

Figura 2.35: Interpretação geométrica da derivada.

Em outras palavras se a sequência $\{x_n\}$ converge para x^* estão a sequência das variações médias $\left\{ \dfrac{y_n - y}{x_n - x} \right\}$ converge para $f'(x^*)$.

Observamos que se $y = f(x)$ é uma função contínua e sua variação média também é contínua, o limite dado em (2.30) sempre existe.

Exemplo 2.10. *Velocidade e Espaço Percorrido*

Seja y o espaço percorrido, num tempo t, por um carro que se desloca de Campinas a São Paulo; Consideremos

$$y = f(t) \qquad com \qquad y(0) = 0 \quad e \quad 0 \le t \le t_f,$$

onde t_f é o tempo total gasto para chegar a São Paulo.

Suponhamos que o percurso de 54km de Campinas a Jundiaí seja efetuado em 38 minutos e de Jundiaí a São Paulo (48km) em 25 minutos, $(t_f = 63)$. As variações simples medem as distâncias entre as cidades:

$\Delta_1 y = y(38) - y(0) = y(38) = 54\text{km}$
$\Delta_2 y = y(63) - y(38) = 48\text{km}$
$\Delta_3 y = y(63) - y(0) = (y(63) - y(38)) + (y(38) - y(0)) = 54 + 48 = 102\text{km}$

As variações médias fornecem as velocidades médias entre os percursos:

$$\frac{\Delta_1 y}{\Delta_1 x} = \frac{y(38) - y(0)}{38 - 0} = \frac{54}{38} = 1.421\text{km/min} = 85.26\text{km/h}.$$

Logo, o percurso e Campinas e Jundiaí foi realizado a uma velocidade média de 85.26km/h.

A velocidade média de todo percurso é dada por:

$$\frac{\Delta_3 y}{\Delta_3 x} = \frac{y(63) - y(0)}{63 - 0} = \frac{102}{63} = 1.62\text{km/min} = 97.14\text{km/h}.$$

Podemos observar que, com os dados que temos, não é possível determinar a velocidade do carro exatamente quando passou por Jundiaí.

Agora, se a função $y = f(t)$ *for conhecida* (ou estimada) então o valor da *velocidade instantânea* pode ser determinada como limite de velocidades médias num instante fixo $t = t^*$.

Consideremos uma sequência $\{t_n\}_{n \in \mathbb{N}}$ convergindo para t^* (isto é possível pois a variável tempo t é contínua), e obtemos a sequência $\Delta t = \{\Delta_n t\}$, onde $\Delta_1 t = t_1 - t^*$, $\Delta_2 t = t_2 - t^*, \ldots, \Delta_n t = t_n - t^*$; então $t_n \to t^*$ é o mesmo que $\Delta_n t \to 0$.

Temos também que $y = f(t)$ é uma função contínua em t^* e portanto,

$$\Delta_n y = f(t_n) - f(t^*) \to 0 \quad \text{quando} \quad t \to t^*.$$

A razão $\dfrac{\Delta_n y}{\Delta_n t} = v_n$ é a velocidade média no intervalo $[t^*, t_n]$.

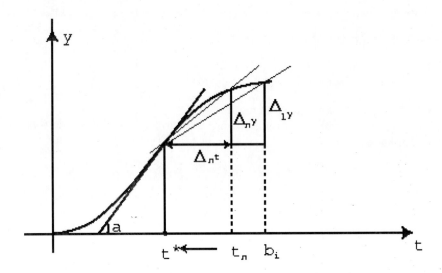

Figura 2.36: Variação instântanea (velocidade).

A velocidade instântanea v^* no ponto t^* é o valor do limite

$$v^* = \lim_{\Delta_n t \to 0} \frac{\Delta_n y}{\Delta_n t} = \lim_{t_n \to t^*} v_n = \alpha \qquad (2.31)$$

Geometricamente, v^* é o coeficiente angular da reta tangente à curva $y = f(t)$ no ponto $(t^*, f(t^*))$.

Quando o limite (2.31) existir para todo t, $0 \leq t \leq t_f$ podemos definir a velocidade em cada instante t:

$$v(t) = \lim_{\Delta t \to 0} \frac{f(t + \Delta t) - f(t)}{\Delta t} \qquad (2.32)$$

Um movimento é dito uniforme quando um objeto percorre espaços iguais em tempos iguais, e portanto o espaço percorrido é proporcional ao tempo gasto para percorrê-lo:

$$y = kt + y_0, \qquad (2.33)$$

onde y_0 é o espaço já percorrido quando se começa a marcar o tempo (instante inicial de marcação). Neste caso, a velocidade média entre dois instantes t e t_n é dada por

$$v_m(t) = \frac{y - y_n}{t - t_n} = \frac{(kt + y_0) - (kt_n + y_0)}{t - t_n} = \frac{k(t - t_n)}{t - t_n} = k$$

para todo $t_n \neq t$ ou seja, a velocidade v em qualquer instante é constante e igual à velocidade média v_m.

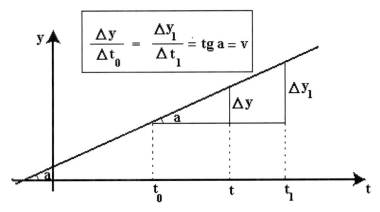

Figura 2.37: Movimento uniforme.

Portanto, se o movimento é uniforme, então

$$y(t) = vt + y_0 \tag{2.34}$$

Observamos que se um objeto está em repouso ($v = 0$ quando $t = 0$ então só terá um "movimento uniforme" se não se movimentar, isto é, $y = y_0$ (constante) em qualquer instante $t > 0$.

Uma questão: suponhamos que durante o percurso de Campinas a São Paulo marcamos a velocidade do carro a cada 5 minutos, nos 45 minutos iniciais. É possível obter um modelo do espaço percorrido em função do tempo gasto, supondo que o tempo total foi de 63 minutos?

Consideremos o conjunto de observações das velocidades instantâneas a cada 5 minutos.

v: velocidade (km/h)	0	90	102	105	120	108	105	96	100	96
t: tempo (min)	0	5	10	15	20	25	30	35	40	45

Tabela 2.11: Velocidades em km/h.

Primeiramente devemos uniformizar as informações considerando os dados nas mesmas unidades:

A figura 2.38 mostra a tendência dos valores de v relacionados com o tempo t.

Modelo 1 – Movimento uniforme por partes

Sabemos que $v_k = \dfrac{y_{k+1} - y_k}{t_{k+1} - t_k}$ é o valor da velocidade média no intervalo de tempo $\Delta_k t = t_{k+1} - t_k$; Portanto

$$\Delta_k y = y_{k+1} - y_k = v_k \Delta_k t = \text{área de um retângulo de base } \Delta_k t \text{ e altura } v_k.$$

v: velocidade (km/min)	0	1.5	1.7	1.75	2.0	1.8	1.75	1.6	1.66	1.6
t: tempo (min)	0	5	10	15	20	25	30	35	40	45

Tabela 2.12: Velocidades em km/min.

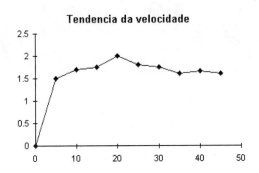

Figura 2.38: Velocidade × tempo.

Como $y(t)$ é o espaço percorrido no instante t, temos

$$y(t) \simeq \sum_{k=1}^{n} v_k \Delta_k t \quad \text{se} \quad t_{n-1} \leq t \leq t_n.$$

Usando os dados da tabela 2.12, obtemos

$$\begin{aligned}
y(t) &= \frac{0+1.5}{2}\Delta t = 0.75(t-0) &= 0.75t & \text{se} \quad 0 \leq t \leq 5 \\
y(t) &= 3.75 + \frac{1.5+1.7}{2}\Delta t &= 3.75 + 1.6(t-5) & \text{se} \quad 5 \leq t \leq 10 \\
\vdots & \quad \vdots \quad \vdots & \vdots & \\
y(t) &= \dots\dots\dots\dots\dots &= 3.75 + 8 + \dots + v_n(t-t_n) & \text{se} \quad t_{n-1} \leq t \leq t_n.
\end{aligned}$$

Observamos que, neste modelo, a distância percorrida em 45 minutos é:

$$y(45) = 0.75 \times 5 + 1.6 \times 5 + 1.725 \times 5 + \dots + 5 \times 1.63 = 97.11 \text{km}.$$

Modelo 2 – Movimento uniforme

Se considerarmos o movimento como sendo aproximadamente uniforme, tomamos a velocidade v dada pela média dos 45 minutos iniciais (figura 2.39)

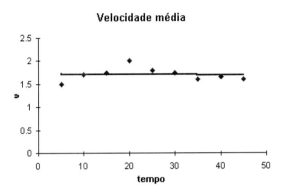

Figura 2.39: Movimento uniforme $v_m = 1.73$ km/min.

$$v(t) = \frac{\sum_{i=1}^{n} v_i}{n} = \frac{\sum_{i=1}^{9} v_i}{9} = 1.73 \text{km/min} = 103.8 \text{km/h}$$

o modelo para o movimento, considerado uniforme, é

$$y(t) = 1.73t \quad \text{se} \quad 0 \leq t \leq 63 \tag{2.35}$$

Para $t = 63 \Rightarrow y(63) \cong 109$km (distância total).

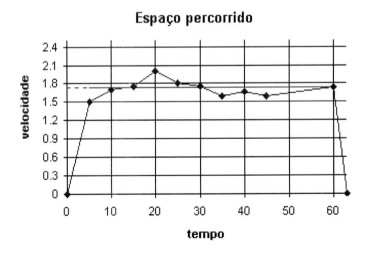

Figura 2.40: Ajuste linear por partes.

Modelo 3 – Velocidade linear

Consideremos agora um ajuste linear, por partes, de $v(t)$. Nos 5 minutos iniciais, a velocidade é linear (crescente); de 5 a 60 minutos mantém-se uma velocidade média constante, em torno de 1.73 km/min, nos últimos 3 minutos a velocidade decresce até o carro parar isto é, $v(63) = 0$.

$$\begin{cases} v(t) = \dfrac{1.73}{5}t & \text{se} \quad 0 \leq t \leq 5 \\[2mm] v(t) = 1.73 & \text{se} \quad 5 \leq t \leq 60 \\[2mm] v(t) = -\dfrac{1.73}{3}t + 36.33 & \text{se} \quad 60 \leq t \leq 63 \end{cases} \tag{2.36}$$

O espaço $y(t)$ pode ser estimado pelo valor da área da região limitada pela curva $v(t)$, o eixo t e a reta $t = \tau$. Então,

- Se $0 \leq t \leq 5$, $y(t)$ será dado para área do triângulo retângulo de base t e altura $v(t)$,

$$y(t) = \frac{1}{2}tv(t) = \frac{1}{2}\left(\frac{1.73}{5}t^2\right) = 0.173t^2 \tag{2.37}$$

- Se $5 \leq t \leq 60$, $y(t) = $ (área do triângulo retângulo de base 5 e altura 1.73) + (área do retângulo de base $(t - 5)$ e altura 1.73), portanto

$$y(t) = (4.325) + (1.73t - 8.65) = 1.73t - 4.325 \tag{2.38}$$

- Se $60 \leq t \leq 63$, $y(t) = $ (área do 1º triângulo) + (área do retângulo de base (60-5) e altura 1.73) + (área do trapésio de altura $(t - 60)$, base inferior igual a 1.73 e base superior igual a

$$v(t)) = (4.325) + (95.15) + (t - 60)\frac{v(t) + 1.73}{2} \Rightarrow$$

$$\Rightarrow y(t) = 99.475 + (-0.288t^2 + 36.33t - 1141.8) = -0.288t^2 + 36.33t - 1042.33.$$

Neste modelo, a distância de Campinas a São Paulo é dada por

$$y(63) \simeq 102.07\text{km}.$$

Observação 2.9. *Como $v(t)$ é contínua para $0 \leq t \leq 63$, podemos considerar argumentos do cálculo diferencial para obter a expressão de $y(t)$:*

$$y(t) = \lim_{||\Delta_k t|| \to 0} \sum_{k=1}^{n} v(\tau_k)\Delta_k t = \int_0^t v(t)dt \tag{2.39}$$

onde $||\Delta_k t|| = \max|\Delta_k t| = \max|t_{i+1} - t_i|, \quad i = 0.1, \ldots, n$.
Assim,

- $se\ 0 \le t \le 5,\qquad y(t) = \int_0^t v(\tau)d\tau = \int_0^t \dfrac{1.73}{5}t\,dt = 0.173t^2$

- $se\ 5 \le t \le 60,\qquad y(t) = \int_0^5 1.73t\,dt + \int_5^t 1.73\,dt = 4.325 + (1.73t - 8.65)$

$$= 1.73t - 4.325$$

- $se\ 60 \le t \le 63;$

$$y(t) = \int_0^5 1.73t + \int_5^{60} 1.73\,dt + \int_{60}^t \left(-\dfrac{1.73}{3}t + 36.33\right)dt = -0.288t^2 + 36.33t - 1042.33$$

Observação 2.10. *Na formulação do modelo 3 procuramos torná-lo mais "realístico" considerando hipóteses adicionais aos dados observados. Este procedimento é fundamental no desenvolvimento de uma modelagem.*

A transição de uma taxa de variação média para uma taxa instantânea é a ideia básica de todo Cálculo Diferencial. Em termos de modelagem é o princípio que possibilita formulações de modelos de fenômenos ou situações, naturalmente de variáveis discretas, por meio de modelos contínuos. Por exemplo, se $N^* = f(t)$ representa o tamanho de uma população, não podemos aplicar imediatamente o conceito de variação instantânea, mesmo porque $f(t)$ é uma função discreta do tempo e no intervalo de tempo em que a população é constante, a taxa de variação instântanea é nula, sendo infinita no instante em que ocorre um nascimento ou uma morte!

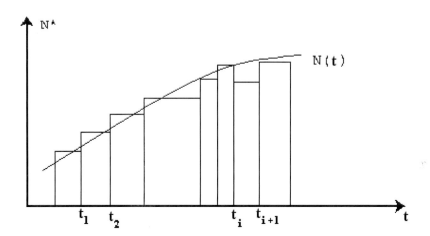

Figura 2.41: Ajuste contínuo de dados discretos.

Neste caso, devemos construir uma curva suave (contínua e sem bicos) $N(t)$, ajustada ou idealizada, que seja uma "aproximação" dos valores de $N^*(t)$. Para uma curva suave *existe uma reta tangente em cada ponto t. Então, podemos definir a taxa de crescimento instantâneo em $t = \tau$ como sendo o coeficiente angular da reta tangente à curva $N(t)$ no ponto $(\tau, N(\tau))$:*

$$N'(\tau) = \lim_{t \to \tau} \frac{\Delta N}{\Delta t} = \frac{dN}{dt}\bigg|_{t=\tau} \qquad \text{(notação de Liebnitz)}.$$

$N'(\tau)$ *é denominada derivada de $N(t)$ no ponto τ.*

Modelos matemáticos que relacionam as variáveis através de suas variações contínuas são formulados com *equações diferenciais* (veja parágrafo 2.6). Os modelos discretos utilizam as *equações de diferenças*, como veremos a seguir.

2.5 Equações de Diferenças

Existem situações em que as equações de diferenças (equações com variações discretas) são mais apropriadas para uma modelagem; por exemplo, quando o crescimento populacional, entre gerações sucessivas, se dá em etapas discretas e não ocorre uma sobreposição de gerações da espécie analisada, como no modelo seguinte:

Modelo 4 – Dinâmica populacional da "Tilápia do Nilo" [10]

As tilápias são peixes de água doce, da família *Cichlidae* que apresentam, essencialmente, 3 estágios em seu ciclo de vida: ovos, jovens e adultos. Adultos quando têm a capacidade de se reproduzir, o que ocorre proximadamente aos 4 meses de idade. Em condições naturais, quando a temperatura da água permanece acima de 20°C, a tilápia pode desovar a cada 2 meses. As fêmeas põem seus ovos nos ninhos que são fecundados pelos machos. Após a fecundação, as fêmeas recolhem os óvos na boca para a incubação, eclosão e proteção das larvas. A eclosão dá-se, aproximadamente, em 72 horas e as larvas continuam na boca por um período de 7 a 10 dias. O número de larvas produzidas depende do tamanho da fêmea, variando de 100 a 600 por desova com uma taxa de mortalidade igual a 50%. Num processo contínuo de criação destes peixes é recomendável que exista um macho para cada duas fêmeas.

Para a formulação do modelo matemático da dinâmica populacional da tilápia, consideramos:

- P_0: quantidade inicial de peixes adultos no tanque de reprodução, sendo $\frac{2}{3}$ fêmeas;

- θ: quantidade de ovos de uma desova por cada fêmea, sendo que somente a metade tem sucesso de eclodir e sobreviver.

Sejam P_t, F_t e A_t, respectivamente, quantidade de peixes adultos, fêmeas adultas e alevinos em cada geração.

Vamos supor que metade dos alevinos sejam fêmeas; Então o número de alevinos gerados em cada estágio é dado por

$$A_t = F_t \times \frac{\theta}{2} \quad \text{para} \quad t \geq 1$$

Usando estas informações num processo interativo obtemos:

t = tempo (2 meses)	P_t = adultos	F_t = fêmeas	A_t = alevinos
0	P_0	$\frac{2}{3}P_0$	0
1	P_0	$\frac{2}{3}P_0$	$\frac{\theta}{2}F_1$
2	P_0	$\frac{2}{3}P_0$	$\frac{\theta}{2}F_2 + \frac{\theta}{2}F_1$
3	$P_0 + A_1$	$\frac{2}{3}P_0 + \frac{1}{2}A_1$	$(A_2 - A_1) + \frac{\theta}{2}F_3$
$\vdots$	$\vdots$	$\vdots$	$\vdots$
t	$P_{t-1} + A_{t-2}$	$F_{t-1} + \frac{1}{2}A_{t-2}$	$(A_{t-1} - A_{t-2}) + \frac{\theta}{2}F_t$

Como

$$A_t = (A_{t-1} - A_{t-2}) + \frac{\theta}{2}F_t = \frac{\theta}{2}(F_t + F_{t-1})$$

e

$$F_t = F_{t-1} + \frac{1}{2}A_{t-2},$$

então

$$F_t = F_{t-1} + \frac{1}{2}\frac{\theta}{2}(F_{t-2} + F_{t-3}) \quad \text{com} \quad F_0 = F_1 = F_2 = \frac{2}{3}P_0. \tag{2.40}$$

Um modelo simplificado pode ser obtido, considerando:

- P_t: peixes adultos;

- $A_t = \alpha P_{t-1}$: alevinos;

- $y_t = P_t + A_t$: total.

t (2 meses)	P_t = adulto	A_t: alevinos	y_t: (total)
0	P_0	0	P_0
1	P_0	αP_0	$P_0 + \alpha P_0$
2	$P_0 + \alpha P_0$	αP_0	$P_0 + 2\alpha P_0$
3	$P_0 + 2\alpha P_0$	$\alpha P_0 + \alpha^2 P_0$	$P_0 + 3\alpha P_0 + \alpha^2 P_0$
4	$P_0 + 3\alpha P_0 + \alpha^2 P_0$	$\alpha P_0 + 2\alpha^2 P_0$	$P_0 + 4\alpha P_0 + 3\alpha^2 P_0$
$\vdots$	$\vdots$	$\vdots$	$\vdots$
t	$P_{t-1} + A_{t-1}$	αP_{t-1}	$P_{t-1} + A_{t-1} + \alpha P_{t-1}$

Então, a fórmula de recorrência para a quantidade de peixes adultos é dada por:

$$P_t = P_{t-1} + A_{t-1} = P_{t-1} + \alpha P_{t-2} \quad \text{para} \quad t \geq 2. \tag{2.41}$$

Podemos perceber que a quantidade de peixes adultos P_t num estágio t é igual à quantidade total dos peixes y_{t-1} do estágio anterior $(t-1)$, portanto de (2.41), temos

$$P_t = y_{t-1} = y_{t-2} + \alpha y_{t-3}, \qquad t \geq 3. \tag{2.42}$$

A equação (2.42) pode ser reescrita na forma

$$y_n = y_{n-1} + \alpha y_{n-2}, \quad n \geq 2 \tag{2.43}$$

e permite calcular o valor de qualquer y_n desde que sejam conhecidos seus valore em dois estágios imediatamente inferiores.

Expressões do tipo (2.41), (2.42) e (2.43) são denominadas *fórmulas recursivas* (neste caso de 2ª ordem), ou fórmulas aritméticas, ou *equações de diferenças finitas*.

A *solução* de uma equação de diferenças é uma expressão que fornece o valor de uma variável num estágio n em função de n e dos valores dos estágios iniciais (condições iniciais) – No exemplo em questão (equação (2.43)) temos $P(0) = P_0$, $P_1 = P_0$ e a solução de (2.43) é dada por

$$P_t = P_0 \frac{(1 + \sqrt{1 + 4\alpha})}{2\sqrt{1 + 4\alpha}} \left(\frac{1 + \sqrt{1 + 4\alpha}}{2} \right)^t - P_0 \frac{(1 - \sqrt{1 + 4\alpha})}{2\sqrt{1 + 4\alpha}} \left(\frac{1 - \sqrt{1 + 4\alpha}}{2} \right)^t \tag{2.44}$$

como veremos posteriormente.

2.5.1 Equações de Diferenças Lineares

Nem sempre podemos explicitar analiticamente a solução geral de uma equação de diferenças quando a equação não é linear. As equações lineares de ordem $(n - m)$ são da forma:

$$y_n = \alpha_{n-1}y_{n-1} + \alpha_{n-2}y_{n-2} + \cdots + \alpha_m y_m,$$

ou

$$y_n = \sum_{i=n-1}^{m} \alpha_i y_i \qquad (2.45)$$

com α_i constantes, $m < n$ e $(n - m)$ condições iniciais.

Equação de 1ª ordem, $n - m = 1$

$$\begin{cases} y_n = \alpha\, y_{n-1} \\ y_0 \quad \text{dado} \end{cases} \qquad (2.46)$$

O processo recursivo fornece:

$$\begin{aligned} y_1 &= \alpha y_0 \\ y_2 &= \alpha y_1 = \alpha^2 y_0 \\ &\vdots \\ y_n &= \alpha y_{n-1} = \alpha^n y_0, \end{aligned}$$

e portanto,

$$y_n = y_0 \alpha^n \qquad (2.47)$$

é a solução de (2.46), satisfazendo a condição inicial y_0 dada.

Uma maneira alternativa para resolver a equação (2.46) é a seguinte:

Suponhamos que $y_n = k\lambda^n$ seja uma solução geral de (2.46). Substituindo esta expressão em (2.46), temos:

$$k\lambda^n = \alpha k \lambda^{n-1} \Leftrightarrow k\lambda^{n-1}[\lambda - \alpha] = 0 \Rightarrow \begin{cases} \lambda = 0 \\ \text{ou} \\ \lambda = \alpha \end{cases}$$

Desde que, para $n = 0$ devemos ter $y_0 = k\lambda^0$, então $k = y_0$. Logo,

$$y_n = \begin{cases} 0 & \text{se} \quad y_0 = 0 \\ y_0 \alpha^n & \text{se} \quad y_0 \neq 0 \end{cases} \qquad (2.48)$$

É relativamente fácil verificar que a solução da equação linear

$$y_{n+1} = a y_n + b$$

com y_0 dado, é

$$\begin{cases} y_n = y_0 + bn & \text{se} \quad a = 1 \\ \\ y_n = y_0 a^n + b\dfrac{1 - a^n}{1 - a} & \text{se} \quad a \neq 1 \end{cases} \tag{2.49}$$

Uma aplicação imediata das equações acima pode ser encontrada em problemas de capitalização.

Exercício: Considere um capital inicial c_0 aplicado a uma taxa mensal α. Encontre o valor do resgate futuro c_n, no n-ésimo mês, supondo que o regime de juros seja:

a. *simples*, isto é, $c_{n+1} - c_n = \text{constante} = \alpha c_0$, com $n \geq 1$;

b. *composto*, $c_{n+1} - c_n = \alpha c_n$, $n \geq 1$.

Exercício: Resolva a equação de diferenças

$$y_{n+1} = \alpha y_{n+1} + y_n \qquad (\alpha \neq 1), \qquad \text{com } y_0 \text{ dado.}$$

Mostre que:

- se $\alpha = 0 \Rightarrow y_n = y_0$, constante;

- se $0 < \alpha \leq 2 \Rightarrow y_n$ é divergente;

- se $\alpha < 0$ ou $\alpha > 2 \Rightarrow y_n$ é convergente.

Modelo 5 – Orçamento familiar

Consideremos uma família cuja renda mensal r_n é proveniente de um salário fixo r_0, mais o rendimento da caderneta de poupança p_n do mês anterior.

Suponhamos também que o consumo mensal c_n desta famíília seja proporcional à sua renda mensal.

O modelo que estabelece relações entre as variáveis *renda*, *poupança* e *consumo* dependentes do tempo, tomados em meses, é dado por:

a. poupança: $p_{n+1} = $ (poupança do mês anterior n) + (sobra do mês $n + 1$) $\Rightarrow$

$$p_{n+1} = p_n + (r_{n+1} - c_{n+1}) \tag{2.50}$$

b. renda: $r_{n+1} = $ (salário) + (rendimento da poupança do mês anterior) $\Rightarrow$

$$r_{n+1} = r_0 + \alpha p_n, \qquad (2.51)$$

onde α é o juro da poupança.

c. consumo:

$$c_{n+1} = \beta r_{n+1} \qquad (0 < \beta < 1) \qquad (2.52)$$

Usando as três equações podemos escrever

$$p_{n+1} = (1 - \beta)r_0 + [(1 - \beta)\alpha + 1]p_n.$$

Consideramos que p_0 é dado, podemos usar a solução (2.49) para escrever as soluções:

$$p_n = p_0 a^n + b\frac{1 - a^n}{1 - a} = [(1 - \beta)\alpha + 1]^n p_0 + (1 - \beta)r_0\frac{1 - [(1 - \beta)\alpha + 1]^n}{1 - [(1 - \beta)\alpha + 1]} \qquad (2.53)$$

Donde

$$r_n = r_0 + \alpha p_0 a^{n-1} + \alpha b\frac{1 - a^{n-1}}{1 - a} \qquad (2.54)$$

e

$$c_n = \beta r_0 + \alpha \beta p_0 a^{n-1} + \alpha \beta\frac{1 - a^{n-1}}{1 - a} \qquad (2.55)$$

Modelo 6 – Financiamento

Na compra de uma casa é feito um financiamento do valor c_0 que deve ser pago em 15 anos, em parcelas mensais fixas e iguais a k. Devemos determinar o juro mensal cobrado neste empreendimento.

Seja c_0 a dívida inicial. Então, a dívida c_n num mês n é dada pela dívida corrigida do mês anterior menos a parcela paga no mês, ou seja,

$$c_{n+1} = c_n + \alpha c_n - k = (1 + \alpha)c_n - k \qquad (2.56)$$

Podemos encontrar a solução de (2.56) por recorrência:

$$\begin{aligned}
c_1 &= (1 + \alpha)c_0 - k \\
c_2 &= (1 + \alpha)c_1 - k = (1 + \alpha)^2 c_0 - (1 + \alpha)k - k \\
c_3 &= (1 + \alpha)c_2 - k = (1 + \alpha)^3 c_0 - (1 + \alpha)^2 k - (1 + \alpha)k - k \\
&\vdots \\
c_n &= (1 + \alpha)^n c_0 - k[1 + (1 + \alpha) + \cdots + (1 + \alpha)^{n-1}]
\end{aligned}$$

Temos que o termo entre colchetes é a soma de uma progressão geométrica. Logo,

$$c_n = (1 + \alpha)^n c_0 - k\frac{1 - (1 + \alpha)^n}{-\alpha} \qquad (2.57)$$

Observação 2.11. *Esta mesma expressão poderia ter sido obtida diretamente de (2.49).*

É interessante notar que, em problemas como este, a taxa de juros cobrada está camuflada. Se considerarmos que a dívida estará quitada em t meses, devemos ter em (2.57) que $c_t = 0$, logo

$$(1 + \alpha)^t c_0 = k\frac{1 - (1 + \alpha)^t}{-\alpha}$$

ou

$$\frac{\alpha c_0}{k} = \frac{(1 + \alpha)^t - 1}{(1 + \alpha)^t} = 1 - \frac{1}{(1 + \alpha)^t}.$$

Conhecidos os valores da dívida inicial c_0 ,do pagamento parcelado k e do tempo necessário t para a liquidação desta dívida, o cálculo de α pode ser feito, usando-se algum método numérico. Por exemplo, sejam $c_0 = 30.000$, $k = 500$ e $t=15$ anos (180 meses). Então, temos

$$60\alpha = 1 - \frac{1}{(1 + \alpha)^{180}} \tag{2.58}$$

Para determinar o valor de α em (2.58) vamos usar o método mais elementar: *bisseção*.

Sejam $y = 60\alpha$ e $z = 1 - \dfrac{1}{(1 + \alpha)^{180}}$. Então devemos encontrar α de modo que $y = z$:

$$\alpha = 0.01 \Rightarrow y = 0.6 \quad \text{e} \quad z = 0.833 \Rightarrow z > y$$
$$\alpha = 0.02 \Rightarrow y = 1.2 \quad \text{e} \quad z = 0.97 \Rightarrow z < y$$
$$\alpha = \frac{0.01 + 0.02}{2} = 0.015 \Rightarrow y = 0.9 \quad \text{e} \quad z = 0.93 \Rightarrow z > y$$

Então α deve estar entre 0.015 e 0.02. Continuando o processo, obtemos $\alpha \simeq 0.0156$ ou 1.56 % ao mês!

Equação de 2ª ordem, $(n - m) = 2$

Uma equação geral de diferenças, de 2ª ordem é da forma:

$$y_n = ay_{n-1} + by_{n-2} \quad \text{com} \quad y_0 \text{ e } y_1 \quad \text{dados} \tag{2.59}$$

Solução:

Considerando que $y_n = k\lambda^n$ (como no caso de 1ª ordem) seja uma solução de (2.59), temos

$$k\lambda^n - ak\lambda^{n-1} - bk\lambda^{n-2} = 0 \Longrightarrow k\lambda^{n-2}[\lambda^2 - a\lambda - b] = 0$$

logo, $\lambda = 0$ ou $\lambda^2 - a\lambda - b = 0$.

- Para $\lambda = 0 \Rightarrow y_n = 0$ para todo n (solução trivial) que só tem sentido se $y_0 = y_1 = 0$;

- Se $\lambda \neq 0$, $P(\lambda) = \lambda^2 - a\lambda - b$ é o *polinômio característico* de (2.59) e suas raízes $\lambda_{1.2}$ são denominadas *autovalores*,

$$\lambda^2 - a\lambda - b = 0 \Longrightarrow \lambda_{1.2} = \frac{a \pm \sqrt{a^2 + 4b}}{2} \tag{2.60}$$

$\lambda_{1.2}$ são univocamente determinadas pelos valores dos coeficientes a e b.

Para as equações lineares vale o *princípio da superposição*, isto é, *se temos várias soluções, então a combinação linear entre elas também é uma solução*. Como λ_1 e λ_2 foram determinados, justamente com a promessa de $k\lambda_1^n$ e $k\lambda_2^n$ serem soluções de (2.59), podemos concluir que

$$y_n = A_1\lambda_1^n + A_2\lambda_2^n \tag{2.61}$$

também é uma solução de (2.59).

A expressão (2.61) será a solução geral de (2.59) se $\lambda_1 \neq \lambda_2$, isto é, se $a^2 + 4b \neq 0$. Neste caso, as constantes A_1 e A_2 são determinadas univocamente através das condições iniciais y_0 e y_1:

- Para $n = 0 \Rightarrow y_0 = A_1 + A_2$;

- Para $n = 1 \Rightarrow y_1 = A_1\lambda_1 + A_2\lambda_2$.

O sistema

$$\begin{cases} A_1 + A_2 & = y_0 \\ \lambda_1 A_1 + \lambda_2 A_2 & = y_1 \end{cases}$$

admite como solução os valores

$$A_2 = \frac{\lambda_1 y_0 - y_1}{\lambda_1 - \lambda_2} \quad \text{e} \quad A_1 = y_0 - \frac{\lambda_1 y_0 - y_1}{\lambda_1 - \lambda_2} \tag{2.62}$$

Solução do modelo 4 (Crescimento das Tilápias)

O modelo matemático para a dinâmica populacional das tilápias é uma equação de diferenças de $2^{\underline{a}}$ ordem:

$$\begin{cases} p_n = p_{n-1} + \alpha p_{n-2} \\ p(0) = p_0 \quad \text{e} \quad p_1 = p_0 \end{cases} \tag{2.63}$$

e $\lambda^2 - \lambda - \alpha = 0$ é o polinômio característico de (2.63), cujas raízes (autovalores) são

$$\lambda_1 = \frac{1 + \sqrt{1 + 4\alpha}}{2} \quad \text{e} \quad \lambda_2 = \frac{1 - \sqrt{1 + 4\alpha}}{2}, \quad \lambda_1 \neq \lambda_2.$$

A solução geral é dada por

$$p_n = A_1\lambda_1^n + A_2\lambda_2^n$$

onde

$$A_1 = p_0 - \frac{\lambda_1 p_0 - p_0}{\lambda_1 - \lambda_2} = \frac{p_0[1 + \sqrt{1 + 4\alpha}]}{2\sqrt{1 + 4\alpha}}$$

e

$$A_2 = p_0 - A_1 = -\frac{p_0[1 - \sqrt{1 + 4\alpha}]}{2\sqrt{1 + 4\alpha}}. \tag{2.64}$$

Observação 2.12.

* *Quando os autovalores da equação (2.60) são iguais, isto é, $\lambda_1 = \lambda_2 = \dfrac{a}{2}$, então a solução geral de (2.59) é dada por*

$$y_n = (A_1 + nA_2)\left(\frac{a}{2}\right)^n \qquad \text{(verifique!)} \tag{2.65}$$

e as constantes A_1 e A_2 são obtidas por:

$$\begin{cases} y_0 = A_1 \\ y_1 = (A_1 + A_2)\dfrac{a}{2} \Rightarrow y_0 + A_2 = \dfrac{2y_1}{a} \Rightarrow A_2 = \dfrac{2y_1}{a} - y_0 \end{cases} \tag{2.66}$$

* *Se os autovalores λ_1 e λ_2 são complexos, isto é,*

$\lambda_1 = \alpha + \beta i = re^{i\theta}$ e $\lambda_2 = \alpha - \beta i = re^{-i\theta}$, *onde* $r = \sqrt{\alpha^2 + \beta^2}$ *e* $\theta = \arctan \beta/\alpha$,

então, a solução geral real de (2.59) é dada por:

$$y_n = c_1 r^n \cos n\theta + c_2 r^n \ \text{sen} \, n\theta \tag{2.67}$$

De fato, usando a fórmula de Euler: $e^{i\theta} = \cos \theta + i \, \text{sen} \, \theta$, temos

$$\lambda_1^n = (\alpha + \beta i)^n = (re^{i\theta})^n = r^n(\cos \theta + i \, \text{sen} \, \theta)^n = r^n(\cos n\theta + i \, \text{sen} \, n\theta).$$

Portanto

$$\begin{aligned} y_n &= A_1 \lambda_1^n + A_2 \lambda_2^n = A_1(\alpha + \beta_i)^n + A_2(\alpha - \beta i)^n \\ &= A_1 r^n(\cos n\theta + i \, \text{sen} \, n\theta) + A_2 r^n(\cos n\theta - i \, \text{sen} \, n\theta) \\ &= B_1 r^n \cos n\theta + iB_2 r^n \, \text{sen} \, n\theta \end{aligned}$$

Agora, como a equação é linear, tanto a parte real

$$u_n = B_1 r^n \cos n\theta$$

quanto a parte imaginária

$$v_n = B_2 r^n \, \text{sen} \, n\theta$$

são soluções da equação (2.59). Logo, pelo princípio da superposição, obtemos a solução geral real:

$$y_n = c_1 u_n + c_2 v_n = r^n (c_1 \cos n\theta + c_2 \operatorname{sen} n\theta), \quad c_1 \text{ e } c_2 \text{ reais.} \qquad (2.68)$$

Neste caso, a sequência dos pontos y_n é periódica com amplitude igual a r^n e frequência $\dfrac{1}{\theta}$.

- *Se $r > 1 \Rightarrow y_n$ é crescente;*
- *Se $r < 1 \Rightarrow y_n$ é decrescente.*

Exemplo 2.11. A equação de diferenças

$$y_{n+2} + y_n = 0 \quad \text{com} \quad y_0 = 0 \text{ e } y_1 = 1 \qquad (2.69)$$

tem polinômio característico dado por:

$$\lambda^2 + 1 = 0 \Rightarrow \lambda_1 = i \quad \text{e} \quad \lambda_2 = -i \qquad (a = 0 \text{ e } b = 1).$$

Então,

$$r = \sqrt{a^2 + b^2} = 1 \quad \text{e} \quad \theta = \arctan \frac{b}{a} = \frac{\pi}{2}.$$

A solução real da equação (2.69) é

$$y_n = c_1 \cos \frac{n\pi}{2} + c_2 \operatorname{sen} \frac{n\pi}{2} \qquad (2.70)$$

Usando as condições iniciais, obtemos $c_1 = 0$ e $c_2 = 1$, então

$$y_n = \operatorname{sen} \frac{n\pi}{2} \qquad (2.71)$$

é a solução real particular da equação (2.69).

Exemplo 2.12. A equação de diferenças

$$y_{n+2} - 2y_{n+1} + 2y_n = 0 \quad \text{com} \quad y_0 = 0 \text{ e } y_1 = 1 \qquad (2.72)$$

tem como solução

$$y_n = (\sqrt{2})^n \operatorname{sen} \left(\frac{\pi}{4} n \right) \qquad \text{(verifique!)}$$

Neste caso, a amplitude $r^n = (\sqrt{2})^n$ é crescente (figura 2.42) e a frequência é $\theta = \pi/4$.

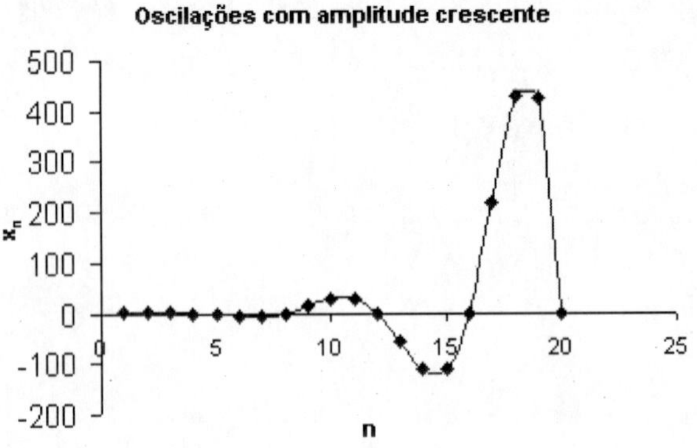

Oscilações com amplitude crescente

Figura 2.42: Oscilações com amplitudes crescentes $r^n > 1$.

Exemplo 2.13. A equação de diferenças

$$y_{n+2} - 2ay_{n+1} + 2a^2 y_n = 0 \quad \text{com} \quad y_0 = 0 \text{ e } y_1 = 1 \quad \text{e} \quad a > 0. \tag{2.73}$$

tem o polinômio característico dado por

$$\lambda^2 - 2a\lambda + 2a^2 = 0$$

cujas raízes são complexas

$$\lambda_1 = \frac{2a + 2ai}{2} = a(1 + i) \quad \text{e} \quad \lambda_2 = a(1 - i)$$

Então,

$$r = a\sqrt{2} \quad \text{e} \quad \theta = \frac{\pi}{4}.$$

A solução real que satisfaz as condições iniciais é

$$y_n = (a\sqrt{2})^n \operatorname{sen}\left(\frac{\pi}{4}n\right) \tag{2.74}$$

Agora, como $-1 \leq \operatorname{sen}\left(\frac{\pi}{4}n\right) \leq 1$, então y_n terá oscilações decrescentes quando $r = a\sqrt{2} < 1$.

2.5.2 Sistemas de Equações de Diferenças

Uma equação linear de $2^{\underline{a}}$ ordem

$$y_{n+2} + ay_{n+1} + by_n = 0 \tag{2.75}$$

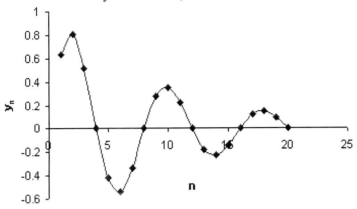

Figura 2.43: Oscilações com amplitudes decrescentes $r^n < 1$.

Pode ser transformada num sistema linear de 2 equações de 1ª ordem considerando a mudança de variáveis $z_n = y_{n+1}$:

$$\begin{cases} y_{n+1} = z_n \\ z_{n+1} = -az_n - by_n \end{cases} \quad (2.76)$$

Reciprocamente, um sistema linear de ordem 2

$$\begin{cases} y_{n+1} = a_{11}y_n + a_{12}z_n \\ z_{n+1} = a_{21}y_n + a_{22}z_n \end{cases} \quad (2.77)$$

Pode ser convertido na equação linear de 2ª ordem

$$y_{n+2} - (a_{11} + a_{22})y_{n+1} + (a_{22}a_{11} - a_{12}a_{21})y_n = 0 \quad (2.78)$$

A matriz

$$J = \begin{pmatrix} a_{11} & a_{12} \\ a_{21} & a_{22} \end{pmatrix} \quad (2.79)$$

é denominada matriz Jacobiana do sistema (2.77). Os autovalores desta matriz são valores λ tais que $\det(J - \lambda I) = 0$, onde I é a matriz identidade, ou seja,

$$\det(J - \lambda I) = \begin{vmatrix} a_{11} - \lambda & a_{12} \\ a_{21} & a_{22} - \lambda \end{vmatrix} = 0 \Leftrightarrow$$

$$\lambda^2 - (a_{11} + a_{22})\lambda + (a_{22}a_{11} - a_{12}a_{21}) = 0 \quad (2.80)$$

$P(\lambda) = \lambda^2 - (a_{11} + a_{22})\lambda + (a_{22}a_{11} - a_{12}a_{21})$ é o polinômio característico de (2.78);

- $\alpha = a_{11} + a_{22} = $ *traço da matriz* J;

- $\beta = a_{11}a_{22} - a_{12}a_{21} = $ *determinante de* J;

- $\alpha^2 - 4\beta = $ *discriminante de* J.[1]

Modelo 7 – Crescimento populacional das tilápias com taxas de sobrevivência

Vamos usar os mesmos dados do Modelo 4, considerando agora as dinâmicas dos 3 estágios distintos: ovos, alevinos e adultos, juntamente com suas taxas de sobrevivência: Considerações:

a. Somente a fêmea adulta desova e o faz a cada 2 meses;

b. Um alevino (peixe jovem) torna-se adulto em 4 meses;

c. As probabilidades de nascer macho ou fêmea são iguais.

Se c é quantidade de ovos em uma desova então,

$$n^{\underline{o}} \text{ de ovos} \times n^{\underline{o}} \text{de fêmeas } = \frac{1}{2}a_n c$$

é a quantidade de ovos num estágio n, onde a_n é a quantidade de peixes adultos em n. Se α é a taxa de eclosão dos ovos então $\alpha c \frac{1}{2} a_n$ são os ovos sobreviventes no estágio n.

Sejam:

- $\gamma = \dfrac{\alpha c}{2}$ a taxa de sobrevivência da população de ovos;

- b_n a quantidade de jovens (alevinos) em cada estágio n, e β sua taxa de conversão para adultos;

- a_n a quantidade de adultos em cada estágio n, e δ sua taxa de sobrevivência;

- c_n a quantidade de *ovos viáveis* em cada estágio n: $c_n = $ (ovos provenientes da desova dos adultos) + (ovos provenientes da desova dos jovens que chegaram à fase adulta) $\Rightarrow$

$$c_n = \gamma a_{n-1} + \gamma \beta b_{n-1} \qquad (2.81)$$

- $a_n = $ (adultos que sobreviveram no estágio $(n-1)$) + (jovens que chegaram à fase adulta) $\Rightarrow$

$$a_n = \delta a_{n-1} + \beta b_{n-1} \qquad (2.82)$$

- $b_n = $ (jovens sobreviventes do estágio $n-1$) $\Rightarrow$

$$b_n = c_{n-1} \qquad (2.83)$$

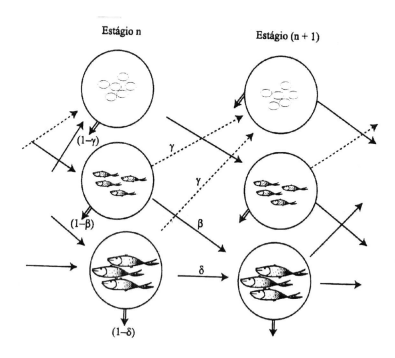

Figura 2.44: Dinâmica populacional de peixes (tilápia).

Estas considerações podem ser visualizadas no esquema da figura 2.44:
Considerando as taxas de mortalidade

- $(1 - \delta)$: taxa de mortalidade de adultos;

- $(1 - \beta)$: taxa de mortalidade de alevinos;

- $(1 - \gamma)$: taxa de perda de ovos,

obtemos o sistema linear de ordem 3:

$$\begin{cases} a_n = \delta a_{n-1} + \beta b_{n-1} \\ b_n = c_{n-1} \\ c_n = \gamma a_{n-1} + \gamma \beta b_{n-1} \end{cases} \quad (2.84)$$

---

[1]Para um desenvolvimento maior da teoria das equações de diferenças e aplicações, veja: Goldberg, S – Introduction to Difference Equations, Dover, N. York, 1986 [11].

com autovalores dados pelas raízes da equação característica:

$$|(J - \lambda I)| = \left| \begin{pmatrix} \delta & \beta & 0 \\ 0 & 0 & 1 \\ \gamma & \gamma\beta & 0 \end{pmatrix} + \begin{pmatrix} -\lambda & 0 & 0 \\ 0 & -\lambda & 0 \\ 0 & 0 & -\lambda \end{pmatrix} \right| = 0,$$

onde, J é denominado *jacobiano* da equação (2.84).

$$\begin{vmatrix} \delta - \lambda & \beta & 0 \\ 0 & -\lambda & 1 \\ \gamma & \gamma\beta & -\lambda \end{vmatrix} = 0 \iff -\lambda^3 + \lambda^2\delta + \beta\gamma + \gamma\beta\lambda - \gamma\beta\delta = 0,$$

ou seja, o polinômio característico de (2.84) é dado por:

$$-\lambda^3 + \lambda^2\delta + \gamma\beta\lambda = \gamma\beta(\delta - 1) \tag{2.85}$$

Observação 2.13. *Se os valores dos parâmetros γ, δ, β são conhecidos então o cálculo das raízes de (2.85) pode ser feito por métodos numéricos (Newton-Raphson, Gauss, bissecções etc) [12]. Todavia, nem sempre a solução explícita é a mais conveniente. Neste caso, por exemplo, uma tabela de dados e gráficos pode ser facilmente construída com algum programa computacional (experimente!).*

Exemplo 2.14. *sequência de Fibonacci e o número áureo*

Leonardo de Pisa (1175–1250) é considerado um dos matemáticos mais criativos do mundo cristão medieval – conhecido como Fibonacci, publicou em 1202 o livro Liber Abaci (Livro de Ábacos) onde encontra-se o problema que deu origem à sua famosa sequência numérica *"Quantos coelhos haverá em um ano, começando com um só casal, se em cada mês cada casal adulto gera um novo casal, o qual se tornará produtivo em dois meses?"*

Este problema, semelhante ao das tilápias, pode ser formulado em termos de uma equação de diferenças

$$y_{n+1} = y_n + y_{n-1} \quad \text{com} \quad y_0 = 1 \text{ e } y_1 = 1, \tag{2.86}$$

onde y_n é o número de casais adultos no estágio n com $n \in \mathbb{N}$.

Esta equação recursiva gera a seguinte sequência crescente:

$$1, 1, 2, 3, 5, 8, 13, 21, 34, \ldots$$

conhecida como *sequência de Fibonacci*.

A solução da equação (2.86) é obtida em termos de seus autovalores, raízes do polinômio característico:

$$\lambda^2 - \lambda - 1 = 0 \Rightarrow$$

$$\Rightarrow \lambda_1 = \frac{1 + \sqrt{5}}{2} \quad \text{e} \quad \lambda_2 = \frac{1 - \sqrt{5}}{2}$$

e portanto, a solução geral de (2.86) é dada por:

$$y_n = A\lambda_1^n + B\lambda_2^n.$$

Considerando as condições iniciais $y_0 = 1$ e $y_1 = 1$, temos

$$\begin{cases} 1 = A + B \\ 1 = A\left(\dfrac{1+\sqrt{5}}{2}\right) + B\left(\dfrac{1-\sqrt{5}}{2}\right) \end{cases}$$

Resolvemos o sistema, obtemos:

$$A = \frac{\sqrt{5}+1}{2\sqrt{5}} \qquad e \qquad B = \frac{\sqrt{5}-1}{2\sqrt{5}}$$

Logo, a solução particular de (2.86) é

$$y_n = \frac{1}{\sqrt{5}}\left(\frac{1+\sqrt{5}}{2}\right)^{n+1} - \frac{1}{\sqrt{5}}\left(\frac{1-\sqrt{5}}{2}\right)^{n+1} \tag{2.87}$$

Observamos que $\lambda_1 > 1$ e $-1 < \lambda_2 < 0$; assim, o autovalor dominante é λ_1 pois $|\lambda_1| > |\lambda_2|$, o que garante que a sequência de Fibonacci $\{y_n\}_{n\geq 0}$ é crescente e não limitada, e portanto não convergente.

A razão dos termos sucessivos da sequência de Fibonacci fornece uma nova sequência que é convergente

$$b_n = \frac{y_{n+1}}{y_n} \to \frac{1+\sqrt{5}}{2}$$

De fato, seja $\phi = \lim_{n\to\infty} b_n > 0$. Portanto

$$\frac{1}{\phi} = \lim_{n\to\infty}\frac{1}{b_n} = \lim_{n\to\infty}\frac{y_n}{y_{n+1}}$$

Agora, como y_n satisfaz a equação (2.86), então

$$\phi = \lim_{n\to\infty}\frac{y_{n+1}}{y_n} = \lim_{n\to\infty}\frac{y_n + y_{n-1}}{y_n} = 1 + \lim_{n\to\infty}\frac{y_{n-1}}{y_n} = 1 + \frac{1}{\phi}$$

Logo, o valor do limite de b_n deve satisfazer à equação

$$\phi = 1 + \frac{1}{\phi} \quad ou \quad \phi^2 = \phi + 1 \tag{2.88}$$

Como $\phi > 0$, então

$$\phi = \frac{1+\sqrt{5}}{2} = 1.61803\ldots$$

ou seja,

$$\lim_{n\to\infty}\frac{y_{n+1}}{y_n} = \frac{1+\sqrt{5}}{2} \qquad \text{(número áureo)}.$$

Acredita-se que foi Kepler (1571–1630) o primeiro a estabelecer a relação entre a sequência de Fibonacci e o número áureo $\phi = \dfrac{1+\sqrt{5}}{2}$, analisando o crescimento de determinadas plantas.

Observamos que ϕ é a raiz positiva da equação (2.88), isto é,

$$\phi^2 = \phi + 1 \iff \phi = 1 + \frac{1}{\phi} \iff \frac{1}{\phi} = \phi - 1.$$

O número $\dfrac{1}{\phi}$ é denominado *seção áurea*

$$\frac{1}{\phi} = \phi - 1 = 1.61803 - 1 = 0.61803\ldots$$

A secção áurea está relacionada com a divisão de um segmento AB, obedecendo a seguinte proporção:

$$\frac{\overline{AB}}{\overline{AC}} = \frac{\overline{AC}}{\overline{CB}} \qquad (2.89)$$

Figura 2.45: Secção áurea.

Consideremos $\overline{AB}$ = medida $(AB) = 1$ (unidade de medida) e $\overline{AC}$ = medida $(AC) = x$. De (2.89) temos

$$\frac{1}{x} = \frac{x}{1-x} \Rightarrow x^2 = 1 - x,$$

cuja solução positiva é a seção áurea

$$x = \frac{-1+\sqrt{5}}{2} = \frac{2}{1+\sqrt{5}} = \frac{1}{\phi} = 0.61803\ldots$$

Um *retângulo áureo* é aquele cujos lados a, b obedecem à "divina proporção"

$$a = \frac{1}{\phi}b \iff b = a\phi. \qquad (2.90)$$

Para os gregos o retângulo áureo representava a "lei matemática" da beleza e do equilíbrio e era frequente em sua arquitetura clássica. A figura 2.46 abaixo mostra o Parthenon limitado por um retângulo áureo.

Um retângulo áureo tem a propriedade de poder ser subdividido em infinitos retângulos áureos:

Figura 2.46: O Parthenon.

Seja R_1 o retângulo de lados $a_1 = \beta\dfrac{1}{\phi}$ e $b_1 = \beta$

Se retirarmos de R_1 o quadrado de lado $\beta\dfrac{1}{\phi}$ obtemos um novo retângulo R_2 de lados $b_2 = \beta\dfrac{1}{\phi}$ e $a_2\beta - \beta\dfrac{1}{\phi} = \beta\left(1 - \dfrac{1}{\phi}\right)$.

Como $1 - \dfrac{1}{\phi} = \dfrac{\phi - 1}{\phi} = \dfrac{\frac{1}{\phi}}{\phi} = \dfrac{1}{\phi^2}$, então

$$\frac{a_2}{b_2} = \frac{\beta\frac{1}{\phi}}{\beta\frac{1}{\phi^2}} = \frac{1}{\phi}.$$

Portanto, R_2 também é um retângulo áureo.

E assim, sucessivamente, formamos uma sequência de retângulos áureos R_n de lados $b_n = \dfrac{\beta}{\phi^{n-1}}$ e $a_n = \dfrac{\beta}{\phi^n}$.

E portanto $A(R_1) =$ soma das áreas de infinitos quadrados distintos, formado pelos lados menores dos sub-retângulos R_n.

Exercício: Mostre que a série geométrica $\displaystyle\sum_{n=0}^{\infty} \dfrac{1}{\phi^n}$ converge para ϕ^2.

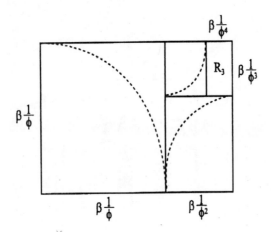

Figura 2.47: Retângulo áureo.

Exercício: Mostre que qualquer redução (ou ampliação) de um retângulo áureo é também um retângulo áureo.

Exercício: Seja $\mathcal{P}$ um paralelepípedo de lados α, β, γ. Dizemos que $\mathcal{P}$ é áureo se o retângulo de lados α e β e o retângulo de lados γ e $d = \sqrt{\alpha^2 + \beta^2}$ forem áureos. Seja R o retângulo áureo de lados α e β. Determine o valor de γ para que o paralelepípedo de lados α, β e γ seja áureo.

Projeto 2.1. *Modelo de Propagação anual de Plantas Sazonais* [13]

Determinadas plantas produzem sementes no final do verão quando então morrem. Uma parte destas sementes sobrevivem no inverno e algumas delas germinam, dando origem a uma nova geração de plantas. A fração que germina depende da idade das sementes. Cada estágio do ciclo de vida das plantas está esquematizado na figura abaixo:
Parâmetros:

- γ: número de sementes produzidas por cada planta em maio;
- σ: fração de sementes que sobrevivem em cada inverno;
- α: fração de sementes de um ano que germinam;
- β: fração de sementes de 2 anos que germinam.

Formule o modelo matemático em forma de equações de diferenças do número de plantas e número de sementes (de um e dois anos).

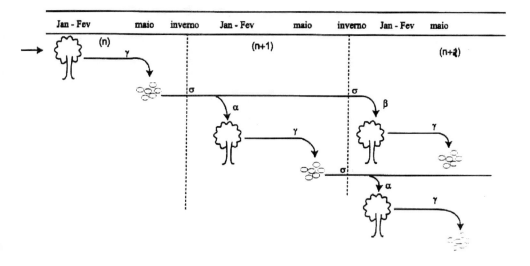

Figura 2.48: Propagação de plantas.

Considere a seguinte hipótese: *sementes germinam somente até a idade de 2 anos, sendo que a grande maioria germina com um ano* (β/α *é bem pequeno*).

2.5.3 Equações de Diferenças não lineares (1ª ordem) - estabilidade

Uma equação de diferenças não linear de 1ª ordem é uma fórmula de recorrência do tipo

$$y_{n+1} = f(y_n) \tag{2.91}$$

onde f é uma combinação não linear de y_n (quadrática, potências, exponenciais etc).

A solução de (2.91) é uma expressão que relaciona y_n e y_0 (condição inicial), para cada estágio n. Geralmente, não é possível obter tal solução diretamente quando se trata de equações não lineares.

Uma maneira de analisar estas equações é através de seus *pontos de equilíbrio*. No contexto das equações de diferenças tem-se a estabilidade do processo quando não ocorre variações do estágio n para o estágio $n+1$, isto é, quando

$$y_{n+1} = y_n = y^* \tag{2.92}$$

Da equação (2.91), tem-se um ponto de equilíbrio y^* quando

$$y^* = f(y^*) \tag{2.93}$$

isto é, y^* é um *ponto fixo* da função f.

Uma maneira simples para determinar os pontos de equilíbrio de uma equação não linear é através dos *gráficos de Lamerey*.

Consideramos, no sistema cartesiano, os valores de y_n no eixo das abscissas e y_{n+1} no eixo das ordenadas e obtemos o gráfico ajustado de $y_{n+1} = f(y_n)$. Os pontos de equilíbrio são dados pela interseção do gráfico de f com a bissetriz $y_{n+1} = y_n$ (é um processo análogo ao método de Ford-Walford)

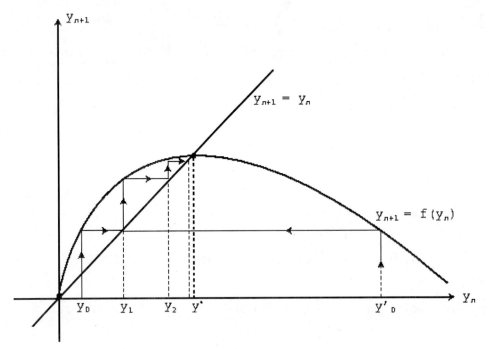

Figura 2.49: Ponto fixo $y^* = y_{n+1} = f(y_{n+1})$.

Observamos que no gráfico 2.49 temos dois pontos fixos de f: $\bar{y} = 0$ e y^* com características diversas; dado qualquer valor inicial y_0, a sequência y_n obtida por recorrência, se afasta de $\bar{y} = 0$ e se aproxima do valor y^*. Dizemos que $\bar{y} = 0$ é um ponto de equilíbrio *instável* e y^* é *assintoticamente estável*.

A estabilidade de um ponto de equilíbrio y^* pode ser determinada pelo valor do módulo de

$$\lambda = \left[\frac{df(y_n)}{dy_n}\right]_{y_n=y^*} \tag{2.94}$$

λ = coeficiente angular da reta tangente à curva $f(y_n)$ no ponto y^*.

O parâmetro λ é o *autovalor* do equilíbrio y^* da equação (2.91).

Temos:

a. Se $0 < |\lambda| < 1$, y^* é *localmente assintoticamente estável*, isto é, se y_n está "próximo" de y^* então $y_n \to y^*$ (y_n converge para y^*).

Ainda, se $0 < \lambda < 1$ então a convergência é monótona (figura 2.50); se $-1 < \lambda < 0$, a convergência é oscilatória (figura 2.51),

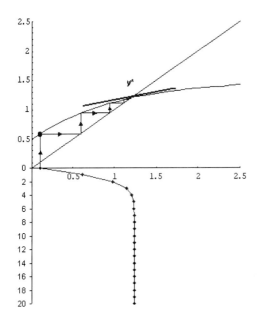

Figura 2.50: $0 < \lambda < 1$: y^* é o ponto de equilíbrio assintoticamente estável – convergência monótona.

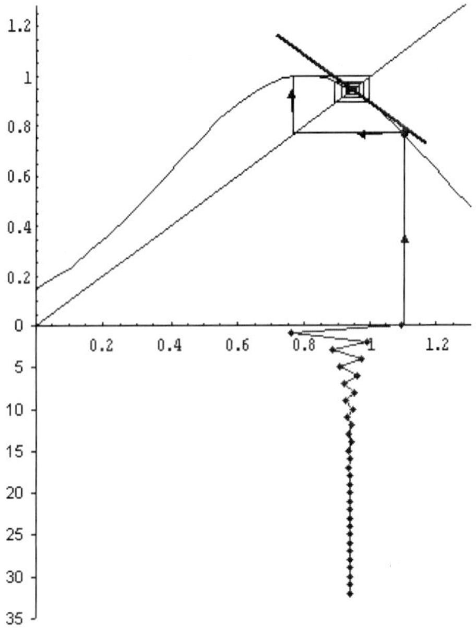

Figura 2.51: $-1 < \lambda < 0$: convergência oscilatória.

b. Se $|\lambda| > 1$, o ponto de equilíbrio y^* é *instável* (repulsor) figuras 2.52 e 2.53.

c. Se $|\lambda| = 1$, o ponto de equilíbrio é neutramente estável, ou simplesmente *estável*. Neste caso, a sequência y_n, a partir de algum n, oscila em torno do ponto y^* que é denominado *centro de um ciclo limite* (figura 2.54).

Equação Logística Discreta

Consideremos a equação de diferenças não linear

$$y_{n+1} = f(y_n) = r y_n (1 - y_n), \quad \text{com } r > 0. \tag{2.95}$$

Os pontos de equilíbrio de (2.95) são dados pelos pontos fixos de f ou seja,

$$y^* = f(y^*) = r y^* (1 - y^*)$$

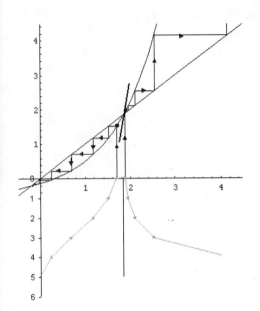

Figura 2.52: $\lambda > 1$: ponto de equilíbrio instável.

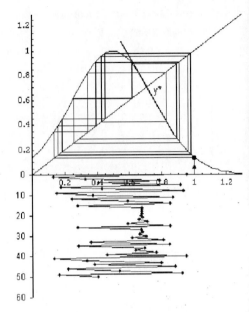

Figura 2.53: $\lambda < -1$: equilibrio oscilante instável.

ou
$$ry^{*2} - y^*(r-1) = 0 \Longleftrightarrow y^*[ry^* - (r-1)] = 0.$$

Portanto,
$$y_1^* = 0 \quad \text{(ponto trivial)} \quad \text{e} \quad y_2^* = 1 - \frac{1}{r} \quad \text{(ponto não trivial)} \tag{2.96}$$

Os autovalores associados à equação (2.95) são dados por
$$\lambda = \left.\frac{df(y_n)}{dy_n}\right]_{y_n=y^*} = r - 2ry_n\Big]_{y_n=y^*}. \tag{2.97}$$

- Para $y_1^* = 0, \quad \lambda_1 = r$;

- Para $y_2^* = 1 - \frac{1}{r}, \quad \lambda_2 = 2 - r$.

Então,

a. Se $0 < r < 1$ o ponto $y_1^* = 0$ é assintoticamente estável e $y_2^* < 0$ é instável;

b. Se $r = 1, \quad y_1^* = y_2^* = 0$ é um centro de um ciclo limite;

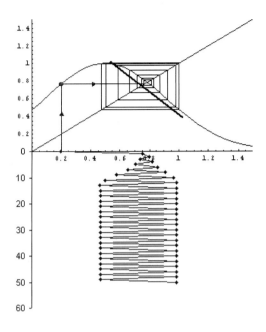

Figura 2.54: $\lambda = -1$: ciclo limite.

c. Se $r > 1$, y_1^* é instável e y_2^* é assintoticamente estável se

$$|\lambda_2| = |2 - r| < 1 \iff 1 < r < 3;$$

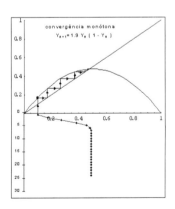 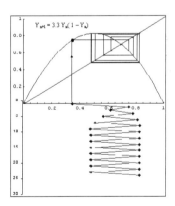

Figura 2.55: y^* é assintoticamente estável.   Figura 2.56: Ciclo de 2 pontos.

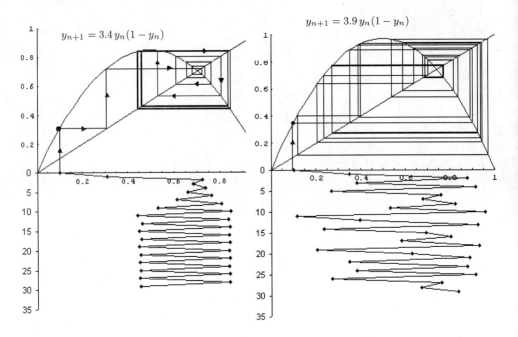

Figura 2.57: Bifurcação.

Figura 2.58: Caos.

d. Se $r = 3 \Rightarrow y_2^* = 1 - \dfrac{1}{3} = \dfrac{2}{3}$ e $\lambda_2 = -1$, aparecem oscilações de período 2 (ciclos de 2 pontos), isto é, satisfazem o sistema

$$\begin{cases} y_{n+1} = f(y_n) \\ y_{n+2} = y_n \end{cases} \tag{2.98}$$

ou seja,
$$y_{n+2} = f(y_{n+1}) = f(f(y_n)) = y_n \tag{2.99}$$

e
$$y_2^* = f(f(y_2^*))$$

é um ponto fixo de f^2.

O modelo logístico discreto, dado pela equação (2.95), é um dos mais simples exemplos de equações de diferenças não lineares e podemos notar a complexidade de seu desenvolvimento quando variamos o parâmetro r. A formulação de modelos matemáticos com equações de diferenças ganhou força a partir dos trabalhos desenvolvidos por R. M. May (1975–1976) sobre a dinâmica populacional de certos insetos que não têm gerações que se sobrepõe e seus elementos são gerados periodicamente [15].

O *modelo geral de May* é formulado considerando que:

"A variação da população entre duas gerações sucessivas depende do crescimento específico da população e da competição entre seus elementos".

O modelo logístico discreto é um caso particular do modelo geral de May. De fato, a equação:

$$P_{t+1} - P_t = aP_t - bP_t^2, \qquad a > 0 \text{ e } \quad b > 0 \tag{2.100}$$

obedece as condições do modelo geral.

A fórmula de recorrência (2.100) pode ser dada por

$$P_{t+1} = (a+1)P_t \left(1 - \frac{b}{a+1}P_t\right). \tag{2.101}$$

Podemos obter uma *admensionalização* deste modelo, considerando a seguinte mudança de parâmetros e variáveis:

$$a + 1 = r \quad \text{(taxa de crescimento intraespecífica)} \quad \text{e} \quad \frac{b}{a+1}P_t = N_t. \tag{2.102}$$

$k = \dfrac{a+1}{b}$ é denominada *capacidade suporte* da população.

Considerando estas expressões na equação (2.101), obtemos

$$\frac{r}{b}N_{t+1} = r\frac{r}{b}N_t(1 - N_t) \tag{2.103}$$

ou

$$N_{t+1} = rN_t(1 - N_t) \tag{2.104}$$

A equação (2.104) é o *modelo logístico discreto* analisado anteriormente.

Modelos gerais discretos de dinâmica populacional, onde a população sofre um processo de autoinibição, são formulados com equações de diferenças não lineares da forma:

$$P_{t+1} = f(P_t) = P_t F(P_t) \tag{2.105}$$

Em tais modelos espera-se que $f(P_t)$ cresça até um valor máximo $P_{\max}$ e depois decresça (figura 2.59).

O estudante interessado em se aprofundar no estudo de modelos de dinâmica populacional com equações de diferenças poderá recorrer aos excelentes livros de L. Edelstein-Keshet [13] e J. D. Murray [16].

Projeto 2.2. Considere o modelo discreto de May (1975)

$$P_{t+1} = P_t f(P_t),$$

onde, $f(P_t) = \exp\left[r\left(1 - \frac{P_t}{k}\right)\right]$ é densidade-dependente.

Faça um estudo deste modelo:

a. Desenhe f como função de P_t;

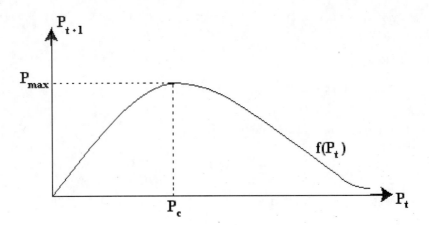

Figura 2.59: Forma típica de $f(P_t)$ em modelos discretos.

b. Mostre que P_t cresce somente se $P_t < k$;

c. Mostre que $P^* = k$ é um ponto de equilíbrio da equação;

d. Determine condições sobre r e k para que $P^* = k$ seja assintoticamente estável;

e. Escolha r e k e use o programa Excel, ou mesmo uma calculadora para determinar valores sucessivos de P_t;

f. Desenhe os gráficos de Lamerey relacionando P_{t+1} com P_t.

Mais informações sobre os gráficos de Lamerey e estabilidade das equações de diferenças, veja [13] e [14].

2.6 Equações Diferenciais Ordinárias

Modelos Matemáticos, em termos de *equações diferenciais* são adequados quando as situações modeladas envolvem variáveis contínuas evoluindo em relação a outras variáveis contínuas. As relações entre as variáveis dependentes e independentes são obtidas através de hipóteses formuladas a respeito das taxas de variações instantâneas.

Quando temos apenas uma variável independente, o modelo matemático é dado em termos de *equações diferenciais ordinárias* (EDO).

Não é o propósito deste texto apresentar um estudo pormenorizado das EDO, o que pode ser encontrado, de uma forma bem didática, em um rol suficientemente grande de bons livros ([17], [18], [19], [14], etc). O que pretendemos, também neste parágrafo, é despertar no leitor a curiosidade e motivação suficientes para que a busca de conhecimentos novos ou esquecidos seja exponentaneamente natural e agradável.

Se o modelo matemático é uma equação diferencial, nem sempre podemos obter informações ou projeções da realidade modelada através da solução explícita desta equação. Na verdade, somente um grupo reduzido de equações diferenciais admite soluções na forma de uma função analiticamente explícita. Neste grupo estão incluídos os modelos mais simples e que dão apenas um esboço das situações ou fenômenos analisados. Em geral, a *fidelidade* de um modelo com relação à realidade retratada é proporcional à complexidade matemática do modelo. O que se procura numa modelagem é estabelecer um ponto de partida com modelos simples, não comprometedores e que possam ser modificados conforme os objetivos vão sendo ampliados.

No grupo dos modelos simples encontram-se as equações diferenciais lineares e uma parte das equações autônomas. De qualquer forma, modelos mais complexos sempre podem ser "resolvidos" numericamente por meio de algum procedimento iterativo. A aplicação de métodos computacionais na resolução de equações diferenciais tem favorecido substancialmente a evolução dos modelos, dando-lhes maior credibilidade e consequentemente sua utilização tem sido ampliada nas mais variadas áreas do conhecimento.

Vamos mostrar aqui, através de exemplos simples, uma questão fundamental na modelagem de processos evolutivos – a **analogia**[2]. Quando se conhece bem os modelos clássicos tem-se muito mais facilidade em modelar situações novas mesmo porque uma única equação variacional (diferencial ou de diferenças) pode servir de modelo para situações de naturezas diversas, mas análogas em termos evolutivos. A importância da analogia como instrumento de transferência de conhecimentos é marcante em qualquer situação de aprendizagem - *aprende-se uma língua nova muito mais facilmente quando já se conhece bem outras línguas.*

Boa parte da evolução e competência do que se convencionou chamar de Matemática Aplicada é baseada nos paradigmas ou modelos clássicos provenientes da Física. A Matemática fornece a linguagem comum neste processo.

2.6.1 Equações Diferenciais Ordinárias de 1ª ordem

A *ordem* de uma equação diferencial é estabelecida pela maior ordem das derivadas que aparecem em sua formulação. Assim, uma equação diferencial ordinária de 1ª ordem tem a forma geral dada por

$$\frac{dy}{dx} = f(x, y) \tag{2.106}$$

Resolver a equação (2.106) consiste em encontrar curvas $y = g(x)$, de modo que a direção da reta tangente em cada ponto de uma destas curvas coincida com o valor pré estabelecido pela função $f(x, y)$ neste ponto. A família de todas as curvas que satisfazem (2.106) é denominada *solução geral* de (2.106). Quando fixamos um ponto do plano $P_0 = (x_0, y_0)$, se existir uma curva que passa por P_0 e satisfaz a equação (2.106) ela é denominada *solução*

---

[2]Mais informações e exemplos de procedimentos analógicos o leitor pode encontrar em Polya, G., *Induction and Analogy in Mathematics*, Princeton Univ. Press, 1953 [20].

particular do problema de Cauchy:

$$\begin{cases} \dfrac{dy}{dx} = f(x,y) \\[3mm] y(x_0) = y_0 \end{cases} \tag{2.107}$$

Se a função $f(x,y)$ for contínua em um conjunto aberto $D \subset \mathbb{R}^2$ e $\dfrac{\partial f}{\partial y}(x,y)$ também for contínua em D, então para todo ponto $(x_0, y_0) \in D$ o problema de Cauchy (2.107) tem solução *única* (Teorema de Existência e Unicidade). A resolução de (2.107) pode ser relativamente simples, dependendo da expressão que define $f(x,y)$.

Se $f(x,y) = F(x)$ então (2.107) pode ser resolvida, considerando o processo inverso da diferenciação, denominado antidiferenciação ou *integração indefinida*:

$$\frac{df(x)}{dx} = F(x) \Leftrightarrow df = Fdx \Leftrightarrow f(x) = \int F(x)dx \tag{2.108}$$

Lembramos ainda que, se duas funções $f(x)$ e $g(x)$ têm a mesma derivada em um intervalo, então $f(x) = g(x)+c$ neste intervalo, onde c é uma constante arbitrária. Então, se $x \in I \subset \mathbb{R}$

$$f'(x) = g'(x) \Longleftrightarrow f(x) = g(x) + c, \quad x \in I.$$

Portanto uma equação diferencial pode admitir infinitas soluções (uma para cada valor da constante c). Quando estabelecemos uma *condição inicial* $y(x_0) = y_0$ estamos interessados em conhecer *uma* solução particular que satisfaz esta condição dada. O seguinte exemplo é para esclarecer melhor este fato.

Exemplo 2.15. *Eficiência de um operador de máquinas*
A eficiência E (em porcentagem) de um operador de máquinas varia com o tempo de trabalho realizado durante um dia (8 horas). Suponhamos que a eficiência seja crescente nas 4 primeiras horas de trabalho e depois decresça nas 4 horas restantes, isto é,

$$\frac{dE}{dt} = 40 - 10t \tag{2.109}$$

onde t é o número de horas de trabalho do operador.

Observe que $\dfrac{dE}{dt} > 0$ se $0 \le t < 4$ e $\dfrac{dE}{dt} < 0$ se $4 < t \le 8$.

a. Para determinar $E = E(t)$, isto é, a eficiência em qualquer instante t, integramos a equação (2.109) e obtemos

$$E(t) = \int (40 - 10t)dt = 40t - 5t^2 + c \tag{2.110}$$

Assim, para cada valor da constante c temos uma solução $E(t)$, conforme figura 2.60.

A reta tangente no ponto $(t_0; 40t_0 - 5t_0^2 + c)$ tem coeficiente angular igual a $(40 - 10t_0)$ para qualquer uma das curvas $E(t)$.

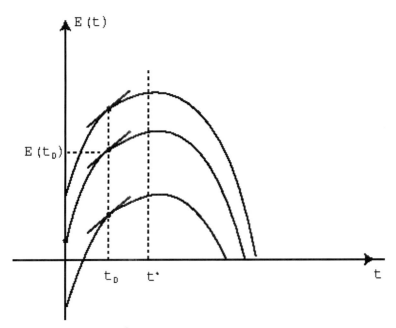

Figura 2.60: $E(t) = 40 - 5t^2 + c$: curvas de eficiência de operadores de máquinas.

b. Suponhamos que, para uma tarefa específica, um operador tenha uma eficiência de 72% depois de haver trabalhado 2hs, isto é, $E(2) = 72$. Então, usando a expressão geral (2.110) de $E(t)$, obtemos

$$E(2) = 40 \times 2 - 5 \times 2^2 + c = 72 \Longrightarrow c = 12$$

e portanto,
$$E(t) = 40t - 5t^2 + 12 \qquad (2.111)$$

é a equação da eficiência deste operador particular realizando esta tarefa específica.

c. Se queremos agora conhecer a eficiência deste operador após 8 horas de trabalho, aplicamos este valor na equação acima e obtemos:

$$E(8) = 40 \times 8 - 5 \times 8^2 + 12 = 12$$

ou seja, este operador tem uma eficiência de 12% no final do expediente que, neste caso específico, é igual à sua eficiência no início ($t = 0$).

d. Sua eficiência será máxima depois de 4 horas, $E(4) = 92$ (verifique).

128   *Modelagem Matemática*

Quando $f(x,y) = f_1(x)f_2(y)$ então podemos escrever (2.106) na forma diferencial com variáveis separadas

$$\frac{1}{f_2(y)}dy = f_1(x)dx$$

e buscar solução através da integração destas formas,

$$\int \frac{1}{f_2(y)}dy = \int f_1(x)dx$$

desde que $\dfrac{1}{f_2(y)}$ seja bem definida no intervalo de interesse.

Se $f(x,y)$ depende somente da variável y, a equação (2.106) é denominada *autônoma*.

Infelizmente, nem todo modelo dado por equações diferenciais pode ser resolvido por meio de uma simples integração como demonstramos até o momento. "Métodos gerais"de resolução analítica de equações diferenciais são na verdade, específicos para determinados tipos de equações, por exemplo, as equações (ou sistemas) lineares. De uma maneira geral, obtemos a solução analítica de uma equação diferencial não linear se conseguirmos, através de alguma mudança de variáveis, transformá-la numa equação linear. Caso contrário sua resolução, a não ser em alguns casos particulares, somente pode ser obtida por métodos numéricos computacionais, o que torna o estudo das equações lineares muito importante!

Como já dissemos anteriormente, vamos enfatizar, através de exemplos simples, o *processo de analogia* para a formulação de modelo matemáticos. Nosso objetivo é mostrar que uma mesma equação diferencial pode servir para modelar situações distintas, mas que são fenotípicas em relação as suas manifestações variacionais.

Modelos de Crescimento (ou decaimento) Exponencial

Os modelos contínuos de crescimento ou decaimento exponencial são formulados pela equação autônoma

$$\frac{dy}{dx} = ky \tag{2.112}$$

Exemplo 2.16. *Desintegração radioativa*

Quando observamos a desintegração (variação) de uma substância radioativa, podemos constatar que "*o número de desintegrações por unidade de tempo é proporcional à quantidade de substância presente em cada instante*". Assim, se $x = x(t)$ representa a quantidade de uma substância radioativa presente em cada instante t, o modelo matemático que representa o fenômeno de desintegração é dado por

$$\frac{dx(t)}{dt} = -\alpha x(t) \tag{2.113}$$

onde $\dfrac{dx}{dt}$ é a variação instântanea (desintegração) sofrida pela substância e o parâmetro $\alpha > 0$ representa o coeficiente de proporcionalidade, que é constante para cada substância específica. Usamos o sinal negativo porque o nº de átomos diminui com o passar do tempo e, portanto $\dfrac{dx}{dt} < 0$.

Exemplo 2.17. *Crescimento Celular*

Se considerarmos $m = m(t)$ a massa de uma população celular que se desenvolve num ambiente ideal, onde as substâncias químicas passam rapidamente através das membranas celulares, podemos supor que seu crescimento seja determinado somente pela velocidade do metabolismo dentro de cada célula. Como o rendimento do metabolismo depende da massa das células participantes é razoável supor que "*a taxa de crescimento da massa celular é proporcional a sua massa da cada instante*", o que nos leva a um modelo análogo à equação (2.113):

$$\frac{dm(t)}{dt} = \alpha m(t) \tag{2.114}$$

onde $\alpha > 0$ é a constante de proporcionalidade do metabolismo.

Exemplo 2.18. *Capitalização*

Seja $c = c(t)$ um capital aplicado continuamente, com um juro r por unidade do montante por unidade de tempo, então

$$c(t + \Delta t) = c(t) + rc(t)\Delta t + \theta(\Delta t)$$

é o capital num intervalo de tempo $(t, t+\Delta t)$, onde $\theta(\Delta t)$ é um infinitesimal que se aproxima de zero quando $\Delta t \to 0$. Logo,

$$\lim_{\Delta t \to 0} \frac{c(t + \Delta t) - c(t)}{\Delta t} = rc(t)$$

ou de outra forma

$$\frac{dc}{dt} = rc \tag{2.115}$$

o que nos permite dizer, em analogia com as equações (2.113) e (2.114) que "*a variação de um montante, capitalizado continuamente, é proporcional ao seu valor a cada instante*".

As três situações analisadas (exemplos anteriores) têm em comum o mesmo modelo matemático (2.112) que é a formulação da expressão geral:

"*A variação instantânea (crescimento ou decrescimento) de uma variável dependente y, em relação a uma variável independente x, é proporcional a y*".

Se considerarmos que a solução $y = y(x)$ deva satisfazer alguma condição particular, temos o *problema de Cauchy*:

$$\begin{cases} \dfrac{dy}{dx} = ky \\[2ex] y(x_0) = y_0 \quad \text{(condição inicial)} \end{cases} \tag{2.116}$$

A solução $y = y(x)$ de (2.116) é obtida por integração das formas diferenciais com variáveis separadas,

$$\frac{1}{y}dy = kdx \quad (y \neq 0).$$

Integrando, no intervalo (x_0, x), obtemos

$$\int_{x_0}^{x} \frac{dy}{y} = \int_{x_0}^{x} kdx$$

ou

$$\ln y(x) - \ln y(x_0) = k(x - x_0) \Longleftrightarrow \ln \frac{y}{y_0} = k(x - x_0)$$

e portanto

$$y(x) = y_0 e^{k(x-x_0)} \tag{2.117}$$

é a solução do problema de Cauchy (2.116) cujos gráficos são dados na figura 2.61

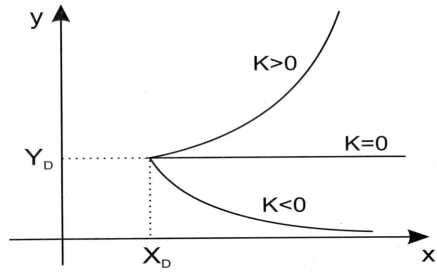

Figura 2.61: Crescimento (ou decrescimento) linear desinibido.

Observamos que se $y_0 = 0$ a solução de (2.116) será a função constante $y = 0$.

Aplicação 2.2. Considere um capital de valor inicial igual a c_0 aplicado a um juro de $\alpha\%$ ao mês. Qual deve ser o juro diário, computado continuamente, para que o rendimento no final do mês seja igual ao do modelo discreto?
Solução:
Do modelo discreto (juros compostos) temos que

$$c_{t+1} = c_t + \alpha c_t = (1 + \alpha)c_t \quad \text{com } c_0 \text{ dado,}$$

cuja solução é

$$c_t = c_0(1 + \alpha)^t,$$

onde t é o tempo dado em meses.

O modelo contínuo (2.116) fornece como solução:

$$c(t) = c_0 e^{kt}.$$

Para que tenhamos o mesmo rendimento no final de 30 dias em ambos os modelos devemos ter:

$$c_0(1 + \alpha) = c_0 e^{30k}$$

ou

$$\ln(1 + \alpha) = 30k \Longrightarrow k = \frac{\ln(1 + \alpha)}{30}.$$

Crescimento (ou decrescimento) linear inibido

Os modelos de crescimento inibido pressupõem que a solução seja assintótica, isto é, a variável dependente tende a se estabilizar quando a variável independente cresce. A formulação matemática mais simples de fenômenos que têm esta propriedadeé dada pela equação diferencial autônoma

$$\frac{dy}{dx} = ay + b \quad \text{com} \quad \frac{a}{b} < 0 \tag{2.118}$$

Exemplo 2.19. *Resfriamento (Lei de Newton)*

Consideremos um corpo sem aquecimento interno e cuja temperatura, em cada instante, é mais elevada que a temperatura ambiente. De acordo com a Lei de Newton de resfriamento: "*a taxa de variação da temperatura do corpo é proporcional à diferença entre a temperatura $T(t)$ e a temperatura do meio ambiente T_a, em cada instante t*".

A formulação matemática do modelo de Newton é dada por:

$$\frac{dT(t)}{dt} = -k(T(t) - T_a) \tag{2.119}$$

onde a constante de resfriamento (ou aquecimento) k é característica do corpo considerado. Tomamos $k > 0$ pois se $T > T_a$ então $\dfrac{dT}{dt} < 0$ (o corpo esfria) e se $T < T_a$ então $\dfrac{dT}{dt} > 0$ (o corpo esquenta).

Observamos que a tônica principal deste modelo está no fato que a tendência da temperatura do corpo é de atingir a temperatura ambiente quando então não mais varia, isto é,

$$T(t) = T_a \Longleftrightarrow \frac{dT}{dt} = 0. \tag{2.120}$$

A temperatura ambiente T_a é a temperatura de equilíbrio ou temperatura estacionária.

Exemplo 2.20. *Aprendizagem*

Aprendizagem é um conceito complexo e objeto principal da área de Educação. Consideremos, como hipótese simplista, que a *aprendizagem é a variação positiva do conhecimento*. Assim, dado um programa finito de conhecimentos quantificados e sequenciados, podemos inferir que "*a aprendizagem é proporcional à quantidade de conhecimentos que ainda restam para completar o programa curricular*".

Seja $A = A(t)$ a quantidade de conhecimentos acumulados no instantes t e A^* o conhecimento total do programa estabelecido. Podemos considerar também que no início do processo de aprendizagem do programa $A(0) = A_0$ (conhecimento inicial). A tendência esperada nesta situação é que $A(t)$ cresça com o tempo e se aproxime de A^*.

A analogia desta situação com o fenômeno do resfriamento de um corpo, nos leva ao seguinte modelo

$$\begin{cases} \dfrac{dA}{dt} = \beta(A^* - A) \\[2ex] A(0) = A_0 \end{cases} \tag{2.121}$$

onde $\beta > 0$ é a constante de aprendizagem, característica de cada indivíduo e $(A^* - A(t))$ é o conteúdo que resta para se aprender, no instante t.

Neste caso, $\dfrac{dA}{dt} > 0$ pois o acúmulo do conhecimento é crescente e estamos supondo que $A(t) < A^*$ em cada instante t. Ainda,

$$\frac{dA}{dt} = 0 \Longleftrightarrow A(t) = A^*$$

ou seja, a aprendizagem é nula quando todo o programa é conhecido!

Exemplo 2.21. *Difusão através de membranas*

A mesma analogia anterior pode ser encontrada na formulação da Lei de Fick para difusão de materiais através de membranas permeáveis:

"*O fluxo através de uma membrana é proporcional à área da membrana e à diferença da concentração dos meios separados por ela, se esta diferença for pequena*".

Em se tratando da difusão de materiais através de membranas celulares o processo é bastante complicado e o modelo matemático obtido através da lei de Fick pode ser considerado como uma aproximação simplista da realidade. Suponhamos que uma célula de volume v (constante) está suspensa em um meio líquido homogêneo de concentração c_e (constante). A concentração de materiais no interior da célula é dado por

$$c(t) = \frac{m(t)}{v} \tag{2.122}$$

onde $m(t)$ é a massa celular em cada instante t.

O processo de difusão estabelece a existência de um *fluxo* de moléculas através da membrana celular em ambas as direções, até que a concentração no interior da célula seja igual à concentração do meio em que está suspensa. Vamos supor ainda que $c(t) \simeq 0$ para $t = 0$ ou então que a concentração do meio líquido não se altera com t, mantendo-se sempre constante e igual a c_e.

A variação da massa celular pode ser interpretada como a taxa de fluxo resultante da difusão das moléculas do soluto que entram e das que saem da célula. Assim, a Lei de Fick é modelada pela equação

$$\begin{cases} \dfrac{dm}{dt} = \alpha A(c_e - c(t)) \\[3mm] c(0) \simeq 0 \end{cases} \tag{2.123}$$

onde A é a área da membrana (supostamente constante) e α é a *constante de permeabilidade*, específica para cada situação estudada.

Usando (2.122), podemos escrever o modelo (2.123) em termos da concentração

$$\begin{cases} \dfrac{dc}{dt} = \dfrac{A}{v}\alpha(c_e - c(t)) \\[3mm] c(0) \simeq 0 \end{cases} \tag{2.124}$$

Também neste modelo temos que $\dfrac{dc}{dt} = 0 \iff c(t) = c_e$.

Os modelos lineares de crescimento (ou decrescimento) inibido podem ser resolvidos por integração das formas diferenciais com variáveis separadas:

Consideremos o modelo geral

$$\begin{cases} \dfrac{dy}{dx} = \alpha(y^* - y) \\[3mm] y(0) = y_0 \quad\quad e \quad\quad \alpha > 0 \end{cases} \tag{2.125}$$

Observamos que a função $y(t) = y^*$ é uma solução de (2.125), denominada *solução estacionária* ou de *equilíbrio*.

Se considerarmos agora $y \neq y^*$, podemos estudar a equação diferencial, dada em (2.125), na forma diferencial:

$$\frac{dy}{y^* - y} = \alpha dx \tag{2.126}$$

e portanto,

$$\int_0^x \frac{dy}{y^* - y} = \int_0^x \alpha dx.$$

Resolvendo,

$$-\ln|y^* - y(x)| + \ln|y^* - y_0| = \alpha x$$

ou

$$\ln\left|\frac{y^* - y_0}{y^* - y(x)}\right| = \alpha x \implies \frac{y^* - y_0}{y^* - y} = e^{\alpha x}$$

e portanto $\quad y^* - y(x) = e^{-\alpha x}(y^* - y_0) \quad \Rightarrow$

$$\Rightarrow y(x) = y^* - (y^* - y_0)e^{-\alpha x}. \qquad (2.127)$$

Observamos que em (2.127), se $x = 0$ então $y(0) = y_0$ e quando $x \to +\infty$ então $y \to y^*$.
O gráfico da solução (2.127) é dado na figura 2.62:

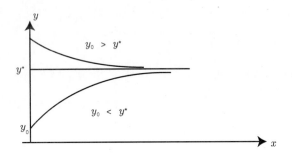

Figura 2.62: Crescimento linear inibido.

Observação 2.14. *O fato de y tender a y^* somente quando $x \to +\infty$ pode dar a impressão que a equação (2.118) não se presta para modelar situações reais de estabilidade. Entretanto, em termos de modelagem matemática, $x \to +\infty$ deve ser interpretado por: "x assume valores grandes, relativamente à evolução das variáveis analisadas". Por exemplo, no modelo de resfriamento (equação (2.119)) podemos considerar que a temperatura de um corpo "atinge" a temperatura ambiente quando estiver "bem próxima" desta temperatura, digamos $T(t^*) = \pm 0.99 T_a$ e isto ocorre num tempo t^* finito!*

De fato, temos de (2.127) que a solução de (2.119) é dada por

$$T(t) = T_a + (T_0 - T_a)e^{-kt}, \quad k > 0$$

T_a é a temperatura ambiente e $T_0 = T(0)$ é a temperatura inicial de um corpo. Seja t^* o tempo necessário para que $T(t^*) = \pm \dfrac{99}{100} T_a$ então,

$$\pm \frac{99}{100} T_a = (T_0 - T_a)e^{-kt^*} + T_a$$

logo

$$e^{-kt^*} = \left| \frac{1}{100} \frac{T_a}{(T_a - T_0)} \right| \Longrightarrow -kt^* = \ln \left| \frac{T_a}{100(T_a - T_0)} \right|$$

e portanto

$$t^* = \frac{1}{k} \ln \left| \frac{100(T_a - T_0)}{T_a} \right| \qquad (2.128)$$

Aplicação 2.3. O coeficiente de resfriamento de uma pessoa adulta quando morre é em torno de $k = 1.3$. Se o ambiente onde está sendo velada está a uma temperatura de $22°C$, podemos determinar o tempo que levará para que a temperatura do corpo seja 99% da temperatura ambiente, supondo que $T(0) = 36.5°C$.

Solução:

$$t^* = \frac{1}{1.3} \ln \left| \frac{100(22 - 36.5)}{22} \right| = \frac{1}{1.3} \ln \frac{100 \times 14.5}{22} = 3.22\text{hs}$$

Observação 2.15. *Quando consideramos* $T(t^*) = \frac{99}{100}T_a$ *isto significa, em termos numéricos, que podemos considerar* $T(t^*) = T_a$, *com um erro relativo menor ou igual a 1%.*

Se quisermos cometer um erro relativo menor ou igual a 0.1% devemos tomar então $T(t^*) = \frac{999}{1000}T_a$. *No exemplo do resfriamento do morto*

$$t^* = \frac{1}{1.3} \ln \frac{1000 \times 14.5}{22} \simeq 5hs$$

Assim, 5hs seria o tempo necessário para que o corpo estivesse a uma temperatura $T(t^*) = T_a + 0.001$, *ou seja,* $T(5) = 22.001°\ C$.

Os modelos de variações lineares utilizados até o momento são casos particulares de equações diferenciais autônomas

$$\begin{cases} \dfrac{dy}{dx} = f(y) \\[2mm] y(x_0) = y_0 \end{cases} \tag{2.129}$$

cujas soluções são dadas na forma implícita

$$x(y) = x(y_0) + \int_{y_0}^{y} \frac{1}{f(z)} dz. \tag{2.130}$$

Os pontos y^*, onde $f(y^*) = 0$, são chamados *pontos estacionários ou singulares* e são também soluções de(2.118) (soluções de equilíbrio).

Observamos que se $f(y)$ é contínua em y_0 e $\dfrac{df}{dy}$ também é contínua numa vizinhança de y_0 então, existe uma única $\varphi(x)$ tal que $y = \varphi(x)$ é solução local de (2.129)[3].

Observação 2.16. *Seja a equação autônoma dada por*

$$y' = ay + b.$$

A solução de equilíbrio desta equação é obtida quando $y' = 0$, *ou seja, quando* $y = y^* = -\frac{b}{a}$.

Substituindo y^* *na equação, temos sua equivalente*

$$y' = a(y - y^*) \tag{2.131}$$

---

[3]Veja Teorema de Existência e Unicidade de solução para o problema de Cauchy em ([14]), pp. 23–24.

Equações com variáveis separadas

As equações de 1ª ordem com variáveis separadas são da forma

$$y' = f(x)g(y). \tag{2.132}$$

Tais equações também aparecem com certa frequência no processo de modelagem. Neste parágrafo vamos examinar alguns exemplos simples formulados com este tipo de equações.

Exemplo 2.22. *Princípio da Alometria*

O princípio da alometria, muito utilizado em biomatemática, estabelece que, num mesmo indivíduo, "*a razão entre os crescimentos específicos (relativos) de seus órgãos é constante*".

Sejam $x(t)$ e $y(t)$ os "tamanhos" dos órgãos ou partes distintas do corpo de um mesmo indivíduo, num instante t. Então, o modelo matemático que traduz o princípio da alometria é dado por:

$$\frac{1}{x}\frac{dx}{dt} = \alpha\frac{1}{y}\frac{dy}{dt} \tag{2.133}$$

com $x(t) > 0$, $y(t) > 0$ para todo $t \geq 0$, onde α é a taxa de proporcionalidade do crescimento relativo, ou *coeficiente de alometria*.

Na equação (2.133) as variáveis x e y são dependentes de t. Usando a regra da cadeia podemos escrever (2.133) na forma de uma equação autônoma onde o tempo t não aparece explicitamente, ou seja,

$$\frac{dx}{dy} = \alpha\frac{x}{y} \qquad \text{ou} \qquad \frac{dy}{dx} = \frac{1}{\alpha}\frac{y}{x}. \tag{2.134}$$

Separando as variáveis e integrando, obtemos

$$\int \frac{dx}{x} = \alpha \int \frac{dy}{y} \implies \ln x = \alpha \ln y + k$$

onde k é a constante de integração que pode ser escrita na forma $k = \ln a$ $(a > 0)$. Então,

$$\ln x = \ln(ay^\alpha) \implies x = ay^\alpha \tag{2.135}$$

A equação (2.135), solução de (2.134), fornece a *relação alométrica* entre as variáveis x e y.

Exemplo 2.23. *Crescimento de Peixes (modelo de von Bertalanffy)*

O peso $p(t)$ de cada espécie de peixe, dado pelo modelo de von Bertalanffy estabelece que "*o crescimento do peso do peixe é proporcional à área de sua superfície externa (anabolismo) e o decaimento é proporcional à energia consumida (catabolismo)*"

$$\frac{dp}{dt} = \alpha A - \beta p \tag{2.136}$$

onde,

A pesca esportiva (devolução de todos os pescados) e a pesca ecológica (devolução dos peixes que ainda não procriaram) têm atraído muitos adeptos ao Pantanal Mato-grossense. O dourado (*Salminus maxillosus*), considerado o "rei do rio", é um peixe voraz e de rara beleza. Pode atingir até 1 metro de comprimento com 20 kg; seu tamanho mínimo para captura é 55 cm. É o peixe mais cobiçado pelos pescadores.

- α é a constante de anabolismo, representando a taxa de síntese de massa por unidade de área do peixe;

- β é a constante de catabolismo, representando a taxa de diminuição da massa por unidade de massa.

- A área A da superfície externa é proporcional a $p^{2/3}$. Isto é dado pelo princípio da alometria.

De fato: temos que

- O peso é proporcional ao volume;

- O volume é proporcional ao cubo do comprimento $\Rightarrow p = k_1 l^3$;

- A área é proporcional ao quadrado do comprimento $\Rightarrow A = k_2 l^2$.

Portanto,
$$A = kp^{2/3}$$

Então, o modelo de von Bertalanfly para crescimento (em peso) de peixes é dado por

$$\frac{dp}{dt} = \alpha p^{2/3} - \beta p. \qquad (2.137)$$

A equação (2.137) é autônoma de 1ª ordem e $f(p) = \alpha p^{2/3} - \beta p$ é não linear em p.

138   *Modelagem Matemática*

A resolução de (2.137) segue os mesmos passos utilizados para a resolução de uma equação geral de Bernoulli (veja em [14], pag. 79).

Considerando em (2.137) a mudança de variável $z = p^{1-2/3} = p^{1/3}$, obtemos a equação linear

$$\frac{dz}{dt} = \frac{1}{3}(\alpha - \beta z)$$

cuja solução é dada por $z = \frac{\alpha}{\beta} + k e^{-\frac{\beta}{3}t}$ (verifique!).

E portanto, a solução geral de (2.137) é dada por

$$p(t) = \left(\frac{\alpha}{\beta}\right)^3 \left(1 + \frac{k\beta}{\alpha} e^{-\frac{\beta}{3}t}\right)^3. \tag{2.138}$$

Quando $t = 0$, o valor de $p(0)$ é desprezível. Considerando então $p(0) \simeq 0$ podemos determinar o valor da constante de integração k:

$$p(0) = 0 = \left(\frac{\alpha}{\beta}\right)^3 \left(1 + \frac{k\beta}{\alpha}\right)^3 \quad \Rightarrow \quad k = -\frac{\alpha}{\beta}.$$

Usando este valor em (2.138), obtemos

$$p(t) = \left(\frac{\alpha}{\beta}\right)^3 \left(1 - e^{-\frac{\beta}{3}t}\right)^3. \tag{2.139}$$

Quando t cresce, o peso do peixe tende a $p_{\max} = \left(\frac{\alpha}{\beta}\right)^3$ que será seu peso máximo.

Para algumas espécies de peixes o amadurecimento das gônodas, condição necessária para o acasalamento, acontece quando a *variação* do crescimento em peso é máxima.

Em termos matemáticos, o valor de $p(t)$ que maximiza $\frac{dp}{dt}$ é obtido considerando $\frac{d^2p}{dt^2} = 0$ (condição necessária);

Derivando duas vezes a equação (2.139), obtemos

$$\frac{d^2p}{dt^2} = 3\left(\frac{\beta}{3}\right)^2 p_{\max} e^{-\frac{\beta}{3}t} \left(1 - e^{-\frac{\beta}{3}t}\right) \left(3e^{-\frac{\beta}{3}t} - 1\right).$$

Então $\frac{d^2p}{dt^2} = 0 \Longleftrightarrow t = 0$ ou $t = \frac{3\ln 3}{\beta}$.

Temos ainda que $\frac{dp}{dt} = 0$ se $t = 0$ ou $t \to +\infty$ e $\frac{dp}{dt} > 0$ se $t > 0$. Então, $t^* = \frac{3\ln 3}{\beta}$ é um ponto de inflexão da curva $p(t)$ e

$$p(t^*) = p_{\max}(1 - e^{-l_n 3})^3 = 0.296 p_{\max}.$$

O controle de pesca, muitas vezes, é baseado nos cálculos efetuados acima. Por exemplo, no pantanal matogrossense um *pacú* só pode ser pescado se tiver com peso superior a 3kg. Considera-se que

$$p(t^*) = 3 \Longrightarrow p_{\max} = \frac{3}{0.296} \simeq 10\text{kg}$$

e que um peixe, desta espécie, com menos de 3kg ainda não procriou.

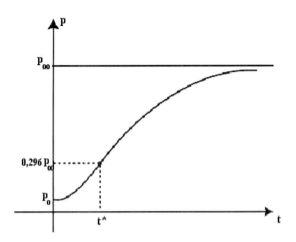

Figura 2.63: Crescimento em peso de peixes.

Do Princípio da Alometria, podemos obter também um *modelo para o crescimento em tamanho (comprimento do peixe)*.

Consideremos a relação alométrica:

$$l(t) = b[p(t)]^\lambda, \quad \text{obtida de} \quad \lambda \frac{\frac{dp}{dt}}{p} = \frac{\frac{dl}{dt}}{l}.$$

Aplicando esta relação em (2.137), obtemos

$$\lambda \frac{\alpha p^{2/3} - \beta p}{p} = \frac{\frac{dl}{dt}}{l} \Longrightarrow \lambda(\alpha p^{-1/3} - \beta)l = \frac{dl}{dt}.$$

O valor de λ depende da espécie considerada, variando com a forma do peixe, $\lambda < \frac{1}{3}$ se tem a forma "arredondada" e $\lambda > \frac{1}{3}$ se for longelíneo. Consideramos, por simplicidade, $\lambda = \frac{1}{3}$, de acordo com a alometria isométrica $p = kl^3$ ou $l = bp^{1/3}$.

Substituindo $p^{-1/3}$ pela expressão alométrica, *o modelo de crescimento em comprimento de peixes* é dado pela equação autônoma:

$$\begin{cases} \dfrac{dl}{dt} = \lambda(b\alpha - \beta l) \\ l(0) \simeq 0 \end{cases} \qquad (2.140)$$

A equação (2.140) pode ser escrita na forma da equação (2.125):

$$\frac{dl}{dt} = \beta\lambda\left(\frac{b\alpha}{\beta} - l\right)$$

cuja solução, considerando $l(0) = 0$, é dada por

$$l(t) = \frac{b\alpha}{\beta}(1 - e^{-\beta\lambda t}). \tag{2.141}$$

Podemos observar que quando $t \to \infty$,

$$l(t) \Longrightarrow \frac{b\alpha}{\beta} = l_{\max} \quad \text{(comprimento máximo)}$$

e portanto

$$l_{\max} = b(p_{\max})^{1/3}.$$

A equação

$$l(t) = l_{\max}(1 - l^{-rt}); \ r = \beta\lambda \tag{2.142}$$

é denominada equação de von Bertalanffy para o crescimento, em comprimento, de peixes.

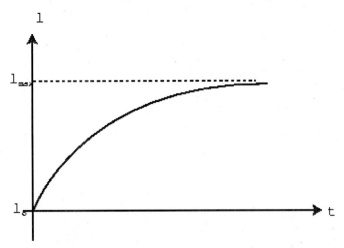

Figura 2.64: Crescimento de peixes em comprimento.

As equações de von Bertalanffy (2.139) e (2.142) são baseadas, fundamentalmente, no processo inibitório dos crescimentos, em peso e em comprimento. O cálculo dos valores assintóticos $p_{\max}$ e $l_{\max}$ pode ser realizado pelo método de Ford-Walford.

O Modelo de von Bertalanfly para o metabolismo de peixes (equação (2.136)) pode ser modificado se considerarmos o crescimento de outros animais. A generalização é baseada na mudança da expressão alométrica que relaciona o peso do animal com área de sua superfície externa. Se considerarmos que a área A é proporcional a p^γ, obtemos um modelo generalizado de metabolismo dado por:

$$\begin{cases} \dfrac{dp}{dt} = \alpha p^\gamma - \beta p \\[2ex] p(0) = p_0, \quad \text{com} \quad 0 < \gamma < 1 \end{cases} \qquad (2.143)$$

O estudo deste modelo generalizado foi efetuado num programa de Iniciação Científica e descrito no Cap. 5.

Os modelos clássicos de dinâmica populacional que consideram populações isoladas são, geralmente, formulados por meio de equações diferenciais autônomas

$$\frac{dP}{dt} = f(P).$$

No Cap. 6 é feito um estudo detalhado de alguns destes modelos.

2.6.2 Equações diferenciais lineares ordinárias de 2ª ordem

Uma classe importante de equações diferenciais é composta das equações que decorrem da linearidade da operação diferencial. Lembramos que um operador $\mathcal{L}$, definido no espaço vetorial de funções $C^n\left[(a,b), R\right] = \{$funções reais definidas em (a,b) e com derivadas contínuas até a ordem $n\}$, é linear se

$$\mathcal{L}(af + g) = a\mathcal{L}f + \mathcal{L}g.$$

O estudo das equações diferenciais lineares pode ser encontrado em livros didáticos e específicos do assunto, traduzidos ou nacionais ([17], [18], [19], [14], etc). Aqui veremos apenas exemplos de aplicação da equação de 2ª ordem, com o objetivo principal de mostrar a analogia existente entre os modelos de osciladores harmônicos e circuitos elétricos.

Uma equação diferencial linear de 2ª ordem é dada, na forma geral, por:

$$y'' = ay' + by + c \qquad (2.144)$$

onde, a, b e c são constantes ou funções conhecidas da variável independente.

Exemplo 2.24. *Oscilador harmônico amortecido*

Consideremos um corpo de massa m sobre o qual age uma força f a cada instante t. A 2ª Lei de Newton estabelece a relação entre a *aceleração* (variação da velocidade) do corpo e a resultante F de todas as forças aplicadas sobre a partícula no mesmo instante

$$\frac{d}{dt}\left(m\frac{dx}{dt}\right) = F.$$

Para caracterizar um movimento específico é necessário que se tenha o ponto de partida $x_0 = x(t_0)$ e sua velocidade inicial $v_0 = \left(\dfrac{dx}{dt}\right)(t_0)$. Estas condições podem ser reunidas no problema de Cauchy:

$$\begin{cases} m\dfrac{dx^2}{dt^2} & = & F\left(x, \dfrac{dx}{dt}, t\right) \\ x(t_0) & = & x_0 \\ \dfrac{dx}{dt}(t_0) & = & v_0 \end{cases} \tag{2.145}$$

As dificuldades na resolução de (2.145) dependem do tipo de função $F(x, v, t)$ que aparece na equação. Uma situação física de grande interesse é o *problema das vibrações mecânicas* onde F é uma função relativamente simples. Vamos analisar o comportamento de uma partícula de massa m, constante, restrita ao movimento sobre uma reta e sob a ação de três tipos de forças:

$$F(t) = -kx - c\frac{dx}{dt} + f(t) \tag{2.146}$$

onde

- $F_1(t) = kx(t)$, é uma força elástica que tende a restaurar a posição de equilíbrio em $x = 0$, agindo sempre no sentido oposto ao deslocamento ($k > 0$ é o *coeficiente de elasticidade*);

- $F_2(t) = -c\dfrac{dx}{dt}$, com $c > 0$, é a força provocada pela resitência ao movimento do corpo (ou partícula) mergulhado em um meio viscoso;

- $F_3(t) = f(t)$ é uma força externa conhecida e dependente do tempo.

As vibrações mecânicas, sujeitas a estas 3 forças podem ser representadas no esquema da figura 2.65.

A equação

$$m\frac{d^2x}{dt^2} + c\frac{dx}{dt} + kx = f(t) \tag{2.147}$$

é denominada *modelo clássico de um oscilador harmônico amortecido* e tem sido de grande importância nas aplicações em Engenharia e na Física, sendo um paradígma para o desenvolvimento inicial da Física Atômica.

Exemplo 2.25. *Circuitos elétricos RLC*

Um circuito elétrico RLC, esquematizado na figura 2.66, contém os seguintes dispositivos: R *(resistores)*, C *(capacitores)* e L *(indutores)*. Um circuito elétrico é uma sequência fechada de dispositivos conectados.

Os elementos relacionados no circuito elétrico, também chamadas *dipolos*, possuem duas extremidades que são conectadas com outros dipolos. As medidas importantes na descrição do estado de cada dipolo são:

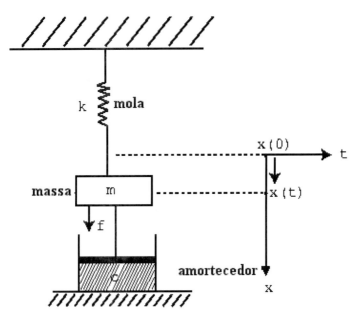

Figura 2.65: Esquematização de um oscilador harmônico.

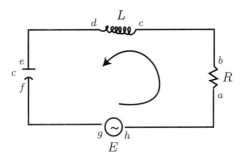

Figura 2.66: Esquematização de um circuito elétrico RLC.

Corrente elétrica $I_{ab}(t)$ que passa do ponto a para o ponto b. A corrente elétrica mede o fluxo de carga (positiva) por unidade de tempo

$$I(t) = \frac{dq}{dt} \tag{2.148}$$

Queda de tensão $V_{ab}(t)$ entre dois pontos a e b do circuito. A queda de tensão é a *diferença de potencial* entre os pontos a e b

$$V_{ab}(t) = V_a(t) - V_b(t) \tag{2.149}$$

Agora, para cada tipo de dipolo existe uma relação entre a corrente e a queda de tensão:

Lei de Ohm: *"A queda de tensão em um resistor é proporcional à corrente que passa por ele".*

$$V_{ab}(t) = RI_{ab}(t) \tag{2.150}$$

A constante positiva R é a resistência.

Lei de Henry: *"A queda de tensão em um indutor é proporcional à variação da corrente que passa por ele".*

$$V_{cd}(t) = L\frac{dI_{cd}(t)}{dt} \tag{2.151}$$

A constante positiva L é a indutância.

"A carga acumulada por um capacitor é proporcional à diferença de potencial entre seus polos".

$$q_{ef}(t) = cV_{ef}(t) \tag{2.152}$$

A constante positiva c é a capacitância.
Da equação (2.148), vem que

$$q_{ef}(t) = \int_{t_0}^{t} I_{ef}(t) = cV_{ef}(t)$$

ou

$$I_{ef}(t) = c\frac{dV_{ef}(t)}{dt}, \qquad com \quad V_{ef}(t_0) = 0 \tag{2.153}$$

A *Lei das malhas* estabelece que num circuito fechado *"a soma das quedas de tensões é nula"*, isto é,

$$V_{ab}(t) + V_{cd}(t) + V_{ef}(t) + V_{gh}(t) = 0$$

onde

$$V_{gh}(t) = -E(t)$$

Logo,

$$RI + L\frac{dI}{dt} + \frac{1}{c}\int_{t_0}^{t} I dt - E(t) = 0 \tag{2.154}$$

Derivando (2.154), obtemos o modelo que fornece a corrente $I(t)$ em cada instante t:

$$L\frac{d^2I}{dt^2} + R\frac{dI}{dt} + \frac{1}{c}I = \frac{dE}{dt} \tag{2.155}$$

Este modelo é análogo ao do oscilador harmônico para vibrações mecânicas (equação (2.147)), existindo uma equivalência mecânica-elétrica entre eles.

$$L \quad \leftrightarrow \quad m$$
$$R \quad \leftrightarrow \quad c$$
$$\frac{1}{c} \quad \leftrightarrow \quad k$$
$$\frac{dE}{dt} \quad \leftrightarrow \quad f(t)$$

Esta equivalência ou analogia permite construir circuitos elétricos ajustáveis de tal forma que possam simular uma vibração mecânica. Este é o princípio de funcionamento dos computadores analógicos.

Resolução da equação diferencial linear ordinária de 2ª ordem com coeficientes constantes

$$\frac{d^2x}{dt^2} + a\frac{dx}{dt} + bx = f(x) \tag{2.156}$$

A solução de (2.156) é dada pela solução geral $x_h(t)$ da equação homogênea:

$$\frac{dx^2}{dt^2} + a\frac{dx}{dt} + bx = 0 \tag{2.157}$$

mais uma solução particular $x_p(t)$ da equação não homogênea (2.156), isto é,

$$x(t) = x_h(t) + x_p(t).$$

A solução geral $x_h(t)$ da equação (2.157) pode ser obtida pelo *método das funções-teste*: Suponhamos que $x(t) = Ae^{\lambda t}$ seja solução de (2.157) com $A \neq 0$. Esta função, como teste de solução de (2.157), fornece a seguinte equação:

$$A\lambda^2 e^{\lambda t} + aA\lambda e^{\lambda t} + bAe^{\lambda t} = 0 \implies Ae^{\lambda t}[\lambda^2 + a\lambda + b] = 0 \implies$$

$$\implies \lambda^2 + a\lambda + b = 0. \tag{2.158}$$

A equação algébrica (2.158), denominada *equação característica* de (2.157), pode ser resolvida em relação a λ, e fornece 2 raízes (*autovalores*) λ_1 e λ_2.

- Se $\lambda_1 \neq \lambda_2$, temos duas soluções de (2.157): $x_1(t) = Ae^{\lambda_1 t}$ e $x_2(t) = Be^{\lambda_2 t}, (A \neq 0$ e $B \neq 0)$ e pelo princípio da superposição de soluções, temos que

$$x_h(t) = Ae^{\lambda_1 t} + Be^{\lambda_2 t} \tag{2.159}$$

também é solução de (2.157) e neste caso é solução geral pois $x_1(t)$ e $x_2(t)$ são linearmente independentes pois $x_1(t) \neq kx_2(t)$;

- Se $\lambda_1 = \lambda_2$ então $x_1(t) = Ae^{\lambda_1 t}$ e $x_2(t) = Bte^{\lambda_2 t}, (A \neq 0$ e $B \neq 0)$ são soluções de (2.157) e a solução geral da equação homogênea é dada por:

$$x_n(t) = Ae^{\lambda_1 t} + Bte^{\lambda_2 t} \tag{2.160}$$

Uma solução particular $x_p(t)$ de (2.156) pode ser obtida pelo método dos *coeficientes indeterminados* (ou "chutômetro") ou pelo *método da variação das constantes arbitrárias* (veja Bassanezi-Ferreira Jr.).

Aplicação 2.4. *Oscilador harmônico amortecido*
Retornemos à equação do oscilador harmônico amortecido:

$$m\frac{d^2x}{dt^2} + c\frac{dx}{dt} + kx = f(x).$$

Consideremos inicialmente que $f(t) = 0$ (não há força externa agindo sobre o sistema).
A equação característica da equação homogênea é dada por

$$m\lambda^2 + c\lambda + k = 0$$

cujas raízes são

$$\lambda_{1,2} = \frac{-c \pm \sqrt{c^2 - 4mk}}{2m}$$

Temos 3 casos distintos em relação aos valores dos parâmetros c, m e k:

- Se $c^2 > 4mk$, λ_1 e λ_2 são reais e distintos e *negativos*. Portanto,

$$x(t) = Ae^{\lambda_1 t} + Be^{\lambda_2 t} \longrightarrow 0 \quad \text{quando } t \to 0.$$

Assim, quando o coeficiente de viscosidade c é suficientemente grande então o movimento é *superamortecido*.

- Se $c^2 = 4mk \Rightarrow \lambda_1 = \lambda_2 = -\frac{c}{2m} < 0$ e

$$x(t) = Ae^{-\frac{c}{2m}t} + Bte^{-\frac{c}{2m}t} \longrightarrow 0 \quad \text{quando } t \to 0.$$

Neste caso o amortecimento é mais lento (*amortecimento crítico*).

- $c^2 < 4mk \Rightarrow \lambda_1 = \alpha + \beta i$ e $\lambda_2 = \alpha - \beta i$, com $\alpha = \dfrac{-c}{2m} < 0$. Então,

$$x(t) = e^{\alpha t}(A\cos \beta t + B \operatorname{sen} \beta t) \to 0 \quad \text{quando } t \to 0.$$

Neste caso, o movimento é dito *subamortecido*

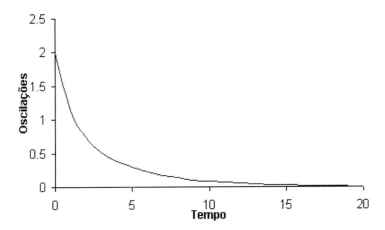

Figura 2.67: Movimento superamortecido.

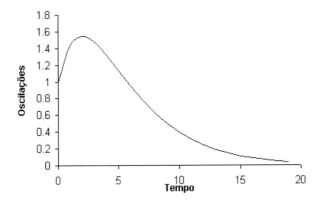

Figura 2.68: Amortecimento crítico.

Exemplo 2.26. Um modelo particular de interesse de oscilações harmônicas é dado por

$$\frac{dx^2}{dt^2} + w_0^2 = F \cos w_0 t \qquad (2.161)$$

onde $c = 0$ (não existe amortecedor) e a força externa é periódica com período $2\pi/w_0$ e F é constante.

A solução geral de (2.161) é dada por

$$x(t) = (A \cos w_0 t + B \operatorname{sen} w_0 t) + \frac{F}{2w_0} t \operatorname{sen} w_0 t \qquad \text{(verifique!)} \qquad (2.162)$$

O primeiro termo da solução (2.162) é uma função periódica e portanto limitada para todo t. Entretanto, quando $t \to +\infty$, o 2º termo de (2.162) oscila entre $+\infty$ e $-\infty$. Este

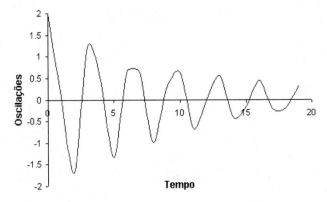

Figura 2.69: Movimento subamortecido.

fenômeno é conhecido como *ressonância*. Pontes, carros, navios, motores, etc, são sistemas vibratórios e uma força periódica externa, com a mesma frequência que sua frequência natural, pode causar muitos estragos. Este é o motivo pelo qual uma tropa de soldados não passa marchando sobre uma ponte.

O fenômeno de ressonância pode, entretanto, ser muito útil em determinadas situações como arrancar árvores, aumentar o volume de um rádio, jogar "cabo-de-guerra", tirar um carro de um atoleiro etc.

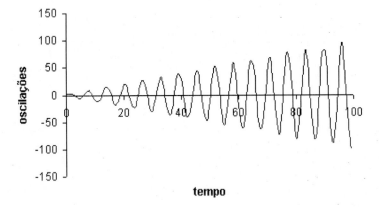

Figura 2.70: Ressonância.

Exemplo 2.27. *Diabetes Melito*

Diabetes Melito é uma doença de caráter genético, caracterizada por hiperglicemia da dependência da falta de insulina. É uma doença de transmissão hereditária, diagnosticada através da presença de glicose na urina. Os testes diagnósticos se baseiam na diminuida tolerância à glicose ou na presença de hiperglicemia. O tratamento se faz por meio de injeção de insulina ou de substâncias que estimulam sua secreção.

Um modelo simples para para interpretar os resultados de um GTT (Teste de Tolerância de Glicose) é baseado nas seguintes informações biológicas:

- A glicose é fonte de energia para todos os órgãos e sistemas, sendo muito importante no metabolismo de qualquer vertebrado. Para cada indivíduo há uma concentração *ótima* e qualquer desvio excessivo desta concentração conduz a condições patológicas severas.

- O nível de glicose no sangue tende a ser auto-regulatório. Este nível é influenciado e controlado por uma grande variedade de hormônios e outros metabólitos. A insulina, secretada pelas células β do pâncreas, é o principal hormônio regulador do nível de glicose.

O modelo proposto estabelece simplesmente a interação entre insulina e glicose:

Seja G a concentração de glicose no sangue e H a concentração hormonal líquida, com predominância da insulina. O modelo básico é descrito analiticamente pelas equações:

$$\begin{cases} \dfrac{dG}{dt} = F_1(G, H) + f(t) \\[2ex] \dfrac{dH}{dt} = F_2(G, H) \end{cases} \tag{2.163}$$

A função $f(t)$ é a taxa externa em que a concentração de glicose do sangue está sendo aumentada. Vamos supor que G e H assumem valores ótimos, respectivamente G_0 e H_0, medidos no paciente em jejum. Como estamos interessados nos desvios de G e H de seus valores ótimos, consideramos as variáveis:

$$g = G - G_0 \quad \text{e} \quad h = H - H_0.$$

O sistema inicial, nas novas variáveis, é dado por:

$$\begin{cases} \dfrac{dg}{dt} &=& F_1(G_0 + g, H_0 + h) + f(t) \\[2ex] \dfrac{dh}{dt} &=& F_2(G_0 + g, H_0 + h) \end{cases} \tag{2.164}$$

Agora, se tomarmos as funções F_1 e F_2 como taxas de decaimento ou crescimento dos desvios da glicose e da insulina, isto é,

$$F_1 = -a_1 g - a_2 h \quad \text{e} \quad F_2 = -a_3 h + a_4 g$$

obtemos um sistema linear para modelar a relação insulina-glicose no sangue:

$$\begin{cases} \dfrac{dg}{dt} & = & -a_1 g - a_2 h + f(t) \\[3mm] \dfrac{dh}{dt} & = & -a_3 h + a_4 g \end{cases} \qquad (2.165)$$

Como nos exames, medimos somente a glicose no sangue seria interessante ter um modelo onde apareça apenas a variável g. Se derivamos a $1^{\underline{a}}$ equação do sistema linear (2.165), em relação a t, e substituimos a expressão de $\frac{dh}{dt}$, dada pela $2^{\underline{a}}$ equação, obtemos

$$\frac{d^2 g}{dt^2} = -a_1 \frac{dg}{dt} + a_2 a_3 h - a_2 a_4 g + \frac{df}{dt}$$

o termo $a_2 h$ pode ser isolado na $1^{\underline{a}}$ equação e substituido na equação acima, obtendo uma equação diferencial linear de $2^{\underline{a}}$ ordem somente na variável g:

$$\frac{d^2 g}{dt^2} + 2\alpha \frac{dg}{dt} + \omega_0^2 g = a_3 f(t) + \frac{df}{dt} \qquad (2.166)$$

onde, $\alpha = \frac{a_1 + a_3}{2}$ e $\omega_0^2 = a_1 a_3 + a_2 a_4$.

Observamos que o termo $r(t) = a_3 f(t) + \frac{df}{dt}$ é identicamente nulo para um intervalo de tempo muito pequeno em que uma carga de glicose está sendo ingerida.

Se considerarmos na equação homogênea $r(t) = 0$ que

$$\alpha^2 < \omega_0^2$$

obtemos a solução mais apropriada para o desvio de glicose no sangue, isto é,

$$g(t) = A e^{-\alpha t} \cos(\omega t + \delta)$$

onde $\omega^2 = \omega_0^2 - \alpha^2$ e $g = G - G_0$.

Assim, a concentração de glicose é dada por:

$$G(t) = G_0 + A e^{-\alpha t} \cos(\omega t + \delta) \qquad (2.167)$$

A avaliação das constantes e dos parâmetros envolvidos na equação (2.167) podem ser determinados tomando-se medidas de G em sucessivos intervalos de tempo (normalmente faz-se 6 ou 7 medidas).

Observamos que a equação que usamos para modelar a relação insulina-glicose no sangue é análoga às equações dos modelos do oscilador harmônico e circuito RLC e, portanto, tem o mesmo comportamento assintótico que aquelas.

2.6.3 Modelos compartimentais lineares

Conforme vimos no Exemplo 2.27, um sistema de 2 equações lineares pode ser transformado numa equação linear de 2ª ordem. Também, uma equação linear de 2ª ordem

$$\frac{d^2x}{dt^2} + a\frac{dx}{dt} + bx = f(t)$$

pode ser analisada como um sistema de 2 equações lineares de 1ª ordem. Basta considerar uma segunda variável $y = \frac{dx}{dt}$, e obtemos o sistema

$$\begin{cases} \dfrac{dx}{dt} = y \\ \dfrac{dy}{dt} = -ay - bx + f(t) \end{cases} \tag{2.168}$$

Este procedimento é válido também para equações lineares de qualquer ordem.

Os sistemas de equações diferenciais lineares aparecem com muita frequência na modelagem de situações reais e sua formulação pode ser facilitada quando se usa o *método dos compartimentos*.

Um sistema de compartimentos consiste, essencialmente, de um número finito de subsistemas interligados, chamados *campartimentos*, que trocam entre si e com o meio ambiente, quantidade de concentração de materiais. Cada compartimento é definido por suas propriedades físicas.

Para a modelagem de fenômenos que se comportam como sistemas compartimentais é necessário que se levante hipóteses adicionais em relação às taxas de trocas de materiais. A hipótese que implica na *linearidade* do sistema é uma das mais utilizadas, talvez por sua simplicidade:

"O fluxo de um compartimento i para outro j é proporcional à quantidade $x_i(t)$ contida no compartimento i, em cada instante t, e independe do valor $x_j(t)$".

Neste caso, para a formulação do modelo matemático basta considerar o balanço das massas em cada compartimento, durante o intervalo de tempo Δt.

A troca efetuada em cada compartimento é então descrita por uma equação diferencial linear de 1ª ordem. Com n compartimentos, cada equação tem a forma:

$$\frac{dx_i(t)}{dt} = \sum_{j=0, j\neq i}^{n} k_{ji}x_j(t) - \sum_{j=0, j\neq i}^{n} k_{ij}x_i(t) \tag{2.169}$$

onde $k_{ij}x_i(t)$ é o fluxo do compartimento i para o compartimento j.

O índice $j = 0$ denota o meio ambiente e as constantes k_{ij} são consideradas todas não-negativas.

Se $k_{i0} = 0$, $i = 1, 2, \ldots, n$, então não existe perda de "material" e o sistema é dito *fechado*; caso contrário será *aberto*.

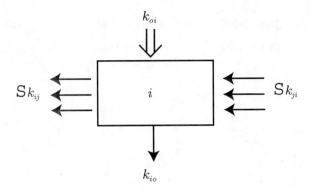

Figura 2.71: Esquema geral de um compartimento.

Exemplo 2.28. *Despoluição do Rio Piracicaba*

Uma experiência realizada pelo CENA (Centro de Energia Nuclear) para despoluir o Rio Piracicaba utilizou um sistema do tanques interligados, construídos em sua margem e contendo uma concentração populacional razoável de "água-pé". Esta planta utiliza parte do material poluente, que se fixa em suas raízes, para seu desenvolvimento. Consideraremos, neste exemplo, um modelo simples utilizando apenas dois tanques de despoluição (conforme a figura 2.72).

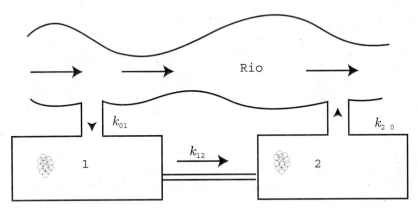

Figura 2.72: Esquema da despoluição da água do Rio Piracicaba.

As hipóteses para a modelagem matemática são:

- A concentração de poluentes da água do rio é c (constante);
- $c_1(0)$ e $c_2(0)$ são as concentrações iniciais dos poluentes nos dois tanques de despoluição;

Rodney Carlos Bassanezi

- O volume de solução (água do rio + poluentes) que entra e sai de cada compartimento é o mesmo em cada instante, isto é, as vazões de entrada e saída são iguais em cada tanque, valendo r (litros/minuto). Seja V_1 o volume do $1^{\underline{o}}$ tanque e V_2 o volume do $2^{\underline{o}}$ tanque.

Considerando o sistema como sendo compartimental e com a hipótese de linearidade, podemos escrever

$$\begin{cases} V_1 \dfrac{dc_1(t)}{dt} = k_{01}c - k_{12}c_1(t) \\[3mm] V_2 \dfrac{dc_2(t)}{dt} = k_{12}c_1(t) - k_{20}c_2(t) \end{cases} \tag{2.170}$$

onde $k_{01} = k_{12} = k_{20} = r$, $c_1(0) = c_1^0$ e $c_2(0) = c_2^0$ são dados.

As concentrações $c_1(t)$ e $c_2(t)$, nos respectivos tanques, em cada instante, podem ser avaliadas através da solução do sistema (2.170).

Projeto 2.3.

a. Encontre as soluções de (2.170) satisfazendo $c_1(0) = c_2(0) = 0$ com $c = $ constante;

b. Mostre que o sistema (2.170) pode ser transformado numa equação diferencial de $2^{\underline{a}}$ ordem;

c. Encontre as soluções $c_1(t)$ e $c_2(t)$ quando $c = c(t) = c_0(1 - \operatorname{sen} wt)$, significando que a poluição do rio é mais intensa em certas ocasiões;

d. Verifique se a poluição nos tanques se estabiliza.

Exemplo 2.29. *Cinética de uma droga num organismo*

A situação a ser analisada é correspondente à ingestão e subsequente metabolismo duma droga num indivíduo. Consideramos que a ingestão da droga seja via oral e logo que ela entra no aparelho gastrointestinal é absorvida na circulação sanguínea e distribuída por todo o corpo para ser metabolisada e finalmente eliminada. Consideramos como compartimento **1** o aparelho gastrointestinal, o compartimento **2** é o sistema sanguíneo e o compartimento **3** simboliza a quantidade da droga em ação:

No instante inicial (momento próximo a ingestão da droga) $t = 0$, as condições iniciais em cada compartimento são dadas por:

- $x_1(0) = D_0$ (D_0 é a quantidade de droga ingerida);

- $x_2(0) = 0$ (a droga ainda não começou a circular no sistema sanguíneo);

- $x_3(0) = 0$ (a droga ainda não começou a agir).

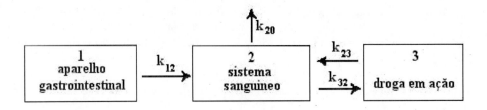

Figura 2.73: Cinética de uma droga no corpo.

$k_{ij}x_i(t)$ é o fluxo da droga do compartimento i para o compartimento j; e k_{20} é constante relacionada com a eliminação da droga através do compartimento 2.

Supondo que os fluxos $k_{ij}x_i$ sejam proporcionais às quantidades x_i presentes em cada compartimento i, o modelo matemático que descreve o processo é dado pelo sistema linear:

$$\begin{cases} \dfrac{dx_1}{dt} = -k_{12}x_1 \\[4pt] \dfrac{dx_2}{dt} = k_{12}x_1 - k_{23}x_2 + k_{32}x_3 - k_{20}x_2 \\[4pt] \dfrac{dx_3}{dt} = k_{23}x_2 - k_{32}x_3 \end{cases} \quad (2.171)$$

com $x_1(0) = D_0$, $x_2(0) = x_3(0) = 0$.

Se considerarmos $X(t)$ a quantidade de droga presente, em cada instante, nos 3 compartimentos selecionados, temos

$$X(t) = x_1(t) + x_2(t) + x_3(t)$$

e portanto,

$$\frac{dX}{dt} = \frac{dx_1}{dt} + \frac{dx_2}{dt} + \frac{dx_3}{dt} = -k_{20}x_2(t) < 0, \quad \text{para todo } t \geq 0,$$

$\frac{dX}{dt} < 0$ indica que a droga no organismo diminui com o passar do tempo.

Se considerarmos, neste problema, um quarto compartimento relativo à quantidade de droga eliminada, teremos no sistema (2.171) mais uma equação:

$$\frac{dx_4}{dt} = k_{20}x_2 \qquad (2.172)$$

Neste caso, $\dfrac{dx_1}{dt} + \dfrac{dx_2}{dt} + \dfrac{dx_3}{dt} + \dfrac{dx_4}{dt} = 0$, o que equivale a dizer que o novo sistema compartimental, formado pelas equações (2.171) e (2.172) é *fechado*.

> **Exercício:** Mostre que o sistema (2.171) pode ser transformado numa equação diferencial linear de 3ª ordem.

Projeto 2.4. *Excreção de uma droga*
Em Farmacologia, um problema fundamental é saber como varia a concentração de uma droga dissolvida no plasma sanguíneo. O projeto proposto consiste de duas partes:

1ª Parte

a. Considere que a taxa de variação (eliminação) da concentração da droga seja proporcional à sua concentração na corrente sanguínea (modelo com 1 compartimento);

b. Suponha que o indivíduo receba uma dose inicial igual a $D_0 = D(0)$ que é absorvida instantaneamente pelo sangue e, um tratamento completo indica que deve receber dosagens iguais a D_0 a cada T horas.

- Determine a concentração da droga no sangue depois de n aplicações;

- Encontre o nível de saturação D_s da droga no sangue, isto é, o valor de estabilidade de $D(t)$ quando t cresce.

2ª Parte
Considere o modelo 2-compartimental de excreção de drogas, tomando como compartimentos o plasma sanguíneo e o tecido alimentado pelo sangue. Por difusão, ocorre uma troca de moléculas da droga entre o plasma e o tecido, sendo que um deles elimina a droga. A situação é esquematizada na figura a baixo:

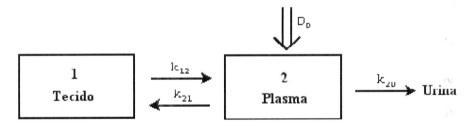

Figura 2.74: Excreção de uma droga.

Sejam $Q_1 = Q_1(t)$ e $Q_2 = Q_2(t)$ as massas de $D(t)$ no tecido e no plasma, respectivamente, com $Q_1(0) = 0$ e $Q_2(0) = D_0$.

- Escreva os modelos matemáticos da situação, considerando as dosagens:

  1. $u(t) = 0$ para todo $t > 0$ e $u(0) = D_0$;
  2. $u(t)$ dado pelas aplicações intermitentes como na 1ª Parte.

156   Modelagem Matemática

- Resolva os modelos;

- Modifique os modelos, considerando hipóteses adicionais (neste caso seria conveniente conversar com um bioquímico).

Projeto 2.5. *Dívida Externa (Modelo de Domar)*

O modelo de dívida externa de Domar relaciona o total da dívida nacional externa (empréstimos feitos no exterior) com o total da renda nacional [21]. O modelo é simplista, sendo baseado no fato que *o crescimento da dívida externa é proporcional à renda* (a renda está vinculada a empréstimos no exterior). Enquanto que, *o aumento da renda deve-se a uma aplicação proporcional da própria renda* (existe uma porcentagem constante da renda que é reaplicada para se produzir mais renda).

1. Escreva o modelo matemático que representa a interação entre as duas variáveis de estado renda e dívida externa;

2. Resolva o sistema, considerando que a renda no instante inicial é $R(0) = R_0$ e a dívida inicial é $D(0) = D_0$;

3. Use o modelo de Domar para tentar validar a dívida nacional do Brasil, cuja evolução é dada na tabela 2.13:

   Sugestão: Considere no modelo a dívida líquida, e a renda como sendo o valor do PIB.

4. Se $\dfrac{\text{Dívida}}{\text{PIB}} = \dfrac{D}{R}$ é a capacidade de endividamento de um país, calcule o instante, através do modelo de Domar, tal que $\dfrac{D}{R} > 0.25$;

5. Complete a tabela com dados atuais e verifique como anda nossa capacidade de endividamento.

6. Se o modelo de Domar não é razoável para a dívida $\times$ renda do Brasil, formule um modelo próprio, justificando seus argumentos.

Projeto 2.6. *Sistema mecânico*

Considere o sistema mecânico (linear) sem atrito esquematizado na figura 2.75 onde o repouso do sistema para as massas m_1 e m_2 é tomado como a origem de coordenadas x_1 e x_2.

- Escreva o modelo matemático que relaciona o movimento dos corpos de massas m_1 e m_2;

- Esquematize o modelo mecânico com um modelo compartimental;

- Descreva o sistema elétrico análogo.

Dívida Externa e Exportações
US$ Milhões

	Anos	Dívida Externa Bruta (1)	Reservas Internacionais (2)	Dívida Líquida (3)=(1)−(2)	Exportações (4)	Relação dívida e exportação (5)=(3)/(4)	PIB
	1956	2.568	608	1.960	1.483	1.32	
	1957	2.373	674	1.899	1.392	1.36	
Juscelino	1958	2.734	465	2.269	1.244	1.82	
	1959	2.971	366	2.605	1.282	2.03	
	1960	3.462	345	3.117	1.270	2.45	
Jânio	1961	3.144	470	2.674	1.405	1.90	
Goulart	1962	3.367	285	3.082	1.215	2.54	
	1963	3.298	215	3.083	1.406	2.19	79.9
	1964	3.155	244	2.911	1.430	2.04	
Castelo Branco	1965	3.644	483	3.161	1.596	1.98	
	1966	3.668	421	3.245	1.741	1.86	87.6
	1967	3.281	198	3.083	1.654	1.86	
Costa e Silva	1968	3.780	257	3.523	1.881	1.87	112.3
	1969	4.403	656	3.747	2.311	1.62	
Médice	1970	5.295	1.187	4.108	2.729	1.50	
	1971	6.622	1.723	4.899	2.904	1.69	
	1972	9.521	4.183	5.338	3.991	1.34	172.5
	1973	12.571	6.416	6.155	6.199	0.99	
	1974	17.166	5.269	11.897	7.951	1.50	
Geisel	1975	21.171	4.040	17.171	8.670	1.98	
	1976	25.985	6.544	19.441	10.128	1.92	
	1977	32.037	7.258	24.781	12.139	2.04	241.8
	1978	43.511	11.895	31.616	12.659	2.45	
	1979	49.904	9.639	40.265	15.244	2.64	
Figueiredo	1980	53.848	6.913	46.935	20.132	2.33	
	1981	61.411	7.507	53.904	23.293	2.31	267.8
	1982	64.415	—	—	20.175	—	

Fonte: Banco Central

Tabela 2.13: Capacidade de endividamento do Brasil.

2.6.4 Modelos compartimentais não lineares

O *princípio da ação das massas*, com origem na Físico-Química, balizou uma série de modelos em áreas diversas. Tal princípio é baseado no *encontro* das variáveis e a interação entre elas é formulado matematicamente pelo produto entre estas variáveis:

"A taxa de colisões moleculares entre dois componentes químicos diluidos é proporcional ao produto de suas concentrações"

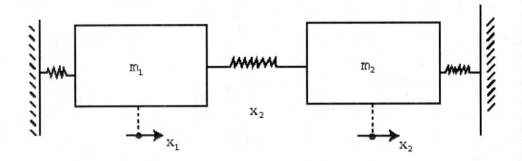

Figura 2.75: Sistema mecânico composto.

Lotka (1920) utilizou este princípio nos modelos de mecanismos de reações químicas (autocatálise); Volterra aplicou-o no estudo das oscilações das populações de peixes e tubarões do Mar Adriático (1931), formulando o famoso *modelo presa-predador*; Kermack-McKendric (1927) usaram o mesmo princípio em modelos epidemiológicos.

Podemos dizer que estes modelos foram os responsáveis pelo desenvolvimento inicial da área de Biomatemática e são, ainda hoje, parâmetros para a formulação de modelos mais realísticos. O uso cada vez mais intenso da matemática nas ciências biológicas se deve, em grande parte, a estes modelos iniciais, considerados atualmente mais educacionais que práticos embora tenham fornecido alguma explicação razoável dos fenômenos analisados. Um exemplo clássico deste tipo de modelo é o *presa-predador* de Lotka-Volterra que, por sua beleza e simplicidade, cativou grande número de pesquisadores que passaram a utilizá-lo como paradigma de seus modelos modificados. Isto pode ser observado nos modelos de epidemias, biodigestores, crescimento de tumores, combate biológico de pragas, uso de herbicidas e fungicidas etc. Tais modelos são formulados por meio de equações diferenciais (ou diferenças) não lineares o que pode acarretar uma complicação suficiente para que suas soluções sejam apenas numéricas.

O estudo analítico destes modelos é, portanto, concentrado na estabilidade das soluções de equilíbrio e o leitor encontrará material adequado para um aprofundamento desta matéria nos livros já citados anteriormente ([16], [13] e [14]). No Capítulo 6 veremos o modelo presa-predador aplicado num problema de controle biológico de brocas.

Modelo SIR de epidemiologia (Kermack-McKendric)

O estudo da propagação de doenças transmissíveis (epidemias) teve um desenvolvimento bastante lento até o século XIX, sendo finalmente assumido como pesquisa científica a partir dos trabalhos desenvolvidos por Pasteur e Kock. Até então as especulações em torno do processo epidemiológico, frequentemente, atribuíam as epidemias à *vingança de Deus* ou dos espíritos malignos.

A partir de 1927, os modelos matemáticos, formulados por Kermack-McKendric, consideraram que uma epidemia com microparasitas (vírus ou bactérias) ocorre em uma comunidade fechada através do contato entre pessoas infecciosas e pessoas sadias.

A população de hospedeiros é subdividida em classes distintas (compartimentos) de acordo com a sanidade ou infecciosidade de seus elementos:

- $S = S(t)$: pessoas sadias mas *suscetíveis* à doença, podendo ser infectadas quando em contato com pessoas doentes;

- $I = I(t)$: pessoas portadoras da doença (infecciosos);

- $R = R(t)$: indivíduos imunes que já contrairam a doença e se recuperaram, ou estão isolados ou morreram.

Supor que a comunidade seja *fechada* implica que a população total se mantém constante, isto é,
$$N = S(t) + I(t) + R(t)$$
não varia com t. Este fato é característico das doenças cujo período de incubação do parasita é relativamente pequeno.

Para cada tipo de doença podemos modelar sua velocidade de propagação através das interações entre as variáveis S, I e R. O processo epidemiológico pode ser esquematizado pelo sistema compartimental que resume as taxas de transições entre as três classes:

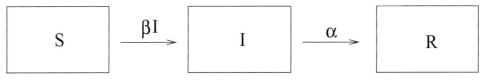

Figura 2.76: Esquema compartimental de uma epidemia (Modelo SIR).

onde βI é a taxa de transmissão da doença ($\beta > 0$), com β como o coeficiente de infecciosidade; α é taxa de remoção ($\alpha > 0$).

Se consideramos que:

a. Cada compartimento é composto de indivíduos homogêneos (esta é uma restrição forte do modelo);

b. Cada indivíduo infeccioso tem a mesma probabilidade de se encontrar com um suscetível;

c. Não ocorre nascimento na comunidade e a morte somente é causada pela doença.

Então, o modelo matemático que descreve a epidemia, também chamado SIR ou *modelo sem dinâmica vital*, é dado por:

$$\begin{cases} \dfrac{dS}{dt} = -\beta SI & \left(\begin{array}{l}\text{os suscetíveis decrescem a uma taxa proporcional}\\ \text{ao número de encontros com os infecciosos.}\end{array}\right)\\[4mm] \dfrac{dI}{dt} = \beta SI - \alpha I & \left(\begin{array}{l}\text{os infectados aumentam do mesmo modo como os}\\ \text{sadios diminuem e perdem os que são curados ou mortos.}\end{array}\right)\\[4mm] \dfrac{dR}{dt} = \alpha I & \left(\begin{array}{l}\text{a variação dos retirados é proporcional à quantidade}\\ \text{dos infectados}\end{array}\right)\end{cases}$$

(2.173)

Em qualquer situação é fundamental conhecer os valores iniciais $S_0 = S(0)$, $I(0) = I_0$, $R_0 = 0$ e os parâmetros β e α, para avaliar a dinâmica da epidemia.

Analisando a 2ª equação do sistema (2.173), temos

$$\left(\frac{dI}{dt}\right)_{t=0} > 0 \quad \Leftrightarrow \quad I_0(\beta S_0 - \alpha) > 0 \quad \Leftrightarrow \quad S_0 > \frac{\alpha}{\beta}$$

Portanto, o número de infectados será crescente enquanto a população de suscetíveis S for maior que $\rho = \dfrac{\alpha}{\beta}$. O valor ρ é denominado *limiar epidêmico* e o termo *epidemia* significa que $I(t) > I_0$ para algum $t > 0$. Se definirmos $\lambda_0 = \dfrac{\beta S_0}{\alpha}$, teremos uma epidemia se $\lambda_0 > 1$.

λ_0 representa o número médio de infecções secundárias causadas pela introdução de um único indivíduo infectado na população $N = S$ de suscetíveis.

λ_0 é denominada *taxa de reprodução básica da doença*.

Observação 2.17. *Podemos obter alguns resultados analíticos do sistema (2.173), considerando suas trajetórias no plano de fase-SI: Considerando $I \neq 0$ e $S \neq 0$ e usando a regra da cadeia nas duas primeiras equações de (2.173), vem*

$$\frac{dI}{dS} = -\frac{(\beta S - \alpha)I}{\beta SI} = -1 + \rho/S \tag{2.174}$$

com $\rho = \dfrac{\alpha}{\beta}$, $S(0) = S_0 > 0$ e $I(0) = I_0 > 0$.

Integrando (2.174), obtemos como soluções as suas trajetórias no plano-SI: plano de fase (veja figura 2.77), dadas por

$$I = -S + \rho \ln S + c \qquad \text{(c: constante da integração)} \tag{2.175}$$

Usando as condições iniciais em (2.175), obtemos o valor de c:

$$c = I_0 + S_0 + \rho \ln S_0 = N + \rho \ln S, \qquad (N = S_0 + I_0 \text{ pois } R_0 = 0).$$

Portanto,

$$I(t) = \rho \ln S(t) - S(t) + N - \rho \ln S_0 \tag{2.176}$$

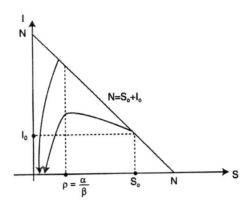

Figura 2.77: Trajetórias no plano de fase SI para o modelo SIR.

O valor máximo de $I(t)$ indica a severidade da doença. Neste modelo, $I_{\max}$ é obtido quando $\dfrac{dI}{dS} = 0$, ou seja,

$$\frac{dI}{dS} = 0 \iff -1 + \frac{\rho}{S} = 0 \implies S = \rho = \frac{\alpha}{\beta}$$

e portanto,

$$I_{\max} = \rho \ln \rho - \rho \ln S_0 + N - \rho = N - \rho\left(1 + \ln \frac{\rho}{S_0}\right) \tag{2.177}$$

Em resumo, temos

$$\frac{dI}{dt} \lessgtr 0 \iff S \lessgtr \rho = \frac{\alpha}{\beta} \iff \lambda_0 \lessgtr 1.$$

Uma questão importante é qual o "estrago" causado por uma epidemia, isto é, quantas pessoas ficarão doentes até que a doença seja erradicada. O teorema do *limiar epidemiológico* estabelece que se $(S_0 - \rho)$ é relativamente pequeno comparado com ρ então o n^{o} de indivíduos que contrairão a doença será, aproximadamente, igual a $I_{total} = 2(S_0 - \rho)$.

Uma estratégia para erradicação da doença ($I = 0$) é a imunização de um número suficiente de hospedeiros sadios:

Seja p uma porcentagem imunizada (vacinada) e $(1 - p)$ a porcentagem não vacinada, então a população participante do processo epidemiológico será $N(1 - p)$.

Se λ_0 é a taxa de reprodução básica antes da vacinação, então $\lambda_0^* = (1 - p)\lambda_0$ será a taxa de reprodução básica depois da imunização de uma fração p de indivíduos susceptíveis. Então,

$$\lambda_0^* < 1 \iff (1-p)\lambda_0 < 1 \iff p > 1 - \frac{1}{\lambda_0} = 1 - \frac{\alpha}{\beta S_0} \tag{2.178}$$

Modelagem Matemática

Isto mostra que a porcentagem da população a ser vacinada depende fortemente da infecciosidade da doença. Por exemplo, o valor de λ_0 para a varicela ou "catapora" é em torno de 10, e portanto esta doença seria erradicada se fossem vacinadas pelo menos 90% da população suscetível, pois devemos ter

$$p > 1 - \frac{1}{10} = 0.9$$

Observação 2.18. *O modelo SIR é considerado bastante simples para descrever qualquer epidemia, mas a partir dele o estudo teórico de modelos matemáticos em epidemiologia ganhou tanta força que não seria nenhum exagero afirmar que, atualmente existem muitos mais modelos que doenças!*

A busca de um modelo matemático que represente fielmente a dinâmica de uma dada epidemia tem motivado muitos pesquisadores a desenvolverem seus estudos nesta direção.

A quantidade de trabalhos em Epidemiologia que tratam as doenças infecciosas com modelos matemáticos tem aumentado muito nos últimos tempos. No American Journal of Epidemiology, dos 909 artigos publicados (1981–1985), 24% eram sobre as doenças infecciosas dos quais 11.4% com modelos matemáticos, simplesmente o dobro de artigos dos 5 anos anteriores. O mesmo se deu, no mesmo período, com os artigos do International Journal of Epidemilogy que passou de 14.6% para 27.3%.

Entretanto, para algumas epidemias, a busca de modelos mais realistas, é ainda maior, como é o caso da AIDS, cuja descrição, apesar de recente, já mereceu algumas dezenas de modelos.

Para os brasileiros, seria muito importante que outras epidemias despertassem o interesse dos pesquisadores. Sabe-se que a epidemia de Dengue, por exemplo, poderá causar entre nós um desastre maior que a própria AIDS. É fundamental que alguns grupos de pesquisadores brasileiros voltem suas atenções para as questões de Epidemiologia e que haja uma interação maior entre os grupos que atuam nesta área.

Exemplo 2.30. *Transmissão do HIV (Human Immunodeficiency Virus)*

O vírus HIV provoca a Síndrome de Deficiêcia Imunológica ou AIDS. Quando anticorpos ao HIV são detectados, o paciente está infectado e neste caso diz-se que é soropositivo ou HIV positivo. A virulência da AIDS e a taxa de infecção da epidemia são impressionantes, tornando-a uma das mais sérias e alarmantes epidemias mundiais.

HIV é transmitido por transfusão de sangue, uso de drogas (seringas infectadas) e por relações sexuais. A combinação do uso de drogas e prostituição aumenta a possibilidade de transmissão acelerando o crescimento de infectados,

O esforço para modelar a AIDS tem sido enorme desde seu aparecimento. A maior dificuldade da modelagem da doença consiste na grande variação do período de incubação (tempo decorrente da constatação soropositiva até a exibição dos sintomas).

Outro problema é a obtenção de dados verdadeiros. Devido aos preconceitos que a moléstia desperta, muitos escondem sua enfermidade (mesmo quando infectados por uma transfusão de sangue).

Consideramos inicialmente um modelo para evolução temporal da doença entre os infectados e os que têm AIDS. É um modelo essencialmente didático uma vez que não contempla muitos dos fatores que seriam indispensáveis em se tratando do problema real.

Modelo de Conversão (Anderson-May, 1986)

Como referência a este modelo, veja Murray [16], pp. 624–630.

Vamos considerar uma população onde todos os seus elementos estão infectados quando $t = 0$.

Seja $x = x(t)$ a porcentagem da população soropositiva (HIV^+) que ainda não tem os sintomas da AIDS e $y = y(t)$ a porcentagem da população que desenvolve a doença. Temos

$$x(t) = 1 - y(t) \quad \text{com} \quad x(0) = 1, \ y(0) = 0.$$

Seja $v(t)$ a taxa de conversão da infecção para AIDS. Então, um modelo que fornece a dinâmica de conversão da doença é

$$\begin{cases} \dfrac{dx}{dt} = -v(t)x \\[2mm] \dfrac{dy}{dt} = v(t)x \quad \text{com} \quad x(0) = 1, \ y(0) = 0. \end{cases} \tag{2.179}$$

Observação 2.19. *Este modelo pressupõe que todos infectados terão AIDS depois de um certo tempo (o que não é necessariamente verdade).*

Sabemos que a taxa de conversão $v(t)$ é uma função crescente com o tempo. Podemos tomar, por exemplo

$$v(t) = at \quad (a > 0)$$

Neste caso, a solução do sistema (2.179) é dada por

$$x(t) = e^{-\frac{at^2}{2}} \quad \text{e} \quad y(t) = 1 - e^{-\frac{at^2}{2}}.$$

A velocidade de conversão é máxima quando $\dfrac{d^2y}{dt^2} = 0$, ou seja

$$\frac{d^2y}{dt^2} = a\left(t\frac{dx}{dt} + x\right) = 0 \implies \frac{dx}{dt} = -\frac{x}{t} \tag{2.180}$$

Por outro lado $\dfrac{dx}{dt} = -atx$, logo

$$-atx = -\frac{x}{t}, \quad \text{ou seja } t = \frac{1}{\sqrt{a}}$$

O valor máximo de variação de conversão será:

$$\left.\frac{dy}{dt}\right|_{t=\frac{1}{\sqrt{a}}} = a\frac{1}{\sqrt{a}}e^{-\frac{a\frac{1}{a}}{2}} = \sqrt{\frac{a}{e}} \simeq 0.607\sqrt{a}.$$

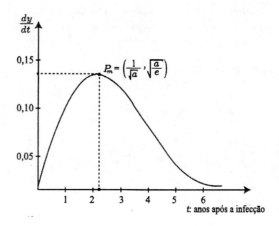

Figura 2.78: Velocidade de conversão.

Modelo Epidemiológico: (População homossexual)

Consideremos os seguinte grupos compartimentais de uma população de homossexuais:

- $x = x(t)$: número de susceptíveis;

- $y = y(t)$: número de infecciosos;

- $z = z(t)$: número de soropositivos que não são infecciosos;

- $A = A(t)$: número de aidéticos.

O sistema compartimental da figura 2.79 dá uma ideia da transmissão da doença.

- b representa a taxa de recrutamento de susceptíveis na comunidade de homossexuais;

- λc é a taxa de transferência de susceptíveis para infecciosos;

- μ é a taxa de mortalidade natural do grupo de homossexuais e d a taxa de mortalidade induzida pela doença.

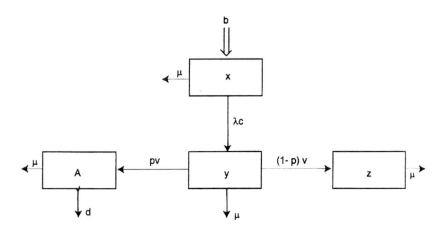

Figura 2.79: Esquema compartimental de transmissão da AIDS.

Considerando a comunidade distribuida uniformemente, podemos escrever

$$\begin{cases} \dfrac{dx}{dt} = b - \mu x - \lambda c x \quad \text{onde } \lambda = \dfrac{\beta y}{N} \\[4pt] \dfrac{dy}{dt} = \lambda c x - v y - \mu y \\[4pt] \dfrac{dA}{dt} = p v y - (d + \mu) A \\[4pt] \dfrac{dz}{dt} = (1 - p) v y - \mu z \end{cases} \qquad (2.181)$$

com $N(t) = x(t) + y(t) + A(t) + z(t)$.

- λ é a probabilidade de se adquirir a infecção com uma escolha aleatória de parceiro;
- β é a probabilidade de transmissão ou taxa de infecciosidade;
- c é o número médio de parceiros de um indivíduo por unidade de tempo;
- p é a proporção de soropositivos que são infecciosos;
- v é a razão de conversão de infecciosos para aidéticos (aqui, considerado constante), e portanto $\dfrac{1}{v} = D$ é o período médio de incubação.

Neste modelo a população total não é constante e pode ser obtida da equação:

$$\dfrac{dN}{dt} = b - \mu N - dA. \qquad (2.182)$$

Como já vimos, uma epidemia se realiza somente quando a taxa básica reprodutiva λ_0 é tal que $\lambda_0 > 1$, ou seja, o número de infecções secundárias que provêm de uma infecção primária é maior que 1.

Suponhamos que quando $t \simeq 0$ temos $x \simeq N$. Logo, se $t \simeq 0$, $\dfrac{dy}{dt} \simeq (\beta c - v - \mu)y$.

Como $\dfrac{1}{v} \ll \dfrac{1}{\mu}\left(\dfrac{1}{\mu}\text{ é a esperança média de vida}\right)$, então $(\beta c - v - \mu)y \simeq v(\lambda_0 - 1)y$, logo

$$\lambda_0 \simeq \frac{\beta c}{v} > 1. \tag{2.183}$$

A expressão (2.183) relaciona λ_0 com o número de parceiros c, com a probabilidade de transmissão β e com o tempo médio de incubação $\dfrac{1}{v} = D$.

Considerando a aproximação de $\dfrac{dx}{dt}$ dada por

$$\frac{dx}{dt} = v(\lambda_0 - 1)y \tag{2.184}$$

obtemos

$$y(t) \simeq y_0 \exp[v(\lambda_0 - 1)t] \tag{2.185}$$

Podemos então fazer uma previsão para saber, depois de quanto tempo t_d, o número de infecciosos dobra, isto é,

$$y(t_d) = 2y(0)$$

neste caso, obtemos

$$t_d = \frac{\ln 2}{v(\lambda_0 - 1)} \tag{2.186}$$

Os valores dos parâmetros, estimados por Anderson-May (1986) com 6875 homossexuais de S. Francisco, foram

- $\lambda_0 = \dfrac{\beta c}{v} \simeq 5.15$ (número de infecções secundárias causadas por um infeccioso);

- $d + \mu \simeq d \simeq 1.17$ anos$^{-1} \Rightarrow \frac{1}{d} \simeq 0.86$ anos ou 10.3 meses (tempo de sobrevivência de um aidético);

- $\rho \simeq 30\%$ (porcentagem de soropositivos que desenvolvem AIDS);

- $v \simeq 0.22$anos^{-1} (taxa de conversão de HIV$^+$ para AIDS);

- $c \simeq 4$ (número médio de parceiros distintos de um homossexual em 1 ano).

Com estes valores temos que $t_d = 0.75$, ou seja, o número de infecciosos dobra a cada 9 meses[4].

---

[4]Um estudo completo deste modelo pode ser encontrado em Murray [16], 624-630, ou Anderson - May - Medley - Johnson: "A preliminary study of the transmission dynamics of the human immunodeficiency virus (HIV)" ... em IMA. J. Math. Appl. in Medicine and Biol. **3**, 229-263 (1986).

Rodney Carlos Bassanezi

Exercício: Use a expressão de $y(t)$ dado pela equação (2.185) na $3^{\underline{a}}$ equação do sistema (2.181) e mostre que

$$A(t) = pvy_0 \frac{\exp[v(\lambda_0 - 1)t] - \exp[-(d + \mu))t]}{v_0(\lambda_0 - 1) + d + \mu}$$

Faça o gráfico de $A(t)$, usando os parâmetros encontrados por Anderson-May e considere as condições iniciais

$$y_0 = 100.000, \ A(0) = 0 \quad e \quad \mu = 0.03 ano^{-1}.$$

Projeto 2.7. *Epidemia com imunidade temporária (Modelo SIRS)*

Considere no modelo SIR a perda de imunidade dos elementos recuperados, isto é, depois de um período de imunização $\dfrac{1}{\gamma}$ os recuperados passam novamente a serem suscetíveis.

- Faça um esquema compartimental do novo modelo;

- Escreva as equações do sistema, supondo que a perda de imunidade seja proporcional à população dos recuperados;

- Encontre os pontos de equilíbrio do sistema SIRS;

- Calcule o valor da taxa de reprodutividade básica do sistema;

- Faça um esboço das trajetórias no plano de fase - SI.

Projeto 2.8. *Propagação de Gonorreia*

Considere uma população constante de homens e mulheres promíscuos e sexualmente ativos: $N = H + M$.

Neste grupo de risco considere dois subgrupos: *Infectados* (transmissores de gonorreia) e os *sadios*.

Sejam:

- $x(t)$: total de homens infectados;

- $[H - x(t)]$: total de homens suscetíveis (sadios);

- $y(t)$: total de mulheres infectadas;

- $[M - y(t)]$: total de mulheres sadias.

Formalize o modelo matemático, em termos de equações diferenciais, da dinâmica de uma epidemia de gonorreia, considerando o esquema compartimental da figura 2.80.

Considere os seguintes casos:

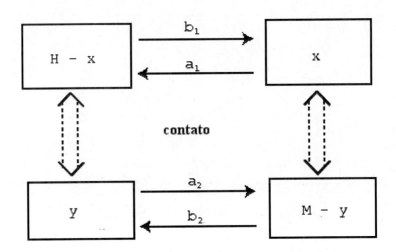

Figura 2.80: Esquema compartimental de transmissão da Gonorreia.

a. As relações não são homossexuais;

b. As relações podem ser homossexuais.

Encontre os pontos de equilíbrio da doença e faça um esboço das trajetórias no plano de fase-xy.

Referências Bibliográficas

[1] Giordano, F., Weir, M. e Fox, W. P. - "A First Course in Mathematical Modeling". Brooks/Cole Pu. Co. Pacific Grove, USA, 1997.

[2] McLone, R. R. - *Can Mathematical Modelling be Taught?* in Teaching and Applying Mathematical Modelling. Ellis Horwood series, Londres, 1984. pp. 476–483.

[3] Vinho - Monografia de curso de Especialização, Ijui, 1990.

[4] Ferreira, E. S. - "Etnomatemática: Uma proposta Metodológica". Univ. Santa Úrsula, Rio de Janeiro, vol. 3, 1997.

[5] D'Ambrosio, U. - *Etnomatemática: Um programa*. Revista SBEM, 1993.

[6] Gerdes, P. - *Sobre o conceito de Etnomatemática*. Estudos Etnomatemáticos, Leipzig, 1989 (em alemão).

[7] Neter, J. *et alli* - "Applied Linear Statistical Models. Library of Congress", 1996.

[8] Batschelet, E. - "Introdução à Matemática para Biocientistas". Eds. Interciência e EDUSP, Rio de Janeiro, 1975, pp. 331.

[9] Braun, M., Coleman, C. S., Drew, D. A. - *Differential Equations Models: Modules*, in Applied Mathematics, vol. 1, pp. 86–87, Springer-Verlag, Berlin, 1983.

[10] Peixe - Monografia de curso de Especialização, Campinas, 1998.

[11] Goldberg, S. - "Introduction to Difference Equations". Dover Ed., N. York, 1986.

[12] Ruggiero, M., Lopes, V. - "Cálculo Numérico - aspectos teóricos e computacionais". Ed. Harbra, S. Paulo, 1988.

[13] Edelstein-Keshet, L. - "Mathematical Models in Biology". Random-House Ed., N. York, 1988. pp. 8–13.

[14] Bassanezi, R. C. e Ferreira Jr, W. C. - "Equações Diferenciais com Aplicações". Ed. Harbra, S. Paulo, 1988.

[15] May, R. M. - *Simple mathematical models with very complicated dynamics*. Nature, 261, 1976.

[16] Murray, J. D. - "Mathematical Biology". Springer-Verlag, Berlin, 1990 (2ª edição).

[17] Braun, M. - "Equações Diferenciais e suas Aplicações". Ed. Campus, Rio de Janeiro, 1979.

[18] Boyce-Di Prima - "Elementary Differential Equations". J. Wiley Ed., N. York, 1977.

[19] Burghes, D. N. e Borrie, B. A. - "Modelling with Differential Equations". Ellis Horwood Ltd., N. York, 1981.

[20] Polya, G. "Induction and Analogy in Mathematics". Princeton Univ. Press, 1953.

[21] Weber, J. E. - "Matemática para Economia e Administração". Ed. Harbra, S. Paulo, 1977.

Capítulo 3
Modelagem Matemática em Programas de Cursos Regulares

"Eu ouço e eu esqueço,
Eu vejo e eu lembro,
Eu faço e eu entendo".

Antigo provérbio chinês

3.1 Modelação Matemática

De modo geral, o ensino relativo a uma determinada ciência segue a mesma trajetória que orienta o desenvolvimento e a pesquisa desta ciência. A Matemática não foge a regra; ao contrário, os procedimentos que têm direcionado a educação matemática nos nossos dias parecem refletir os pressupostos valores que orientam a ação do matemático-pesquisador – a descontextualização, por exemplo, é uma marca forte no âmbito da pesquisa em Matemática assim como da prática em Educação Matemática.

A produção matemática tem ocorrido de modo supostamente desvinculado de um contexto sociocultural-político e com pouca preocupação em tornar-se utilitária ou mais bem definida em suas metas – o que, de certo modo, diferencia a Matemática de outras Ciências. Na verdade, tal produção apresenta-se como fruto exclusivo da mente humana, resultando numa linguagem que almeja essencialmente elegância e rigor.

A tentativa de analisar a relação entre as condutas que orientam a pesquisa em matemática e a educação matemática, conduz naturalmente a duas questões: Como entendemos o que tem se dado, em geral, no âmbito da construção de conhecimento matemático – quais os padrões cognitivos/epistemológicos que orientam essa construção? Não seria justamente da falta de aprofundamento nos referidos padrões, da parte dos matemáticos e educadores matemáticos, que decorrem muitos dos problemas em educação matemática?

Naturalmente, a tentativa de refletir sobre os princípios epistemológicos que orientam a pesquisa em Matemática, procurando responder às questões acima, é uma maneira de abrir uma discussão entre os que se dedicam à educação matemática e os pesquisadores desta ciência. Pode parecer a primeira vista que não deva existir uma distinção entre os dois tipos de atividades citadas, entretanto, como atuação podem ser consideradas completamente diferenciadas.

De fato, grande parte dos matemáticos profissionais, consciente talvez de que a maior parte da sua produção científica é incompreensível para alguém não iniciado, tem como interesse imediato o rigor estrito e o formalismo das estruturas, critérios que, por sua vez, têm sido tomados, como primordiais para qualificar a pesquisa em matemática.

Na verdade, grande parte do conhecimento matemático tem sido construído somente dentro do terreno da matemática, a partir da ação de um profissional que em geral não formula questões como: "para que serve isso?". Este sentimento de *auto-suficiência*, no campo da matemática, tem sido decididamente apontado neste século e seus defensores - intitulados *puristas* – em geral, não estão preocupados com utilização externa de seus conhecimentos e consideram a *matemática aplicada* uma produção inferior e deselegante.

A matemática considerada *pura* segue a tendência *formalista*, a qual consiste somente de axiomas, definições e teoremas encaixados e estruturados de maneira consistente, num crescente caudal de generalizações. Neste contexto, as fórmulas são obtidas por meio de mecanismos lógico-dedutivos, sem objetivo significativo fora do terreno no qual foram criadas – isto é, fora do terreno da Matemática. Dentro desta ótica de construção ou descoberta de fatos matemáticos, duas correntes principais podem ser destacadas, os *formalistas* e os *platonistas*.

De algum modo, em contraposição aos formalistas, os platonistas afirmam que os objetos matemáticos existem independentemente do nosso conhecimento sobre eles. Tal tendência também combate as atitudes intelectuais que buscam o conhecimento de práticas e de experiências sensoriais ou intuitivas. Na verdade, os platonistas afirmam que o matemático não inventa coisa alguma, mas sim descobre as coisas já existentes, apreendendo-as essencialmente pela via da razão.

De qualquer modo, o problema de interpretações contrárias entre as correntes formalistas e o platonistas, quanto à existência e apreensão dos fatos matemáticos, não interfere sobre os princípios do raciocínio propulsor da evolução da Matemática. As duas posturas encaminham posições puristas e tiveram, historicamente, grande influência no desenvolvimento da pesquisa em matemática - consequentemente, atuaram como referencial no ensino desta ciência.

A doutrina do purismo, em geral, de estilo formalista, penetrou gradualmente na prática da educação matemática, atingindo os níveis mais elementares de ensino como no caso da estrutura denominada, de modo ufanista e pomposo, *matemática moderna* – conceitos relativos à teoria dos conjuntos, por exemplo, já fizeram parte do programa de ensino para todas as crianças de idade pré-escolar.

No entanto, boa parte da gênese das ideias matemáticas é fruto de abstrações de situações empíricas, que seguem, posteriormente, a busca da alternativa estética e, quanto mais tais ideias são aprofundadas e/ou generalizadas, mais se afastam da situação de origem, acumulando detalhes cada vez mais complexos e menos significativos para aqueles que estão fora deste campo de estudo. Na verdade, a Matemática dita pura constrói ou descobre objetos de estudo próprios, tratando-os como entes ideais, abstratos/interpretados, existentes/criados apenas na mente humana, isto é, construídos de modo conceitual.

Todavia, apesar da reflexão acima – pouco otimista no que se refere a possibilidade de uma relação harmoniosa com o conhecimento matemático – é preciso reconhecer que a Matemática, devido talvez ao seu potencial de generalidade e poder de síntese, passou a funcionar como agente unificador de um mundo racionalizado e tem se colocado como um instrumento, cada vez mais indispensável, para a construção de teorias que emergem de outros campos de estudo – tudo isto, independentemente dos interesses imediatos de seus criadores.

Nos últimos anos a orientação formalista, principal responsável pela formação de cunho elitista e distanciado do matemático, vem sendo questionada – novas tendências estão ganhando terreno. Segundo D'Ambrosio ([4]), *"os programas de pesquisa, no sentido lakatosiano, vêm crescendo, em repercussão, mostrando-se uma alternativa válida para um programa de ação pedagógica"*. No que se refere à aplicabilidade da Matemática, D'Ambrosio se manifesta, explicando que não se trata simplesmente de tendência:

"Este caráter surpreendente de aplicabilidade da Matemática tem sido uma constante do seu desenvolvimento. Uma das razões parece ser que o desenvolvimento da Matemática não se processa de uma maneira isolada, mas recebe influências frequentes das próprias mudanças que ela ajudou a realizar".

Sem dúvida, há outras interpretações/reflexões à respeito da aplicabilidade, como as de Do Carmo ([5]):

"O que existe é uma interação de progressos teóricos e aplicados formando uma imensa rede de influências mútuas que se torna difícil de decidir o que é mais importante: se o desejo puro de entender, ou a necessidade prática de aplicar".

É consenso há algum tempo, entre vários profissionais, que a competência de especialistas como o físico ou o engenheiro estaria aliada à competência em Matemática. Atualmente, este padrão de pensamento está sendo aplicado às diferentes áreas de conhecimento propriamente ditas – isto é, a consistência de uma teoria ou sua própria validação depende, em grande parte, da capacidade de interpretação/explicação em linguagem matemática.

Não podemos negar que a Matemática tem penetrado fortemente na Economia, Química, Biologia, entre outras, na perspectiva da utilização de modelos matemáticos, quase sempre apoiados, no início, nos paradigmas que nortearam a Física – como as leis de conservação e analogias consequentes. Outras áreas como Sociologia, Psicologia, Medicina, Linguística, Música, e mesmo a História, começam a acreditar na possibilidade de ter suas teorias modeladas por meio da linguagem matemática.

Grosso modo, quando procuramos agir/refletir sobre uma porção da realidade, na tentativa de explicar, compreender ou modificá-la, o processo usual é selecionar, no sistema em estudo, argumentos ou parâmetros considerados essenciais, formalizando-os por meio de um processo artificial denominado modelo. Bunge reconhece tal processo, chegando a afirmar que *"toda teoria específica é, na verdade, um modelo de um pedaço da realidade"* (Bunge, [6]).

Neste sentido, em relação às aplicações da Matemática, duas alternativas mostram-se bem delineadas: uma primeira visão consiste em adaptar conceitos, configurações ou estruturas matemáticas aos fenômenos da realidade – muitas vezes, sujeitando aspectos da realidade, físico- sociais e outros, a tender da melhor maneira possível aos modelos matemáticos que lhes são atribuídos. Numa segunda alternativa temos situações da realidade servindo como fonte para a obtenção de novos conceitos e estruturas matemáticas – com efeito, neste sentido, os paradigmas da construção científica, já estabelecidos, dão lugar a novos paradigmas e a Matemática evolui como um retrato do universo. Talvez, seja esta visão, próxima de uma explicação platônica sobre o desenvolvimento da Matemática, a razão da existência e funcionalidade da Matemática.

Assim, em se tratando da investigação em matemática, é comum a combinação das duas alternativas. Há, então, a possibilidade da construção de modelos matemáticos, a partir de uma teoria conhecida que, por sua vez, não contém técnicas e métodos suficientes para obtenção dos resultados desejados. Tais situações exigem do matemático aplicado habilidades e criatividade, em especial de tendências matemáticas, de modo a desenvolver novos métodos e técnicas que vão se mostrando necessários – naturalmente, tais dinâmicas são fontes geradoras de motivação para a produção científica em processo. Do nosso ponto de vista, a posição mais razoável para o matemático praticante das aplicações, pesquisador ou professor, é a de estar atento para adotar as facetas mais producentes das estratégias disponíveis, ajustando-as, de modo conveniente, em cada etapa do trabalho.

Neste contexto, um modelo matemático é um conjunto consistente de equações ou estruturas matemáticas, elaborado para corresponder a algum fenômeno – este pode ser físico, biológico, social, psicológico, conceitual ou até mesmo um outro modelo matemático.

A aceitação de um modelo, por sua vez, depende essencialmente dos fatores que condicionam o *modelador*, ou seja, dos objetivos e recursos disponíveis do sujeito que se propõe a construir/elaborar o modelo. Nesta perspectiva, um modelo complexo pode ser motivo de orgulho para um matemático e inadequado para o pesquisador que vai aplicá-lo .Muitas vezes, as necessidades imediatas de um pesquisador são atendidas por um modelo parcial e simples, o qual não comporta todas as variáveis que possam influenciar na dinâmica do fenômeno estudado. De modo explícito, Davis & Hersh [7] afirmam:

"Um modelo que pode ser considerado bom ou ruim, simples ou satisfatório, estético ou feio, útil ou inútil, mas seria difícil dizer se é verdadeiro ou falso . . . a utilidade de um modelo está precisamente em seu sucesso de imitar ou predizer o comportamento do Universo".

No que se refere a utilidade, reconhecemos que uma coisa é considerada útil quando tem a capacidade de satisfazer de algum modo, uma necessidade humana – desta forma a utilidade depende essencialmente do usuário.

A questão da utilidade, no caso da Matemática, tem sido discutida de modo bastante abrangente, levando em conta elementos estéticos, científicos, comerciais, psicológicos, entre outros. Porém, tal abrangência é reconhecida apenas parcialmente pelos profissionais da Matemática dita pura. Para o matemático purista, um conceito matemático é considerado *útil* quando pode ser aplicado/associado em alguma parte da própria pesquisa. Na verdade, não seria razoável esperar que a expectativa de utilidade, por parte do matemático puro, se estendesse para outras áreas do terreno matemático pois, dado o vasto crescimento da Matemática em seus meandros de sub-áreas, é impossível, atualmente, qualquer que seja o matemático, ter um bom conhecimento das pesquisas realizadas em outras áreas, ou seja, fora do seu campo estrito de atuação. Neste sentido, poderíamos afirmar que a maior parte do que se tem feito em Matemática *não é utilizada* pela grande maioria dos próprios matemáticos. *"No fim da década dos 40, von Neumann estimou que um matemático hábil poderia saber, essencialmente, 10% do que estaria disponível (...) Uma classificação mais detalhada mostraria que a literatura matemática está subdividida em mais de 3000 categorias (...) Na maioria destas categorias, cria-se matemática nova a uma velocidade constantemente crescente, tanto em profundidade quanto em extensão"* [7].

Vale ressaltar que não estamos aqui desconsiderando a importância da matemática pura ou que toda teoria construída de modo dedutivo, no estilo formalista, deva ser de alguma maneira aplicável – Na verdade, como já mencionamos, um bom pesquisador deveria ter um bom conhecimento de matemática, pelo menos para organizar seus conhecimentos através de uma linguagem universal. O que podemos afirmar, de modo geral, é que a evolução no campo da matemática e em várias outras áreas do conhecimento, auxiliada em grande parte pela informática, propiciou o atual destaque do matemático aplicado.

A *matemática aplicada* é essencialmente inter-disciplinar e sua atividade consiste em tornar aplicável alguma estrutura matemática fora do seu campo estrito; a modelagem, por sua vez, é um instrumento indispensável da matemática aplicada. A construção matemática pode ser entendida, neste contexto, como uma atividade em busca de sintetizar ideias concebidas a partir de situações empíricas que estão quase sempre, escondidas em num emaranhado de variáveis. Fazer matemática, nesta perspectiva, é aliar, de maneira equilibrada, a abstração e a formalização não perdendo de vista a fonte originária do processo. Desse modo, numa retomada aos fundamentos, o caminho tomado pela matemática aplicada, em especial pela modelagem matemática, se aproxima da concepção platônica no que se refere à construção do conhecimento, pois é como se o modelo já estivesse lá, em algum lugar da Matemática. Vale aqui, então, antecipar uma discussão do ponto de vista pedagógico: o desafio do professor, que toma o caminho da modelagem como método de ensino, é ajudar o aluno a compreender, construindo relações matemáticas significativas, em cada etapa do processo.

Se um modelo é inadequado para atingir determinados objetivos, é natural tentar caminhos que permitem construir outro melhor ou, então, analisá-lo, de modo comparativo, tomando como referência um outro já existente. O modelo nunca encerra uma verdade definitiva, pois é sempre uma aproximação conveniente da realidade analisada e, portanto, sujeito a mudanças - este processo dinâmico de busca a modelos adequados, como protóticos de determinadas entidades, é o que se convencionou chamar de *Modelagem Matemática* – vale ressaltar que uma ação pedagógica, eficiente, tem sido realizada por meio deste mesmo caminho ([14]).

A modelagem matemática, concentrada no desenvolvimento e análise de modelos, tônica da pesquisa contemporânea, passou a ser uma arte em si mesma. Na verdade, muito do que já se produziu em matemática tem sido re-direcionado para a construção de modelos e teorias emergentes, procurando justificar-se a partir de aplicações – é o caso da teoria fuzzy , teoria do caos e bifurcações , teoria dos fractais, entre outras.

Naturalmente, ao privilegiar um ensino voltado para os interesses e necessidades da comunidade, precisamos considerar o estudante como um participante, especialmente ativo, do desenvolvimento de cada conteúdo e do curso como um todo – o que não tem sido proposta da prática tradicional, principalmente em nosso país. O fato é que as escolas, em particular as universidades, possuem um ensino que ainda funciona no sistema de autotransmissão, no qual as pessoas passam em exames e ensinam outras a passar em exames, mas ninguém sabe muita coisa. Isto acontece mesmo nas áreas que são consideradas essencialmente aplicadas como a Física. O falecido físico norte-americano Richard Feynman, ganhador do prêmio Nobel de Física, demonstra sua perplexidade frente aos rumos que estava (está?) tomando nosso sistema educacional quando aqui esteve participando, na década de 50, do que ele denominou de *"método brasileiro de ensino"*. O que se segue é a transcriçao de parte de seu depoimento ([8]):

"...mais tarde assisti uma aula na Escola de Engenharia – **Dois corpos ...são considerados equivalentes ...se momentos iguais ...produzem ...acelerações iguais. Dois corpos são considerados equivalentes se momentos iguais produzem acelerações iguais.** *Os alunos estavam todos ali sentados a copiar o ditado e, quando o professor repetia a frase, verificavam-na para ter a certeza de que a tinham escrito corretamente. Depois escreviam a frase seguinte, e assim por diante. Eu era o único que sabia que o professor estava falando sobre momentos de inércia, o que era difícil de descobrir.*

Não via como eles podiam aprender alguma coisa daquela maneira. Ali estava ele falando de momentos de inércia, mas não se discutia a dificuldade em abrir uma porta, empurrando-a, quando pusermos peso na parte de fora, comparada com a dificuldade se os pesos estiverem perto dos gonzos – nada!

Depois da aula falei com um aluno:

— Vocês escrevem todos estes apontamentos - o que fazem com eles?

— Oh, a gente estuda, diz ele. Vamos ter um exame.

— Como vai ser o exame?

— Muito fácil – posso dizer-lhe agora uma das perguntas.

Olha para o caderno e diz:

— Quando é que dois corpos são equivalentes? E a resposta é: Dois corpos são considerados equivalentes se momentos iguais produzem acelerações iguais.

Por isso, como se pode ver, eles podiam passar nos exames e aprender todas aquelas coisas, e não saberem nada, exceto o que decoraram. Os estudantes tinham decorado tudo, mas não sabiam o significado de nada ... "

O que se pode observar na maioria das instituições de ensino, principalmente em relação ao ensino de Matemática, é que a ênfase maior tem sido dada ao *produto* em detrimento do *processo*, o que implica na má qualidade do primeiro [9].

Uma questão bem pouco significativa, até há algum tempo, em termos de aquisição de conhecimento matemático agora também se impõe: *como ensinar matemática de maneira que se torne um assunto agradável para a maioria, incluindo alunos e professores?*

Antes de tentar uma resposta para esta questão queremos salientar que a palavra agradável pode ser relativizada, segundo suas várias conotações. Procurando uma resposta pouco sofisticada em termos filosóficos assim como assegurando uma certa objetividade, entendemos por matemática agradável aquela que se faz sentir tanto elegante e funcional, como formal e aplicável e, ainda, bonita e útil. Em suma, uma matemática interessante e útil, que não se distancia demasiadamente do conteúdo programático básico existente, pelo menos enquanto tal conteúdo não for repensado/reorganizado.

Naturalmente, conseguir este equilíbrio entre o formalismo e a aplicabilidade pode parecer, a princípio, um objetivo inatingível, principalmente quando consideramos a formação inadequada do professor e os fatores sociopolítico-econômicos que envolvem todo o processo de ensino-aprendizagem, cujos efeitos sentidos em nossas salas de aula, em geral, não podem ser transformados independentemente de suas origens. Esta questão não é nova – a inclusão de aspectos de aplicação e, mas recentemente, da resolução de problemas e modelagem matemática, já têm sido defendida por muitos educadores.

Como já dissemos, a nosso ver, a Modelagem Matemática utilizada como estratégia de ensino-aprendizagem é um dos caminhos a ser seguido para tornar um curso de matemática, em qualquer nível, mais atraente e agradável. Uma modelagem eficiente permite fazer previsão, tomar decisões, explicar e entender, enfim, participar do mundo real com capacidade de influenciar em suas mudanças. De fato, da nossa experiência como professor e formador de professores, os processos pedagógicos voltados para as aplicações, em oposição aos procedimentos de cunho formalista, podem levar o educando a compreender melhor os argumentos matemáticos, encorporar conceitos e resultados de modo mais significativo e, se podemos assim afirmar, criar predisposição para aprender matemática porque passou, de algum modo, a compreendê-la e valorizá-la.

É claro, no entanto, que o desenvolvimento de um trabalho pedagógico voltado para as aplicações, não é tão simples, principalmente, quando se pensa nas estruturas atuais dos cursos regulares. Sobre este último aspecto chamamos a atenção para os obstáculos mais comuns colocados no final do capítulo 1, e que podem ser resumidos no fato de que existe um programa a ser cumprido num prazo fixo e na falta de treinamento dos professores em relação ao processo de modelagem.

Da nossa experiência e discussões com outros colegas que trabalham com modelagem em cursos regulares, podemos reconhecer encaminhamentos para a solução de alguns dos obstáculos apontados. A falta de tempo para *cumprir o programa* e a inércia dos estudantes frente a dinâmica de um processo de modelagem podem ser contornadas quando o professor vai adquirindo habilidades para encontrar o momento oportuno para fazer a sistematização de cada parte do conteúdo trabalhado e utilizar adequadamente, analogias com outras situações problemas. Entretanto, somos de opinião que não se deve propor um modelo matemático simplesmente para justificar um programa a ser cumprido.

A participação dos alunos na escolha do tema, que pode ser orientada mas não imposta pelo professor, é muito importante - Isto faz com que se sintam responsáveis por seu próprio aprendizado.

De qualquer forma, o programa da disciplina e o conjunto de pré-requisitos para seu desenvolvimento orientam o caminho a ser seguido no processo de ensino por meio da modelagem.

Vale comentar que nas diversas vezes que seguimos a orientação/discussão apresentada, de modo a ajudar professores a apropriar-se da modelagem matemática como método de ensino, esta se deu com relativo êxito, revelando que pode ser um dos caminhos para desenvolver processos de aprendizagem significativos.

Neste sentido, já existem grupos de professores atuantes, em diferentes espaços de formação, discutindo e vivenciando a Modelagem Matemática como um caminho para a aprendizagem da Matemática. Tais dinâmicas têm sido do tipo: cursos regulares com programas pré- estabelecidos, programas de formação de professores, cursos de educação de adultos, cursos para profissionais em serviço – biólogos, agrônomos e outros -, cursos com abordagens específicas em grupos étnicos ou de profissionais – índios, garimpeiros, entre outros – e, mais recentemente, como disciplina do programa de Licenciatura em Matemática.

Podemos considerar que ao longo destes anos, o espírito universitário tem passado por transformações, no Brasil e em outros países, que fazem sentir seus efeitos na educação matemática. Um reflexo deste movimento está, como dissemos, na procura, cada vez maior, pelos cursos de pós-graduação desta área. Temos algumas restrições em relação à forma como estes cursos são estruturados – mas, naturalmente, este é um assunto para outra ocasião.

Resumindo o que até aqui se afirmou, tomando cuidado contra as simplificações, podemos dizer que estamos pensando num ensino mais dinâmico e abrangente, visando uma Licenciatura em Matemática construída por meio da realização de projetos, de ações pedagógicas, que inclua as aplicações em matemática de modo significativo. Tais projetos poderão ser realizados à distância – via diferentes tecnologias emergentes – ou a partir de cursos específicos/localizados.

De qualquer forma, estamos preocupados com processos mais significativos de retenção da aprendizagem e valorização da matemática ensinada. É consenso que as informações que retemos com mais facilidade são aquelas relacionadas com o que ouvimos e, de alguma forma, aplicamos. Numa palestra do Prof. N. Balzan, UNICAMP-1998, foi apresentado o resultado de uma pesquisa realizada sobre Planejamento de Ensino e Avaliação (Vacuum Oil Co. Studies) onde constatou – se que:

Aprendemos
1% através do gosto
1.5% através do tato
3.5% através do olfato
11% através do ouvido
83% através da visão

Retemos
10% do que lemos
20% do que escutamos
30% do que vemos
50% do que vemos e escutamos
70% do que ouvimos e logo discutimos
90% do que ouvimos e logo realizamos

3.2 Modelagem matemática – uma disciplina emergente nos programas de formação de professores

As discussões sobre os fundamentos da Matemática, em geral, redirecionam seus objetivos e, de algum modo, influenciam os métodos de ensino desta ciência. Desta maneira, é importante notar que, atualmente, temos duas correntes predominantes no que se refere aos objetivos da Matemática: uma, que lhe dá o caráter de ser uma ciência que não necessita retribuir coisa alguma ao mundo exterior e, outra, que procura achar uma ligação, de cada especialidade, com alguma área de aplicação.

Com efeito, a dualidade ressaltada acima está presente nos projetos acadêmicos, com toda expressividade. Por um lado, a utilidade como objetivo vem ganhando terreno, em especial no campo da pesquisa. Para se adaptar a esta nova tendência, as universidades têm criado cursos específicos de matemática aplicada, nos quais as disciplinas obrigatórias são constituídas de matérias que enfatizam a formulação de modelos. Por outro lado, de modo paralelo aos cursos de matemática aplicada, as disciplinas oferecidas nos cursos de Licenciatura em Matemática, cujo objetivo é formar docentes para o ensino fundamental e médio, continuam funcionando no estilo clássico formalista. Sem dúvida, aproximando a nossa afirmação do terreno das conjecturas, com tal formação purista, os futuros profissionais só podem reconhecer a utilidade da Matemática na capacidade desta de ensinar a pensar e raciocinar com precisão.

De um lado, o próprio processo atual de formação do professor não leva o educando a estabelecer uma associação relevante entre o que se ensina e o mundo real. Desse modo, esperar que o educando, assim como o professor, mude sua postura, tornando-se um educador voltado para aplicabilidade, colocando a matemática como elemento aglutinador da interdisciplinaridade, é um sonho quase impossível.

"Compreender o pensamento complexo exige uma nova aprendizagem, pois fomos formados num sistema de ensino que privilegia a separação, a redução, a compartimentalização, o próprio corporativismo dos saberes, que fraciona e aliena o nosso modo de pensar. Em consequência, impõe-se uma reforma do pensamento." ([10])

De outro lado, se a ênfase das propostas de melhorar a educação matemática, hoje, está mais nos modelos que na teoria, se queremos a matemática, além de elegante, aplicável e outros tantos desejos, como o do professor sentir-se valorizado ao ensinar matemática, devemos imediatamente questionar e repensar o currículo da Licenciatura em Matemática.

Vale aqui a pergunta: *E, então, o que o professor do ensino fundamental e médio deve conhecer para ser um bom professor de matemática?*

Numa busca de respostas à pergunta acima, o Conselho Estadual de Educação do Paraná já deu os primeiros passos em 1997. Estão procurando organizar, juntamente com os professores de universidades do Paraná, um programa básico que deverá ser articulado/discutido em todos os cursos de Licenciatura em Matemática do Estado.

Nossa sugestão é que as sociedades científicas e educacionais brasileiras como SBEM, SBMAC, SBM, SBPC, e outras, iniciem, num esforço conjunto, discussões nesta direção, procurando delinear um programa equilibrado de disciplinas que visem a formação do professor de matemática, frente às transformações em processo no campo da Ciência, numa relação mais orgânica com as exigências emergentes do social e do econômico em termos globais.

De uma forma ou de outra, a questão da formação do professor já deixou, há algum tempo, de ser encaminhada a partir de visões impressionistas. Há, hoje, no Brasil e no mundo muita discussão à respeito da formação de professores, com vários encaminhamentos no campo da investigação e da prática propriamente dita.

Entretanto, sem querer ser simplista, nós diríamos que a deficiência do professor de matemática não está no conjunto de conteúdos matemáticos aprendidos – muitas vezes, ele estudou matemática de modo sistemático e exaustivo, tendo como referência os conteúdos ou "produto" que ele precisa ensinar nos cursos do ensino fundamental e médio – mas sim na essência do processo que orientou sua formação. Isto é, as disciplinas são tratadas geralmente, de modo independente uma das outras, consideradas como prontas/acabadas, sem origem e sem futuro e, quase sempre apresentadas/desenvolvidas sob o regime formalista dos teoremas e suas demonstrações; as aplicações, quando sugeridas, só dizem respeito ao próprio conteúdo recém-ensinado. Em resumo, a matemática trabalhada, num programa tradicional da Licenciatura, tem sido inteiramente privada de originalidade/criatividade e apresenta-se desvinculada da fonte geradora dos conteúdos que a constituem.

A falta de objetividade da maioria dos cursos de licenciatura em matemática provoca uma angústia nos formandos que se sentem incapacitados para exercerem o magistério. Os programas desenvolvidos nas diferentes disciplinas quase sempre são fechados e não existe uma interligação com outras ciências – a ênfase maior está na quantidade de conteúdo transmitido e não na formação de elementos atuantes na sociedade.

Desse modo, quando pensamos num professor de matemática, formado nestes termos – o que é realidade em quase todos países – facilmente reconhecemos as dificuldades que ele terá de superar de modo a tornar suas aulas mais interessantes, isto é, conseguir que os alunos participem efetivamente. Na verdade, este problema é geral, porém, nos países em desenvolvimento ele é muito mais sensível que nos países ditos desenvolvidos, dado que a própria dinâmica da evolução científica acaba orientando a busca de tendências mais técnicas e aplicativas.

Com relação à investigação, apesar desta ser ainda bastante acanhada no Brasil – onde aspecto burocrático quase sempre supera a competência/talento – a valorização da pesquisa em Educação Matemática tem impulsionado a formação de um contingente expressivo de mestres e doutores nesta área. Este fenômeno, poderá resultar num fator de mudanças no campo da aprendizagem e do ensino de matemática em nosso país.

Vale aqui ressaltar que consideramos ter dado, na Universidade Estadual de Campinas-IMECC/UNICAMP, um primeiro passo para transformar o problema da formação do professor de matemática, ao implantar a disciplina "Modelos Matemáticos", ministrada no programa de Licenciatura em Matemática (curso vespertino). O enfoque central desta disciplina é procurar um equilíbrio harmonioso entre a teoria e a prática, mostrando o valor intrínseco da matemática, assim como sua plasticidade e beleza, enquanto ferramenta para outras áreas do conhecimento.

Nossa proposta, entretanto, é mais abrangente que a simples introdução de uma disciplina do tipo, em todos os cursos de licenciatura do país, visto que isto somente ajudaria a atacar uma parte intermediária do problema e, certamente, com efeitos a longo prazo. Na verdade, consideramos que as *extremidades do iceberg* têm que ser consideradas. Se, por um lado, devemos pensar na formação do aluno da Licenciatura, refletindo sobre as condições que resultem em vigor, competência, segurança e interesse para ministrar a disciplina em questão, por outro lado, o contingente de professores atuantes no ensino fundamental e médio precisa ser aperfeiçoado e capacitado, para esta nova prática de ensino. Assim, de modo a encaminhar soluções, deixamos uma sugestão, por vezes já vivenciada, de um programa para formação de professores, tendo como foco central a modelagem matemática. Este programa foi aplicado com sucesso em algumas turmas do programa de licenciatura (1995–1997).

3.2.1 Modelagem Matemática: uma disciplina para formação de professores.

Objetivos

- Enfatizar aplicações matemáticas, usando as técnicas de modelagem como procedimento, de modo a desenvolver, no educando, capacidades e atitudes criativas na direção da resolução de problemas;

- Desenvolver o espírito crítico do educando de modo que ele possa entender e interpretar a Matemática em todas as suas facetas;

- Preparar o educando para utilizar a matemática como uma ferramenta para resolver problemas em diferentes situações e áreas;

- Adotar um "enfoque epistemológico alternativo associado a uma historiografia mais ampla; partindo da realidade, encaminhar a ação cognitiva e a proposta pedagógica dentro de um enfoque cultural – numa relação estreita com as diretrizes de um Programa de Etnomatemática" [1].

Programa

I – Fundamentos da Matemática

É importante salientar que as controvérsias existentes em relação ao que se deve ensinar de matemática vêm de encontro com os objetivos deste próprio ensino – Se considerarmos que " *um matemático puro é pago para descobrir novos fatos matemáticos. Um matemático aplicado é pago para obter a solução de problemas específicos"* (V. I. Arnold), qual seria então a função atual do professor de matemática do Ensino Fundamental? A procura de uma resposta para esta importante questão deverá, cada vez mais, ser tema de inquietação dos especialistas em Educação Matemática. Os novos rumos que deverá seguir a educação em geral e a matemática em particular já estão sendo amplamente questionados:

"Enquanto discutimos aspectos formais da educação, a preocupação que se impõe é a reforma de espíritos e instituições, a partir do redirecionamento do que se entende por ensino e do que se espera dele no terceiro milênio. Subsistirá a sala de aula como é hoje? O que se passará com a relação ao ensino-aprendizagem e a presença do computador? Há esperança de um humanismo tecnológico?

Precisamos de um novo modelo de educação, baseado na disseminação de outro modo de pensamento, que possa responder a questões essenciais: quem somos, para onde vamos? [10]

Tais questões devem ser levantadas com os alunos.

É interessante fazer uma introdução da disciplina, abordando os fundamentos da matemática. Suas origens e concepções e eventuais "utilidades". Como bibliografia para esta parte sugerimos ([1, 6, 7, 18]).

II – A Modelagem como método científico do conhecimento

A modelagem é uma estratégia de pesquisa utilizada nos mais variados campos do conhecimento. Uma discussão sobre este procedimento de pesquisa seria indispensável para motivar os estudantes de matemática. O capítulo 1 poderia ser o início desta abordagem, completada com alguma bibliografia básica ([1, 2, 3, 7, 16, 22, 23], etc).

III – Discussão sobre modelos matemáticos clássicos e analogias

O estudo de modelos clássicos, das várias áreas do conhecimento, servem de motivação para os questionamentos a respeito do processo de suas formulações e respectivas restrições. Nesta parte sugerimos exemplos e discussão sobre:

- Modelos de dinâmica populacional (Malthus, Verhurst, Volterra, entre outros);
- Modelos de Epidemiologia;
- Modelos clássicos da Física (sistemas mecânicos e analogias com sistemas elétricos);
- Modelos compartimentais;
- Modelos de Economia (dívida, poupança, entre outros)

Sugestão Bibliográfica: ([13, 17, 20, 21] entre outros).

IV – Crítica e Construção de Modelos Alternativos

Nesta etapa o estudante deve formular modelos alternativos, baseados nos modelos clássicos, e discutir sua validação. No processo de reformulação de modelos o procedimento é adotar novas hipóteses e críticas aos modelos clássicos (veja capítulos 2 e 6).

O estudo de situações que envolvem Etnomatemática pode ser também motivador para formulações de modelos alternativos (veja, por exemplo, "a construção de tonéis" do capítulo 2, " a gramática dos ornamentos [15, 16], ou o conceito de etnomatemática em [4]).

V – Técnicas do processo de modelagem

- Escolha de temas e objetos de estudo;

- Levantamento de dados;

- Ajustes de curvas;

- Construção de modelos;

- Modelos alternativos: discussões e críticas.

Este tópico deve seguir de perto a sequência de etapas que organizam um processo de modelagem, isto é: a) trabalha-se com a indução que está relacionada com a analogia e percepção das observações dos outros e das teorias existentes; b) usa-se a dedução para a construção de modelos e suas conclusões; c) quando possível, vale fazer a validação do modelo ou a previsão dos fenômenos ainda não observados (veja capítulo 2, [21] e [14]).

VI – Modelagem com modelos elementares

Esta parte final do curso deve ser dedicada à transformação de modelos com equações diferenciais em modelos com equações de diferenças finitas, um conteúdo que pode facilmente ser desenvolvido no ensino fundamental e médio. A correlação entre variações contínuas (derivadas) e variações médias levam, em geral, ao estudo das progressões geométricas, função exponencial, logarítmo etc.

A modelagem com geometria e trigonometria (modelos estáticos) são facilmente adaptáveis aos programas do ensino fundamental ou médio. Exemplos inseridos neste texto como: – "Dinâmica populacional de uma colmeia"; "Construção de favos"; "Crescimento de plantas"; "Plantação de batatas"; "Ornamentos", entre outros, poderão ser desenvolvidos nesta etapa.

Naturalmente, a disciplina detalhada acima está sujeita a vários tipos de modificações, em especial no que diz respeito à estrutura escolar vigente e às condições ambientais.

3.3 Algumas Experiências de Modelagem em Disciplinas Regulares

Uma disciplina regular é aquela em que já existe um programa e uma carga horária determinados, com pré-requisitos organizados nos moldes tradicionais. Neste caso, o processo de ensino com modelagem deve ser modificado e aqui sugerimos duas formas distintas de execução:

3.3.1 Escolha de um tema para todo o curso

O tema de estudo deve ser único e na sua escolha deve-se levar em consideração o grau de escolaridade dos alunos e os seus conhecimentos anteriores. Uma experiência deste tipo foi realizada pela professora S. Biembengut numa 5ª série, noturno, na Escola EEPG – Bairro Nova Estiva, município de Mogi Guaçu, em 1986, [11].

Tema 1: Construção de uma casa

Etapa inicial da construção-a planta Cada aluno devia desenhar uma planta baixa de casa (tamanho reduzido em um desenho), seguindo-se as discussões sobre como representar as paredes e a colocação de portas e janelas. Esta parte inicial foi motivadora para se introduzir os conceitos básicos de geometria plana (proporcionalidade, retas, paralelismo, perpendicularismo, ângulos, figuras geométricas – polígonos e circunferência).

Tamanho da casa – sistemas de medidas Em seguida é proposto a confecção de uma única planta para todos os alunos, num terreno de 80 m^2.

A relação entre os comprimentos das paredes e a quantidade de tijolos necessária para a sua construção proporciona a introdução dos sistemas de medidas, lineares e de superfícies planas (comprimento e área; representação decimal dos números racionais e operações; frações).

Maquete A quantidade de material necessário e seu preço favorecem a introdução de elementos relacionados com a geometria espacial (sólidos e medidas de volume, capacidade e massa) e com operações financeiras (custo, salário, inflação, lucro, juros, porcentagem etc).

Salientamos que nesse processo de ensino-aprendizagem, a sequência do programa desenvolvido não é necessariamente a mesma do programa inicial – os conteúdos matemáticos são trabalhados conforme a exigência do momento. Assim, várias vezes os conteúdos são repetidos conforme são solicitados pelo envolvimento natural no processo de construção da casa. No caso específico desta experiência todo conteúdo programático foi trabalhado.

3.3.2 Modelagem Parcial e Resolução de problemas

Um único tema, escolhido como gancho para desenvolver todo o conteúdo programático de uma disciplina, pode mostrar-se cansativo e desmotivador a partir de algum momento, principalmente se a introdução de algum tópico de matemática não for feita de maneira natural, ou seja, mostrar-se imprescindível diante dos problemas levantados pelo "tema" em cada momento. Uma maneira mais simples e também menos comprometedora, para que se "cumpra" o programa, é trabalhar com modelagens curtas de temas distintos em cada tópico introduzido, completando com problemas propostos que se relacionem com o conteúdo estudado – isto facilita o professor que estará mais confiante no resultado final e poderá ser uma motivação renovada para os alunos.

Tema 2: Plantação de batatas

O projeto foi desenvolvido em um programa regular de Cálculo Diferencial e Integral, para alunos de Tecnologia de Alimentos (UNICAMP, 1983). Apesar de ser o primeiro contato que estes alunos estavam tendo com matemática na universidade, muitos usavam a camiseta-símbolo do curso com os dizeres: *"Detesto Cálculo"*. Evidentemente isto traduzia o sentimento dos veteranos de T. A. que não viam motivo satisfatório para estudar, durante 3 semestres seguidos, uma disciplina que consideravam inútil e responsável pelo maior índice de reprovação de todo o curso.

Na tentativa de motivar os calouros, propusemos o seguinte esquema de trabalho: Só iríamos trabalhar com a matemática que eles achassem interessante e útil, com problemas ou situações propostos pelos próprios alunos. Surgiram, desta forma, vários temas: otimização e empunhadura de embalagens, dieta alimentar, balanceamento de rações etc. Estes temas foram usados posteriormente para elaboração de problemas e modelos durante o desenvolvimento do curso. Vamos relatar aqui o *problema da plantação de batatas*, proposto por um aluno da seguinte forma: "Meu pai planta batatas, colocando cada semente a uma distância de 30 cm, queria saber porque ele faz desta maneira". Evidentemente, não tínhamos nenhuma resposta imediata, mesmo porque nosso conhecimento, e de toda a classe, sobre batatas era muito limitado. O primeiro passo neste caso, foi procurar obter informações junto à Secretaria de agricultura onde obtivemos os seguintes dados:

Dados:

I_1 O espaçamento entre duas "ruas" deve ser, no mínimo, de 80 cm para que se possa efetuar a limpeza do "mato" (capina);

I_2 Cada planta isolada produz, em média, 8.25 batatas (graúdas e miúdas);

I_3 O peso médio de 8 batatas, de uma mesma planta, é de 639 gramas;

I_4 Os bancos de investimentos consideram como produção normal, 800 sacas de 60 kg por alqueire plantado (um alqueire paulista mede 24200 m^2);

186   *Modelagem Matemática*

I_5 Dados experimentais – apresentados na tabela 3.1 – fornecem a relação entre espaçamento de plantas da mesma rua (em cm) e a quantidade média de batatas por planta.

Espaçamento	Produção
25	4.5
30	6.5
35	7.5
40	8.0

Tabela 3.1: Plantio de batata.

Mais de 40 cm entre duas plantas, elas podem ser consideradas "quase isoladas" e a variação da produção é insignificante.

Baseados nestas informações, propusemos a seguinte questão:

Problema: Determinar o espaçamento entre duas plantas (na mesma rua) de modo que a produção de um alqueire seja máxima;

---

a) Consideramos inicialmente, para uma primeira abordagem, o terreno de plantio de um alqueire como sendo plano e quadrado. Usando matemática elementar (no caso, regra-de-três) os alunos deveriam completar a tabela 3.2

Espaçamento	Produção	Plantas	Produção/planta	Produção total (sacas)
d	b	p	–	P
25	4.5	–	–	–
30	6.5	–	–	–
35	7.5	–	–	–
40	8.0	–	0.639	800
45*	8.25*	–	–	-

Tabela 3.2: Espaçamento e produção de batatas.

Com a simples observação da tabela completada, poderíamos já concluir que a maior produção em sacas é abtida quando a distância entre duas plantas consecutivas de uma mesma rua é, aproximadamente, 30 cm. Esta seria uma boa resposta para uma classe de 5ª ou 6ª série, não para os alunos de Cálculo que apresentaram a possibilidade de se construir uma máquinas para semear batatas.

b) Avaliação da quantidade de ruas em um alqueire de forma quadrada: Cada rua mede $\sqrt{24200} \simeq 155,56$. Se as ruas devem estar espaçadas de 80 cm, teremos $155,56 \div 0,80 = 194,45$ ruas num alqueire. Por outro lado, se tomarmos como comprimento de uma rua o valor 155 m, estamos deixando um espaço de 28 cm entre cada extremidade desta rua e a divisa do terreno. Tomando 194 ruas, deixamos um espaço de 22 cm entre as ruas de extremos e a divisa do terreno.

c) A produção em sacas (60 kg) é uma função de duas variáveis: distância d entre duas plantas consecutivas da mesma rua e quantidade b de batatas por planta:

$P(d, b) = $ (peso de uma batata $\times$ quantidade de batata por planta) $\times$ ($n^{\underline{o}}$ de plantas por rua$\times n^{\underline{o}}$ de ruas) $\times$ ($n^{\underline{o}}$ de sacos) $\Rightarrow$

$$P(d, b) = \left(\frac{0.639}{8} \times b \right) \left(\frac{155}{d} \times 194 \right) \left(\frac{1}{60} \right) \simeq \frac{40b}{d} \tag{3.1}$$

Portanto, a produção é diretamente proporcional à quantidade de batatas por planta e inversamente proporcional à distância entre duas plantas consecutivas da mesma rua.

d) As variáveis b e d são dependentes e portanto, podemos expressar P em função de uma única variável.

Para encontrar a relação entre b e d usamos os dados (discretos) da 1ª tabela e escrevemos:

$$b_0 = f(d_0), b_1 = f(d_1), \ldots, b_n = f(d_n)$$

Nosso objetivo é encontrar uma função contínua $b = f(d)$.

Poderíamos considerar simplesmente um ajuste de curvas e depois comparar o resultado com o obtido através do processo interativo:

$$\begin{aligned}
f(d_1) - f(d_0) &= 6.5 - 4.5 &= 2 \\
f(d_2) - f(d_1) &= 7.5 - 6.5 &= 1 \\
f(d_3) - f(d_2) &= 8.0 - 7.5 &= \tfrac{1}{2} \\
f(d_4) - f(d_3) &= 8.25 - 8.0 &= \tfrac{1}{4} \\
\vdots \quad\quad & \quad\quad \vdots & \quad \vdots \\
f(d_n) - f(d_{n-1}) &= \quad \cdots &= \tfrac{1}{2^{n-2}}
\end{aligned}$$

Somando, membro a membro, cada expressão à cima, obtemos:

$$f(d_n) - f(d_0) = 2 + 1 + \frac{1}{2} + \frac{1}{4} + \ldots + \frac{1}{2^{n-2}} = 4 - 2^{2-n}$$

que nada mais é que soma de uma progressão geométrica.

Como $f(d_0) = 4.5$. podemos escrever

$$b_n = f(d_n) = 8.5 - 2^{2-n} \tag{3.2}$$

A relação entre n e d é dada pela reta:

$$n = 20d - 5 \tag{3.3}$$

E, portanto, usando (3.3) podemos passar (3.2) da forma discreta para a contínua:

$$b = f(d) = 8.5 - 2^{2-(20d-5)} = 8.5 - 2^{7-20d} \tag{3.4}$$

(f é uma função potência).

Substituindo a expressão (3.4)na equação que dá o valor da produção em sacas (3.1), obtemos:

$$P(d) = \frac{40}{d}(8.5 - 2^{7-20d}) \tag{3.5}$$

A equação (3.5) dá a produção de um alqueire em função do espaçamento entre plantas.

e) Encontrar o valor de d de modo que $P(d)$ seja *máximo:*

Como $P(d)$ é uma função diferenciável em todo $\mathbb{R}$ (reais) e por ser uma função potência, temos que se $d = d^*$ é um ponto de máximo para $P(d)$, então sua derivada se anula em d^*, isto é, $P'(d^*) = 0$.

Temos ainda que se

$$f(x) = a^{h(x)} \Longrightarrow f'(x) = h'(x)a^{h(x)} \ln a$$

(derivada de uma função composta). Logo, usando as propriedades das derivadas, obtemos:

$$P'(d) = \frac{-40 \times 8.5}{d^2} - \frac{40d \times 2^{7-20d}(-20\ln 2) - 40 \times 2^{7-20d}}{d^2} = \tag{3.6}$$

$$= \frac{40 \times 2^{7-20d}(20d\ln 2 + 1) - 40 \times 8.5}{d^2}$$

Assim,

$$P'(d^*) = 0 \Longleftrightarrow D = 2^{7-20d}(20d\ln 2 + 1) - 8.5 = 0 \tag{3.7}$$

A solução analítica desta equação não é simples, no entanto, uma maneira de encontrar uma solução aproximada é usando o *método da bissecção*:

Construimos a tabela 3.3.

d	D
0,25	9,36
0,30	1,81
0,35	-2,65
0,40	-5,23
0,45	-6,69

Tabela 3.3: Valores de d e D.

Como a função $P'(d)$ é contínua para todo $d \neq 0$ e muda de sinal entre os valores $d_1 = 0.30$ e $d_2 = 0.35$, então existe um valor $d^* \in (0.30; 0.35)$ tal que $P'(d^*) = 0$ (Teorema do Valor Médio). Consideramos o valor médio entre d_1 e d_2, isto é, $d_3 = \frac{d_1+d_2}{2} = 0.325$ e calculamos $D(d_3) = -0.714$. Portanto, d^* deve estar entre os valores d_1 e d_3. Tomamos $d_4 = \frac{d_1+d_3}{2} = 0.312 \Longrightarrow D(d_4) = 0.518$, logo $d^* \in (d_3, d_4)$. Continuando o processo, chegamos tão perto quanto desejarmos da solução real. É claro que uma solução aproximada, neste caso específico, é tão boa quanto a real uma vez que plantar batatas a 31.5cm ou a 31.72cm vai resultar em uma diferença insignificante na produção total.

A condição $P'(d^*) = 0$ é apenas necessária para termos um ponto crítico. Para que d^* seja ponto de máximo devemos ter ainda a condição suficiente $P''(d^*) < 0$. Neste caso prático, esta condição é obviamente satisfeita pela própria natureza do problema, e mesmo porque $P(d)$ é crescente para $d < d^*$ e decrescente para $d > d^*$; entretanto, em se tratando de aprendizagem de Cálculo, esta é uma boa situação para se fazer as contas!

f) Como o financiamento para o plantio de batatas pressupõe que se tenha uma colheita de, pelo menos, 800 sacos, queremos saber a que distância se pode plantar para atender as exigências do financiador.

Devemos encontrar valores para d de modo que se tenha $P(d) \geq 800$, ou seja,

$$800 \leq \frac{40}{d}(8.5 - 2^{7-20d}) \Leftrightarrow 800d \leq 340 - 40 \times 2^{7-20d} \Longleftrightarrow 2^{7-20d} \leq 8.5 - 20d.$$

Seja $B(d) = 8,5 - 2^{7-20d}$, então devemos resolver a inequação $B(d) \geq 20d$.

Uma resposta aproximada pode ser dada pelo método da bissecção, onde o extremo inferior é ≈ 27cm e o superior é 40cm (verifique). Outra maneira de se obter uma resposta aproximada é por meio de um procedimento geométrico:

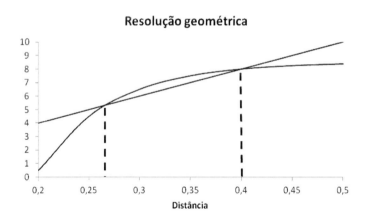

Figura 3.1: Cálculo das raízes.

Geometricamente, a solução é obtida pela intersecção das curvas $y = 20d$ e $B(d) = 8.5 - 2^{7-20d}$ (veja figura 3.1).

g) Estudo da função produção $P(d)$:

$$P(d) = \frac{40}{d}(8,5 - 2^{7-20d}), \qquad d > 0$$

P é uma função potência racional definida para todo $d > 0$.

$$P(d) = 0 \Leftrightarrow 8.5 - 2^{7-20d} = 0 \Leftrightarrow 8.5 = 2^{7-20d} \Leftrightarrow \ln 8.5 = (7 - 20d)\ln 2 \Longleftrightarrow$$

$$20d = 7 - \frac{\ln 8.5}{\ln 2} \Longrightarrow d = 0.1956,$$

raiz de P.

Por outro lado temos que

$$P(d) > 0 \quad \Leftrightarrow \quad d > 0.1956$$

Como P está definida para todo $d > 0$ podemos calcular:

$$\lim_{d \to 0^+} P(d) = -\infty \qquad \text{e} \qquad \lim_{d \to +\infty} P(d) = 0$$

Assim, as retas $P = 0$ e $d = 0$ são assíntotas de $P(d)$.

O estudo da derivada de P, feito anteriormente, mostrou que a função é crescente para $d < d^* \simeq 0.317$ e decrescente para $d > d^* \Rightarrow d^*$ é ponto de máximo, sendo que o valor de máximo para a função é $P(d^*) \simeq 873.177$.

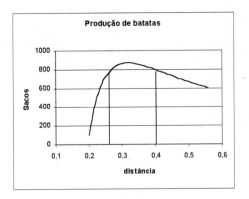

Figura 3.2: Produção de batatas.

Comentários

Este problema, inicialmente de aparência despretenciosa, despertou nos estudantes de Tecnologia de Alimentos uma valiosa motivação para estudarem a disciplina de Cálculo Diferencial e Integral, tanto é que, no final, houve apenas uma reprovação entre os 70 cursantes. Salientamos que as provas desta disciplina utilizadas na avaliação dos alunos eram as mesmas das outras 14 turmas que estavam cursando Cálculo I na UNICAMP.

O programa foi desenvolvido à medida que o "problema das batatas" exigia a sistematização de novos conceitos. Assim é que trabalhamos com função (linear, potência, exponencial), função inversa (logarítmo), função discreta (forma de recorrência), continuidade, limites (assíntotas), derivadas (crescimento, pontos críticos, concavidade), raízes de funções (Teorema do Valor Médio – bissecção), gráfico de funções etc. Em cada etapa deste processo procurávamos selecionar problemas diversos com resoluções análogas.

O conceito de integral definida foi introduzido posteriormente, quando estudamos a plantação de batatas em terrenos irregulares (cálculo de áreas).

Tema 3: Construção de uma piscina

A *construção de uma piscina* foi um tema aplicado no ensino de Cálculo II (cálculo diferencial e integral com várias variáveis), para alunos de Engenharia Mecânica da UNICAMP em 1980 (curso básico). O tema foi apresentado na forma de um *projeto* que deveria ser desenvolvido durante o curso e ser apresentado no final. O objetivo era aplicar os conhecimentos aprendidos na disciplina na resolução do problema proposto.

A planta da piscina foi dada aos alunos que deveriam efetuar os cálculos envolvidos no processo de sua construção.

Questões:

   a. Cálculo do volume da piscina;
   b. Área para colocação de azulejos;
   c. Variação da altura do nível da água quando a piscina está sendo cheia;
   d. Tempo necessário para se encher a piscina.

Dados: A água entra a uma velocidade constante de $20l/min$;

1. *Expressão do volume*

O cálculo do volume deve ser realizado em 5 etapas distintas conforme as configurações do fundo e da borda da piscina (veja figura). A simetria da piscina em relação ao eixo-x permite trabalhar somente com sua metade.

Calculamos inicialmente a equação da reta tangente que determina a configuração da borda superior:

★ *Raio da circunferência menor r:*

$$r = \frac{6.3 - 3.6}{2} = 1.35$$

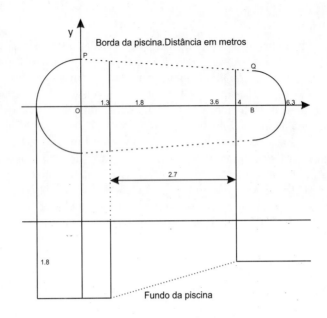

Figura 3.3: Planta da piscina.

* Raio da circunferência maior: $R = 1.8$
* Centro da circunferência menor:

$$\overline{OB} = \frac{6.3 + 3.6}{2} = 4.95$$

* Coordenadas dos pontos P, Q e C:

Sejam $P : (x_1, y_1)$, $Q : (x_2, y_2)$ e $C : (x_3, 0)$ o ponto onde a reta tangente às duas circunferências corta o eixo-x. Temos que os triângulos $\widehat{OPC}$ e $\widehat{BQC}$ são semelhantes e portanto,

$$\frac{R}{r} = \frac{\overline{OC}}{\overline{BC}} \Longrightarrow \frac{1.8}{1.35} = \frac{4.95 + \overline{BC}}{\overline{BC}} \Longrightarrow \overline{BC} = 14.84$$

Agora,

$$\overline{OC} = \overline{OB} + \overline{BC} = 4.95 + 14.84 = 19.79 = x_3$$

Considerando o triângulo $\widehat{BQC}$ podemos calcular o coeficiente angular da reta tangente às circunferências:

$$\operatorname{sen} \alpha = \frac{\overline{BQ}}{\overline{BC}} = \frac{1.35}{14.84} = 0.0909.$$

Então,

$$\tan \alpha = \frac{\operatorname{sen} \alpha}{\sqrt{1 - \operatorname{sen}^2 \alpha}} = 0.0913$$

Como a reta tangente é decrescente, seu coeficiente angular é $m = -0.0913$ e sua equação é obtida considerando

$$y - 0 = -0.0913(x - 19.79)$$

ou seja,

$$y = -0.0913x + 1.807$$

Temos ainda que:

$$\overline{QC}^2 = \overline{BC}^2 - \overline{BQ}^2 \implies \overline{QC} = 14.778$$

$$\overline{PC}^2 = \overline{OC}^2 - \overline{OP}^2 \implies \overline{PC} = 19.707.$$

Como os triângulos $\widehat{x_1 PC}$ e $\widehat{BQC}$ são semelhantes tiramos que $y_1 = 1.793 \Rightarrow x_1 = 0.158$. De maneira análoga calculamos o valor $\overline{Bx_2} = 0.118 \Rightarrow x_2 = 5.068$.

⋆ *Cálculo de V_1 (secção de um cilindro):*

$$V_1 = 2 \int_{-1.8}^{0.158} \int_0^{\sqrt{1.8^2 - x^2}} 1.8 \, dy \, dx = 3.6 \int_{-1.8}^{0.158} \sqrt{1.8^2 - x^2} \, dx.$$

Considerando a mudança de variável

$$x = 1.8 \cos \theta$$

obtemos:

$$V_1 = 3.6 \int_\pi^{1.483} 1.8 \,\text{sen}\, \theta(-1.8 \,\text{sen}\, \theta) \, d\theta = 11.664 \int_\pi^{1.483} -\text{sen}^2 \theta \, d\theta$$

resultando em $V_1 = 10.170\text{m}^3$.

⋆ *Cálculo de V_2:*

$$V_2 = 2 \int_{0.158}^{1.3} \int_0^{-0.0913x + 1.807} 1.8 \, dy \, dx = 3.6 \int_{0.158}^{1.3} (-0.0913x + 1.807) \, dx$$

resultando em $V_2 = 7.193\text{m}^3$.

⋆ *Cálculo de V_3:*
Para efetuar este cálculo devemos antes determinar a equação da rampa (plano do fundo da piscina) – para isto, basta determinar z^* (altura do plano) somente em função de x:

$$z^* = \frac{1.8 - 1.2}{2.7}(x - 1.3) = 0.222x - 0.288$$

Portanto, a altura da piscina nesta secção será:

$$z(x, y) = 1.8 - z^* = 1.512 - 0.222x$$

Assim,
$$V_3 = 2\int_{1.3}^{4}\int_{0}^{-0.0913x+1.807} z(x,y)\,dy\,dx.$$
resultando em $V_3 = 13.118\text{m}^3$.

⋆ *Cálculo de V_4 (altura constante $z = 1.2$):*
$$V_4 = 2\int_{4}^{5.068}\int_{0}^{-0.0913x+1.807} 1.2\,dy\,dx = 3.571m^3.$$

⋆ *Cálculo de V_5 (secção cilíndrica de altura constante igual a 1.2):*
$$V_5 = 2\int_{5.068}^{6.3}\int_{0}^{\sqrt{1.35^2-(x-4.95)^2}} 1.2\,dy\,dx = 3.179m^3 \qquad \text{(verifique!)}$$

Logo, o volume total da piscina é dado por:
$$\boxed{V = \sum_{i=1}^{5} V_i = 37.181\text{m}^3}$$

2. *Quantidade de azulejos*

Da mesma forma que realizamos o cálculo do volume, a superfície a ser azulejada é composta de 5 porções distintas (lateralmente) além da base (fundo) da piscina.

⋆ *Cálculo de A_1 : área da parede cilíndrica que compõe a parte mais funda da piscina (figura 3.4)*

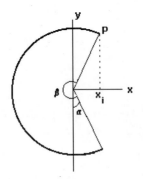

Figura 3.4: Fundo da piscina.

As coordenadas do ponto $P : (x_1, y_1)$ são $x_1 = 0.158$ e $y_1 = 1.793$, portanto

$$\tan\alpha = \frac{0.158}{1.793} \Rightarrow \alpha = \arctan 0.088 = 0.087\,\text{rd}$$

Logo,
$$\beta = \pi + 2\alpha = 3.314\,\text{rd}$$

O comprimento do arco da circunferência de raio R e ângulo β é $l_1 = \beta R = 3.314 \times 1.8 = 5.965$m.

Assim, a área da parede é

$$A_1 = hl_1 = 1.8 \times 5.965 = 10.937\,\text{m}^2$$

⋆ *Cálculo de A_2 (2 retângulos iguais):*

Temos que, se $x' = 1.3 \Rightarrow y' = -0.0913 \times 1.3 + 1.807 = 1.688$. A distância d entre os pontos (x_1, y_1) e (x', y') é o valor de um dos lados do retângulo, o outro lado vale 1.8.

Como
$$d = \sqrt{(1.3 - 0.158)^2 + (1.688 - 1.793)^2} = 1.146$$

então
$$A_2 = 2 \times 1.8 \times d = 4.125\,\text{m}^2$$

⋆ *Cálculo de A_3 (2 trapézios iguais):*

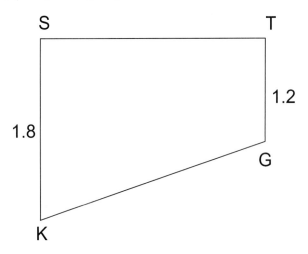

Figura 3.5: Parte lateral de A_3.

$S : (1.3; 1.688)$ e $T : (4; 1.441) \Longrightarrow \overline{ST} = \sqrt{(4 - 1.3)^2 + (1.441 - 1.688)^2} = 2.723$

Logo,

$$A_3 = 2\frac{(1.2 + 1.8) \times 2.723}{2} = 8.169\text{m}^2$$

⋆ *Cálculos análogos para A_4 e A_5 fornecem os valores:*

$$A_4 = 2.572\text{m}^2 \quad \text{e} \quad A_5 = 4.873\text{m}^2$$

A área da parede lateral é $A = \sum A_i = 30.676\text{m}^2$.

⋆ *Área da base B:*
A base também é formada por 5 partes distintas:

- $B_1 = \frac{V_1}{1.8} = 5.65\text{m}^2$;

- $B_2 = \frac{V_2}{1.8} = 3.996\text{m}^2$;

- $B_3 = \frac{(2.882+3.376)\times 2.766}{2} = 8.654\text{m}^2$;

- $B_4 = \frac{V_4}{1.2} = 2.976\text{m}^2$ e

- $B_5 = \frac{V_5}{1.2} = 2.649\text{m}^2$.

o que resulta em $B = \sum B_i = 23.926\text{m}^2$.

⋆ *Quantidade de azulejos:*
A área total a ser azulejada tem $A + B = 54.6\text{m}^2$. Considerando que um azulejo mede 0.15m^2, a quantidade mínima necessária para a construção da piscina è:

$$\lambda = \frac{B + A}{0.15} \cong \frac{54.6}{0.15} \cong 364$$

Na construção de uma piscina irregular como esta supõe-se que a perda de material seja, aproximadamente, de 10%, o que elevaria a quantidade acima para 400 azulejos ou 60m^2.

3. *Velocidade e tempo gasto para se encher a piscina*
A altura considerada, em cada instante, é a medida do nível da água em relação à parte mais funda da piscina. $V(h)$ é o volume da piscina em função da altura do nível da água.
Como a altura h, da base à borda, é variável devemos resolver este problema dividindo-o em duas partes:

- Quando $0 \leq h \leq 0.6$
  ⋆ *Cálculo do volume em função da altura:*

$$V(h) = V_1(h) + V_2(h) + V_3(h)$$

onde cada V_i, $i = 1, 2, 3$, tem o mesmo significado dos volumes calculados anteriormente;

Na determinação de $V_1(h)$ temos:

$$-1.8 \leq x \leq 1.3; \quad -\sqrt{1.8^2 - x^2} \leq y \leq \sqrt{1.8^2 - x^2} \quad e \quad 0 \leq z \leq h$$

Assim,

$$V_1(h) = 2 \int_{-1.8}^{0.158} \int_0^{\sqrt{1.8^2 - x^2}} \int_0^h dz \, dy \, dx = 2h \int_{-1.8}^{0.158} \sqrt{1.8^2 - x^2} \, dx = 5.65h.$$

Para $V_2(h)$ temos:

$$0.158 \leq x \leq 1.3; \quad -y^* \leq y \leq y^* \quad e \quad 0 \leq z \leq h,$$

onde y^* é a reta tangente determinada anteriormente. Portanto,

$$V_2(h) = 2 \int_{0.158}^{1.3} \int_0^{-0.0913x + 1.807} h \, dy \, dx = 3.974h.$$

Para $V_3(h)$, temos:

$$1.3 \leq x \leq 1.3 + 4.5h; \quad -y^* \leq y \leq y^* \quad e \quad (0.22x - 0.286) \leq z \leq h,$$

onde $z = 0.22x - 0.286$ é a equação do plano inclinado da base da piscina. Logo,

$$V_3(h) = 2 \int_{1.3}^{1.3 + 4.5h} \int_0^{y^*} \int_{0.22x - 0.286}^h dz \, dy \, dx = 0.016h + 7.68h^2 - 0.634h^3$$

- Quando $0.6 \leq h \leq 1.8$:

Neste caso, $V(h)$ pode ser determinado, considerando-se em cada uma das 5 partes da piscina a fórmula:

$$V_i^\star(h) = V_i(0.6) + B_i^\bullet(h - 0.6)$$

onde, $B_i^\bullet$ é a área da figura limitada pela borda da piscina em cada uma de suas partes, isto é, $B_i^\bullet = B_i$ se $i = 1, 2, 4, 5$ e $B_3^\bullet =$ área da projeção vertical de B_3.

A equação do plano inclinado que compõe a base é dada por $z = 0.22x - 0.286$. Temos que $B_3 = 8.654\text{m}^2$ é a área da região deste plano limitada pelos planos $x = 1.3$, $x = 4$, $y = -0.0913x + 1.807$ e $y = 0.0913x - 1.807$.

$$B_3^\bullet = \frac{(a + b) \times 2.7}{2} = \frac{B_3}{2.765} \times 2.7 = 8.451.$$

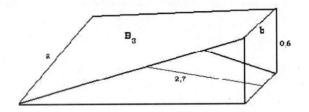

Figura 3.6: Projeção ortogonal do plano inclinado.

Logo, a equação do volume em função do nível da água é dado por:

$$V(h) = \sum_1^3 V_i = 9.64h + 7.68h^2 - 0.634h^3 \qquad \text{se} \quad 0 \leq h \leq 0.6$$
$$V(h) = V(0.6) + \sum_1^5 B_i^{\bullet}(h - 0.6) = 8.548 + 23.72(h - 0.6) \qquad \text{se} \quad 0.6 \leq h \leq 1.8$$

⋆ *Cálculo da velocidade da altura h*

Usando a regra da cadeia, podemos escrever

$$\frac{dV}{dt} = \frac{dV}{dh}\frac{dh}{dt}$$

Como a vazão é constante e igual a $20l/\min$, temos que

$$\frac{dV}{dt} = 20l/\min = 20 \times 10^{-3} \mathrm{m}^3/60^{-1}\mathrm{hora} = 1.2\mathrm{m}^3/\mathrm{hora}$$

$$\frac{dh}{dt} = \begin{cases} 1.2(9.64 + 15.36h - 1.9h^2)^{-1}\mathrm{m/h} & \text{se} \quad 0 \leq h \leq 0.6 \\ \frac{1.2}{23.22} = 0.0168\mathrm{m/h} & \text{se} \quad 0.6 \leq h \leq 1.8 \end{cases}$$

4. *Tempo gasto para encher a piscina:*

$$T = \frac{\text{volume}}{\text{vazão}} \approx \frac{37.2}{1.2} \approx 31 \text{ horas}$$

Observação 3.1. *O volume da piscina poderia ser obtido diretamente da expressão de $V(h)$, tomando $h = 1.8$.*

Aqui vale a pena salientar que o trabalho desenvolvido na disciplina Cálculo II serviu como motivação para o estudo de grande parte do conteúdo programático, especificamente em relação ao uso de integração múltipla, equação de planos, retas tangentes etc. Entretanto, na prática este problema pode ser considerado apenas de efeito acadêmico uma vez que nenhum engenheiro, mesmo dos mais capacitados, teria utilizado tanta sofisticação matemática, tanto para calcular o volume da piscina como para decidir quanto material é necessário para sua construção. Na realidade, o cálculo é feito, quase sempre, de maneira simplificada com uma aproximação superdimensionada. Neste caso específico, por exemplo, o volume é avaliado, considerando-se uma piscina "mais regular"(na forma retangular) com as seguintes dimensões: 8.1m de comprimento, $\frac{3.6+2.7}{2} = 3.15$m de largura e com profundidade média de 1.5m o que daria um volume $V = 38.25$m^3. Analogamente o cálculo aproximado da área a ser azulejada seria: $A = 2(8.1 \times 1.5) + 2(3.15 \times 1.5) + 8.1 \times 3.15 = 59.25$m^2.

Como podemos observar, estes valores estão bem próximos daqueles calculados anteriormente. Isto não significa que a matemática estudada num curso superior de engenharia possa sempre ser substituida por uma matemática elementar, afinal existem situações que exigem cálculos mais apurados. O que queremos enfatizar é que, muitas vezes, o bom senso em relação à aplicabilidade da matemática é suficiente.

Piscina utilizada para o estudo.

Referências Bibliográficas

[1] D'Ambrosio, U. - *Etnomatemática: arte ou técnica de explicar e conhecer.* Ed. Ática, S. Paulo, 1990.

[2] D'Ambrosio, U. - As matemáticas e o seu contorno sociocultural. Enseñanza Científica y Tecnológica, 42, Sevilha, 1990. pp. 70-81.

[3] D'Ambrosio, U. Da realidade à Ação: Reflexões sobre Educação Matemática. Campinas, Ed. Sammus. 1986.

[4] D'Ambrosio, U.- *Etnomatemática: um programa.* In: A Educação Matemática em Revista - Etnomatemática, vol 1, 1993. pp. 5-18.

[5] Do Carmo, M. P. *Ciência Pura e Ciência Aplicada.* In: Matemática Universitária, 3, 1986). pp. 24-28.

[6] Bunge, M. Teoria e Realidade. São Paulo, Editora Perspectiva, 1974.

[7] Davis, P. J. & Hersh, R.- A Experiência Matemática. Rio de Janeiro, Ed. Francisco Alves, 1986.

[8] Feynman, R. - "Surely You're Joking, Mr.Feynman". Banton Books, 1985.

[9] Balzan, N. - O conceito de planejamento e sua aplicação aos sistemas educacionais e às atividades de ensino". Thirth Oxford Conference, Londres, 1995.

[10] Niskier, A. - *A nova educação e o pensamento complexo.* Folha de S.Paulo, 31/8/1998.

[11] Biembengut, M. S.- Modelagem Matemática & Implicações no Ensino-Aprendizagem de Matemática. Ed. FURB, Blumenau, 1999.

[12] Garding, L. - Encontro com a Matemática. Ed. Univ. Brasília, 1981.

[13] Bassanezi, R. C. & Ferreira Jr, W. C. - Equações Diferenciais com Aplicações. Ed. Harbra, S.Paulo, 1988.

[14] Bassanezi, R. C. - *Modelagem Matemática.* In: Dynamis, vol 2, n° 7. Ed. Universidade de Blumenau, Blumenau, 1994.pp.55-83.

[15] Bassanezi, R. C. & Biembengut, M. S. - *A Matemática dos Ornamentos e a Cultura de Arica.* In: Revista de Ensino de Ciências - FUNBEC, n° 21, S. Paulo, 1988. pp.39-45.

[16] Bassanezi, R. C. & Biembengut, M. S. - *Donald na Matemagicalândia*. In: Bolema, vol 7, nº 8. Ed. UNESP – Rio Claro, 1992. pp. 15-37.

[17] Batschelet, E. - Introdução à Matemática para Biocientistas. Ed. EDUSP, S. Paulo, 1984.

[18] Moura, M.- *A Formação como Solução Construída*. In: Educação Matemática – SBEM – São Paulo, vol 1, nº1, 1993. pp. 1-15.

[19] Weber, J. E. - Matemática para Economia e Administração. Ed. Harbra, S.Paulo, 1977.

[20] Figueiredo, D. G. - Equações Diferenciais Aplicadas. Ed. IMPA, Rio de Janeiro, 1985.

[21] Trota, F., Imenes, L. M., Jakubovik, J. - Matemática Aplicada para o 2º grau. Ed. Moderna, S. Paulo, 1979.

[22] Blum, W. & Niss, M. - Applied Mathematical Problem Solving, Modelling, Applications, and Links to other Subjects: state, trends and issues in mathematics instruction. Educational Studies in Mathematics, Dordrecht, vol 22, nº 1, 1991. pp. 37-68.

[23] Burkhardt, H. - *Modelling in the Classroom – How can we get it to happen*. in Teaching and Applying Math. Modelling, pp. 39-47, Ellis Horwood Ltd, (Berry et alli edts), N. York, 1984.

[24] Mason, J. H. - *Modelling: What do we really want students to learn?* in Teaching and Applying Math. Modelling, pp. 215-234, Ellis Horwood Ltd, (Berry et alli edts), N. York, 1984.

[25] Burghes, D. N.- Mathematical Modelling in the School Curriculum. in Teaching and Applying Math. Modelling, pp. 356-361, Ellis Horwood Ltd, (Berry et alli edts), N. York, 1984.

Capítulo 4
Modelagem como Estratégia para Capacitação de Professores de Matemática

> "...quando tentamos descrever algum aspecto do mundo real percebemos...que ele oferece mais do que a nossa pobre e finita mente consegue alcançar. Mas se aplicarmos nossos poderes apropriadamente, podemos alcançar um entendimento parcial que se adapte suficientemente para nos dar fidelidade às leis do universo. Para ter uma chance de sucesso, devemos idealizar e simplificar afim de obter uma figura mental que possamos manejar. Quando chegarmos a uma descrição precisa, pela seleção das características que consideramos essenciais, temos um modelo matemático".

Rosenblom

4.1 Introdução

O interesse em trabalhar com modelagem matemática surgiu quando, numa reunião com professores de Cálculo de algumas instituições do sul do país em 1981, percebemos o distanciamento entre a prática pedagógica e a participação efetiva do educador no meio em que está inserido. Nesta experiência, já citada no capítulo 2, ficou clara a dificuldade de se *elaborar um problema novo*. A criatividade, a busca de situações novas ou mesmo o interesse em valorizar seu trabalho como educadores estavam resumidos aos assuntos e problemas dos livros didáticos adotados, quase-sempre divorciados do ambiente e da realidade de cada um.

O primeiro curso realizado com Modelagem Matemática deu-se num programa de aperfeiçoamento de professores, na FAFIG de Guarapuava, um ano depois da experiência na UNICAMP com os professores de Cálculo. Tinhamos elaborado inicialmente um programa para reciclagem de professores de ensino superior, com módulos de Cálculo Diferenciavel e Integral, Análise, Topologia etc. Nossa surpresa foi verificar que, entre os participantes a maioria era de professores da rede de ensino fundamental médio, que tinham cursado o programa de Licenciatura Curta, ainda em voga em quase toda universidade do Paraná. Fizemos, então, uma mudança na proposta inicial, não em sua essência, mas na abrangência, pois o curso não deveria se limitar apenas aos conteúdos de 3° grau mas a uma matemática geral que pudesse se constituir num projeto passível de utilização em classes de ensino básico. Nestas circunstâncias, a adoção da modelagem matemática como estratégia de ensino-aprendizagem, pareceu-nos a mais adequada. Os resultados obtidos desta experiência serviram de base para elaboração de outros cursos que se seguiram, tanto na FAFIG como em outras Instituições de Ensino (Univ. Fed. Cuiabá, Univ. Est. Ponta Grossa, FAFI de Cornélio Procópio, FAFI de Palmas, UNIJUI, UNESP de Guaratinguetá, Univ. de Mogi das Cruzes, Univ. de Marília, FAFI de Dracena, Univ. Fed. do Mato Grosso, FAFI de Campo Mourão, Fund. Univ. de Barretos etc) e, mais recentemente num programa desenvolvido no Projeto Pró-Ciências (CAPES-FAPESP) para 140 professores da rede de ensino das regiões de Piracicaba, Itatiba, Jundiai e Campinas.

As experiências com os cursos de aperfeiçoamento transformaram nossa postura como educador, evidenciada nos cursos regulares da UNICAMP, em projetos de iniciação científica, e mesmo em projetos de pesquisa. Em um segundo momento foi criada no IMECC, a àrea de Biomatemática (Mestrado e Doutorado), na qual temos atuado como orientador, onde alguns dos projetos de pesquisa são provenientes de questionamentos surgidos nos cursos de Especialização e Aperfeiçoamento que temos coordenado, já que tais cursos têm o potencial de gerar propostas para estudos mais avançados, funcionando como fontes geradoras de problemas e temas de pesquisa.

Após a participação em vários cursos de capacitação de professores, obtivemos uma quantidade significativa de elementos que nos possibilitaram evidenciar efetivamente a interação entre os professores cursistas e a comunidade local, a forma como o grupo se apropria das descobertas e do conhecimento que vai se constituindo e como isto influencia em novas propostas pedagógicas, onde a aprendizagem passa a ser uma relação dialética entre reflexão e ação, objetivando entender e influenciar a realidade, cumprindo sua função primordial – a participação como cidadãos.

O próprio desenvolvimento dos cursos de Especialização passou por um processo de aperfeiçoamento, sendo modificado e evoluindo para o modelo que adotamos atualmente.

Os problemas básicos na formação dos professores e suas espectativas e necessidades em relação aos cursos de aperfeiçoamento, foram abordados na dissertação de mestrado da nossa orientanda M. Gazzetta (UNESP – Rio Claro, 1988). Parte deste capítulo é um resumo de seu trabalho [12].

4.2 Programa para Cursos de Aperfeiçoamento de Professores

Os professores, tanto do ensino básico como do ensino superior, que procuram os cursos de aperfeiçoamento ("reciclagem" ou "capacitação"), na maioria das vezes, o fazem com a expectativa de melhorar o que tem sido feito na sua prática de ensino de matemática. Esperam aprender "novas técnicas de ensino", "novas maneiras de ordenar o conteúdo do programa curricular" e/ou "novos métodos de avaliação dos estudantes". A inquietação maior desses professores caminha, portanto, no sentido de procurar aprimorar suas formas consagradas de transmitir o conteúdo matemático estabelecido pelo programa. Entre as demandas mais comuns estão: *Como explicar aos alunos por que "menos com menos dá mais?" Como explicar trigonometria em sala de aula? Para que servem os polinômios?* Com relação à avaliação, preocupam-se mais em reforçar esquemas tradicionais buscando atender ao clamor insistente de "avaliar com mais rigor" e "não deixar passar quem não sabe", objetivando formar "estudantes bem preparados" para os cursos que seguirão posteriormente. Estes professores assim pensam, porque nunca lhes foi apresentada outra alternativa de melhorarem o trabalho que vêm fazendo.

Na verdade, esse quadro reflete um resquício da histórica incorporação da escola profissional à escola aristocrática, movimento ocorrido há séculos na época do fortalecimento da burguesia na Europa. Nos dias de hoje, a sobrevivência de tal ideologia é algo absolutamente inadequado a uma nova realidade em que se associam duas demandas (conflitantes apenas aparentemente) no âmbito da educação: estender as oportunidades educacionais a todas as classes sociais e identificar uma elite científica que levará o país a atuar em pé de igualdade com os países mais desenvolvidos.

Não examinar a educação Matemática nesse contexto é uma falha imperdoável principalmente em países de desenvolvimento deficiente como o nosso. Portanto, em cursos de aperfeiçoamento e capacitação de professores, muito mais relevante que estudar detalhes de um programa ou metodologia dentro de uma filosofia de ensino de Matemática abstrata e pautada por tradições obsoletas é aproveitar a oportunidade para examinar a fundo questões mais abrangentes como: *Por que estudar Matemática? Por que ensinar Matemática?* ou *Como fazer com que a Matemática que ensinamos aos alunos contribua mais diretamente para a melhoria da qualidade de vida do nosso povo?* Assim, somos levados a questionar a estrutura de todo o ensino, em particular a do de Matemática, na tentativa de transferir a ênfase posta no conteúdo abstrato e na quantidade de conhecimentos transmitidos aos alunos para a aplicação de uma metodologia que desenvolva atitudes positivas e capacidades de matematizar situações reais, de *pensar com lógica, colher informações* e teorizar adequadamente nas situações mais diversas. Nesses cursos, o mais importante, portanto, é fornecer aos educadores o instrumental de aplicação de uma estratégia educacional que lhes permita identificar e selecionar informações e conteúdos relevantes e adequados a cada situação e os capacite a desenvolver a educação matemática motivadora e criativa em qualquer nível em que atuem.

Está bem claro para nós a ineficiência de muitos dos "melhores cursos de Matemática" que optam por desenvolver seus programas desvinculados do contexto social e científico mais amplo, propostas curriculares que privilegiam a quantidade de conteúdo "transmitido" em detrimento da formação de elementos atuantes na sociedade. Em cursos menos cotados, talvez a maioria, nem o "conteúdo básico" é contemplado. Em geral, os cursos de aperfeiçoamento desenvolvem programas obsoletos, incapazes de responder às expectativas dos profissionais que os procuram buscando uma educação matemática que atue como fator de "instrumentação para a vida e o trabalho, liberação individual e política, progresso social".

Para suprir as deficiências, tanto em relação ao conteúdo mínimo exigido ao profissional de ensino, como a sua participação atuante na comunidade, optamos por desenvolver um programa onde a Matemática está associada aos valores cultural, utilitário, formativo, sociológico, político e estético.

4.2.1 Justificativas para o ensino de matemática

Nossa posição é justificar o ensino de matemática nas escolas, não simplesmente por ser uma *ciência muito importante e que será útil* **mais tarde**, como dizem a maioria dos professores, mas principalmente por atender às várias características, que são essenciais à formação do indivíduo:

Sua disponibilidade de poder ser utilizada

a. *Como ferramenta para a vida*

Isto significa desenvolver a capacidade do aluno para manejar situações reais que se apresentam a cada momento, de maneiras distintas.

A capacidade de manejar situações novas, reais, pode muito bem ser alcançada mediante a *Modelagem* e a *Resolução de Problemas*. A instrumentação para a vida depende, essencialmente, de uma preparação para a participação política, social e econômica. Para isso é necessário a aquisição de alguma capacidade de analisar e interpretar dados estatísticos, ter noções de economia e saber resolver situações de conflitos e tomar decisões. Assim, faz parte do currículo programas de *Estatística e Probabilidade, Programação Linear, Cálculo Diferencial e Integral e Equações Variacionais*.

b. *Como instrumentadora para o trabalho*

Naturalmente, não são somente os trabalhos de ontem que interessam aos egressos da escola do amanhã. Uma escola necessita expor seus alunos aos equipamentos que estarão presentes em todo mercado de trabalho do futuro imediato. Se uma criança, principalmente a da classe pobre, não vir na escola um computador, e não tem a oportunidade de manejá-lo em sua casa, estará condenada a aceitar os piores empregos que se lhe oferecem ou até ficar fora do mercado de trabalho. Ignorar a presença de computadores e calculadoras na educação matemática é condenar os estudantes menos favorecidos a uma subordinação total a subempregos.

A matemática como "*disciplina instrumental*" deve ser desenvolvida através de questionamentos e inquietações dos alunos, quase sempre relativos ao ambiente onde vivem. Sua finalidade básica é alimentar, sobretudo, a capacidade de analisar e interpretar dados (estatísticos ou qualitativos), testar hipóteses formuladas, criar modelos e verificar sua eficácia em planejamentos. Enfim, como dissemos, dar condições para que o aluno possa *entender* um fenômeno e *atuar* em sua transformação.

Por ser parte integrante de nossas raízes culturais

As raízes culturais que compõem a sociedade são as mais variadas. O que chamamos Matemática é uma forma cultural que tem suas origens num modo de trabalhar quantidades, medidas, formas e operações, em que o raciocínio é fundamentado na lógica formal. Naturalmente, grupos culturais diferentes têm uma maneira distinta de proceder em seus esquemas lógicos. Fatores de natureza linguística, religiosa, moral e as atividades sociais têm a ver com isso. Manejar quantidades e consequentemente números, formas e relações geométricas, medidas, classificações, enfim, tudo que é do domínio da Matemática elementar, obedece a direções muito distintas, ligadas ao meio cultural ao qual pertence o indivíduo. Cada grupo cultural tem suas maneiras próprias de matematizar a realidade. Não há como ignorar isso e não respeitar essas particularidades quando do ingresso da criança na escola. Todo o passado cultural do aluno deve ser respeitado, dando-lhe confiança em seu próprio conhecimento e dando-lhe também, uma certa dignidade cultural ao ver suas origens sendo aceitas pelo professor. Isso irá estimular sua confiança, podendo ser um fator atenuante de atitudes negativas com relação à disciplina.

Ao falar de Matemática associada a formas culturais distintas, aplicamos o conceito de *Etnomatemática*.

Porque ajuda a pensar com clareza e a raciocinar melhor

Pouco tem contribuído para a *clareza do pensamento ou a melhoria do raciocínio* a maioria dos tópicos que constituem o programa currícular das nossas escolas e a forma como são ensinados. A nosso ver, o manejo de hipóteses e resultados prévios são os ingredientes indispensáveis para se alcançar novos resultados e o desenvolvimento do racioncínio.

Os recursos da matemática são ilimitados, principalmente quando evidenciamos suas atividades básicas: *generalizações e analogias*, características próprias de uma ciência dinâmica. Quando analisamos uma situação com a atitude de um matemático aplicado, usando modelagem, estamos somente iniciando o processo de aprendizagem e nossa posterior abstração pode percorrer caminhos ainda inexplorados, ensejando mesmo, a criação de novos instrumentos matemáticos e a formulação de novas teorias.

A modelagem é o processo de criação de modelos onde estão definidas as estratégias de ação do indivíduo sobre a realidade, mais especificamente, sobre a *sua realidade*, carregada de interpretações e subjetividades próprias de cada modelador. Em nossos cursos de Especialização (atualização, capacitação ou reciclagem) de professores, temos procurado conjugar a experiência de ensino com a perspectiva da modelagem, buscando aliar, da melhor forma possível, preocupações teóricas, filosóficas e metodológicas especiais. Tais preocupações levam em conta os recursos humanos disponíveis, os interesses partilhados por professores, alunos e comunidade, o contexto social, político, econômico e cultural. A utilização da modelagem na educação matemática valoriza o "saber fazer" do cursista, desenvolvendo sua capacidade de avaliar o processo de construção de modelos matemáticos nos diferentes contextos de aplicações dos mesmos, a partir da realidade de seu ambiente.

Diferentes concepções de ensino de Matemática é consequência de diferentes concepções sôbre a própria Matemática. Quando se assume a visão de Matemática como algo presente na realidade concreta, sendo uma estratégia de ação ou de interpretação desta realidade, se está adotando o que caracterizamos como uma postura de etno/modelagem. Entendemos por etnomatemática, a matemática praticada e elaborada por um grupo cultural e que está presente nas mais diversas situações de vida. Buscamos também resgatar, num curso de especialização, o conhecimento etnomatemático, suas interpretações e contribuições, através de alguma sistematização matemática.

Trabalhar com *Modelagem Matemática* em tais cursos, não visa simplesmente ampliar o conhecimento matemático dos professores cursistas, mas sobretudo, desenvolver a forma de pensar e agir destes profissionais. É a produção do saber aliado à abstração e formalização interligadas a fenômenos e processos empíricos encarados como *situações-problema*.

Por seu valor estético

A beleza da matemática é algo que será apreciado pelos alunos de maneira distinta, em circunstâncias também diferentes e muitas vezes inesperadas. É uma apreciação que resulta de sensibilidade e, por conseguinte, de estados emocionais diversos despertados pelo contato com a natureza, os objetos de arte, as estratégias de jogos, e principalmente dos desafios formulados como problemas. Pode-se incentivar essa apreciação usando-se, como exemplos, temas motivadores como :"Gramática dos Ornamentos" [6], "A Matemática e as Abelhas" [8], "Tecelagem" [13] etc.

Neste sentido, a *Geometria Aplicada* proporciona métodos e técnicas próprias que ajudam a desenvolver a capacidade de observação das formas e do equilíbrio encontrados na natureza [9].

4.2.2 Diretrizes básicas para planejamento do curso

A modelagem matemática, como processo de ensino-aprendizagem em programas de capacitação ou especialização, pressupõe um plano de curso com objetivos bem definidos e norteados por diretrizes básicas, tais como:

- Dar condições aos professores para mundanças no conceito de prática educativa, liberando-os de alguns mitos com respeito ao *uso de calculadoras, rigor matemático, encadeamento de assuntos, avaliação* etc;

- Desenvolver motivações para ações inovadoras que despertem a criatividade;

- Valorizar o conhecimento matemático no contexto global e seu poder de atuação em situações particularizadas;

- Valorizar os recursos humanos disponíveis , explorar e desenvolver o talento dos cursistas – educadores para que se sintam capazes de contribuir com a comunidade em que trabalham;

- Ter em mente a interdisciplinaridade, aliando a matemática às outras ciências para que sirva como instrumento de compreensão e de possíveis modificações da realidade;

- Interrelacionar fatores experimentais e teóricos, isto é, não perder de vista a própria essência da "atitude matemática";

- Levar em conta as realidades específicas de cada região e os interesses dos estudantes, visando uma maior motivação e uma participação efetiva destes na comunidade ou meio mais amplo do qual fazem parte como cidadãos. Isto não significa adotar a tese popular de que "a ciência de um país em desenvolvimento deva ser regional" – o que seria um êrro uma vez que a ciência ou busca explicações universais, a partir de dados observáveis, ou não é ciência.

A nossa intenção é incentivar a preocupação e interesse com problemas mais próximos dos professores-alunos, adotando procedimentos científicos universais ou uma *pesquisa-ação*. Como consequência desta atitude, em cursos que desenvolvemos em várias ocasiões, muitos problemas regionais foram resolvidos e suas soluções colocadas à disposição da comunidade. Citaremos aqui apenas alguns exemplos ilustrativos que ocorreram no desenvolvimento de cursos de especialização de professores por nós ministrados.

- *Análise da inclinação ótima de esteiras para a sedimentação do ouro*, realizada na região de garimpo de Poconé (MT) – (curso na Univ. Federal de Cuiabá - 1989) – utilizando, basicamente, conceitos de trigonometria e mecânica [14];

- *Modelo matemático otimizado de uma esteira de resfriamento de maçãs* (curso na FAFIG – Guarapuava (PR) – 1983) – utilizando equações diferenciais (veja tema: maçã) [15];

- *Criação de novas padronagens para fabricação de tecidos* (curso na PUCC – Campinas – 1997) – utilizando operações com matrizes [13];

- *Otimização do controle de bactérias numa fábrica de papel* (Guarapuava – 1982) – utilizando conceitos do cálculo diferencial e integral [16].

Em resumo, podemos dizer que procuramos atuar nestes cursos, seguindo a proposta de J. Morley: *"Vá ao teu povo, ame-o. Aprenda com ele, sirva-o. Comece com o que ele sabe. construa e ensine-o com o que ele tem."* – citação do discurso dos "formandos" de um curso de Especialização realizado em Guarapuava (1982/83).

4.2.3 Etapas de desenvolvimento do programa

Na prática, a obtenção de resultados significativos é produto da modelagem de problemas reais quando se faz a seleção de *projetos*, extraídos dos temas escolhidos, os quais são desenvolvidos ao longo do curso todo. A escolha de problemas originados de situações concretas funciona inicialmente como elemento motivador, levando o aluno a incorporar uma gama de conhecimentos essenciais em sua atuação futura no meio social. Se convencido da importância da Matemática como instrumento de interpretação e/ou ação sobre a realidade,

210   *Modelagem Matemática*

o cursista acaba descobrindo também uma forma gostosa, suave e viável de se aprender e ensinar esta ciência.

O processo utilizado para aprendizagem com modelagem leva em consideração 3 componentes fundamentais: *motivação, abstração e argumentação matemática* e que são trabalhados nas diferentes disciplinas modulares.

O programa de matemática é desenvolvido nesses cursos em três etapas, usualmente utilizando-se os períodos de férias escolares. Cada etapa corresponde a três módulos onde as disciplinas são integradas e abordadas através de situações-problema provenientes da observação da realidade regional e correspondente aos temas escolhidos pelos alunos.

Etapa Inicial (135 horas)

Na 1ª etapa são desenvolvidas três "disciplinas", tendo em média 45 horas cada uma.

METODOLOGIA DE ENSINO EM ETNO/MODELAGEM MATEMÁTICA: Nesta fase, faz-se um levantamento dos possíveis temas que poderiam ser abordados tendo em vista o setor de produção em geral, situações econômica, política e social da região. Devem ser, preferencialmente, temas abrangentes que possam propiciar questionamentos em várias direções.

Os professores-cursistas visitam vários locais, previamente escolhidos da comunidade com o objetivo de ter uma ideia da realidade como um todo. Depois elegem seus temas de estudo. Divididos em grupos de mesmo interesse (4 a 6 cursistas para cada tema), uma vez selecionados os temas, retornam ao campo à busca de novas informações, colhidas em entrevistas, referências bibliográficas e/ou experiências próprias. É a fase da pesquisa denominada *etnografia* (reunião dos documentos de base). *"A pesquisa de campo supõe uma atitude do pesquisador de valorização do saber-fazer, intimamente ligado a um contexto social e baseado numa experiência vivida e informado pelos significados peculiares de uma cultura específica"* [21].

A seguir, é trabalhada a síntese etnológica, procedendo a interpretação dos dados recolhidos na pesquisa de campo.

A modelagem, nesta disciplina, é apresentada como estratégia de ensino-aprendizagem de matemática em diferentes situações dadas como exemplos.

ESTATÍSTICA: A finalidade desta disciplina do curso é, sobretudo, sistematizar a coleta e análise de dados. São organizados questionários para entrevistas que são executadas com os métodos de amostragem e, posteriormente é feita uma análise das relações entre as variáveis consideradas essenciais para o fenômeno estudado, através de testes de hipóteses e ajustes de curvas.

A obtenção dos dados é fundamental, para a continuação da modelagem.

MODELAGEM I: Este módulo tem a finalidade de formular os primeiros problemas e desenvolver os seus modelos, quase sempre relacionados com o conteúdo de matemática dos ensinos fundamental e médio.

0s problemas propostos inicialmente pelos alunos, tirados das situações pesquisadas são, via de regra, de efeito imediatista. São problemas diretos, equivalentes aos encontrados nos livros-texto, ou então ligados à geometria do objeto analisado. Os primeiros modelos são quase sempre estáticos e muito simples.

Existe ainda uma espécie de inibição entre os cursandos para grandes questionamentos – talvez por terem medo de não poder resolvê-los!

Utilizando estes primeiros problemas, faz-se então uma ampliação das ideias que os envolvem procurando generalizações e analogias com situações correlatas. E, essencialmente, questionando sua validade como modelos acabados.

A matemática utilizada nesta fase é bem conhecida dos professores-cursistas e os problemas são geralmente bastante simples, podendo ser resolvidos analiticamente. Os tópicos matemáticos que aparecem com mais frequência nas soluções destes problemas são: proporcionalidade (regra de três); equações de retas e parábolas; relações trigonométricas, medidas, progressões (aritmética e geométrica); análise combinatória; geometria plana e matrizes.

A todo momento, é analisada a forma como a prática educacional pode ser transferida para suas classes, utilizando a estratégia da modelagem para a aprendizagem da matemática. No período letivo, que se segue, esta técnica deve ser experimentada por cada professor-cursista em suas aulas e os resultados e dificuldades são descutidos na próxima etapa do curso.

É interessante notar mudanças substanciais na postura do professor-cursista a partir desta fase. Sua motivação é ativada pois começa a perceber o "para que serve" aquele conteúdo que vinha lecionando, às vezes, há mais de 20 anos sem compreender de fato sua utilidade! Percebe também que tem condições de *criar* problemas novos, o que o faz sentir-se valorizado em sua profissão. É muito comum um professor de matemática dizer para sua classe que "estudar matemática é muito importante". Só agora começam, de fato, a acreditar nisso!

Etapa Intermediária (135 horas)

O propósito desta etapa é abordar tópicos essenciais de *Métodos Computacionais, Geometria Aplicada e Álgebra Linear*, sempre ligados à ideia de modelos matemáticos e fazendo uso da informática.

Os três assuntos são desenvolvidos simultaneamente e interligados, tendo sempre como motivação os mesmos temas escolhidos no início do curso.

A formulação de novos problemas deve surgir em consequência de uma série de exemplos analisados pelo professor responsável pelo curso e que são tomados como modelos. O que não deve ocorrer é este professor propor claramente uma questão relacionada com os temas de estudo. Todo questionamento deve partir do grupo! O papel do instrutor é dinamizar o processo e, na ausência de questões, buscar um caminho que induza os alunos a descobrirem seus próprios problemas. O professor deve funcionar como um monitor: esclarece dúvidas e *sugere* simplesmente alguma abordagem do tema em estudo.

É uma etapa onde, além de serem enfatizados os aspectos práticos do ensino de Álgebra Linear e Geometria, tanto na formulação dos problemas quanto na busca do método que leve a uma solução aproximada aceitável, procura-se principalmente, atacar a grande resistência psicológica ao uso dos microcomputadores ou mesmo das calculadoras no processo educacional.

Embora muitos problemas sejam resolvidos com o uso de máquinas, a finalidade do curso não é "ensinar programação computacional", mas simplesmente como utilizar certos programas que se mostram muito eficientes e adequados ao processo de ensino-aprendizagem. O propósito é mostrar os recursos que a tecnologia e os conceitos fundamentais da informática oferecem para a Educação Matemática.

Alguns dos tópicos desenvolvidos nesta etapa são: resolução de equações algébricas, cálculo de raízes, ajustes de curvas, confecção de gráficos, análise de sistemas lineares, espaços vetoriais, autovalores, programação linear, estudo de sequências especiais e tópicos gerais de geometria. Observamos que a geometria é sempre apresentada abordando suas origens (Tales, Pitágoras, Euclides, Arquimedes, Apolônio, Papus etc) e sua evolução (Geometria de Lobatshevisk, conceitos de topologia, fractais, etc).

Etapa Final (90hs)

Na etapa final do programa trabalhamos com conceitos de matemática superior (3° grau) com a intenção de mostrar aos cursistas que determinados conteúdos aprendidos no curso de licenciatura podem ser traduzidos numa linguagem acessível ao ensino fundamental. As disciplinas nesta fase são *Cálculo Diferencial e Integral (Modelagem II) e Equações Variacionais (Modelagem III)*.

Para recuperar conhecimentos adquiridos, ou mesmo familiarizar os professores-alunos com a linguagem própria do Cálculo, são introduzidos inicialmente os conceitos básicos de função, limite, derivada e integral, por meio de modelos já elaborados e com a constante preocupação de sua interpretação na linguagem usual. Os modelos são formulados substituindo-se a linguagem usual pela linguagem matemática – termos como *variação* (proveniente de crescimentos ou decrescimentos) são traduzidos por:

- Variação *Simples* (diferença da função entre dois pontos): $f(x_2) - f(x_1)$;

- Variação *média* (média da variação simples): $\dfrac{f(x_2) - f(x_1)}{x_2 - x_1} = \dfrac{\Delta f}{\Delta x}$;

- Variação *relativa*: $\dfrac{f(x_2) - f(x_1)}{\Delta x f(x_1)} = \dfrac{\Delta f}{\Delta x}$;

- Variação *instântanea* (limite da variação média): $\lim\limits_{\Delta x \to 0} \dfrac{\Delta f}{\Delta x} = f'(x)$.

Neste contexto, uma mesma "lei" ou comportamento de crescimento de um fenômeno é analisado usando-se os diferentes significados matemáticos de *variação*.

Termos como "tendência", "estabilidade", "equilíbrio" etc, têm suas traduções matemáticas correspondentes na formulação dos *limites* e *assíntotas*.

Da mesma forma que se monta o modelo matemático, deve-se fazer a sua interpretação com a linguagem usual, funcionando como um "dicionário bilingue": "Português-Matemática e Matemática-Português". A obtenção do modelo matemático pressupõe a existência de um dicionário que interpreta a linguagem natural por meio de símbolos e operações (modelos). O retorno do processo, isto é, a aplicabilidade do modelo pressupõe uma decodificação de sua expressão matemática e, desta forma, a análise de uma situação pode ser feita nas duas linguagens.

Nesta etapa final do curso, a modelagem matemática passa por um tratamento mais refinado, onde se busca o "aperfeiçoamento" dos modelos com a interpretação crítica da solução obtida e sua validação na realidade considerada. Todo o processo de modelagem é revisado e criticado; Procura-se valorizar os conteúdos matemáticos elementares, transpondo modelos criados com argumentos do Cálculo Diferencial e Integral e Equações Diferenciais, para modelos mais simples a nível do ensino fundamental como as Equações de Diferenças. Por exemplo, o modelo Malthusiano de crescimento populacional, dado pela equação diferencial

$$\frac{dP}{dt} = \alpha P \qquad \text{(variação instantânea)},$$

pode ser analisado por uma equação de diferenças:

$$P_{t+1} = \beta P_t \qquad \text{(variação média)}.$$

A solução da equação de diferenças é obtida, simplesmente com argumentos de nível elementar e ambos os modelos traduzem a mesma lei de Malthus: *"O crescimento populacional é proporcional à população em cada instante"* (veja capítulos 2 e 6).

O estudo de modelos provenientes de situações distintas daquelas relacionadas aos temas escolhidos, fornece condições para que os cursistas possam fazer uma *analogia* com seus problemas.

Mais do que a simples transposição de modelos e linguagens, o que se busca nesta etapa é mostrar que o conhecimento matemático adquirido num curso de licenciatura pode e deve ser transferido para o ensino fundamental de matemática. É apenas uma questão de saber usar o "dicionário bilingue!"

O curso pode ainda ser completado com alguma outra disciplina, dependendo dos questionamentos dos grupos: Física Geral, História das Ciências, Álgebra, Matemática Financeira etc.

Avaliação

A homogeneização de cada grupo é responsabilidade também de seus componentes que, através de discussões, procuram atingir o mesmo grau de compreensão. Cada grupo trabalha no projeto escolhido inicialmente, independentemente dos outros grupos. O professor funciona, na maior parte do tempo, como monitor dos grupos e quando constata deficiências ou questionamentos comuns à maioria dos alunos, aborda o conteúdo necessário em forma de aulas expositivas.

No final de cada módulo, cada grupo expõe seus resultados da pesquisa para toda a classe que deve dar sugestões para a continuação dos trabalhos. É quando se faz a troca de experiências e críticas, visando a melhoria de cada projeto, e do próprio curso como um modelo de aprendizado.

No final do curso, o trabalho de cada grupo, apresentado em forma de uma dissertação, é exposto numa espécie de "defesa de tese" onde os demais cursistas devem agir como uma "banca examinadora". O aluno é *avaliado* pelo seu desempenho em cada módulo; No final, cada aluno é *avaliado* pelos elementos de seu grupo além de sua *autoavaliação*. Os professores instrutores avaliam também as monografias apresentadas, onde deve constar os modelos desenvolvidos a partir do conteúdo tratado em cada módulo e o trabalho individual, executado pelos cursistas no período letivo, relativo à aplicação do método, em suas salas de aula.

Durante todos esses anos que temos nos dedicado à aplicação de modelagem matemática em cursos de Especialização, contamos com uma equipe dinâmica e coesa que acredita ser este tipo de aprendizagem um potencial gerador de recursos humanos mais qualificados. A própria *modelagem* tem sido tema de pesquisas em Educação Matemática nos cursos de Mestrado e Doutorado da UNESP-Rio Claro e FE-UNICAMP (veja referência bibliográfica).

A procura, por parte de Instituições de Ensino Superior, por cursos de Especialização com modelagem, tem aumentado muito nos últimos anos.

Os temas escolhidos para pesquisa, nos diferentes cursos de que participamos, são os mais diversos e algumas vezes excêntricos: Horticultura, suinolcultura, apicultura, piscicultura, maçã, fabricação de papel, jogos infantis, estilingue, erva-mate, mineração de ouro, transporte coletivo, plantação de trigo e soja, "vaca mecânica", fabricação de "latas", cocacola, dívida externa, ranicultura, missões jesuítas, fabricação de vinho, paranoia, lazer, cerâmica artística, olaria, criação de gado, supermercados, tecelagem, eleição, fumante, industrialização do leite, madeira, reflorestamento, construção civil, lixo, avicultura, índice pluviométrico, fabricação de corroças, eletrificação de uma favela, cana-de-açúcar, cultivo de café, irrigação, urucum, seringueira, uva, milho, escargot, peixe, bebidas alcoólicas, cefaleia, esoterismo etc. A diversidade dos temas por si só, já é uma demonstração da abrangência do programa e do amadurecimento dos elementos da equipe que desenvolve os cursos.

4.3 Casos Estudados

Neste parágrafo, mostraremos três exemplos resumidos da modelagem executada nestes cursos de Especialização.

4.3.1 Tema: abelha

Este tema foi objeto de estudo de um grupo de 5 professores do ensino médio, no curso de Especialização realizado em Guarapuava (PR) em 1982. Alguns modelos obtidos na ocasião passaram a compor o folclore de Modelagem Matemática e foram apresentados em cursos e congressos de Educação Matemática como "exemplos típicos" desta estratégia de ensino-aprendizagem.

No início de um projeto quando ainda a preocupação é com a coleta de dados, a dificuldade encontrada pelos professores é maior. Neste ponto costumamos dizer que *"quando não se sabe o que fazer, o melhor é medir ou contar"* e assim, os números começam a aparecer em forma de tabelas e com elas as ideias de um tratamento matemático. Isto aconteceu com este grupo ("abelha") que buscava substituir a visão ingênua de um realidade por uma atitude crítica e mais abrangente, utilizando a linguagem e conceitos de matemática. Inicialmente foram "contar" abelhas que pousavam em uma colmeia. Delimitaram uma região da colmeia e contavam quantas abelhas pousavam por minuto. Depois de vários experimentos verificaram que a média estava em torno de 70 abelhas/min. até que, numa colmeia específica, notaram que este número caiu para 20 abelhas/min. e neste caso constataram que os favos estavam cheios - por isto que as abelhas trabalhavam menos que nas demais colmeias! Verificaram também que as abelhas levam, *em média*, 1.5 minutos para se organizarem e reagirem contra a presença de instrusos. Assim, se um indivíduo precavido deseja saber se a colmeia tem seus favos cheios de mel, basta contar abelhas durante 0.5 minuto. Na verdade, um apicultor experiente age desta forma: basta "olhar" para a colmeia para saber como está seu estoque de mel e nem precisa usar roupas apropriadas para evitar as picadas dos insetos.

Em relação à modelagem propriamente dita, várias questões foram levantadas: *dança das abelhas, geometria dos alvéolos, viscosidade do mel, posicionamento das colmeias, produção e comercialização do mel, dinâmica da população de abelhas, polinização etc.*

Aqui apresentaremos apenas dois tipos distintos de modelos: a *geometria dos alvéolos* e a *dinâmica populacional da colmeia*.

Geometria dos Alvéolos

- As abelhas constroem suas "casas" ou *favos* na forma de recipientes aglomerados de cera que se propagam um ao lado do outro;

- Os recipientes, denominados *alvéolos*, têm a forma de um prisma hexagonal regular (faces laterais iguais e ângulos entre as faces iguais) aberto numa extremidade e formando um ápice triédrico na outra face.

Os alvéolos são usados tanto para o desenvolvimento populacional da colmeia como para depósito de mel, produto obtido da transformação do néctar e pólem das flores.

Em uma colmeia, cada indivíduo executa uma função específica e todo trabalho é orientado segundo a lei natural do *mínimo esforço* e *máximo rendimento*. No caso das abelhas esta lei é amplamente utilizada, como veremos no exemplo sobre construção dos alvéolos.

Em relação à construção de um favo foram selecionadas algumas questões que envolvem sua geometria.

Mosaico de um Favo

O corte transversal de um favo apresenta a configuração de um mosaico formado pela repetição de hexágonos regulares (figura 4.1).

A pavimentação de um plano (mosaico) consiste em cobrí-lo com uma mesma figura (*molde*), sem deixar espaços vazios ou tendo figuras interseccionadas.

Se quisermos um mosaico formado pela propagação de um só tipo de *polígono regular* (lados iguais e ângulos internos iguais), devemos escolher tal polígono de modo que seu

Figura 4.1: Esquematização de um favo.

ângulo interno θ seja um divisor de $360°$ (para que haja um encaixe entre os polígonos).

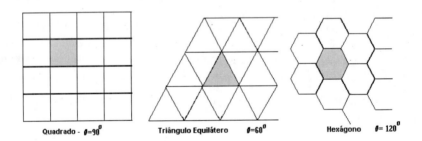

Figura 4.2: Possíveis configurações para um favo.

Todo polígono regular pode ser inscrito em um círculo de modo que seus lados sejam cordas deste círculo. Assim, dado um polígono regular de n lados podemos sempre dividí-lo em n triângulos isósceles. Cada trângulo é formado considerando o lado do polígono como base e tendo vértice no centro do círculo que circunscreve o polígono:

Em cada triângulo, o ângulo v do vértice, é igual a $v = \frac{360°}{n}$ e os ângulos iguais valem $\alpha = \theta/2$, onde θ é o ângulo interno do polígono.

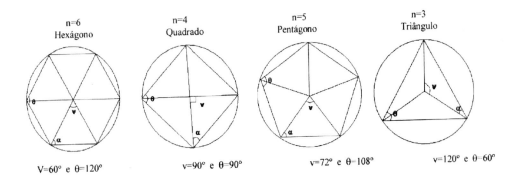

Figura 4.3: Polígonos regulares.

A relação entre os ângulo θ e v nos leva à:

$$\alpha = \frac{\theta}{2} = \frac{180-v}{2}, \tag{4.1}$$

$$\alpha = \frac{90(n-2)}{n}, \quad \text{com} \quad \frac{360}{v} = n \in \mathbb{N} \tag{4.2}$$

Sabemos que um polígono regular pode se propagar, formando um mosaico, se $\frac{360}{\theta}$ for um número inteiro positivo. Este número nos dá a quantidade de polígonos que têm vértice comum.

Como $\theta = 2\alpha$, usando a equação (4.1), obtemos

$$\frac{360}{\theta} = \frac{360n}{180(n-2)} = \frac{2n}{n-2} \quad \text{com } n \in \mathbb{N}, n \geq 3. \tag{4.3}$$

Assim, um polígono regular de n lados pode formar um mosaico no plano se, e somente se, $\frac{2n}{n-2}$ for um número inteiro positivo, divisor de 360, com $n \geq 3$.

Os divisores de 360, são 1, 2, 3, 4, 5, 6, 8, 9, 10, 12, 15, 18, 20, 24, 30, 36, 40, 45, 40, 60, 72, 90, 120, 180, e 360.

Sabemos que θ deve ser menor que 180° pois θ é o ângulo interno do polígono. Por outro lado, o polígono regular de menor número de lados é o triângulo equilátero, $n = 3$. Neste caso, usando (4.3) temos

$$\theta = \frac{360(3-2)}{6} = 60$$

Como θ cresce quando n cresce, devemos ter então:

$$60 \leq \theta < 180$$

Desta forma, os valores possíveis que θ pode assumir são 60, 72, 90 e 120.

Para $\theta = 72°$, temos

$$\frac{360}{72} = 5 = \frac{2n}{n-2} \Longrightarrow 2n = 5n - 10,$$

donde

$$n = \frac{10}{3} \notin \mathbb{N}.$$

Isto significa que não podemos ter um mosaico do plano formado somente de pentágonos regulares

- Para $\theta = 90° \Rightarrow n = 4$ (quadrados);

- Para $\theta = 120° \Rightarrow n = 6$ (hexágono);

Logo, só podemos ter 3 polígonos regulares para pavimentar o plano: triângulo equilátero, quadrado e hexágono.

Observação 4.1. *Este mesmo resultado pode também ser obtido facilmente, considerando:*

$$\frac{2n}{n-2} = 2 + \frac{4}{n-2} \in \mathbb{N} \Leftrightarrow (n-2) \ divide \ 4;$$

logo, $n - 2 = 1$ ou $n - 2 = 2$ ou $n - 2 = 4$, e portanto, $n \in \{3, 4, 6\}$.

As abelhas constroem seus alvéolos na forma de prismas de bases hexagonais. Das três possíveis escolhas, "optaram" pelo *polígono que tem o menor perímetro, com área A fixada.*

De fato, pode-se verificar facilmente que, dado um valor real positivo A fixo, tem-se que o perímetro do triângulo de área A vale $p_3 \cong 4.56\sqrt{A}$;o perímetro do quadrado de área A vale $p_4 = 4\sqrt{A}$ e do hexágono $p_6 \cong 3.72\sqrt{A}$. Por outro lado, se fixarmos o perímetro p dos três polígono, o hexágono é aquele que tem a maior área. Este resultado pode ser generalizado para qualquer polígono regular de n lados, isto é, dado um perímetro p fixado então A cresce quando n cresce (verifique).

Curiosidade

O diâmetro do corte transversal do abdômem da abelha mede um pouco menos que 4mm e os hexágonos, bases dos alvéolos, são construidos com o apótema valendo metade do seu diâmetro (2mm). Isto faz com que o valor numérico da área do hexágono ($\simeq 13.856\text{mm}^2$) seja igual ao valor do seu perímetro ($\simeq 13.856\text{mm}$). De uma maneira geral, sempre que o apótema valer 2μ (μ unidades de comprimento com que é medido o lado) o hexágono terá sua área A, em μ^2, igual ao seu perímetro p medido em μ. Senão vejamos:

Seja ℓ o lado do hexágono regular e a seu apótema (figura 4.4).

Cada triângulo isósceles (neste caso equilátero) tem área igual a

$$A_6 = \frac{\ell a}{2}.$$

Logo, a área do hexágono será

$$A = 6\frac{\ell a}{2} = 3\ell a.$$

Para que o valor numérico da área do hexágono seja o mesmo que o do seu perímetro devemos ter

$$6\ell = 3\ell a,$$

donde, $a = 2$.

Este resultado particular pode ser generalizado na seguinte proposição:

"*Dado qualquer polígono regular, o valor numérico do seu perímetro coincide com o da sua área se, e somente se, seu apótema vale 2*".

De fato, seja ℓ o valor do lado do polígono regular de n lados. Podemos dividir o polígono em n triângulos isósceles de base igual a ℓ.

O apótema a do polígono será a altura destes triângulos (figura 4.4).

A área de cada triângulo vale $\frac{\ell a}{2}$. Assim, a área do polígono será $A = \frac{n\ell a}{2}$ e seu perímetro $p = n\ell$.

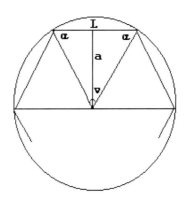

Figura 4.4: Construção de um polígono regular.

Então, respeitadas as unidades das medidas (adimensionalização), temos

$$p = A \iff n\frac{\ell a}{2} = n\ell \iff a = 2 \quad (n \geq 3 \text{ e } \ell > 0).$$

Chamaremos de 2-*polígonos* os polígonos regulares cujo apótema vale 2 (unidade de medida dos lados).

Dado um 2-polígono de n lados podemos determinar facilmente o valor de seu lado e portanto de sua área:

Em cada um dos n triângulos isósceles (cf. figura 4.4) em que foi dividido o 2-polígono temos:

$$a = 2$$

$$v = \frac{360°}{n} \Longrightarrow \alpha = \frac{180 - v}{2}$$

$$\tan \alpha = \frac{a}{\ell/2} = \frac{4}{\ell}.$$

Logo

$$\ell = \frac{4}{\tan \alpha} = \frac{4}{\tan(90 - \frac{180}{n})} = \frac{4}{\cotg \frac{180}{n}} = 4\tan\left(\frac{180}{n}\right).$$

Assim, o lado de um 2-polígono de n lados é dado, em radianos, por:

$$\ell = 4\tan\frac{\pi}{n}$$

Como a área de um 2-polígono é igual ao seu perímetro, temos

$$A_n = n\ell = 4n\tan\frac{\pi}{n} \quad (n \geq 3)$$

A tabela 4.1 fornece a relação entre o lado n e a área A_n do respectivo 2-polígono:

2-polígono	n	A_n
triângulo equilátero	3	20.7846
quadrado	4	16.0000
pentágono	5	14.5308
hexágono	6	13.8564
decágono	10	12.9967
100-ágono	1000	12.5705
1000-ágono	10000	12.56641
10000-ágono	100000	12.5663371

Tabela 4.1: Área dos 2-polígonos de lado n.

"*A sequência* (A_n), $n \geq 3$, *das áreas de 2-polígonos de* n *lados é decrescente com* n *e limitada pela área do círculo de lado 2*" (veja tabela 4.1).

Uma justificativa para este fato é a seguinte: para $x = \frac{\pi}{n}$ próximo de zero (n muito grande), temos que

$$\operatorname{sen}\frac{\pi}{n} \leq \frac{\pi}{n} \leq \tan\frac{\pi}{n} \tag{4.4}$$

Dividindo os dois primeiros termos da desigualdade por $\cos \frac{\pi}{n}$ temos:

$$\tan \frac{\pi}{n} \leq \frac{\frac{\pi}{n}}{\cos \frac{\pi}{n}} \tag{4.5}$$

Logo, de (4.4) e (4.5) temos

$$\frac{\pi}{n} \leq \tan \frac{\pi}{n} \leq \frac{\frac{\pi}{n}}{\cos \frac{\pi}{n}} \Rightarrow \pi \leq n \tan \frac{\pi}{n} \leq \frac{\pi}{\cos \frac{\pi}{n}} \tag{4.6}$$

Esta última desigualdade implica que, se $n \to \infty$ então $n \tan \frac{\pi}{n} \to \pi$ (Teorema do confronto).
Assim,

$$A_n = 4n \tan \left(\frac{\pi}{n}\right) \to 4\pi \simeq 12.566371\ldots \quad \text{quando} \quad n \to \infty$$

Observação 4.2. *O fato da sequência* $\{A_n\}_{n \geq 3}$ *ser monótona decrescente e limitada implica que ela é convergente e*

$$\lim_{n \to \infty} A_n = 4 \lim_{n \to \infty} n \tan \frac{\pi}{n} = 4\pi = \text{área do círculo de raio 2}.$$

Geometria dos Alvéolos

Cada alvéolo é projetado de maneira a se encaixar perfeitamente com outros alvéolos paralelos. Os alvéolos são distribuidos no favo de forma quase horizontal, sendo que em cada extremidade de um ápice triédrico são encaixados 3 outros alvéolos (figura 4.5).

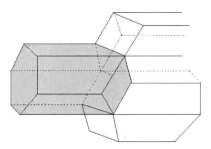

Figura 4.5: Parte de um favo (encaixe de alvéolos).

As abelhas usam cera para construir o favo procurando economizar material para obter o mesmo volume.

Considerando um alvéolo (prisma de base hexágonal) como a união de 3 prismas iguais de base losangonal (figura 4.6) com ângulos internos de 60° e 120° , podemos determinar o ângulo ideal destes prismas de modo que, para um mesmo volume, se gaste uma menor quantidade possível de cera.

A minimização da quantidade de cera se reduz ao problema matemático de se encontrar o valor do ângulo $\theta = OVB$ (figura 4.6) de modo que a soma das áreas das figuras $abBA$, $bcCB$ e $ABCV$ seja a menor possível. A resolução geométrica deste problema pode ser encontrada em [11].

Devido à simetria existente num alvéolo, temos que os trapézios $AbBA$ e $cbBC$ são isométricos e portanto de mesma área. Vamos agora encontrar um modelo que relacione as áreas das figuras $abBA$ e $ABCV$ com o ângulo θ:

a. *Cálculo da área do trapézio $abBA$ – (figura 4.6)*

$$A_t = \frac{\overline{ab}}{2}(\overline{aA} + \overline{bB_i})$$

onde $\overline{ab} = l$ e $\overline{aA} = h$ são valores dados. Da figura 4.6, temos que $\overline{bH'} = h$ e $\overline{bH'} = \overline{bB} + \overline{BH'}$.

Agora $\overline{BH'} = \overline{VH}$. Do triângulo VHD tiramos: $\cotg\theta = \frac{\overline{VH}}{\overline{HD}}$, mas $\overline{HD} = \frac{\overline{Ob}}{2} = \frac{\ell}{2}$, donde $\overline{BH'} = \frac{\ell}{2}\cotg\theta$.

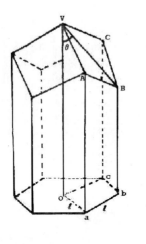 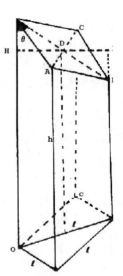

Figura 4.6: Alvéolo (vista tridimensional).

Logo, a área do trapézio A_t é dada por

$$A_t = \frac{\ell}{2}\left[h + (h - \frac{\ell}{2}\cotg\theta)\right] = \ell h - \frac{\ell^2}{4}\cotg\theta \qquad (4.7)$$

b. *Cálculo da área do losângulo $ABCV$*

$\overline{CD}$ é a altura do triângulo equilátero de lado ℓ, logo

$$\overline{CD} = \frac{\sqrt{3}}{2}\ell \tag{4.8}$$

Ainda, do triângulo VHD tiramos que

$$\operatorname{sen}\theta = \frac{\overline{HD}}{\overline{VD}} \Longrightarrow \overline{VD} = \frac{\ell}{2\operatorname{sen}\theta}. \tag{4.9}$$

A área do triângulo VCD é pois

$$\frac{\overline{VD}\,\overline{CD}}{2} = \frac{1}{2}\frac{\ell}{2\operatorname{sen}\theta}\frac{\sqrt{3}}{2}\ell = \frac{\sqrt{3}\ell^2}{8\operatorname{sen}\theta}. \tag{4.10}$$

Como o losango é formado por 4 triângulos iguais a VCD, temos que sua área será:

$$A_\ell = \frac{\sqrt{3}\ell^2}{2\operatorname{sen}\theta}. \tag{4.11}$$

A área lateral total de um alvéolo (aberto) é pois:

$$A = 6A_t + 3A_\ell = 6\ell h - \frac{3}{2}\ell^2\cotg\theta + \frac{3\sqrt{3}\ell^2}{2\operatorname{sen}\theta} \tag{4.12}$$

ou

$$A = 6\ell h + \frac{3}{2}\ell^2\left(\frac{\sqrt{3}}{\operatorname{sen}\theta} - \cotg\theta\right) \tag{4.13}$$

Esta área, como função de θ, terá o *menor* valor quando $T(\theta)$, for mínimo, para θ variando entre $0°$ e $90°(0 < \theta < 90)$ com $T(\theta)$ dado por:

$$T(\theta) = \frac{\sqrt{3}}{\operatorname{sen}\theta} - \cotg\theta = \frac{\sqrt{3} - \cos\theta}{\operatorname{sen}\theta} > 0. \tag{4.14}$$

Podemos calcular alguns valores de T, usando uma calculadora, e obtemos a tabela 4.2

Observamos que o menor valor de T deve ocorrer quando θ está entre os valores $50°$ e $60°$. O ângulo médio escolhido pelas abelhas está bem próximo do valor ótimo de θ que é $54.7°$. Esta otimização na construção dos alvéolos está longe de ser apenas uma coincidência! Seria uma tendência natural de seleção obtida através dos séculos? E esta tendência de otimização seria um processo natural em tudo que sofre transformações?

Com o uso de uma calculadora podemos chegar bem próximos do valor ótimo, usando o "método da bissecção". Isto seria um exercício bastante interessante no ensino médio.

θ	$T(\theta) = \frac{\sqrt{3}-\cos\theta}{\text{sen }\theta}$
10°	4.3032012
20°	2.3167004
30°	1.7320508
40°	1.5028391
50°	1.4219321
60°	1.4226497
70°	1.4792397
80°	1.5824435
90°	1.7320508

Tabela 4.2: Cálculo de $T(\theta)$.

No entanto, podemos obter o valor de θ que minimiza a função $A_t(\theta)$, usando uma matemática mais sofisticada:

Seja

$$A_t(\theta) = 6h\ell + \frac{3}{2}\ell^2\left(\frac{\sqrt{3}}{\text{sen }\theta} - \text{cotg}\,\theta\right) \tag{4.15}$$

Sabemos que se $\theta = \theta^*$ é um ponto de mínimo para $A_t(\theta)$ então a *derivada* $\frac{dA_t(\theta)}{d\theta}$ se anula no ponto θ^*. Temos que,

$$\frac{dA}{d\theta} = \frac{3}{2}\ell^2\left(\frac{1}{\text{sen}^2\,\theta} - \frac{\sqrt{3}\cos\theta}{\text{sen}^2\,\theta}\right). \tag{4.16}$$

Logo, $\dfrac{dA}{d\theta} = 0$ se, e somente se,

$$\frac{1}{\text{sen}^2\,\theta} = \frac{\sqrt{3}\cos\theta}{\text{sen}^2\,\theta} \Longrightarrow 1 = \sqrt{3}\cos\theta \Longrightarrow \cos\theta = \frac{1}{\sqrt{3}}$$

e portanto,

$$\frac{dA_t(\theta)}{d\theta} = 0,$$

para $60 \leq \theta \leq 90$, quando $\theta = \theta^* = 54.73561°$.

Projeto 4.1. Determine o volume do alvéolo, usando geometria e cálculo integral.

Dinâmica de uma Colmeia

Quando se propõe analisar o crescimento populacional de uma comunidade qualquer, um dos objetivos é saber seu comportamento em cada instante e a previsão de seu tamanho no futuro. Cada população tem uma dinâmica de crescimento própria, isto é, uma "lei de formação" inerente à espécie.

No curso de *Modelagem Matemática* para professores do ensino médio (Guarapuava–1982), o grupo que escolheu trabalhar com abelhas decidiu analisar o comportamento e formação de uma colmeia, propondo um modelo determinístico para estudar sua dinâmica. Os dados empíricos e experimentais foram colhidos em entrevistas com apicultores da região.

Foram propostos modelos de complexidade matemática variada. Nos modelos iniciais, fizeram uso de um conteúdo específico de matemática do ensino médio (sequências, equações da reta, funções potência, exponencial e logarítmo). Outros modelos mais "sofisticados" foram obtidos com equações diferenciais ordinárias e podem servir de motivação em cursos iniciais de Cálculo, no ensino superior.

Observamos que, de uma maneria geral, quando um tema é escolhido para ser trabalhado via modelagem matemática, podemos lançar mão de meios necessários para o desenvolvimento da criatividade em uma proposta de ensino-aprendizagem, desde que adaptemos nossos modelos ao conteúdo programático de cada disciplina e cada nível de escolaridade. Vamos apresentar aqui, modelos matemáticos distintos relativamente ao nível de conteúdo matemático, mas que expressam, essencialmente, o mesmo fenômeno: crescimento populacional de uma colmeia.

A Colmeia

Entre apicultores, a expressão *colmeia* significa abelhas alojadas racionamente, com uma população equilibrada e distribuída em três castas: *rainha, operárias* e *zangões.*

A abelha rainha é responsável pela produção das operárias, dos zangões (que são os machos) ou novas raínhas, botando dois tipos de ovos. Os ovos fertilizados dão origem às operárias (fêmeas não reprodutoras) e os ovos não fertilizados originam os zangões. As rainhas são produzidas quando as larvas são alimentadas com nutrientes altamente proteicos (geleia real).

A constituição de uma colmeia em condições normais é a seguinte:

- 1 rainha que pode viver até 5 anos;

- Até 400 zangões que são produzidos no final de verão, e sua quantidade depende da abundância de alimento (vivem até 80 dias);

- 60.000 a 80.000 operárias. A longevidade de uma operária depende do clima e do seu período de atividade. De um modo geral sua vida média varia de 38 a 42 dias.

A capacidade de postura de uma rainha chega a 3.000 ovos por dia, o que corresponde a duas vezes seu próprio peso. Esta quantidade depende da área disponível para postura, da qualidade genética da rainha e das condições florais e climáticas existentes.

Modelagem Matemática

Quando uma rainha diminui a quantidade de ovos, as operárias responsáveis pela manutenção das larvas promovem o desenvolvimento de nova rainha. A nova rainha, depois do voo nupcial em que é fecundada pelos zangões, retorna à coméia desalojando a rainha velha que sai para formar uma outra colmeia. Acompanhando a velha rainha seguem um séquito de aproximadamente 10.000 operárias: é o *enxame voador*.

Para o estudo do crescimento da população em uma nova colmeia consideraremos os seguinte dados e hipóteses:

- Postura da rainha é constante: 2000 ovos/dia;

- Período entre a postura e o nascimento da abelha: 21 dias;

- Quantidade inicial de abelhas (operárias): 10.000;

- Longevidade média de uma operária: 40 dias.

Modelos

Um modelo matemático da dinâmica populacional de uma nova colmeia deve ser apresentado, levando-se em consideração dois estágios distintos: o *período de adaptação* que é intermediário entre a postura inicial e o nascimento das primeiras operárias (21 dias), e o *período de desenvolvimento* quando nascem diariamente 2000 abelhas.

Em relação ao período inicial podemos estabelecer duas hipóteses distintas quanto ao índice de mortalidade das operárias:

H_1) *As abelhas têm idades equidistribuídas*

Neste caso estamos supondo que em cada grupo, distribuido por idade(dias de vida), existem exatamente a mesma quantidade de operárias.

Desta forma, das 10.000 abelhas iniciais, em cada dia morrerão, em média, 250 abelhas o que corresponde a $\frac{1}{40}$ de 10.000.

Seja $y_n = y(n)$ a quantidade de operárias vivas no n-ésimo dia de existência de nova colmeia, $0 \leq n < 21$.

Podemos obter a expressão de $y(n)$ recursivamente, isto é,

$$
\begin{aligned}
y_0 &= 10.000 \\
y_1 &= y_0 - 250 \\
y_2 &= y_1 - 250 = y_0 - 2 \times 250 \\
y_3 &= y_2 - 250 = y_0 - 3 \times 250.
\end{aligned}
$$

Podemos generalizar, escrevendo

$$y_n = y_0 - n \times 250$$

Assim, obtemos um *modelo matemático* que nos dá a informação sobre a quantidade de abelhas "velhas" no n-ésimo dia de existência da colmeia:

$$y_n = 10.000 - 250n, \qquad 0 \leq n \leq 21. \tag{4.17}$$

Observação 4.3. *O modelo (4.17) é discreto no sentido que a variável independente n (tempo) está tomando valores no conjunto dos números naturais* $\mathbb{N}$.

Observação 4.4. *A equação (4.17) pode ser obtida, analisando a taxa de decaimento.*

Seja $k > n$, definimos $\Delta y = y_k - y_n$: quantidade de abelhas que morrem entre o k-ésimo e o n-ésimo dia e $\Delta_n = k - n$: número de dias passados, então a *razão incremental* $\dfrac{\Delta y}{\Delta n}$ é dada por:

$$
\begin{aligned}
\frac{\Delta y}{\Delta n} &= \frac{y_n - y_n}{k - n} \\[2mm]
&= \frac{(y_k - y_{k-1}) + (y_{k-1} - y_{k-2}) + \cdots + (y_{n+1} - y_n)}{[(k - (k-1)] + [(k-1) - (k-2)] + \cdots + (n+1-n)} \\[2mm]
&= \frac{(k-n)(-250)}{k-n} = -250
\end{aligned}
$$

ou seja, a razão entre a variação da quantidade de abelhas pela variação do tempo é *constante*. Isto significa que o resultado para um dia n qualquer poderia ser obtido por uma *regra de três*: "*A quantidade de abelhas que morrem em n dias é proporcional a n*". Por exemplo, se em 1 dia morrem 250, em 21 dias morrerão 5.250 abelhas:

$$
\begin{aligned}
1 &\leftrightarrow 250 \\
21 &\leftrightarrow x \\
&\Longrightarrow x = 21 \times 250 = 5250.
\end{aligned}
$$

A constante $C = -250$ é o *coeficiente angular* da reta (figura 4.7):

$$
y(t) = -250t + 10000 \quad \text{com} \quad 0 \le t \le 21, \quad t \in \mathbb{R}, \tag{4.18}
$$

que representa o *modelo contínuo* correspondente à equação (4.17).

Chamamos a atenção para o fato de que a constante de "proporcionalidade" usada numa regra de três é equivalente ao coeficiente angular de uma reta, ou seja, *só podemos usar regra de três quando as variáveis estão relacionadas segundo a equação de uma reta.*

H_2) *A mortalidade das abelhas é "proporcional" a quantidade que se tem de abelhas em cada instante.*

Observe que com esta hipótese não podemos usar regra de três. A taxa de mortalidade é $\dfrac{1}{40} = 0.025$ e portanto, a taxa de sobrevivência é $(1 - 0.025) = 0.975$.

Podemos agora obter uma expressão de recorrência (modelo discreto) para y_n com esta

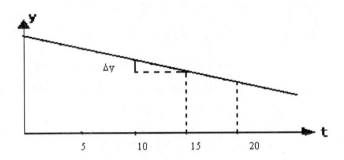

Figura 4.7: Morrem 250 abelhas por dia.

nova hipótese:

$$y_0 = 10.000$$
$$y_1 = 0.975 y_0$$
$$y_2 = 0.975 y_1 = (0.975)^2 y_0$$
$$\vdots$$
$$y_n = (0.975)^n y_0 \qquad (4.19)$$

Usando o fato que $a^x = e^{x \ln a}$, para todo $x \in \mathbb{R}$, com $a > 0$ a função potência (4.19) pode ser dada na forma exponencial:

$$y_n = y_0 \exp(n \ln 0.975) = y_0 \exp(-0.02532 n). \qquad (4.20)$$

No caso contínuo (tempo contínuo) podemos escrever

$$y = y(t) = y_0 e^{-0.02532 t}, \quad 0 \leq t \leq 21. \qquad (4.21)$$

Tomando $y_0 = 10.000$ e $t = 21$ em (4.21), obtemos $y(21) = 5876$. Verificamos que, de acordo com as hipóteses consideradas, os valores de y_{21} são distintos – na prática tal diferença não é significativa, mesmo para o estudo do comportamento futuro da colmeia.

O modelo matemático para o *período de desenvolvimento* da nova colmeia leva em consideração que a partir do 21-ésimo dia nascem, 2000 abelhas:

Se A_0 é a quantidade remanescente de operárias velhas depois de 21 dias, teremos para o $21^{ésimo}$ dia:

$$Y_1 = y_{21} = A_0 + 2000.$$

Considerando agora a taxa de sobrevivência igual a 0.975, podemos formar uma relação de recorrência a partir do valor A_0:

$$\begin{aligned}
Y_2 = y_{22} &= 0.975Y_1 + 2000 = 0.975(A_0 + 2000) + 2000 = \\
&= 0.975A_0 + 0.975 \times 2000 + 2000 = 0.975A_0 + 2000(0.975 + 1) \\
Y_3 = y_{23} &= 0.975Y_2 + 2000 = 0.975(0.975A_0 + 0.975 \times 2000 + 2000) + 2000 \\
&= (0.975)^2 A_0 + (0.975)^2 \times 2000 + 0.975 \times 2000 + 2000 \\
&= (0.975)^2 A_0 + 2000[(0.975)^2 + 0.975 + 1)].
\end{aligned}$$

E assim sucessivamente, chegamos a

$$\begin{aligned}
Y_n &= (0.975)^{n-1} A_0 + (0.975)^{n-1} \times 2000 + (0.975)^{n-2} \times 2000 + \cdots + 0.975 \times 2000 + 2000 \\
&= (0.975)^{n-1} A_0 + 2000[(0.975)^{n-1} + (0.975)^{n-2} + \cdots + 0.975 + 1].
\end{aligned}$$

A expressão entre colchetes é a soma de uma *progressão geométrica* de razão igual a 0.975, o que nos permite simplificar, escrevendo:

$$\begin{aligned}
Y_n &= (0.975)^{n-1} A_0 + 2000\frac{1 - (0.975)^n}{1 - 0.975} = (0.975)^{n-1} A_0 + 80000(1 - 0.975^n) \\
&= (0.975)^{n-1} A_0 + 80000 - 80000 \times (0.975)^n \\
&= (A_0 - 78000)(0.975)^{n-1} + 80000.
\end{aligned} \tag{4.22}$$

Podemos pensar numa expressão contínua para Y_n tomando:

$$y(t) = (A_0 - 78000)e^{(t-21)\ell_n 0.975} + 80000 \quad (t \geq 21)$$

ou seja,

$$y(t) = (A_0 - 78000)e^{0.02532(t-21)} + 80000 \quad \text{para } t \geq 21. \tag{4.23}$$

A expressão (4.23) nos dá a população da colmeia num tempo t qualquer a partir do $21^{ésimo}$ dia.

Podemos notar que quando t cresce o valor de $e^{-0.02532(t-21)}$ tende a zero e portanto a população da colmeia se *estabiliza* com 80000 operárias o que mostra uma coerência com os dados experimentais.

Isto pode ser traduzido pela expressão matemática

$$\lim_{t \to \infty} y(t) = 80000$$

A reta $y = 80000$ é uma *assíntota horizontal* da função $y(t)$, denominada valor de estabilidade.

Juntando as duas partes do modelo contínuo de crescimento populacional das abelhas (equações (4.21) e (4.23)), podemos escrever:

$$\begin{cases} y(t) = 10000e^{-0.02532t} & \text{se } 0 \leq t < 21 \\ y(t) = (A_0 - 78000)e^{-0.02532(t-21)} + 80000, & \text{se } t \geq 21 \end{cases} \tag{4.24}$$

onde, A_0 são as sobreviventes no 21° dia.

Lei de Formação de Uma Colmeia

No caso contínuo (tempo t como variável contínua) podemos usar a linguagem de derivadas e expressar a hipótese H_2 da seguinte forma:

$$\begin{cases} \dfrac{dy}{dt} = -0.025y \\[2mm] y(0) = 10000, \quad 0 \le t \le 21 \end{cases} \tag{4.25}$$

onde $\dfrac{dy}{dt}$ indica a variação instântanea da população de abelhas. O modelo (4.25) quer dizer que até os primeiros 21 dias, *a variação da população de abelhas* (mortalidade) *é proporcional à quantidade presente em cada instante*, com um índice de mortalidade igual a $\dfrac{1}{40} = 0.025$ e uma população inicial de 10000 abelhas.

A solução da equação (4.25) é obtida separando-se as variáveis e integrando

$$\frac{dy}{y} = -0.025dt, \quad \text{logo} \quad \int \frac{dy}{y} = \int -0.025dt,$$

ou

$$\ln y = -0.025t + k \quad (k : \text{ constante de integração})$$

donde tiramos

$$y(t) = e^k\, e^{-0.025t}.$$

Usando a condição inicial $y(0) = 10000$, vem que $e^k = 10000$. Assim,

$$y(t) = 10000e^{-0.025t}, \qquad 0 \le t \le 21. \tag{4.26}$$

A solução (4.26) é aproximadamente igual à (4.21) obtida anteriormente.

Para o período de crescimento da colmeia, podemos fazer uma *analogia* com o "*modelo exponencial assintótico*" uma vez que, em ambas as situações, as soluções são semelhantes.

Consideramos então a equação diferencial:

$$\frac{dy}{dt} = k(L - y) \tag{4.27}$$

onde, $L = 80000$ é a população limite, $t \ge 21$, $k = \ln 0.975$ e $y(21) = 7500$ (≈ 5500 remanescentes mais 2000 recém nascidas).

Separando as variáveis e integrando a equação (4.27), obtemos

$$\frac{dy}{L - y} = kdt \Longrightarrow -\ln(L - y) = kt + c.$$

Portanto, $L - y = e^c e^{-kt}$.

Considerando que a equação (4.27) está definida para $t \geq 21$, podemos escrever

$$y(t) = L - e^c e^{-k(t-21)}, \quad t \geq 21.$$

Como $y(21) = 7500$, temos

$$-e^c = 7500 - 80000 = -72500$$

Portanto,
$$y(t) = -72500 e^{-0.02532(t-21)} + 80000, \quad \text{para } t \geq 21. \tag{4.28}$$

Desta forma, podemos dizer que a "lei de formação" de uma colmeia nova é a seguinte:

"O crescimento populacional de uma colmeia é proporcional à diferença entre a população máxima sustentável e a população dada em cada instante."

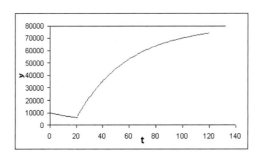

Figura 4.8: Crescimento de uma colmeia.

Salientamos mais uma vez que nenhum modelo matemático é definitivo. Sempre podemos modificá-lo tornando-o mais realista. Por exemplo, no período de adaptação (início da colmeia) a rainha não tem condições de colocar 2000 ovos por dia pois os alvéolos ainda nem estão construídos. Também, a hipótese simplificadora que considera uma postura constante da rainha, nesta colmeia, pode ser modificada.

Modelo com intensidade de postura variável

Nas regiões onde as estações do ano são bem definidas e o inverno é rigoroso, a colmeia passa por um período de hibernação. Quando a temperatura é muito baixa a rainha diminui drasticamente a postura de ovos e as operárias se tornam inativas. No início da primavera começa o crescimento da colméia, atingindo o valor máximo no verão para depois diminuir até o início do inverno.

O histograma (figura 4.9) representa, em cada mês, a quantidade médias de ovos depositados por dia numa colmeia.

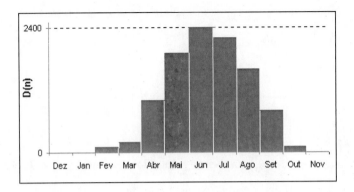

Figura 4.9: Atividade de postura de uma rainha numa região de clima frio.

Considerando que a atividade de postura de uma rainha vai de março a outubro (aproximadamente 240 dias), podemos por simplicidade, ajustar tal tendência através de uma função discreta que satisfaz a equação de uma parábola com raízes $n = 0$ e $n = 240$, isto é,

$$D_n = kn(n - 240) \quad (4.29)$$

Do histograma, observamos que o valor máximo de postura de ovos é $D_n^* = 2400/\text{dia}$. Supondo que D_n^* é atingido quando $n = 120$, temos

$$2400 = 120k(120 - 240) \implies k = -\frac{1}{6}.$$

Logo, a equação que fornece o nº de ovos/dia, depositados pela rainha é, aproximadamente,

$$D_n = -\frac{1}{6}n^2 + 40n \quad \text{com } 0 \leq n \leq 240. \quad (4.30)$$

Observamos que $n = 0$ corresponde ao dia imediatamente inferior ao início da postura, o que ocorre em meados de fevereiro.

Vamos considerar ainda que, no final da temporada de atividades das abelhas (final de outubro), a colmeia possui uma população de a abelhas, e que a vida média de uma operária inativa seja de 80 dias. Assim, durante o período de inatividade da colmeia, sua população será reduzida diariamente a uma taxa de mortalidade igual a $1/80$.

Seja a_0 a quantidade de abelhas no início do período da hibernação e

$$s_1 = \left(1 - \frac{1}{80}\right) = \frac{49}{80} = 0.9875$$

a taxa de sobrevivência diária da colmeia.

Podemos determinar, por recorrência, a quantidade de abelhas em cada dia, neste período de hibernação:

$$\begin{aligned} a(0) &= a_0 \\ a(1) &= s_1 a_0 \\ a(2) &= s_1(a(1)) = s^2 a_0 \\ &\vdots \\ a(n) &= s_1^n a_0 \end{aligned} \qquad (4.31)$$

Assim, no final do período de hibernação (aproximadamente 120 dias), temos

$$a(120) = s_1^{120} a_0 = (0.9875)^{120} a_0 = 0.221 a_0$$

ou seja, a colmeia foi reduzida a 22.1% do valor inicial a_0. A partir de então começa a atividade na colmeia, com o início de postura da rainha. Se consideramos que o tempo de desenvolvimento do ovo é 21 dias como nos modelos anteriores, e que a vida média da operária é agora reduzida para 40 dias, teremos nos próximos 21 dias a equação:

$$A(\tau) = \left(\frac{39}{40}\right)^\tau 0.0221 a_0 \quad \text{com } 0 \le \tau \le 21 \qquad (4.32)$$

e portanto, $A(21) \simeq 0.13 a_0$ será a quantidade de abelhas remanescente quando começarem a nascer as novas operárias. Supondo que todos os ovos sejam viáveis, teremos a cada dia $\alpha(t)$ abelhas, onde

$$\begin{aligned} \alpha(0) &= 0.13 a_0 + D_1 \\ \alpha(1) &= (0.975)\alpha(0) + D_2 = (0.975)(0.13 a_0) + 0.975 D_1 + D_2 \\ \alpha(2) &= (0.975)\alpha(1) + D_3 = 0.975^2(0.13 a_0) + 0.975^2 D_1 + 0.975 D_2 + D_3 \\ &\vdots \\ \alpha(t) &= (0.975)^t(0.13 a_0) + 0.975^t D_1 + \cdots + 0.975 D_t + D_{t+1} \end{aligned}$$

ou seja,

$$\alpha(t) = (0.975)^t(0.31 a_0) + \sum_{j=0}^{t}(0.975)^j D_{t+1-j} \quad \text{se } 1 \le t \le 240 \qquad (4.33)$$

Usando a equação (4.30), podemos formular o modelo matemático que expressa a dinâmica desta colmeia por meio de 3 submodelos:

$$\begin{cases} a_n = s_1^n a_0, & s_1 = 0.9875 & 0 \le n \le 120 \\ A_n = 0.221 s_2^{(n-120)} a_0, & s_2 = 0.975 & 120 \le n \le 141 \\ \alpha_n = 0.221 s_2^n a_0 + \sum_{j=141}^{n} s_2^{(141-j)} D_{n+1-j} & & 141 \le n \le 381. \end{cases} \qquad (4.34)$$

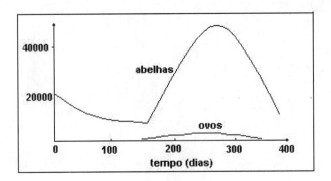

Figura 4.10: Dinâmica de uma colmeia em clima frio.

Tomando $a_0 = 20000$ e usando as expressões do modelo populacional (4.34), podemos encontrar numericamente a quantidade de abelhas em cada instante e obtemos o seguinte gráfico (fig. 4.10) para a população da colmeia:

Projeto 4.2. Construa um modelo contínuo para a dinâmica desta colmeia e estime a quantidade de abelhas que nasce em 1 ano.

4.3.2 Tema: MAÇÃ

Maçã

A escolha deste tema deu-se em 3 ocasiões diferentes em que desenvolvemos cursos de aperfeiçoamento para alunos de matemática em Guarapuava e Palmas (1988–89) cidades situadas na região sul do estado do Paraná e grandes produtoras desta fruta. Daremos aqui um resumo dos problemas levantados obedecendo mais ou menos a ordem em que aparecem. A parte inicial da pesquisa é feita por grupos de alunos através da *etnografia* realizada pelo levantamento de campo, baseado na experiência dos pesquisadores e intimamente ligado ao contexto social peculiar de sua cultura específica. Em seguida passa-se à análise dos dados levantados ou *etnologia*. Esta análise necessita de outros retornos ao campo. O levantamento dos problemas foi quase sempre uma consequência dos dados coletados. Os problemas mais gerais e abrangentes foram incentivados pelos instrutores.

Etnografia

O cultivo da macieira deve ter sido iniciado há 25 milhões de anos, tendo como centro de origem a região entre o Cáucaso e o leste da China. No império Romano, a cultura da macieira já estava bastante difundida. Presume-se no entanto, que o desenvolvimento das espécies atuais tenha-se iniciado após o final da última era glacial, portanto, há 20.000 anos. As migrações dos povos euroasiáticos colaboraram para a disseminação das formas primitivas das macieiras atuais.

O início das plantações brasileiras ocorreu, provavelmente no município de Valinhos, estado de São Paulo, pelo fruticultor Batista Bigneti que, em 1926, tinha plantas da Cultivar Ohio Beauty.

Com a criação em 1928 da Estação Experimental de São Roque, em São Paulo, pelo Instituto Agronômico de Campinas, foi dado o passo inicial na pesquisa sobre macieira no Brasil.

Desde o plantio até a armazenagem da maçã, vários fatores podem ser considerados:

Escolha do Terreno Dentro de uma propriedade existem, frequentemente, grandes variações quanto à capacidade da área em atender às exigências do cultivo eficaz da macieira. A escolha dos campos mais adequados é importante para o sucesso da atividade. O local escolhido necessita de proteção natural contra o vento ou então deve-se implantar quebra-ventos.

O solo Baseado na análise do solo, faz-se a correção da acidez com calcário dolomítico (cálcio e magnésio) e, quando ultrapassa 4 toneladas por hectare, aplica-se em duas parcelas, metade antes da aração e metade na gradeagem.

A aração Deve ser feita com 40cm de profundidade, subsolagem aproximadamente de 60cm, eliminando totalmente a quantidade de raízes existentes no solo. Durante a aração ou subsolagem poderá ser feita a incorporaç ão do calcário.

É aconselhável, no caso de destoca, o plantio de outras culturas mais ou menos por 2 anos, pois raízes apodrecidas contém certos fungos que poderão atacar as raízes da macieira e posteriormente causam o apodrecimento da planta toda.

Preparo das covas As covas deverão ser na proporção de 80cm por 80cm com 50cm de profundidade. Durante a abertura da cova, deve-se separar a primeira camada de terra, que é a mais fértil, para que possa ser misturada com adubo.

A demarcação das covas, deve ser feita sempre em curvas de níveis, para evitar a erosão do solo.

Dependendo da declividade do terreno, deve-se demarcar terraços para contenção das águas, marcando as covas entre os terraços. Dependendo das variedades, as distâncias variam de 4m a 5m entre ruas e de 2m a 3m entre plantas. Como exemplo, podemos citar a *Gala* que pode ser plantada a 4m por 2m e a *Fuji*, 5m por 3m.

Preparo das mudas Para sobre-enxertia, usa-se uma das variedades polinizadoras como *Gala, Golden Delicius, Fuji, Meorose* etc. A enxertia pode ser finalizada em garfagem ou "encosta de topo", realizadas no fim de inverno ou início de verão. Como a medida pode ser provisória, até que a variedade sobre-enxertada comece a florescer, pode ser usada a técnica de colocar ramos floríferos de outra variedade que floresça na mesma época no meio do pomar. Para isso, deve-se cortar os ramos floríferos da variedade polinizadora com flores abertas ou botões.

Capinas As capinas podem ser feitas manualmente, limpando-se um metro de cada lado das macieiras, até o terceiro ano ou podem ser plantadas culturas anuais entre as ruas como arroz, feijão, enfim, plantas rasteiras.

Herbicidas Aconselha-se o uso de herbicidas de contato, evitando-se pulverizar as folhas da macieira. O uso direto de herbicidas não é recomendado, pois destrói as camadas orgânicas da terra.

Pulverização No controle da sarna e podridão dos frutos, deve-se usar, no mínimo, três produtos para evitar a resistência das doenças aos produtos utilizados.

O máximo de aplicações de produtos químicos ao ano é de 16 a 20 aplicações.

Floração A floração dura aproximadamente 15 dias. Neste período, a polinização pode ser prejudicada com temperaturas negativas ou acima de 25°C, pois provoca o abortamento da flor. Da mesma forma, 2 ou 3 dias seguidos de chuvas, em plena florada, poderá prejudicar a produção.

A macieira é uma planta de polinização cruzada, o que implica que se deva ter dois tipos de macieira no pomar. A polinização depende também de insetos: comprovadamente, a planta melhor polinizada é aquela que tem apicultura em seu meio.

Raleamento dos Frutos Quando começam a se formar as pencas dos frutos, deve-se fazer o raleamento. Numa penca de cinco esporões, retira-se três, deixando dois para que haja mais espaço para o crescimento das maçãs.

Chuvas de Granizo Para prevenir contra chuvas de granizo, usa-se foguetes antigranizo com alcance de 2.000m de altura que chegam nas nuvens e explodem em contato com o gêlo, diminuindo as partículas que caem em forma de chuva.

Os foguetes com alcance acima de 2.000m necessitam de radares para detectar a presença de aviões e só podem ser lançados com autorização do exército.

Colheita O ponto de colheita pode ser determinado pelas colorações da semente, da polpa, ou da região pistilar, pelo despreendimento fácil do pendúnculo, pelo intervalo de tempo desde a plena florada até a maturação do fruto e, finalmente, pelo teste de iodo que é o mais preciso.

Armazenagem O armazenamento das frutas é feito nas câmaras frigoríficas. Antes de entrar na câmara fria, a maçã recebe um banho, atravessando um tanque de água gelada ($-3°$C), sobre uma esteira circulante, durante 25 minutos, saindo numa temperatura média de 6.5°C.

A temperatura média da câmara é de 1.5^0 C e tem capacidade para armazenar 600 bins (caixas). As maçãs podem permanecer na câmara de 5 a 8 meses até a sua comercialização. Se as maçãs forem comercializadas imediatamente à colheita, então dispensa-se o trabalho do banho e do armazenamento em câmaras.

Inicia-se então a secagem e classificação. As frutas são retiradas da câmara fria e levadas para o classificador onde são separadas as estragadas. Recebem um jato de água passando dali para a desumidificação e polimento. Em seguida, vão para o secador com temperatura de 45°C e, finalmente, é feita a classificação.

A classificação se dá pelo peso e também pelo tamanho das maçãs que são acondicionadas em caixas com capacidade de 20kg. Cada caixa comporta de 88 a 250 unidades.

Comercialização De todas as variedades, as mais procuradas são, na ordem, as *Fuji, Meorose, Vilicharpe, Goldeana, Gala* e outras.

Os maiores consumidores são S. Paulo (50%), Rio de Janeiro (20%) e Paraná (20%).

Custo de Produção O custo de produção em 1988 estava distribuído na seguinte proporção:

Mão de obra	-	10.0%
Tração animal ou mecânica	-	5.2%
Fertilizantes	-	17.4%
Agrotóxicos	-	2.2%
Mudas e custos fixos	-	65.2%

Etnologia

A complexidade dos problemas levantados pelos alunos do curso de especialização evolui gradativamente. Inicialmente são propostas questões diretas buscando resultados imediatos de aplicação elementar de matemática e que podem ser classificados como *resolução de problemas*. Por exemplo:

Problema 1 – Como calcular o volume de uma maçã

Aqui o processo de modelagem se dá na evolução dos conceitos matemáticos empregados para resolver o problema:

a. *Utilizando a fórmula do volume da esfera*

- Perímetro: $P = 2\pi R = 24$cm (medido com o auxílio de um barbante (figura 4.11) que circunda a maçã);
- Volume: $V = 4\pi r^3/3$.

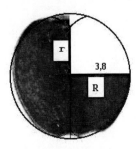

Figura 4.11: Medindo a circunferência da maçã com um barbante.

Da medida do perímetro obtem-se $r = 3.8197$cm que, aplicado na fórmula do volume de uma esfera nos dá um valor "aproximado" superior ao volume da maçã:

$$V_{(maçã)} = 4 \times 3.1416 \times (3.8197)^3/3 = 233.44 \text{cm}^3.$$

Cortando-se a maçã ao meio (no sentido longitudinal), mede-se o raio r do círculo inscrito na face plana da maçã: $r = 2.3$cm, e obtem-se um valor mínimo para o volume da maçã:

$$V_{min} = \frac{4}{3}\pi r^3 = 50.96 \text{cm}^3.$$

Tomando a média, entre o máximo (anterior) e este mínimo, tem-se

$$V_{(maçã)} \simeq (233.44 + 50.96)/2 = 141.72 \text{cm}^3.$$

b. *Utilizando o teorema de Pappus*

"Seja Ω uma região plana situada no mesmo plano de uma reta r e totalmente contida em um dos lados determinados por r. Seja h a distância entre o centroide de Ω e a reta r, e A a área de Ω. Então, o volume V do sólido de revolução, gerado pela rotação de Ω ao redor do eixo r, é dado por $V = 2\pi h A$."

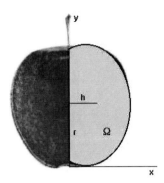

Figura 4.12: Volume da maçã pelo Teorema de Pappus.

A figura mostra uma meia fatia de maçã e h é determinado experimentalmente com linhas suspensas.

A área A é determinada geométricamente num papel quadriculado:

$$\begin{aligned} A &= 14.69\text{cm}^2 \\ h &= 1.8\text{cm} \end{aligned} \implies V = 2\pi h A = 166.14\text{cm}^3.$$

c. *Fatiando a maçã*

(i) Retângulos internos

$$V = \sum_{i=1}^{19} \pi \Delta (r_i)^2 = 176.93\text{cm}^3.$$

Usamos $\Delta = 0.2$cm e $\dfrac{3.8}{0.2} = 19$ fatias cilíndricas.

(ii) Retângulos externos

$$V = \sum_{i=1}^{19} \pi \Delta (r_i)^2 = 188.03\text{cm}^3.$$

Volume total $\simeq (176.93 + 188.03)/2 = 182.48\text{cm}^3$.

d. *Usando integração*

(i) Aproximando a configuração do corte central da maçã por uma circunferência.

Figura 4.13: Fatiando a maçã.

Figura 4.14: Usando integração para calcular o volume da maçã.

O volume de cada fatia é dado por

$$V_i = \pi y^2 \Delta x.$$

Volume total:

$$V = 2\int_0^{3.8} \pi y^2 dx = 2\pi \left(-\frac{x^3}{3} + 14.44\right)\bigg|_0^{3.8} \Longrightarrow V = 229.85148 \text{cm}^3.$$

(ii) Aproximando por uma parábola $y = ax^2 + bx + c$

Pontos dados da curva: $P_1 = (3.8, 0)$, $P_2 = (0, 2.1)$ e $P_3 = (1, 3)$.
P_2 nos dá $y = ax^2 + bx + 2.1$. P_1 e P_3 fornecem o sistema

$$\begin{cases} 14.44a + 3.8b &= -2.1 \\ a + b &= 0.9 \end{cases}$$

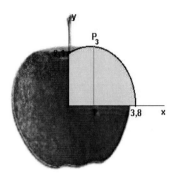

Figura 4.15: Aproximando o formato da maçã por uma parábola.

de onde $a = -0.5188$ e $b = 1.4188$ e, portanto, $y = -0.5188x^2 + 1.4188x + 2.1$.
Usando integral, podemos determinar o volume do sólido de revolução da parábola ("aproximadamente" metade do volume da maçã). Assim,

$$V_{(\text{maçã})} = 2\pi \int_0^{3.8} (-0.5188x^2 + 1.4188x + 2.1)^2 dx = 142.404 \text{cm}^3.$$

Observação 4.5. *Os modelos matemáticos empregados para a avaliação do volume de uma maçã obedecem a uma sequência gradual em termos de complexidade conceitual. Isto não implica necessariamente que o grau de aproximação do resultado obtido seja proporcional à complexidade do modelo. Neste caso específico, um processo mecânico seria o mais indicado para a avaliação, tanto em termos de simplicidade como de precisão: Mergulha-se a maçã num recipiente cheio de água e o volume do líquido deslocado é igual ao volume da maçã. Neste caso, o volume encontrado foi de $179 cm^3$.*

Observação 4.6. *A maioria dos problemas "diretos" que são levantados no início do processo de modelagem dizem respeito à Geometria dos objetos relacionados com o tema em estudo. Este destaque para a parte visual é predominante no início de todo curso de Modelagem. Os questionamentos mais elaborados e que exigem uma reflexão maior começam a surgir com a pesquisa de campo, e os métodos estatísticos são fundamentais neste estágio da modelagem.*

A coleta inicial de dados obtidos pelos cursistas estão na tabela 4.3:

A coleta de dados relativos ao cultivo da maçã favoreceram o levantamento dos seguintes problemas:

a. Influência das baixas temperaturas no período de "dormência da planta" sobre a produção de maçãs.

b. Análise da necessidade de ampliação da capacidade de estocagem a frio com o aumento da produção na região.

Safra ano	Produção (toneladas)	Pés produtivos	Produção/p é (kg)	Temperatura P. D. ^{0}C
81-82	655	138.190	4.7	14.9
82-83	733	192.960	4.0	15.0
83-84	2.100	192.960	10.9	14.2
84-85	2.415	192.960	12.5	14.3
85-86	3.700	408.319	9.1	14.4
86-87	3.800	418.319	9.1	14.9
87-88	4.214	395.805	10.6	14.3
88-89	3.872	388.300	10.0	14.0

Fonte: Secretaria do Estado da Agricultura e Abastecimento do Paraná.

Tabela 4.3: Produção de Maçã no Município de Palmas e Temperatura do Período de Dormência.

c. Estudo comparativo sobre o tipo de porta-enxertos empregados na obtenção de mudas.

4.4 Análise de dados (Métodos estatísticos)

Para uma abordagem inicial destes problemas, os testes de hipóteses e análise da correlação entre variáveis, utilizados em Estatística (veja [20]), fornecem condições para um aprimoramento futuro dos modelos. Daremos aqui apenas uma amostra destes argumentos. Não estamos preocupados em mostrar todos os modelos formulados na ocasião e sim dar uma ideia dinâmica obtida com a modelagem, tanto no levantamento de questões como na evolução dos modelos.

Análise da correlação entre a temperatura de "dormência" e a produção

A hipótese inicialmente formulada é de que a temperatura ambiente em que a planta permanece em estado de dormência, ocorrendo entre os meses de abril a setembro, tem uma influência significativa na produção dos frutos.

Considerando $\overline{P}$ a produção média por pé entre os anos 81-89 e $\overline{T}$ a temperatura média de dormência (temperatura média entre os meses de abril a setembro nos anos de 1981 a 1989), temos:

O coeficiente de correlação de Pearson é dado por

$$\rho = \frac{\sum (T - \overline{T})(P - \overline{P})}{\sqrt{\sum (T - \overline{T})^2} \sqrt{(P - \overline{P})^2}},$$

ou seja,

$$\rho = \frac{-6.280}{\sqrt{62.772}} = \frac{-6.280}{7.923} = -0.793 \Rightarrow \rho^2 = 0.6287.$$

Rodney Carlos Bassanezi

T	P	$T - \overline{T}$	$P - \overline{P}$	$(T - \overline{T})(P - \overline{P})$	$(T - \overline{T})^2$	$(P - \overline{P})^2$
14.9	4.7	0.4	-4.16	-1.664	0.16	17.301
15.0	4.0	0.5	-4.86	-2.430	0.25	23.620
14.2	10.9	-0.3	2.04	-0.612	0.09	4.162
14.3	12.5	-0.2	3.64	-0.728	0.04	13.245
14.4	9.1	-0.1	0.24	-0.024	0.01	0.058
14.9	9.1	0.4	0.24	0.096	0.16	0.058
14.3	10.6	-0.2	1.74	-0.348	0.04	3.028
14.0	10.0	-0.5	1.14	-0.570	0.25	1.300
$\overline{T} = 14.5$	$\overline{P} = 8.86$	0	0	$\sum = -6.280$	1	$\sum = 62.772$

Tabela 4.4: Cálculo do Coeficiente de Correlação de Pearson de Produção e Temperatura.

o que indica uma influência direta de T, da ordem de 62.87%, sobre a produção P.

É fato conhecido (na literatura) que as fruteiras de clima temperado necessitam de temperatura baixa após entrarem no período de dormência. É nesta fase que a macieira descansa e se prepara para nova germinação. Neste período, não deve haver variações bruscas de termperaturas o que poderia provocar uma germinação prematura, ocasionando uma produção inferior.

Estudos realizados por volta de 1923 mostram que as temperaturas ideais para a macieira situam-se abaixo de 7.2°C, no inverno.

Estas considerações propiciaram a pesquisa sobre a variação da temperatura no período de dormência. As tabelas 4.5 e 4.6 fornecem os dados para a pesquisa.

Temperatura Mínima Mensal							
Ano	82	83	84	85	86	87	88
Abril	11.2	12.9	11.3	13.4	13.2	14.0	11.9
Maio	7.7	12.3	10.2	7.3	9.9	7.5	8.8
Junho	8.7	7.7	8.9	6.6	8.1	5.9	7.0
Julho	7.8	9.5	8.1	6.4	7.6	11.3	5.4
Agosto	9.6	8.6	7.0	9.5	8.8	7.6	8.8
Setembro	10.5	8.0	8.6	10.2	9.3	9.1	11.3
Média	9.25	9.83	9.02	8.9	9.48	9.23	7.88

Fonte: Instituto Agronômico do Paraná - IAPAR - Palmas.

Tabela 4.5: Temperatura Mínima no período de dormência da macieira no Município de Palmas.

Observação 4.7. *Nossa intenção é oferecer ao leitor uma série de dados colhidos pelos alunos para que possa propor suas questões e desenvolver seus próprios modelos.*

| Temperatura Média Mensal |||||||
Ano	82	83	84	85	86	87	88
Abril	17.4	17.6	16.2	17.8	18.0	18.4	16.5
Maio	13.7	15.5	15.6	13.8	15.2	12.3	12.9
Junho	13.5	11.5	14.2	12.5	14.0	12.0	11.9
Julho	13.7	13.4	13.6	12.4	12.8	16.0	11.3
Agosto	15.4	14.2	11.8	14.7	14.4	13.1	14.9
Setembro	16.7	13.1	14.8	15.6	15.0	14.3	17.0
Média	15.0	14.2	14.3	14.4	14.9	14.3	14.0

Fonte: Instituto Agronômico do Paraná - IAPAR - Palmas.

Tabela 4.6: Temperatura média no período de dormência da macieira no Município de Palmas.

Deixamos aqui, como sugestão, um problema interessante para o leitor, ou seja, aplicar um teste da hipótese H_0: "a produção por pé foi uniforme entre as safras de 1981 a 1989".

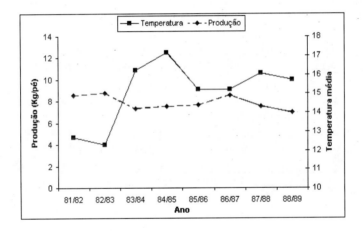

Figura 4.16: Produção e temperatura.

Eficiência de Enxertos

A coleta de dados foi executada pelos próprios estudantes no CAM (Centro Agropecuário Municipal de Guarapuava):

- O canteiro de mudas possui forma retangular e é composta de 14 filas (ruas) de 23.40m de comprimento;

- O canteiro foi dividido em lotes de 5.85m de comprimento;

- Fez-se um sorteio dos lotes, considerando as variáveis enxertos plantados, mortos e vingados e os 3 tipos de porta-enxertos.

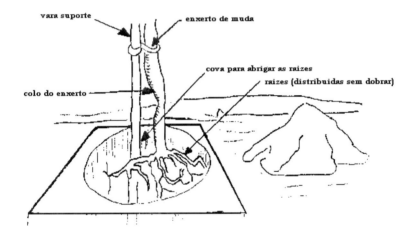

Figura 4.17: Preparo das mudas (esquema explicativo).

Tabelas dos Dados de Enxerto de Acordo com os Porta-enxertos

a. Porta enxerto MM106

Plantas (por fila)	Enxertos mortos (por fila)
42	4
51	5
41	3
39	4
$\Sigma = 173$	$\Sigma = 16$

Tabela 4.7: MM106$\rightarrow \overline{X} = 9.3\%$.

b. Porta enxerto MM111

Enxertos (por fila)	Enxertos mortos (por fila)
46	11
47	12
50	10
53	7
$\Sigma = 186$	$\Sigma = 40$

Tabela 4.8: MM111$\rightarrow \overline{X} = 21.5\%$.

c. Porta enxerto EM7

Enxertos (por fila)	Enxertos mortos (por fila)
24	6
44	12
17	5
$\Sigma = 85$	$\Sigma = 23$

Tabela 4.9: EM7$\rightarrow \overline{X} = 27.0\%$.

Teste para Verificação do melhor tipo de Porta-Enxerto (Testes de Hipóteses)

O teste será feito entre os enxertos do tipo MM111 e EM7, supondo que:

$$H_0 : p_2 - p_1 = 0 \qquad (4.35)$$
$$H_1 : p_2 - p_1 > 0$$

onde, p_2 = representa o enxerto do tipo EM7 e p_1 = o enxerto do tipo MM111.

Da tabela 4.8 têm-se que:

$$\widetilde{p}_1 = \sum_{i=1}^{\infty} \frac{p_i}{n} = \frac{40}{186} = 0.215$$
$$\widetilde{q}_1 = 1 - 0.215 = 0.785$$
$$S_1^2 = \widetilde{p}_1 \widetilde{q}_1 = 0.168775$$
$$n_1 = 186.$$

Da tabela 4.9, tira-se que:

$$p_2 = 0.27, \quad \widetilde{q}_2 = 0.73, \quad S_2^2 = 0.1971, \quad n_2 = 85.$$

Supondo $\alpha = 5\%$, o grau de liberdade será:

$$V = n_1 + n_2 - 2 = 186 + 85 - 2 \Longrightarrow V = 269.$$

Como o grau de liberdade é muito grande, isto é, maior que 120, então o valor crítico da distribuição de Student é constante, logo para $\alpha = 5\%$, temos $t_{n_1+n_2-2} = 1.645$

$$\widetilde{p}_2 - \widetilde{p}_1 \simeq N(\widetilde{p}_2 - \widetilde{p}_1, \widetilde{\sigma}^2),$$

onde:

$$\widetilde{\sigma}^2 = S^2 = \frac{(n_1 - 1) \cdot S_1^2 + (n_2 - 1)S_2^2}{n_1 + n_2 - 2} =$$

$$= \frac{(186 - 1) \cdot 0.1687 + 84 \cdot 0.1971}{186 + 85 - 2} = 0.1775 \Longrightarrow S = 0.241.$$

Para H_0 tem-se que:

$$\frac{\widetilde{p}_2 - \widetilde{p}_1 - (p_2 - p_1)}{S\sqrt{\frac{1}{186} + \frac{1}{85}}} = t_{\text{obs.}},$$

mas, $p_2 - p_1 = 0$ para H_0, então

$$t_{\text{obs.}} = \frac{0.055}{0.421 \cdot \frac{1}{186} + \frac{1}{85}} = 0.9978.$$

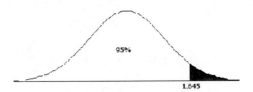

Figura 4.18: Distribuição Gaussiana.

Por outro lado, temos que $t_{n_1+n_2-2} = 1.645$.

Como $0.9978 < 1.645$, conclui-se que H_0 é aceita como verdadeira, isto é, o porta-enxerto MM111 e o EM7 são estatisticamente iguais, possuindo a mesma média para os que não vingam.

O mesmo teste entre os porta-enxertos do tipo MM111 e MM106, mostra que os porta-enxertos MM106 vingam mais do os EMM7.

Observamos que, se quiséssemos, de fato, comparar os três tipos simultaneamente, seria mais indicado o teste de Tukey (veja [20]).

4.5 Modelos Variacionais

Na formalização dos modelos variacionais o conteúdo matemático é baseado nas equações diferenciais ordinárias e equações de diferenças. Faremos em seguida alguns exemplos dos modelos desenvolvidos pelos cursistas.

4.5.1 Processo de Resfriamento da Maçã

A maçã deve passar por um processo de resfriamento para ser estocada. Antes de entrar na câmara fria que está à uma temperatura média de $1.5°C$, a maçã recebe um banho num tanque à uma temperatura de $-3°C$. A passagem pelo tanque é feira sobre uma esteira circulante e dura cerca de 25 minutos. O objetivo deste banho é baixar a temperatura da maçã para cerca de $6°C$. Na saída do tanque, a temperatura da maçã é avaliada (por amostragem) e, caso não tenha atingido o valor ideal para estocagem, o lote de maçãs deve passar novamente pelo tanque. Este processo de retorno ao tanque, além de atrasar a estocagem, ocupa uma maior mão de obra. Este transtorno ocorre porque a temperatura do meio ambiente é variável e a velocidade da esteira é constante (a máquina é construída para atender à termperatura ambiente de, no máximo, $26°C$).

A questão colocada pelos cursistas foi a seguinte: *Como mudar a velocidade da esteira para que cada lote passe uma única vez pelo tanque?*

Um primeiro enfoque desta questão foi considerar o seguinte problema:

"Se a maçã entra no tanque a uma temperatura T_0, quantos minutos deve permanecer neste banho para sair com uma temperatura de 7°C?"

A lei de resfriamento de Newton supõe que a *variação da temperatura é proporcional à diferença de temperatura do objeto e do ambiente* (em condições ideais).

O Modelo Matemático que traduz a lei de Newton pode ser dado por uma equação de diferença (veja Cap. 2):

$$T_{t+1} - T_t = k(T_t - T_a) \tag{4.36}$$

onde:

- T_1 = temperatura da maçã no instante t;

- T_0 = temperatura inicial (quando entra no tanque);

- T_a =temperatura ambiente (do tanque) igual a $-3°C$;

- k = coeficiente de resfriamento da maçã.

Solução: A equação (4.36) pode ser reescrita por

$$T_{t+1} = (k+1)T_t - kT_a \tag{4.37}$$

que é uma fórmula de recorrência para qualquer valor T_t, uma vez que $T_a = -3$, e T_0 é dado.

A solução de (4.37) pode ser obtida usando o processo de recorrência:

$$\begin{aligned}
T_1 &= aT_0 + b \qquad \text{(tomando } a = k+1 \text{ e } b = -kT_a) \\
T_2 &= aT_1 + b = a^2T_0 + ab + b \\
T_3 &= aT_2 + b = a^3T_0 + a^2b + b \\
&\vdots \\
T_n &= a^nT_0 + b(a^{n-1} + a^{n-2} + \cdots + a + 1)
\end{aligned} \tag{4.38}$$

O termo entre parêntesis de (4.38) é a soma de uma P.G. de razão $a > 1$, então

$$T_n = a^nT_0 + b\frac{a^n - 1}{a - 1}, \qquad \text{ou} \tag{4.39}$$

$$T_n = a^n\left(T_0 + \frac{b}{a-1}\right) - \frac{b}{a-1} \tag{4.40}$$

Se considerarmos que a temperatura média inicial da maçã é 25°C e que,depois de passar pela esteira durante 25 minutos, sua temperatura é $T_{25} = 6.5°C$, podemos calcular o valor de $k = a - 1$.

De (4.40) podemos escrever:

$$T_n = (k+1)^n (T_0 - T_a) + T_a \tag{4.41}$$

Logo,

$$6.5 = (k+1)^{25} \cdot 28 - 3 \Longrightarrow$$

$$(k+1)^{25} = \frac{9.5}{28} \Longrightarrow k+1 = \ln\left(\frac{9.5}{28}\right)/25 \Longrightarrow$$

$$k = -0.043236.$$

Considerando a solução (4.41), podemos escrevê-la:

$$T_t = (0.95676)^t \cdot (T_0 - T_a) + T_a \tag{4.42}$$

com T_0 e T_a dados.

Se quisermos o tempo que deve permanecer no tanque de resfriamento em função da temperatura final T_f (depois de passar pelo tanque), usamos a equação (4.42) e obtemos:

$$(0.95676)^t = \frac{T_{t_f} - T_a}{T_0 - T_a} \Longrightarrow$$

$$t = -22.623 \ln\left(\frac{T_{t_f} - T_a}{T_0 - T_a}\right) \tag{4.43}$$

Se $T_a = -3$ e se estabelecermos fixa a temperatura $T_f = 6.5$ no fim do banho, podemos tirar t em função de T_0 (temperatura inicial da maçã).

A seguinte tabela fornece os valores de t para $T_f = 6.5°C$ e $T_f = 7°C$.

O valor de t^* é o tempo ideal, superestimado para a maçã permanecer no tanque.

Da tabela 4.10, vemos que se $T_0 \leq 26°C$, então 25 minutos no tanque é tempo suficiente para se ter $T_{t_f} \leq 7°C$.

Se $26°C < T_0 < 32°C$, o banho deveria durar até 30 minutos; e se estiver num dia bem quente onde $32°C \leq T_0 \leq 38°C$, então o tempo necessário para a maçã atingir a temperatura $7°C$ chega a ser 33 minutos.

O estudo do resfriamento da maçã proporciona estabelecer um sistema de catracas no mecanismo da esteira de modo que a máquina trabalhe com velocidades variáveis.

Construção de uma esteira ideal

Dados da máquina original:

a. Distância de percurso da esteira (o mesmo que o comprimento do tanque) é $\ell = 1430$cm.

b. Raio da catraca é $r_1 = 11$cm;

c. Tempo de percurso $t = 25$ minutos.

	$T_{tf} = 6.5°C$			$T_{tf} = 7°C$			
T_0	$\ln \dfrac{9.5}{T_0+3}$	t_c	t	$\ln \dfrac{10}{T_0+3}$	t_c	t	t^*
19	-0.83975	19.42	19'25"	-0.78845	18.23	18'14"	19'
20	-0.88420	20.45	20'27"	-0.83291	19.26	19'15"	20'
21	-0.92676	21.43	21'26"	-0.87547	20.25	20'15"	21'
22	-0.99675	22.37	22'32"	-0.91629	21.20	21'12"	22'
23	-1.006804	23.28	23'17"	-0.9555	22.1	22'6"	23'
24	-1.044545	24.15	24'15"	-0.99325	22.97	22'58"	23'
25	-1.08091	25	25'	-1.030	23.80	23'48"	24'
26	-1.09199	25.8	25'48"	-1.0647	24.60	24'36"	25'
27	-1.149905	26.59	26'36"	-1.098123	25.40	25'24"	26'
28	-1.1826954	27.35	27'21"	-1.131402	26.17	26'10"	27'
29	-1.2144441	28.08	28'5"	-1.1632	27	27'	28'
30	-1.2452157	28.8	28'48"	-1.193922	27.6	27'3"	28'
31	-1.2750687	29.49	29'29"	-1.223775	28.30	28'18"	29'
32	-1.3040562	30.16	30'10"	-1.25276	29	29'	30'
33	-1.3322271	30.81	30'49"	-1.28093	29.62	29'37"	31'
34	-1.3596261	31.44	31'26"	-1.30833	30.25	30'15"	31'
35	-1.3862943	32.06	32'4"	-1.33500	30.87	30'52"	32'
36	-1.4122270	32.62	32'37"	-1.36098	31.5	31'3"	32'
37	-1.437588	33.25	33'15"	-1.3863	32	32'	33'
38	-1.4622803	33.8	33'48"	-1.41098	32.63	32'37"	33'

Tabela 4.10: Temperatura inicial × tempo necessário para atingir T_{tf}.

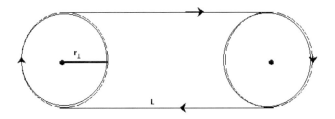

Figura 4.19: Catraca.

Logo a velocidade da esteira é

$$v_1 = \frac{1430}{25} = 57.2 \text{cm/min}.$$

O perímetro da catraca é $p_1 = 2\pi r_1 = 69.12$cm, logo a velocidade da catraca é:

$$w_1 = \frac{57.2\text{cm/min}}{69.12\text{cm}} - 0.8275 \quad \text{voltas por minuto.} \tag{4.44}$$

Hipótese: *"A velocidade de uma catraca é inversamente proporcional ao quadrado do seu raio".*

Esta lei traduzida para a linguagem matemática fornece o seguinte modelo

$$w = \frac{c}{r^2}, \quad \text{onde } c \text{ é contante.} \tag{4.45}$$

No caso específico em que temos uma velocidade angular constante (rotação do motor), podemos ter a velocidade w de uma catraca de raio r dada por:

$$\frac{w}{w_1} = \left(\frac{r_1}{r}\right)^2 \quad \text{ou} \quad w = \frac{100.1275}{r^2} \tag{4.46}$$

De (4.46) tiramos que a velocidade da esteira é dada por

$$v = 2\pi r w = \frac{2\pi r (100.1275)}{r^2} = \frac{629.12}{r}\text{cm/min.}$$

onde v mede o avanço da correia em cm por minuto.

Como o comprimeto do tanque é $\ell = 1430$cm, o tempo gasto para percorrê-lo é dado por

$$t = \frac{l}{v} = 1430\frac{r}{629.12} = 2.273r \tag{4.47}$$

donde concluímos que o tempo de percurso é proporcional ao raio da catraca (quando a velocidade angular é constante).

Para

$$t = 25' \implies r \simeq 11\text{cm}$$
$$t = 30' \implies r \simeq 13.20\text{cm}$$
$$t = 33' \implies r \simeq 14.52\text{cm}$$

Desta forma, em uma máquina com um sistema de mudança de catracas (como nas bicicletas) poder-se-ia organizar o banho da maçã num tempo ideal.

Observação 4.8. *O resultado desta modelagem foi levado para a indústria que se mostrou muito interessada em providenciar o aprimoramento da máquina.*

Observação 4.9. *A modelagem do mesmo fenômeno, utilizando como modelo matemático as equações diferenciais, não oferece, neste caso, nenhuma vantagem em relação aos resultados obtidos com as equações de diferenças. Pode, entretanto, ser aplicado no sentido de ampliar o horizonte matemático, isto é, como processo de ensino-aprendizagem, reescrevendo a equação (4.36) na forma*

$$\frac{dT}{dt} = k(T - T_a).$$

Paradoxo de Arquimedes

Considere dois círculos concêntricos C_R e C_r de raios R e r, com $R > r$. O círculo maior desliza sobre uma reta e um ponto P de C_R, apoiado no início nesta reta, descreve uma trajetória (cicloide) quando C_R dá um giro completo. No mesmo instante em que C_R completa a volta também C_r dá um giro completo. Assim, um ponto P' do círculo menor C_r que, inicialmente, está situado na reta perpendicular à reta de deslizamento, continua ainda na mesma posição na reta vertical, apesar de ter percorrido uma trajetória menor[a].

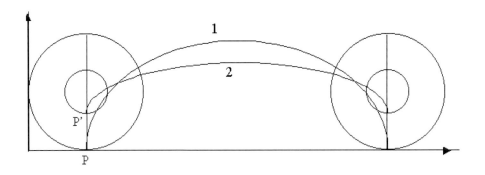

Paradoxo de Arquimedes.

---

[a] A velocidade de rotação do círculo maior é toda convertida na velocidade do ponto P:

$$|v(OP)| = R(\alpha - sen\alpha)i + R(1 - \cos\alpha)j.$$

A velocidade do ponto P' do círculo menor tem uma componente rotacional e uma translacional:

$$\left|v(OP')\right| = (\alpha R - r sen\alpha)i + (R - r\cos\alpha)j.$$

Para $\alpha = 0$ ou $\alpha = 2\pi$, as componentes dos pontos P e P', na direção i, são iguais a αR.

4.5.2 Propagação de Doenças

A armazenagem das maçãs é feita em câmaras frigoríficas onde são depositadas em caixas de madeira (bins) sobrepostas e que comportam até 380Kg de fruta (corresponde a 2500 frutas aproximadamente). Quando alguma fruta está contaminada com "*podridão*", a doença se propaga rapidamente contaminando as outras frutas ao seu redor – em 7 dias, metade das maçãs da caixa está contaminada.

Neste caso, o questionamento se refere ao processo de comprometimento de um estoque de maçãs sujeito à contaminação das frutas.

Dados do problema e variáveis essenciais

- $P = P(t)$ é a população contaminada (número de frutas podres);

- L = população total em um bin = 2500;

- t = tempo de propagação (em dias);

- se $P_0 = P(0) = 1$, então $P(12) \simeq 0.8L$ (aproximadamente, em 12 dias 80% das maçãs estão podres).

Hipótese: *"A velocidade de propagação da doença é proporcional à proximidade entre uma maçã contaminada e uma sadia".*

Modelo

A velocidade de propagação pode ser entendida como o aumento (em relação ao tempo) da quantidade de maçãs podres.

Usando, neste caso, um modelo contínuo para a variação populacional, temos que

$$\frac{dP}{dt} \text{ representa a velocidade de propagação.}$$

Como a população total é constante e igual a L, temos que a população sadia é dada por $S = L - P$.

Então, da hipótese formulada para a epidemia, podemos escrever o seguinte modelo:

$$\begin{cases} \dfrac{dP}{dt} = kP(L - P) \\ \\ P_0 = 1 \end{cases} \tag{4.48}$$

onde k é a taxa de contaminação (considerada constante para cada doença).

Na equação (4.48), estamos supondo que a "proximidade" (ou encontro) entre as frutas contaminadas e as sadias é modelada como sendo proporcional ao produto delas. Isto é uma aproximação um tanto grosseira da realidade, uma vez que cada fruta pode encostar em um número reduzido de outras frutas.

Nota: O contato entre esferas (de mesmo raio) é um problema interessante e deixamos para o leitor!

Solução: Separando as variáveis e integrando (4.48), obtemos

$$\int \frac{dP}{P(L - P)} = \int k dt$$

A primeira integral pode ser resolvida com o método das frações parciais

$$\int \frac{dP}{P(L-P)} = \int \frac{1/L}{P}dP + \int \frac{1/L}{L-P}dP = \tag{4.49}$$

$$= \frac{1}{L}\ln P - \frac{1}{L}\ln(L-P) + C_1 \tag{4.50}$$

$$= \frac{1}{L}\ln\left(\frac{P}{L-P}\right) + C_1 \tag{4.51}$$

Como

$$\int kdt = kt + C_2 \tag{4.52}$$

temos de (4.49 e 4.52) que

$$\frac{P}{L-P} = Ce^{kLt} \quad (C \text{ constante arbitrária}). \tag{4.53}$$

Explicitando a variável P em função de t, temos

$$P(t) = \frac{LCe^{kLt}}{1 + Ce^{kLt}} \quad (\text{solução geral}). \tag{4.54}$$

Considerando agora a condição inicial, $P(0) = 1$ e $L = 2500$, determinamos a constante C:

$$1 + C = LC \implies C = \frac{1}{L-1} \simeq 4.10^{-4} \simeq \frac{1}{L}$$

Portanto,

$$P(t) = \frac{Le^{kLt}}{L + e^{kLt}} = \frac{L}{Le^{-kLt} + 1} \tag{4.55}$$

Temos a informação que, quando 1 maçã está contaminada então, depois de 15 dias 80% das frutas da mesma caixa, estarão podres, isto é, $P(12) \cong 0.8L$ - Substituindo este valor na equação (4.55), obtemos a taxa de contaminação k:

$$0.8L = \frac{L}{Le^{-12kL} + 1} \implies 0.8Le^{-12kL} = 0.2$$

ou

$$-12kL = \ln\left(\frac{1}{4L}\right) \implies k = -\frac{1}{12L}\ln\left(\frac{1}{4L}\right). \tag{4.56}$$

Por outro lado, se quisermos fazer previsões da propagação da doença, devemos ter $t(tempo)$ em função da porcentagem de frutas contaminadas, isto é, $P = aL$. Assim, substituindo este valor na equação de $P(t)$ (4.55), obtemos:

$$aL = \frac{L}{Le^{-kLt} + 1} \implies aLe^{-kLt} + a = 1$$

ou

$$e^{-kLt} = \frac{1-a}{aL} \implies -kLt = \ln\left(\frac{1-a}{aL}\right) \tag{4.57}$$

Aplicando o valor de k (4.56) em (4.57), obtemos

$$t = -\frac{1}{kL}\ln\left(\frac{1-a}{aL}\right) = \frac{12}{\ln(\frac{1}{4L})}\ln\left(\frac{1-a}{aL}\right) \tag{4.58}$$

Por exemplo, para se ter 50% das frutas podres ($a = 0.5$) em um bin com 2500 maçãs, o tempo será:

$$t = \frac{12}{\ln(\frac{1}{4L})}.\ln\left(\frac{1}{L}\right) = -1.30288\ln\left(\frac{1}{L}\right) \simeq 10.19 \text{ dias}$$

Se $a = 0.9$, devemos ter $t = -1.30288.\ln\left(\frac{1}{9L}\right) \simeq 13.06$ dias.

Se $a = 0.99$, então $t = -1.30288\ln(\frac{0.01}{0.99L}) \simeq 16.18$, ou seja, praticamente depois de 16 dias todo estoque de um bin estará estragado!

Projeto 4.3. Um modelo mais realista de epidemiologia poderia ser tentado, considerando:

- Um modelo discreto;

- O contato efetivo entre as frutas (tomadas como esferas);

- A MANASA, produtora de maçãs tem investido muito dinheiro na divulgação de seu produto, que é relativameute caro e não consumido pela população de baixa renda. A preocupação da empresa, bem como do governo, é ampliar o plantio em pequenas e médias propriedades e popularizar o consumo de maçãs. Um projeto interessante para modelagem é o estudo da *propaganda* × *consumo*. Neste caso, use a hipótese que "*o efeito da propaganda é proporcional ao encontro de uma pessoa informada com uma desinformada.*"

Projeto 4.4. Procure criar novos modelos usando os dados sobre maçã, fornecidos no início deste parágrafo e na seguinte tabela.

Idade do pomar	nº frutas	kg/planta	ton/ha
3º ano	15 a 20	3 a 4	2 a 3
3º/4º ano	40 a 50	8 a 10	6 a 8
5º/6º ano	80 a 100	14 a 16	11 a 13
6º/7º ano	120 a 140	20 a 22	1 a 18
7º/8º ano	150 a 180	28 a 30	22 a 24
8º ano em diante	200 a 240	38 a 40	30 a 32

Tabela 4.11: Quantidade de frutas por pé.

Problema 4.1. Se o peso das maçã em um bin é 375kg, qual a pressão exercida sobre a última camada de maçãs?
Sugestão: pressão = peso/área.

Problema 4.2. Numa região limitada estão plantadas 60 macieiras. Cada árvore produz, em média, 400 frutos. A cada árvore nova que se plante nesta região sua influência negativa é de 4 frutos sobre as demais. Quantas árvores devem existir neste terreno para que a produção seja máxima?
Sugestão: use conceitos elementares de matemática e cálculo diferencial!
Resp: 80 árvores.

Problema 4.3. Classificação de maçãs:
Na $1^{\underline{a}}$ hora são classificadas 876 maçãs, condicionadas em caixas dos tipos X, Y e Z, conforme seus tamanhos, e se obtém 4 caixas de X, 2 caixas de Y e 2 caixas de Z. Na $2^{\underline{a}}$ hora, 826 maçãs em 2 caixas de X, 4 caixas de Y e 2 caixas de Z. Na $3^{\underline{a}}$ hora, 978 maçãs em 2 caixas de X, 2 caixas de Y e 6 caixas de Z. Se as caixas têm o mesmo volume, quantas maçãs de cada tipo cabem em uma caixa?
Resp: 125 do tipo X, 100 do tipo Y e 88 do tipo Z.

4.5.3 Tema: Vinho

Introdução

O *vinho* foi um dos temas escolhidos num curso de Especialização para 28 professores de Matemática, desenvolvido na Universidade de Ijui (R.S.) – UNIJUI, no período de férias escolares em 1989 e 90. Os outros temas escolhidos na ocasião foram: madeira, ranicultura e missões jesuítas.

As justificativas para a escolha do vinho como tema e da Modelagem como estratégia de aprendizagem de Matemática, podem ser resumidas nos dizeres dos próprios alunos participantes do projeto: *"Em nosso trabalho a escolha da situação – problema está ligada à cultura do povo da região. O cultivo da videira foi trazido pelos colonizadores italianos no início do século e desde então a produção do vinho tornou-se essencial para a economia do município... Uma das tendências mais recentes em Educação Matemática, aponta para a necessidade de integrar o ensino desta ciência com o de outras áreas, em todos os níveis. Para que este processo aconteça e para que a Matemática seja valorizada como disciplina, e nos ajude a entender e até modificar o meio em que vivemos, utilizamos a Modelagem Matemática com o objetivo de associar sua teoria à prática..."*

O trabalho foi dividido em etapas, distribuídas nas férias (julho - 89 e janeiro - 90).

Inicialmente foram feitas visitas às granjas da região e entrevistas com produtores – Os dados colhidos foram completados com pesquisa bibliográfica. A pesquisa *etnológica* e o histórico do tema ocuparam a primeira etapa do processo. Em seguida foram levantados problemas que utilizaram conteúdos de *nível elementar* como a geometria e construção das pipas ou tonéis. No módulo de *Estatística* foram trabalhados os dados colhidos na pesquisa inicial; Ajustes de curvas e testes de hipóteses são bastante frequentes nesta etapa.

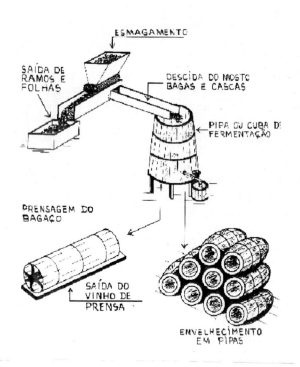

Esquema de fabricação de vinho.

A necessidade de melhores ajustes propiciaram a introdução dos *métodos numéricos e computacionais*. Inicialmente, vistos com certa desconfiança pelos professores do ensino fundamental, não acostumados ao seu uso em salas de aula, as calculadoras e os microcomputadores passaram a fazer parte integrante do processo de modelagem. O objetivo principal desta etapa foi mostrar a utilidade das máquinas como instrumento de ensino, inclusive em nível elementar.

Na etapa final, as questões levantadas foram mais complexas e abrangentes e suas interpretações e soluções foram obtidas com conteúdos da *Álgebra Linear*, *Cálculo Diferencial e Integral*, *Equações Diferenciais* etc. Estas disciplinas não foram trabalhadas como num curso regular onde o conteúdo é sequenciado, simplesmente utilizamos o básico necessário para resolver cada problema proposto.

Em relação ao vinho, os questionamentos principais foram: *fabricação de pipas, fermentação do mosto, comercialização, produção* e *teor alcoólico*. O processo de construção de pipas foi descrito no parágrafo 2.2.3 do Cap. 2 para exemplificar a formulação de modelos estáticos e a etno-matemática utilizada pelo "seu" Joaquim. A seguir mostraremos alguns problemas trabalhados pelos alunos usando a formulação dinâmica.

Processo de Fermentação do Vinho branco

O gráfico da figura 4.20 mostra a variação de temperatura e da densidade do *mosto* (uva esmagada que está sendo fermentada) durante a fabricação do vinho branco (22 dias).

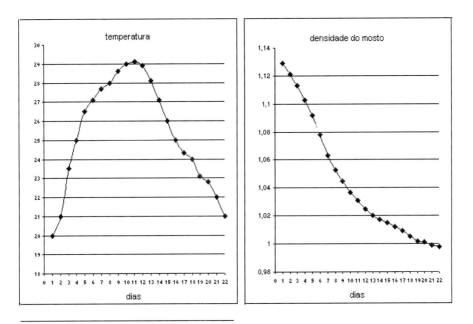

Figura 4.20: Densidade e temperatura no processo de vinificação (vinho branco). Fonte: Gobatto, D. C. (1943).

A massa do mosto se mantem quase constante durante o processo de fermentação. O volume aumenta o que acarreta a diminuição da densidade do mosto. O consumo de açúcar pelas leveduras cresce com o tempo produzindo o álcool enquanto que a temperatura do mosto varia conforme o gráfico 4.20. Com estas informações já podemos selecionar algumas variáveis essenciais que participam do processo de fabricação de vinho: *Volume, Densidade, Açúcar* e *Temperatura* do mosto, *Teor Alcoólico do vinho* e *População de Leveduras*. Todas estas variáveis são dependentes do *tempo*. Outras variáveis também podem ser detectadas no processo de fermentação (veja esquema mosto/vinho). Na verdade, todas estas variáveis interagem simultaneamente. Um modelo matemático único que contemple todas as interações pode ser tão complexo quanto inútil, uma vez que muitos parâmetros teriam suas medidas prejudicadas. Neste caso, como em muitos outros similares, é preferível fazer o estudo destas variáveis separadamente como se estivessem isoladas.

Relação entre mosto e vinho produzido

mosto	fermentação	vinho resultante
12° Baumé	anidrido carbônico 99 vapores e aromas 12	12.6° álcoól
$\rho = 1.091 g/cm^3$ $V = 1000 cm^3$		$\rho = 0.9928 g/cm^3$ $V = 977 cm^3$
água: 858 cm^3 açúcares: 212 gr sais orgânicos: 15 gr ácidos livres: 3 gr sais minerais: 2 gr	água	água: 854 cm^3 açúcar: 1.8 gr sais orgânicos: 3.7 gr ácidos fixos: 4.3 gr sais minerais: 1.1 gr glicerina: 6.2 gr
subst. nitrogenados: 1 gr		subst. nitrogenados: 1 gr ácidos voláteis: 0.5 gr aldeídos, éteres e aromas: 0.4 gr
	açúcar álcool outros	
Total: 1091 gr		**Total**: 970 gr

Fonte: Enotecnia Industrial -Aquarone, Almeida e Borzane, 1983.

Relação entre volume e densidade

A uva esmagada é depositada numa pipa para fermentar. Durante o processo de fermentação ocorre a elevação da temperatura e o desprendimento de gás carbônico. Elevando-se a temperatura, há uma variação na densidade do *mosto*, pois as moléculas do composto começam a vibrar com maior intensidade e, expandindo-se, irão ocupar um volume maior, diminuindo pois a sua densidade.

Resultados experimentais fornecem os seguintes dados (tabela 4.12) para uma massa $m = 100g$ de mosto:

A questão proposta inicialmente foi a seguinte: Qual ajuste de curva é mais conveniente para os dados da tabela 4.12?

a. Uma regressão linear fornece a reta que melhor se " ajusta" aos pontos.

A reta ajustada aos valores dados $\rho = aV + b$ pode ser obtida pelo *método dos quadrados mínimos* (veja capítulo 2, parágrafo 3.1). Assim, se os pontos da tabela são

Período (dias)	V_i: volume (cm^3)	ρ_i :densidade (g/cm^3)
1	87	1.149
2	92	1.087
3	97	1.031
4	102	0.980
5	107	0.936

Tabela 4.12: Volume $\times$ densidade do mosto.

$(V_i, \rho_i), 1 \leq i \leq n$ (número de pontos), então os coeficientes da reta ajustada devem satisfazer o seguinte sistema:

$$
\begin{bmatrix} n & \sum_{i=1}^{n} V_i \\ \\ \sum_{i=1}^{n} V_i & \sum_{i}^{n} V_i^2 \end{bmatrix}
\begin{bmatrix} a \\ \\ b \end{bmatrix}
=
\begin{bmatrix} \sum_{i}^{n} \rho_i \\ \\ \sum_{i}^{n} V_i \rho_i \end{bmatrix}
$$

No caso do problema específico tem-se que

$$\rho = \rho(V) = 2.07062 - 0.01066V$$

com erro da ordem de 0.0021.

b. A regressão quadrática significa um ajuste dos pontos (tipo "mínimos quadrados") por uma parábola $y = a + bx + cx^2$, o que é equivalente a resolver o sistema:

$$
\begin{bmatrix} n & \sum V_i & \sum V_i^2 \\ \\ \sum V_i & \sum V_i^2 & \sum V_i^3 \\ \\ \sum V_i^2 & \sum V_i^3 & \sum V_i^4 \end{bmatrix}
\begin{bmatrix} a \\ \\ b \\ \\ c \end{bmatrix}
=
\begin{bmatrix} \sum \rho_i \\ \\ \sum V_i \rho_i \\ \\ \sum V_i^2 \rho_i \end{bmatrix} .
$$

Com os dados da tabela 4.12, temos

$$\rho(V) = 2.9057 - 0.0276392\,V + 8.57705 \times 10^{-5}\,V^2$$

com erro da ordem de 0.0019.

c. O ajuste por uma curva exponencial do tipo

$$\rho = ae^{bV} ,$$

fornece a equação

$$\rho = 2.894 \exp(-0.106V)$$

dados reais		valores ajustados		
V_i	ρ_i	Reta	Parábola	Exponencial
87	1.15	1.146	1.503	1.149
92	1.09	1.091	1.089	1.089
97	1.03	1.036	1.032	1.033
102	0.98	0.981	0.979	0.979
107	0.93	0.926	0.930	0.929
	Erro	8.36×10^{-3}	2.39×10^{-3}	3.51×10^{-3}

Tabela 4.13: Ajustes.

Como podemos ver, da tabela 4.13, todos os ajustes são aparentemente "razoáveis" para as curvas adotadas, o que não significa que possam ser usados para *previsões* de densidades ρ quando V não estiver no intervalo [87, 107].

Fazer ajustes de curvas é um primeiro passo para a construção de modelos, eles fornecem a forma da curva no intervalo dos pontos dados. No entanto, o *modelo matemático* de um fenômeno estudado somente poderá ser considerado como tal quando suas previsões forem significativas. Por exemplo, sabemos que dada uma massa m constante, a densidade do mosto ρ tende a zero somente quando V "cresce muito" ($V \to \infty$). Agora, se considerarmos a reta $\rho = 2.103 - 0.011V$ como modelo , teremos que $\rho = 0$ quando $V = 191.18cm^3$. Assim, a reta não é um bom modelo para se prever a densidade em função do volume.

A formulação de um modelo matemático deve considerar, além da parte experimental, fatores intrínsecos dos fenômenos avaliados.

Se considerarmos os valores ρ_i e V_i da tabela 4.12 e tomarmos o seu produto $\rho_i V_i$ observamos que, para todo i, tal produto é aproximadamente igual a 100 (sabemos que a massa do mosto é m =100g). Então, podemos inferir que um modelo razoável, relacionando densidade e volume é dado por:

$$\rho = \frac{m}{V} \tag{4.59}$$

isto é, *a densidade absoluta do mosto é a relação entre sua massa e o volume ocupado por ela.* Portanto, a densidade indica a massa contida na unidade de volume do corpo. O modelo que obtivemos, neste caso, é um resultado bastante conhecido.

Densidade do mosto no processo de vinificação

A produção de vinho envolve uma etapa de fermentação na qual as leveduras atuam sobre o mosto transformando o açúcar da uva em álcool. Inicialmente este processo é um pouco lento devido à baixa concentração de bactérias, acelerando com sua reprodução. A densidade do mosto diminui proporcionalmente ao aumento da população de leveduras, ocorrendo uma elevação da temperatura. A partir de certo instante, a diminuição da densidade é desacelerada tornando-a, praticamente, estável. A temperatura, depois de atingir um valor máximo, diminui, tendendo à temperatura ambiente. O processo atinge um estágio de equilíbrio quando a concentração de glicose é muito baixa e portanto, cessa a atividade das leveduras.

Como a densidade do mosto está relacionada com a atividade das leveduras que, por sua vez, está relacionada com sua população, concluimos que podemos modelar a densidade utilizando algum modelo de dinâmica populacional. Vamos usar o modelo logístico invertido para a densidade que diminui e tende a se estabilizar.

Uma análise superficial de variação da densidade ρ através da sua configuração (figura 4.21) nos permite dizer que:

a. No início do processo de vinificação a densidade $\rho_0 = 1.132 g/cm^3$, decrescendo até seu valor mínimo 0.993 g/cm^3, depois de 22 dias quando o vinho está pronto;

b. A variação máxima de ρ ocorre entre o 5$^{\underline{o}}$ e o 7$^{\underline{o}}$ dias, onde a curva muda de concavidade;

c. A forma de curva $\rho = \rho(t)$ se assemelha a de uma "logística invertida"; uma explicação para este fato é que a densidade (ou o volume) está intimamente relacionada com a população de leveduras que atuam sobre o açúcar, e inibida pelas limitações inerentes ao processo de vinificação;

d. O valor mínimo medido de ρ é 992.8 gr/cm^3, quando termina a fabricação, mas não a fermentação pois, ainda existe uma pequena quantidade (1.8g) de açúcar no vinho.

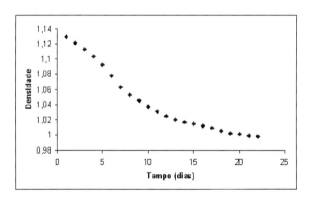

Figura 4.21: Curva de tendência da densidade do mosto.

Observe que o conjunto de dados da densidade, conforme sua configuração (figura 4.20), não pode ser modelado pelo modelo logístico tradicional pois a densidade decresce com o tempo. Precisamos fazer uma alteração no conjunto de pontos para que a sequência de densidades decrescente se torne crescente. Isto pode ser feito facilmente subtraindo todos os valores δ_i do valor inicial δ_0. Chamaremos de D_i a sequência modificada $D_i = \delta_0 - \delta_i$. Estes novos valores podem ser encontrados na coluna "Dados Invertidos" da tabela 4.14. O gráfico da figura 4.22 mostra a tendência dos novos valores.

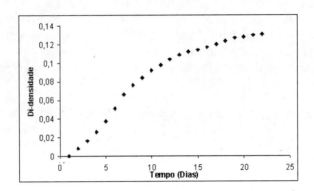

Figura 4.22: Tendência dos valores invertidos da densidade.

Agora temos um conjunto de dados muito parecido com a equação logística. Primeiramente, para modelar os valores D_i, vamos estimar um valor para o limite desta sequência. Uma das maneiras de se fazer isto é usarmos o fato de que uma sequência atinge seu limite quando a sua taxa de crescimento relativa é igual a zero. Se considerarmos o modelo logístico para D_i, devemos ajustar a taxa de crescimento relativa $r_i = \dfrac{D_{i+1} - D_i}{D_i}$ por uma reta

$$r = aD + b.$$

Assim, quando $r = 0$, temos $D = -\dfrac{b}{a} = D_\infty$ e $r = b$ quando $D = 0$.

A equação da reta ajustada é

$$r = -2.6439D + 0.3503$$

Podemos ver que a taxa de crescimento r é nula quando $D = 0.13249$, valor que pode ser usado como uma estimativa para D_∞, limite da sequência D_i.

Agora basta trabalharmos com este resultado na equação logística para ajustá-la de forma a representar bem os dados. O modelo logístico, neste caso, é dado por:

$$D(t) = \dfrac{D_0 D_\infty}{D_0 + (D_\infty - D_0)e^{-at}} \tag{4.60}$$

onde $D(t)$ é o valor da densidade invertida, isto é, $D(t) = \delta_0 - \delta(t)$; $D_\infty = \lim_{i \to \infty} D_i$ é o valor limite; $a = 0.3503$ é obtido do ajuste linear de r tomando $D = 0$.

Assim,

$$D(t) = \dfrac{0.13249 \times 0.008}{0.008 + (0.13249 - 0.008)e^{-0.3503t}} \tag{4.61}$$

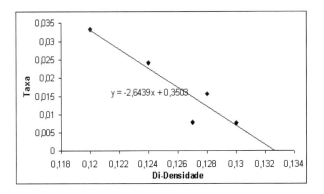

Figura 4.23: Ajuste do crescimento relativo r.

Observação 4.10. *Consideramos $D_0 = 0.008$ (densidade invertida do $2^{\underline{o}}$ dia) como sendo a condição inicial do problema, porque se tomássemos $D_0 = 0$ não poderíamos ter uma logística. Justifique!*

Agora, como a densidade é dada por $\delta(t) = \delta_0 - D(t)$, então o modelo 1 que descreve a sua tendência temporal é:

$$\delta(t) = 1.129 - \frac{0.00106}{0.008 + 0.1245 \exp(-0.3503t)} \tag{4.62}$$

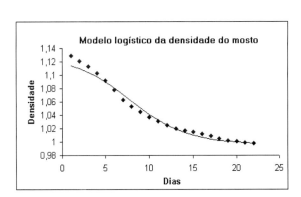

Figura 4.24: Modelo logístico e dados experimentais da densidade do mosto no processo de vinificação.

Outra forma de encontrar os valores dos parâmetros da equação logística é isolar a no modelo logístico (4.60):

$$a = -\frac{1}{t} \ln\left(\frac{D_0(D_\infty - D(t))}{D(t)(D_\infty - D_0)}\right) \quad \text{ou} \quad a_i = \frac{1}{i} \ln\left[\frac{D_0(D_\infty - D_i)}{D_i(D_\infty - D_0)}\right]. \tag{4.63}$$

E então, dado D_0 e D_∞ teremos vários valores a_i, um para cada D_i. Assim, podemos escolher o valor de a que melhor se ajusta ao conjunto de dados. Neste caso específico encontramos $a = 0.344455$.

O *modelo 2* é equivalente ao *modelo 1* (4.62) considerando agora $a = 0.344455$:

$$\delta(t) = \delta_0 - \frac{D_0 D\infty}{D_0 + (D_\infty - D_0)\exp(-at)}$$

A tabela 4.14, mostra os resultados dos dois modelos.

dia	densidade	temperatura	Dados invertidos	Taxa de crescimento	Modelo 1	Modelo 2
1	1.129	20	0		1.114329	1.11798376
2	1.121	21	0.008	1	1.109838	1.11396763
3	1.113	23.5	0.016	0.625	1.104262	1.10873165
4	1.103	25	0.026	0.42307692	1.097513	1.10208973
5	1.092	26.5	0.037	0.37837838	1.089596	1.09395102
6	1.078	27.1	0.051	0.29411765	1.080642	1.08439081
7	1.063	27.7	0.066	0.15151515	1.070923	1.0737027
8	1.053	28	0.076	0.10526316	1.060833	1.06239455
9	1.045	28.6	0.084	0.0952381	1.050831	1.05110726
10	1.037	29	0.092	0.06521739	1.041361	1.04047709
11	1.031	29.1	0.098	0.06122449	1.032776	1.031
12	1.025	28.9	0.104	0.04807692	1.025294	1.02295523
13	1.02	28.1	0.109	0.02752294	1.018995	1.01640572
14	1.017	27.1	0.112	0.01785714	1.013844	1.01125253
15	1.015	26	0.114	0.2631579	1.009731	1.00730583
16	1.012	25	0.117	0.02564103	1.006509	1.00434511
17	1.009	24.3	0.12	0.03333333	1.004022	1.00215838
18	1.005	24	0.124	0.02419355	1.002126	1.00056182
19	1.002	23.1	0.127	0.00787402	1.000691	0.99940594
20	1.001	22.8	0.128	0.015625	0.999614	0.9985742
21	0.999	22	0.13	0.00769231	0.99881	0.99797833
22	0.998	21	0.131		0.99821	0.99755279

Tabela 4.14: Comparação entre os modelos 1 e 2, e os dados experimentais.

Temperatura

No processo de vinificação observa-se também que a temperatura é variável no tempo (veja figura 4.20). Deixaremos a cargo do leitor os procedimentos para formular um modelo que relacione a temperatura com a a ção das bactérias (fermentação). Chamamos a atenção para o fato de que a temperatura máxima é obtida quando a *variação da densidade* do mostro também está em torno de seu valor máximo (ponto de inflexão da curva).

Faremos aqui apenas *um ajuste* (e não um modelo!) da curva da temperatura em função do tempo. A temperatura é uma variável que depende da densidade e esta por sua vez varia com o tempo. Nosso objetivo é simplesmente, mostrar graficamente estas relações. Vamos considerar o tempo t como sendo um parâmetro, e as variáveis densidade δ e temperatura T, como sendo dadas por funções paramétricas – Assim, a relação entre as variáveis é uma curva paramétrica em $\mathbb{R}^3$, dada por:

$$\begin{cases} \delta = f(t) & - \quad \text{obtida do modelo logístico 2} \\ T = g(t) & - \quad \text{obtida através de um ajuste polinomial} \\ t = t & - \quad t \text{ é o parâmetro tempo.} \end{cases}$$

Um ajuste razoável para $T = T(t)$, no intervalo $0 \leq t \leq 22$, pode ser obtido usando-se o Excel e um polinômio de 3º grau:

$$T(t) = 0.0039t^3 - 0.2067t^2 + 2.8842t + 16.636 \tag{4.64}$$

O gráfico tridimensinal da curva paramétrica e suas projeções nos 3 planos é facilmente obtido, usando-se o programa "*Mathematica*", considerando:

```
f[x_] := 1.129-0.00105992/(0.008+(0.12449) Exp[-0.344455x])
g[x_] := 0.0039x^3-0.2067x^2+2.8842x+16.636
```

Apenas precisamos lembrar que os intervalos de valores das densidades e das temperaturas são muito diferentes, é portanto devemos colocá-los em escalas semelhantes para facilitar a visualização das curvas:

```
p[x_] = 20*(f[x]-1.13)/0.131
```

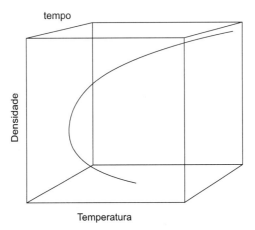

Figura 4.25: Curva paramétrica da densidade e temperatura em função do tempo.

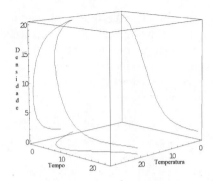

Figura 4.26: Projeção da curva paramétrica nos planos.

Densidade do mosto e quantidade do açúcar consumida pelas leveduras

O consumo de açúcar que é transformado em álcool, pela ação das leveduras, tem a configuração da figura 4.27.

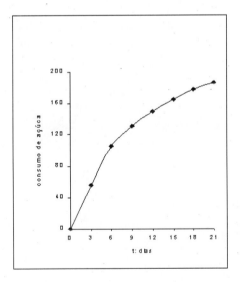

Figura 4.27: Consumo de açúcar pela levedura EMBRAPA-880, em função do tempo. Fonte: Revista do vinho, nº 1- Julho/Agosto 1987.

Do gráfico (figura 4.27) tiramos a tabela 4.15; seja $\{a_i\}_{0\leq i\leq 21}$ a sequência dos valores do açúcar consumido pela levedura no processo de vinificação. Inicialmente desejamos obter o valor limite desta sequência.

t_i: tempo	a_i: açúcar consumido	a_{i+1}	A_i: açúcar restante	a: modelo
0	0	55.68	205.22	0
3	55.68	105.27	149.54	58.389
6	105.27	130.51	99.95	100.165
9	130.51	149.64	74.71	130.055
12	149.64	165.31	55.58	151.441
15	165.31	177.48	39.91	166.742
18	177.48	186.18	27.74	177.690
21	186.18	191.61	19.04	185.523

Tabela 4.15: Açúcar consumido $a_i \times$ tempo t_i.

Como a_i é uma sequência crescente e limitada, então é convergente e tende para o mesmo valor que a sequência a_{i+1} da qual eliminamos o primeiro elemento. O limite pode ser obtido pelo método de Ford-Walford (conf. Cap. 2), resolvendo o sistema

$$\begin{cases} a_{i+1} = \alpha a_i + \beta \\ a_{i+1} = a_i \end{cases} \tag{4.65}$$

Um ajuste linear com os valores de a_{i+1} e a_i da tabela 4.15, fornece a equação da reta $a_{i+1} = 0.7147a_i + 58.549$ e a resolução do sistema (4.65) nos dá $a_\infty \simeq 205.22$.

A curva do açúcar restante no mosto (figura 4.28) é obtida, considerando a regressão exponencial dos pontos $A_i = a_\infty - a_i$:

$$A(t) = 205.3e^{-0.1116t} \tag{4.66}$$

Portanto, a equação para o açúcar consumido até o instante t, é dado por

$$a(t) = a_\infty - A(t) = 205.3[1 - e^{-0.116t}] \tag{4.67}$$

Do ponto de vista do fenômeno biológico estudado na vinificação, pode ser constatado que quanto mais açúcar existir no mosto, maior será a atividade das leveduras. Isto nos leva a formular a hipótese:

"A variação da quantidade de açúcar consumido é proporcional à quantidade existente, em cada instante".

A afirmação acima pode ser traduzida pelo modelo:

$$\begin{cases} \dfrac{da}{dt} = k(a_\infty - a) \\ \\ \text{com } a(0) = 0 \text{ e } a_\infty = \text{quantidade de açúcar no início da vinificação.} \end{cases} \tag{4.68}$$

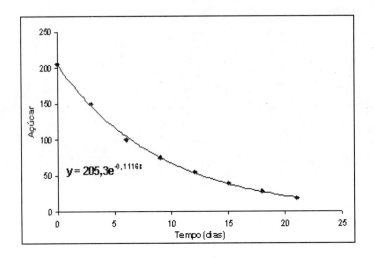

Figura 4.28: Açúcar restante no mosto.

Separando as variáveis e integrando (4.68), obtemos

$$a(t) = a_\infty - ce^{-kt}$$

Usando a condição inicial $a(0) = 0$, obtemos que $c = a_\infty$. Assim

$$a(t) = a_\infty(1 - e^{-kt}) \qquad (4.69)$$

é o modelo de consumo de açúcar, em cada instante, no processo de vinificação.

A equação (4.67) e a solução (4.69) do modelo (4.68) têm a mesma estrutura matemática embora tenham sido obtidos por meios completamente distintos.

A equação (4.67) é simplesmente um ajuste de dados experimentais enquanto que (4.69) foi obtido da conjectura sobre a atividade das leveduras.

Podemos, neste caso, considerar (4.67) como um *modelo particular* da fabricação de um vinho específico, caracterizado por possuir, no início da fermentação, 205.22 g/l de açúcar.

Se considerarmos a equação (4.69), funcional para todo tipo de vinho, podemos utilizá-la para calcular o coeficiente de atividade das leveduras k no caso da fabricação do vinho branco dado no *esquema* anterior.

Neste caso, temos $a_\infty = 212 g/l$ e $A(22) = 1.84/l$. Aplicando estes valores em (4.69), obtemos $a(22) = 212 - 1.84 \cdot 2 = 210.157 = 212(1 - e^{-22k})$ e portanto

$$k = -\frac{\ln(1 - \frac{210.157}{212})}{22} \simeq 0.2157$$

ou seja, a taxa de variação do açúcar consumido, relativamente ao existente, é de 0.2157/dia.

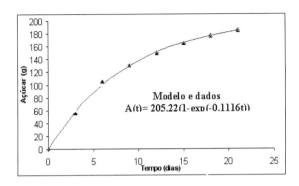

Figura 4.29: Ajuste do modelo de consumo de açúcar no processo de vinificação.

Alcoolismo

Nos últimos três anos, o consumo nacional de vinho cresceu 35%, alcançando 2 litros per capita ao ano, irrisórios para os apreciadores de Luxemburgo, que bebem 70 litros, e até diante dos argentinos, cuja marca é de 40 litros.

O estudo sobre "Dosagem Alcoólica no Sangue" foi realizado por um grupo de cursistas em um programa de Especialização realizado na PUCCAMP em 1998. A princípio, o objetivo deste grupo era utilizar modelagem matemática como estratégia para entender o processo da "Fabricação de Cerveja". A própria evolução do curso fez com que, deste tema específico, fixassem como objetivo principal a análise da capacidade humana de ingerir bebidas alcoólicas.

Observação 4.11. *Os modelos formulados nesta seção poderiam ter sido desenvolvidos também em outros programas de especialização de professores que realizamos quando o tema vinho foi escolhido em Ijui ou quando o tema uva foi escolhido em Barretos.*

Antes de iniciar o processo de formulação de modelos matemáticos os cursistas procuraram obter o máximo possível de informações à respeitodo fenômeno a ser analisado. Não importa se todas as informações qualitativas, e mesmo as quantitativas, serão utilizadas nos modelos matemáticos. Os cursistas devem decidir sobre quais questões serão abordadas do ponto de vista da modelagem matemática, e o instrutor deve servir apenas como guia no caminho escolhido por eles. Alguns dados experimentais foram colhidos em reuniões de confraternização dos cursistas, usando o *bafômetro* construído pelos próprios estudantes. Um bafômetro utilizado pela Polícia Rodoviária, com a supervisão de um agente, foi usado no sentido de validar o aparelho dos cursistas.

No caso da modelagem do alcoolismo destacaremos as informações que foram coletadas, tanto para o entendimento do fenômeno quanto para a formulação dos modelos:

- O alcoolismo é caracterizado pela dependência do etanol. Do ponto de vista médico, é uma doença crônica na qual o alcoolista deseja e consome etanol sem saciedade, tornando-se cada vez mais tolerante aos seus efeitos (embriaguez). O álcool é considerado uma droga psicodisléptica, isto é, está incluído entre as substâncias que desestruturam a atividade mental, produzindo quadros semelhantes às psicoses: delírios, alucinações e sensação de despersonalização;

- A absorção do álcool ocorre através da via oral na forma de bebida alcoólica onde sua concentração oscíla em torno de 4% nas cervejas, 11% nos vinhos e 40% nas destiladas.

- Depois da ingestão oral, cerca de 20% do álcool é absorvido a nível de mucosa estomacal e o restante nas primeiras porções do intestino delgado. Tais absorções dependem de uma enorme quantidade de variáveis (tipo de bebida, PH do meio, fatores fisiológicos individuais etc).

- Apenas 2 a 10% do etanol absorvido é eliminado inalterado, ocorrendo esta eleminação principalmente através da urina e pulmões, sendo o restante oxidado no organismo.

- A principal manifestação da intoxicação pelo etanol é a depressão do sistema nervoso central. A tabela seguinte mostra uma relação entre o teor alcoólico no sangue e o estado de embriaguez (dados obtidos na literatura).

Quando uma pessoa ingere bebidas alcoólicas, o álcool passa do estômago/intestino para a corrente sanguínea e este processo leva de 20 a 30 minutos, dependendo de uma série de fatores (peso corporal, capacidade de absorção do sistema digestivo e graduação alcoólica da bebida). A consequência é a intoxicação, que varia de uma leve euforia até o estado de

Etanol no sangue(g/L)	Teor alcoólico (%)	Estágio	Sinais clínicos/ sintomas
0.1 a 0.5	0.01 a 0.06	sobriedade	Nenhuma influência aparente. Testes especiais revelam pequenos transtornos subclínicos.
0.3 a 1.2	0.04 a 0.14	euforia	Suave euforia. Sociabilidade. Descréscimo das inibições. Diminuição da atenção, julgamento e controle. Perda da eficiência em testes especiais.
0.9 a 2.5	0.11 a 0.30	excitação	Instabilidade emocional. Descréscimo das inibições. Perda do julgamento crítico. Enfraquecimento da memória e da compreensão. Descréscimo da resposta sensitiva. Alguma incoordenação muscular.
1.8 a 3.0	0.22 a 0.36	confusão	Estado emocional exagerado (medo, aborrecimento, aflição, etc.) e da percepção às cores, formas, movimentos e dimensões. Debilidade no equilíbrio, descoordenação muscular, vacilação no modo de andar e dificuldade na fala.
2.7 a 4.0	0.32 a 0.48	estupor	Apatia, inércia geral. Diminuição marcada das respostas aos estímulos. Descoordenação muscular com instabilidade para andar. Vômitos, incontinência da urina e fezes. Debilidade da consciência.
3.5 a 5.0	0.42 a 0.56	coma	Completa inconsciência, coma, anestesia. Debilidade e abolição dos reflexos. Incontinência da urina e das fezes. Dificuldades circulatórias e respiratórias. Morte possível.
Acima de 4.5	0.54	morte	Parada respiratória.

Tabela 4.16: Concentração do etanol no sangue e seus efeitos.

estupor alcoólico. Como uma das consequências, a capacidade da pessoa para dirigir veículos é altamente comprometida, tendo em vista que sua coordenação motora e seus reflexos são afetados.

De acordo com a legislação brasileira em vigor, uma pessoa está incapacitada para dirigir com segurança se tiver uma concentração de álcool no sangue superior a 0.64 g/l ou um teor alcoólico de 0.08%. Um homem de porte médio (75Kg) tem um volume sanguíneo de aproximadamente 5 litros. Então, a concentração alcoólica no sangue de 0.64 g/l corresponde a cerca de 3.75ml de álcool puro como limite máximo permitido.

Observamos que para se ter esta dosagem limite no sangue, indivíduo tem de beber muito mais devido aos mecanismos de excreção da substância tóxica do corpo.

Conforme os dados obtidos na literatura, uma pessoa com 80kg de peso, ingerindo 3 *doses* de bebida fermentada, em uma hora, apresentará um teor alcoólico no sangue de 0.06%.

Com os dados obtidos podemos determinar o teor alcoólico de sangue quando se ingere bebidas distintas, ou seja, para que se tenha o mesmo teor alcoólico de dose de uísque o indivíduo deve beber $\frac{40}{11}$ vezes mais vinho ou $\frac{40}{4}$ vezes mais cerveja. Usando estas correspondências para o vinho e a cerveja, temos que $\frac{40}{11}$ "doses de vinho" equivale a 1 dose de uísque, ou seja, $\frac{40}{11} \times 45 = 163.636$ml de vinho. Como um cálice de vinho tem 120ml, então $\frac{163.636}{120} = 1.365$ cálices seria a quantidade de vinho a ser ingerida para se ter o mesmo teor alcoólica no sangue que 1 dose de uísque. Da mesma forma, como um *copo* tem 250ml, o indivíduo deveria beber $\frac{40}{4} \times 45 = 450$ml de cerveja (ou 1.8 copos) para atingir a mesma dosagem de álcool no sangue.

Na tabela 4.17 temos um resumo destes resultados.

	concentração média (g/L)	teor alcoólico (%) de bebida	dosagem	teor alcoólico no sangue (%) depois de 1h
cerveja	32	4	1 copo = 250ml	0.0111
uísque	320	40	1 dose = 45ml	0.02
vinho	88	11	1 cálice = 120ml	0.0146

Tabela 4.17: Teor alcoólico nas principais bebidas alcoólicas.

É fácil ver que a concentração e o teor alcoólico são valores proporcionais, ou seja, estão relacionados por uma regra de três. Assim, obtemos

$$C = 8T \tag{4.70}$$

ou seja, a concentração C(em g/l) de álcool numa bebida é 8 vezes seu teor T(em %). Isto significa que o álcool é menos denso que a água, ou seja, a densidade do álcool é 0.8 vezes a densidade da água.

Risco de acidentes por ingestão de bebidas alcoólicas

Uma experiência realizada nos Estados Unidos em em 86 indivíduos, com média de 72kg, e estando 2 horas sem comer, mostrou que o risco de acidentes automobilísticos cresce exponencialmente com a quantidade de uísque ingerido (veja [2]). Fazendo uma analogia com a ingestão de vinho, construimos a seguinte tabela:

Risco de Acidentes R_i (%)	Vinho ingerido α_i (cálices)	teor álcoólico no sangue (%)
1.0	0	0
7.3	8.5	0.100
20.0	12.0	0.140
35.0	14.6	0.166
48.5	15.0	0.174

Tabela 4.18: Risco de acidentes e teor alcoólico no sangue.

Aparentemente, o risco de um acidente R cresce exponencialmente em relação a quantidade de bebida ingerida α, isto é,

$$R(\alpha) = ae^{b\alpha} \Rightarrow \ln R = \ln a + b\alpha$$

Uma regressão linear com os dados da tabela 4.18, fornece

$$a = 0.9525 \quad \text{e} \quad b = 0.2528$$

Logo,
$$R(\alpha) = 0.9525\, e^{0.2528\alpha} \tag{4.71}$$

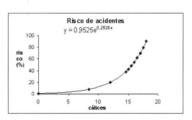

Figura 4.30: Risco de acidentes.

Da fórmula (4.71) podemos dizer que o risco de acidentes para quem bebe um cálice de vinho ($\alpha = 1$) é $R = 1.226\%$.

Um indivíduo responsável não deve correr um risco maior que 2%, isto é,

$$R(\alpha) \leq 2 \Longrightarrow 0.9525\, e^{2528\alpha} \leq 2 \Longrightarrow$$

$$\alpha \leq \frac{\ln(2.1)}{0.2528} \simeq 2.934 \ \text{cálices} \ = 352.13ml$$

A "certeza" de um acidente automobilístico, segundo o modelo (4.71), é dada quando $R = 100$, e neste caso, $\alpha = 18.41$ cálices ou 2209.2 ml. O nível alcoólico do sangue deste indivíduo é de 0.2687%, estando em pleno estado de confusão mental. Assim, teoricamente o modelo prevê que o acidente é inevitável para o motorista que bebe 18.41 cálices ou mais de vinho. Esta afirmação deve ser questionada desde que, na prática, o acidente pode não ocorrer. Um modelo melhorado deve prever esta circustância.

Uma outra maneira de se obter a equação (4.71) é considerando a seguinte hipótese:

"A variação relativa do risco de acidentes é proporcional à variação do nível de álcool no sangue."

Sabemos que o nível de álcool no sangue ou teor alcoólico T é proporcional à quantidade de álcool ingerida, contida em cada cálice α, isto é,

$$T = \lambda\alpha, \qquad \text{onde } \lambda = 0.0146 \text{ se } \alpha \text{ é dado em cálices de vinho}$$

Da hipótese formulada, tiramos que

<table>
<tr><td>

Modelo Contínuo

$$\frac{dR}{R} = k_1 dT = k_1\lambda d\alpha.$$

Integrando temos

$$\int \frac{dR}{R} = k_1\lambda \int d\alpha$$

$$\implies \ln R = k_1\lambda\alpha + k \implies R(\alpha) = e^k e^{k_1\lambda\alpha}$$

Se $R(0) = 1$ (indivíduo sóbrio) entao, $e^k = 1$. Logo

$$R(\alpha) = e^{k_1\lambda_\alpha} \qquad (4.72)$$

ou

$$R(T) = e^{k_1 T} \qquad (4.73)$$

</td><td>

Modelo Discreto

$$\frac{\Delta R}{R} = k_2\Delta T = k_2\lambda\Delta\alpha,$$

ou seja,

$$R(\alpha + \Delta\alpha) - R(\alpha) = k_2 C R(\alpha)\Delta\alpha$$

$$\implies R(\alpha + \Delta\alpha) = (1 + k_2\lambda)R(\alpha)\Delta\alpha.$$

Usando $R(0) = 1$ e $\Delta\alpha = 1$, obtemos por recorrência:

$$R_1 = (1 + k_2\lambda)$$
$$R_2 = (1 + k_2\lambda)R_1 = (1 + k_2\lambda)^2$$
$$\vdots$$
$$R(\alpha) = (1 + R_2\lambda)^\alpha$$

ou

$$R(\alpha) = e^{\alpha\ln(1+k_2\lambda)}. \qquad (4.74)$$

</td></tr>
</table>

Considerando que $\lambda = 0.0146$, podemos obter o valor de λk_1 da equação (4.72) através da média dos valores

$$\lambda k_1 \simeq \text{média}\left(\frac{\ln R_i}{\alpha_i}\right) = 0.24645$$

onde R_i e α_i são, respectivamente, os valores experimentais do risco e do número de cálices da tabela 4.18. Como $\lambda = 0.0146$, então $k_1 \simeq 16.88$ (modelo contínuo).

Comparando os modelos contínuo (4.72) e discreto (4.74), temos que

$$k_1\lambda = \ln(1 + k_2\lambda) \Longrightarrow k_2 = \frac{e^{k_1\lambda} - 1}{\lambda} \simeq 19.14.$$

Um modelo mais realista deveria levar em consideração que pode não haver acidente, mesmo que o motorista esteja totalmente embriagado, isto é, $R(\alpha)$ *deve tender* a 100% quando α cresce.

Do ponto de vista biológico, sabemos que o teor alcoólico do sangue é proporcional à dosagem ingerida quando esta não for excessivamente grande. A concentração de álcool no sangue não ultrapassa um valor máximo compatível com o ato de dirigir.

Vamos supor que o modelo (4.72) seja razoável quando a quantidade de álcool ingerida é pequena, por exemplo, quando $\alpha \le 4$ cálices de vinho, e neste caso $\lambda = $ constante $=0.0146$. Quando $\alpha > 4$, a absorção de álcool pelo sangue diminui e λ decresce. Consideremos que *a variação do teor alcoólico no sangue, em relação a α, seja proporcional a* $(T_m - T)$, onde T_m é o valor máximo do teor alcoólico no sangue suportável pelo indivíduo.

O modelo matemático correspondente a estas hipóteses é dado por

$$\begin{cases} \dfrac{dT}{d\alpha} = \lambda \;\Rightarrow\; T = \lambda\alpha & \text{se} \quad \alpha \le 4; \\[3mm] \dfrac{dT}{d\alpha} = k(T_m - T) & \text{se} \quad \alpha > 4 \end{cases} \tag{4.75}$$

A solução da segunda equação de (4.75) é obtida por integração separando-se as variáveis, ou seja,

$$\int \frac{dT}{T_m - T} = \int k\,d\alpha \Rightarrow -\ln(T_m - T) = k\alpha + c$$

e portanto,

$$T_m - T = -\exp(c + k\alpha) = e^{-c}e^{-k\alpha} \tag{4.76}$$

Considerando que $T(4) = 4\lambda = 0.0584$ e que $T_m \simeq 0.2728$, obtemos:

$$e^{-c}e^{-4k} = 0.2728 \; - 0.0584 \simeq 0.2144. \tag{4.77}$$

Temos assim, uma equação e duas incógnitas (c e k) e portanto devemos ter mais outra equação para poder resolvê-la:

Vamos supor agora que $T = 99\%T_m$, quando se ingere 17 cálices. De (4.76), obtemos:

$$T_m - 0.99T_m = e^{-c}e^{-17k} \Rightarrow e^{-c}e^{-17k} = 0.002728 \tag{4.78}$$

De (4.77) e (4.78) tiramos que

$$e^{13k} = \frac{0.2144}{0.002728} = 78.5924 \Rightarrow k = 0.3357 \text{ e } e^{-c} = 0.8211.$$

Substituindo os valores de λ, T_m, k e c na equação (4.76), obtemos o modelo do teor alcoólico no sangue em função do número de cálices ingeridos:

$$\begin{cases} T(\alpha) = 0.0146\alpha & \text{se} \quad \alpha \leq 4 \\ T(\alpha) = 0.2728 - 0.8211 e^{-0.3367\alpha} & \text{se} \quad \alpha > 4 \end{cases} \quad (4.79)$$

Observamos que quando $\alpha = 4$ os valores de $N(4)$ são iguais nas duas equações o que torna $T(\alpha)$ uma função contínua em seu domínio!

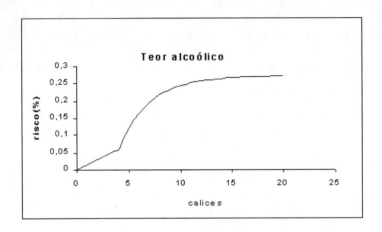

Figura 4.31: Teor alcoólico no sangue devido à ingestão de α cálices de vinho.

O modelo de risco de acidentes $R(\alpha) = e^{16.88T}$ equação (4.73) pode ser reformulada considerado T dado no modelo (4.79), ou seja,

$$\begin{cases} R(\alpha) = e^{0.2464\alpha} & \text{se} \quad \alpha \leq 4 \\ R(\alpha) = \exp[4.61 - 13.86 e^{-0.3357\alpha}] & \text{se} \quad \alpha > 4 \end{cases} \quad (4.80)$$

Problema 4.4. Um indivíduo de 72kg, frequenta bares aos sábados e tem, em média, 2 acidentes por ano por estar dirigindo alcoolizado. Se supormos que a quantidade de bebida consumida aos sábados é constante, podemos determinar tal quantidade?

Eliminação de álcool ingerido

O álcool ingerido por um indivíduo sofre um processo de elimiação gradual através da urina, suor e respiração. O bafômetro, utilizado pela polícia rodoviária para detectar o teor alcoólico entre consumidores de bebida alcoólica, mede a concentração do álcool eliminado pelos pulmões. No curso de Modelagem, realizado na PUCCAMP em 1998, os cursistas tomaram algumas medidas de concentração alcoólica, utilizando um bafômetro construido por eles (tabela 4.19).

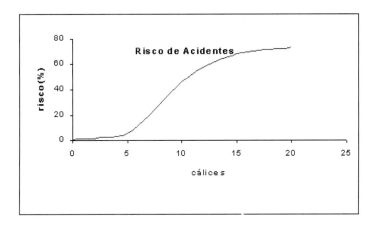

Figura 4.32: Risco de acidentes depois de ingerir α cálices de vinho.

A primeira medida foi tomada depois de 70 minutos quando haviam ingerido aproximadamente 10 copos de cerveja, após esta medida parou-se de beber e foram feitas outras 2 medidas. Os valores obtidos são valores médios, considerando o peso de cada participante. Com as medidas executadas pelos cursistas, obteve-se a tabela 4.19.

tempo (minuto)	concentração média de álcool (g/L)
70	0.95
75	0.76
155	0.46

Tabela 4.19: Concentração alcoólica medida.

Considerando que a *eliminação do álcool do organismo é proporcional à quantidade existente em cada instante*, o modelo proposto para projetar a concetração foi a seguinte equação diferencial:

$$\frac{dc}{dt} = -kc \qquad (4.81)$$

A solução de (4.81) é a função exponencial

$$c(t) = c_0 e^{-kt}$$

onde c_0 é a concentração inicial. Neste caso é o valor apurado quando os indivíduos pararam de beber.

Por outro lado, considerando um ajuste exponencial dos dados experimentais obtemos:

$$c = 1.472e^{-0.0075t} \qquad \text{para } t \geq 70 \tag{4.82}$$

Fazendo a mudança de variável $\tau = t - 70$ na equação acima, obtemos $\tau = 0$ quando $t = 70$, e (4.82) pode ser reescrita como:

$$c(t) = 0.8683e^{-0.0075\tau}, \qquad \text{para } \quad \tau \geq 0 \tag{4.83}$$

Assim, a taxa de eliminação do álcool pelo pulmão é 0.0075 c/min.

O estudo do processo de eliminação do álcool pelo organismo provocou os seguintes questionamentos entre os cursistas do grupo:

1. *Se um indivíduo beber uma lata de cerveja a cada 10 minutos, em quanto tempo ele estará bêbado?*

2. *Qual o intervalo entre o consumo de latas de cerveja para que o teor alcoólico no sangue nunca ultrapasse 0.08%?*

Para resolver estes problemas devemos ter outras informações e fazer algumas suposições:

- O conteúdo de cada lata é ingerido instantaneamente;

- O álcool ingerido entra na corrente sanguínea, num período de tempo bastante pequeno, numa proporção de 20% do que foi consumido.

- Uma lata tem 350ml e a concentração de álcool na bebida é 4%, ou 32 g/l;

- O ácool é eliminado numa taxa de 0.0075 c/min;

- O indivíduo está bêbado quando seu teor alcoólico no sangue é da ordem de 2.5 g/l.

Solução de (1): Primeiramente calculamos quantas gramas de álcool contém uma lata de cerveja. O valor é obtido, simplesmente, por uma regra de três:

$$\begin{array}{l} 1000 \longrightarrow 32 \\ 350 \longrightarrow x \end{array} \Rightarrow x = 11.2\text{g}.$$

Considerando agora que 20% desta quantidade entre na corrente sanguínea (5 litros), tem-se que a concentração de álcool no sangue será

$$\frac{0.2 \times 11.2}{5} = 0.448\text{g/l} \qquad \text{para cada lata de cerveja ingerida.}$$

Seja $c_0 = 0.448$ a concentração inicial (após ingerir a 1ª lata).

O modelo anterior (4.83) de eliminação de álcool nos dá

$$c(t) = c_0 \, e^{-0.0075t} = 0.448 \, e^{-0.0075t} \qquad \text{se } 0 \leq t < 10. \tag{4.84}$$

Assim, 10 minutos após tomar a $1^{\underline{a}}$ lata, a concentração cai para

$$c(10^-) = c_0 \; e^{-0.0075.10} = 0.9277 \; c_0.$$

Tomando a $2^{\underline{a}}$ lata, sua concentração alcoólica no sangue sobe para $c(10^+) = c_0 + 0.9277c_0$ e portanto, nos próximos 10 minutos o decaimento será dado por:

$$c(t) = c_0(1 + 0.9277)e^{-0.0075(t-10)}; 10 \le t \le 20$$

No momento anterior ao consumo da $3^{\underline{a}}$ lata, temos

$$c(20^-) = c_0(1 + 0.9277)0.9277 = c_0(0.9277 + 0.9277^2)$$

Tomando a $3^{\underline{a}}$ lata sua concentração passa a

$$c(20^+) = c_0(1 + 0.9277 + 0.9277^2)$$

Continuando o processo, quando ingerir a n-ésima lata, a concentração será

$$c[10(n-1)^+] = c_0(1 + 0.9277 + 0.9277^2 + \cdots + 0.9277^{n-1}) \tag{4.85}$$

O termo entre parêntesis de (4.85) é a soma de uma progressão aritmética de razão igual a 0.9277, cujo valor pode ser determinado se considerarmos que

$$x^{n-1} + x^{n-2} + \cdots + x^2 + x + 1 = \frac{1 - x^n}{1 - x}$$

Então,

$$c[10(n-1)^+] = c_0 \frac{1 - 0.9277^n}{1 - 0.9277} \tag{4.86}$$

Queremos determinar a quantidade de latas de cerveja, que tomadas intermitentemente a cada 10 minutos, deixa o indivíduo bêbado, ou seja, com uma concentração aproximada de 2.5 g/l.

Tomando $c = 2.5$ em (4.86), obtemos o valor de n:

$$2.5 = 0.448 \; \frac{1 - 0.9277^n}{1 - 0.9277} = 6.1964(1 - 0.9277^n)$$

o que nos leva a

$$0.9277^n = 0.5965 \quad \text{e portanto} \quad n = \frac{\ln 0.5965}{\ln 0.9277} \simeq 7 \text{ latas.}$$

Se considerarmos que este indivíduo continua bebendo sempre, o valor máximo de sua concentração alcoólica (saturação) será

$$c_{\max} = \lim_{n \to \infty} 6.1964(1 - 0.9277^n) = 6.1964 g/l$$

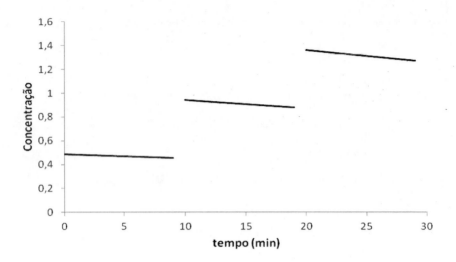

Figura 4.33: Concentração de álcool quando ingerido intermitentemente.

Solução de (2): Um indivíduo é considerado apto para dirigir se tiver carteira de motorista em ordem e um teor alcoólico sanguíneo abaixo de 8% ou 0.64 g/l.

Desejamos saber qual o intervalo de tempo mínimo entre a ingestão de latas de cerveja para que possa beber indefinidamente e continue apto a dirigir.

Das equações anteriores (eqs. (4.84) e (4.85)) tiramos:

$$C(T^+) = 0.448(1 + e^{-0.0075T})$$
$$C(nT^+) = 0.448[1 + e^{-0.075T} + e^{-0.0075(2T)} + \cdots + e^{-0.0075(nT)}] \quad (4.87)$$

onde, T é o tempo gasto para beber 2 latas (em nT^+ são ingeridas $n+1$ latas).

O termo entre colchetes de (4.87) é a soma de uma PG de razão $e^{-0.0075T}$, cujo valor é dado por

$$C(nT^+) = 0.448 \frac{1 - e^{-0.0075(nT)}}{1 - e^{-0.0075T}}$$

Assim, se tomarmos no limite (quando $n \to \infty$) o valor de $C = 0.64$ (concentração máxima permitida para dirigir), obtemos:

$$0.64 = \frac{0.448}{1 - e^{-0.0075T}},$$

ou

$$e^{-0.0075T} = \frac{0.64 - 0.448}{0.64} = 0.3 \implies -0.0075T = \ln 0.3 = -1.204,$$

e portanto,

$$T \simeq 160 \text{min}.$$

Assim, o indivíduo (de aproximadamente 72 kg) que bebe uma lata de cerveja a cada 160 minutos poderá dirigir sem ser autuado pela polícia, pelo menos por alcoolismo!

Efeitos do álcool

"O efeito do álcool sobre o comportamento dos seres humanos depende da sua concentração no sangue. Em geral, em pessoas normais, o álcool começa por deprimir algumas funções do cérebro. Uma região do órgão chamada córtex perde o autocontrole, desorganiza o pensamento e o controle dos movimentos. Memória, concentração e percepção são de início deprimidas, para serem perdidas logo depois. A personalidade torna-se expansiva e as pessoas tendem a se tornar eloquentes e emocionalmente instáveis.

O comportamento sexual pode tornar-se agressivo, resultado da perda de inibição e autocontrole. No entanto o álcool não tem ação afrodisíaca – na verdade, ele diminui o desempenho sexual, pois as bebidas alcoólicas são depressoras primárias e contínuas do cérebro."

S. Prado (folha de S. Paulo – 28.02.1993)

Referências Bibliográficas

[1] Aquarone, E. L., Almeida, V. e Borzani, W. – Biotecnologia; Alimentos e Bebidas produzidas por fermentação. Ed. E. Blücher Ltda., S. Paulo, 1983.

[2] Bittinger, M. L. – Calculus: A modeling Approach. Addison – Wesley Pu. Co., 1976.

[3] Bassanezi, R. C., Ferreira Jr. W. C. – Equações Diferenciais com Aplicações. Ed. Harbra (S. Paulo), 1988.

[4] Gobbato, D.C. – Manuale del Produtore di Vino. Lithographia Zeller e Cia, 1934.

[5] Ribeiro, M. – As Maravilhas da Indústria Caseira de Alimentos. FIPLAN, Porto Alegre, 1985.

[6] Bassanezi, R. C., Biembengut, M. S - *A Matemática dos Ornamentos e a Cultura Arica*. Revista de Ensino de Ciências, FUNBEC, nº21, pp. 39–45, S. Paulo, set/1988.

[7] Biembengut, M. S., da Silva, V. C., Hein, N. - Ornamentos×Criatividade: Uma alternativa para ensinar geometria plana. Editora da FURB, 1996.

[8] Bassanezi, R. C. - *Modelagem como metodologia de ensino de matemática*. Enseñanza Científica y Tecnológica-Colección de Documentos, 37, pp. 130–155, Paris, 1990.

[9] Figueiredo, V. L., Santos, S. A. - Geometria Aplicada. (mimeo), Campinas, 2000.

[10] D'Ambrosio, U. - *Etnomatemática: Um Programa de Educação Matemática*. Revista da Sociedade Brasileira de Educação Matemática-SBEM, pp. 5–18, 1993.

[11] Batschelet, E. - Introdução à Matemática para Biocientistas. Edit. Interciência e EDUSP, Rio de Janeiro, 1978.

[12] Gazzetta, M. - Modelagem como estratégia de aprendizagem de matemática em curso de aperfeiçoamento de professores. Dissertação de Mestrado, UNESP-Rio Claro, 1988.

[13] Tema: Tecelagem Industrial. Monografia de curso de Especialização, PUCCAMP, Campinas, 1998.

[14] Tema: Garimpo de ouro. Monografia de curso de Especialização, Univ. Federal do Mato Grosso, Cuiabá, 1986.

[15] Tema: Maçã. Monografia de curso de Especialização, FAFIG, Guarapuava, 1984.

[16] Tema: Fabricação de papel. Monografia de curso de Especialização, FAFIG, Guarapuava, 1982.

[17] Blum, W., Niss, M. - *Applied Mathematical Problem Solved.* in Modelling, Application and Links to other Subjects (Edits. Brum, Niss e Huntley), Educ. Studies in Math., Dordrecht,22, $n^o 1$, 1991.

[18] D'Ambrosio, U. - Da Realidade à Ação. Summus Edit., Campinas, 1986.

[19] Mendonça, M. C. - Problematização: Um caminho a ser percorrido em Educação Matemática. Tese de Doutorado, FE-UNICAMP, Campinas, 1993.

[20] Bussab, W. O., Morettin, P. A.- Estatística Básica-Métodos Quantitativos. Editora Atual, S.Paulo, 1993, 4^aed.

[21] Ferreira, E. S. - "Etnomatemática: Uma proposta Metodológica". Univ. Santa Úrsula, Rio de Janeiro, vol 3, 1997.

Capítulo 5
Modelagem na Iniciação Científica

"Foi só depois de se perceber que os fenômenos naturais são contínuos que tiveram êxito as tentativas de construir modelos abstratos. A tarefa é dupla: criar conceitos básicos simples referentes a tempo e espaço e achar um método de fazer deduções a partir dos processos que podem ser verificados pela experimentação."

B. Riemann – 1826–1866

5.1 Introdução

O que chamamos de *Iniciação Científica* é o processo de aprendizagem construtiva de algum conceito ou teoria supervisonado por um orientador. Em se tratando de conceitos matemáticos, a Iniciação Científica pode ser o primeiro passo para o estudante tomar contato com a modelagem matemática.

Os alunos ou *orientandos* podem trabalhar em grupos pequenos ou isoladamente e o professor ou *orientador* funciona como um monitor que coordena a sequência das atividades e ajuda na elaboração das hipóteses analisadas.

Um programa de Iniciação Científica pode ser realizado em qualquer nível de aprendizagem e desenvolvido de formas diferentes em relação ao que se objetiva estudar:

5.1.1 Tópicos ou conceitos isolados

São mais apropriados ao nível de ensino fundamental e médio – neste caso, o assunto escolhido é algum tópico específico de matemática ou algum resultado relevante. Para exemplificar tomamos o famoso *Teorema de Pitágoras* como objeto de estudo.

O processo deve ser iniciado com algum problema significativo ou questionamento de alguma situação da realidade. Poderia ser a seguinte:

> *Como os pedreiros conseguem obter o ângulo reto na construção das paredes sem o auxílio de instrumentos de precisão como o esquadro ou transferidor?*

O passo seguinte é experimental (ou entrevistas com pedreiros), seguido de questionamentos:

> Qual a relação entre os lados de um triângulo para que seja retângulo? Se os lados d
> triângulo são proporcionais (mesma proporção) ao triângulo de lados 3, 4, 5, ele ser
> retângulo?

Mais experiências e cálculos...

> O resultado pode ser generalizado para todos os triângulos retângulos? – (hipóteses e tes
> do teorema).

É muito importante que se conheça a história do teorema e neste sentido deve-se pesquisar sua origem na vasta bibliografia disponível.

"À verificação experimental" seguem-se *"demonstrações geométricas"* e finalmente a demonstração analítica ou algébrica que deve ser bem compreendida e o resultado (solução) dado em termos de uma expressão matemática (modelo).

Nesta fase novos questionamentos ou modificações podem ser sugeridos aos alunos, por exemplo, em relação à área de figuras apoiadas nos lados do triângulo retângulo:

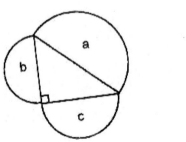 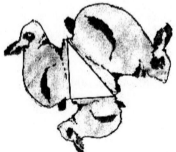

Figura 5.1: Figuras apoiadas nos lados de um triângulo retângulo.

> A área do semicírculo a é igual a soma das áreas dos semicírculos b e c? E se em vez d
> semicírculos tivéssemos outras figuras de áreas proporcionais? Quais?

Questionamentos em relação à hipótese do teorema podem ser levantados:

> Só vale para triângulos retângulos? E se for obtusângulo, ele não pode ser dado por um
> união de triângulos retângulos?

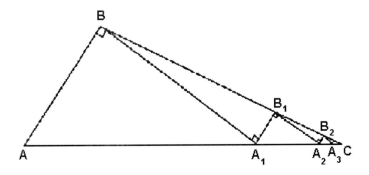

Figura 5.2: Sequência de triângulos retângulos.

Generalizações do teorema também podem ser analisadas, por exemplo, no caso tridimensional. As demonstrações feitas pelos alunos merecem incentivo.

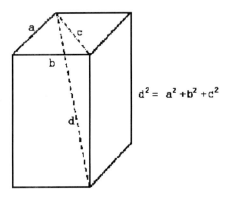

Figura 5.3: Triângulo retângulo inserido em um paralelepípedo.

A *validação* do teorema (demonstrações) deve ser completada pelas aplicações e neste ponto, o professor não deve se preocupar muito em conhecê-las todas, pois os alunos irão surpreendê-lo com aquelas que irão apresentar.

Existe uma bibliografia bastante rica de temas matemáticos analisados com esta perspectiva de Iniciação Científica, aqui citamos apenas alguns: *Números* (veja Imenes [21]). Para estudos mais avançados sugerimos a tese de doutorado da Carmen Táboas [31] e também Bassanezi–Biembengut: "Donald na matemagicalândia" [7]. *Simetria* (veja Imenes: "Geometria dos mosaicos", "Geometria das dobraduras" [21]. P. Gerdes: "Desenhos da África"

[18]. Bassanezi–Biembengut: "Gramática dos ornamentos e a Cultura Arica" [8]. R. M. Barbosa: "Descobrindo padrões em mosaicos" [4]). *Polígonos* (vide N. J. Machado, "Polígonos, centopeicos e outros bichos" [23]). *Função, Limite, Derivada e Integral* (veja P. Gerdes: "Karl Marx – arrancar o véu misterioso à matemática" [17]. E. Batschelet [9], Struik: "A Concise History of Mathematics" [30]. R. Franchi: "A modelagem como estratégia de aprendizagem do cálculo diferencial e integral nos cursos de Engenharia" [15].

Temas provenientes da realidade cotidiana são também bastante ricos para desenvolver estudo de tópicos isolados de matemática: *Construção de um alvéolo* (geometria espacial); *Construção de tonéis* (trigonometria); *Jogo do bicho* (análise combinatória), etc, etc...

5.1.2 Conceitos interrelacionados ou matéria específica

Neste caso o objeto de estudo escolhido deve ser abrangente, objetivando implicações na própria Matemática ou áreas de aplicação.

O estudo do *Teorema de Green* pode ser um tópico interessante para a iniciação científica. Nesse caso, o estudante, além de percorrer o caminho apresentado acima para abordagem de um *tópico ou conceito isolado*, também deve procurar situar o teorema com relação às suas implicações em outros campos da Matemática, tais como variáveis complexas (por exemplo, o Teorema de Cauchy), equações diferenciais exatas, campos conservativos, teoremas de Gauss-Stokes etc.

Se **limite** for o assunto escolhido, por exemplo, o aluno-orientado deve, como no caso anterior, procurar verificar toda gama de possibilidades de utilização desse conceito relacionado a séries numéricas, derivada, integral, convergência, comportamento assintótico de equações diferenciais, conceituação de número real etc.

É importante também que o estudante procure verificar a aplicabilidade do conceito de limite em situações concretas da realidade. Um exemplo simples dessa possibilidade: quando ao estudar o processo de crescimento de um determinado ser vivo, procuramos estimar o valor de sua estabilidade, lançamos mão do conceito matemático de limite. Assim, suponhamos que a tabela 5.1 descreva os dados de crescimento de uma planta, podemos deduzir quando sua altura será estável:

t_n	0.0	0.5	1.0	1.5	2.0	2.5	3.0	3.5	4.0	4.5	5.0	5.5
h_n	2.47	3.03	3.47	3.80	4.07	4.28	4.44	4.56	4.66	4.73	4.79	4.84

Tabela 5.1: Crescimento de uma planta.

Denotamos por h_n a altura da planta no instante t_n. Sabendo-se que a altura final deve ser limitada, então a sequência crescente h_n deve convergir quando o tempo for cada vez maior, isto é, quando $n \to \infty$. O cálculo de h_{max} pode ser realizado através do Método de Ford-Walford (veja capítulo 2).

5.1.3 Disciplina específica

Quando a ideia é estudar uma disciplina específica, total ou parcialmente, por meio da modelagem matemática, é preciso que os alunos inicialmente familiarizem-se com *modelos clássicos* para que possam compreender a dinâmica da modelagem.

Se o interesse dos que estão desenvolvendo o trabalho de Iniciação Científica for, por exemplo, estudar as *Equações Diferenciais Ordinárias*, como modelos clássicos podem ser analisados aqueles provenientes dos sistemas mecânicos ou elétricos (Física), velocidade de reações químicas (Química), dinâmica populacional ou epidemiologia (Biologia), modelos econômicos (Economia) entre outros, procurando sempre verificar as analogias existentes entre eles. (Outras possibilidades para o desenvolvimento da Iniciação Científica nesse nível são trabalhar com: Equações de Difusão, Equações de Diferenças, Teoria dos Grafos, Teoria dos Jogos etc.)

Em um segundo momento, os estudantes devem ser estimulados pelo orientador a apresentarem propostas de *modelos alternativos* (que nada mais são que os modelos clássicos modificados de forma adequada) com base em novas hipóteses ou dados experimentais, ou seja, nessa etapa, procura-se estabelecer uma determinada *área de aplicação* que possa ser tomada como base para a apropriação e modificação dos modelos clássicos e a proposição de alternativos, verificando, sempre que possível, sua coerência com os dados experimentais (ou, em alguns casos, com simulações numéricas).

E, finalmente, os alunos devem tentar criar *modelos novos* aplicáveis a novas situações e problemas para, em seguida, analisar a validade de tais modelos, criticando seus pontos fracos. A realização dessa etapa nem sempre é possível em programas comuns de Iniciação Científica devido à formação deficiente do estudante de graduação ou mesmo às dificuldes de disponibilidade do orientador. Sendo assim, muitas vezes, a etapa da criação de modelos novos é deixada para o Mestrado ou o Doutorado.

Esse método de trabalho relativo à Iniciação Científica tem sido desenvolvido com sucesso entre estudantes universitários de graduação e pós-graduação de Matemática e, conforme nossa experiência, é mais fácil e produtiva quando os alunos envolvidos fazem parte de um grupo maior de pessoas que pesquisam um determinado tema.

Pode parecer à primeira vista, principalmente para um observador desavisado, que um projeto de iniciação científica irá conduzir obrigatoriamente o estudante a desenvolver posteriormente seus estudos e pesquisas em Matemática Aplicada, o que não é necessariamente verdade. Para não alongar esta discussão, citaremos um caso acontecido no IMECC nos anos 1987–88. Na época orientávamos 3 alunos de graduação (Matemática) em projetos de Iniciação Científica, trabalhando independentemente com os temas: Dinâmica Populacional, Corrida Armamentista e Irrigação – todos voltados para aprendizagem de Sistemas Lineares de Equações Diferenciais Ordinária. Depois de formados, cada estudante seguiu um rumo diferente e fizeram, respectivamente, seus Mestrados e Doutorados em Educação Matemática (Jogos como estratégia de ensino), Matemática Aplicada (Programação Linear) e Matemática Pura (Teoria Geral da Medida e Topologia).

Podemos considerar que a Iniciação Científica é um projeto de estudo dirigido que facilita a combinação de teoria e prática. É também um processo que fomenta a aprendizagem de disciplinas básicas valorizando-as e recriando suas ideias quando aplicadas à realidade. Neste ponto convém salientar que a Matemática básica é valiosa por si mesma porque nos permite compreender seu próprio mundo e nos dá condições de atuar em outras áreas. Da mesma forma que a Agronomia pode ser considerada Biologia aplicada e a Engenharia como uma combinação de Matemática e Física aplicadas, a Matemática Aplicada é simplesmente matemática aplicada. Garding ([16]) é bem claro quando relaciona teoria e prática:

"*Antes de atuar é preciso informar-se e pensar; antes de aplicar é preciso ter o que aplicar, e se quer inovar responsavelmente na ação é preciso fazê-lo com base no conhecimento científico – outra coisa é rotina ou improvisação*".

Quando acreditamos que "a aprendizagem de Matemática é um movimento permanentemente ativo e criativo", então, podemos afirmar que a Iniciação Científica, como a imaginamos, é a ponte de ligação natural entre o *ensino* e a *pesquisa*, conforme a figura 5.4.

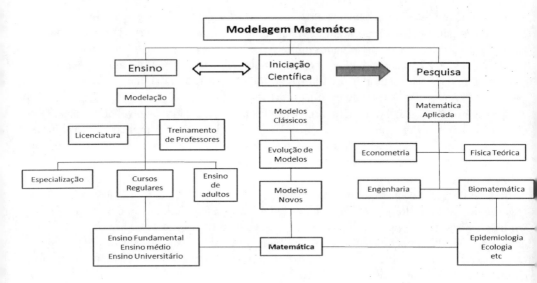

Figura 5.4: Ligação natural entre ensino e pesquisa.

5.2 Projeto de Iniciação Científica "Modelagem Matemática de Fenômenos Biológicos"

Daremos a seguir, como ilustração de um projeto de Iniciação Científica, o trabalho que desenvolvemos com dois alunos de graduação.

Os trabalhos realizados foram apresentados pelos alunos em Encontros específicos de Iniciação Científica e também no Congresso Nacional de Matemática Aplicada em Santos (1999). Uma parte da modelagem, apresentada no I Encontro de I.C. da UNICAMP, foi premiada.

- Orientandos: Luciano C. A. Palma e Marcos R. Sanches (alunos do $2^{\underline{o}}$ ano do curso de Estatística);

- Período: junho/98 a maio/99;

- Objetivo geral: Estudar modelos clássicos de Biomatemática e aplicar técnicas de modelagem;

- Objetivos específicos: Estudar a teoria das equações diferenciais e de diferenças, métodos estatísticos e programas computacionais para formulação de modelos em Biomatemática.

5.2.1 Programa desenvolvido

Estudo bibliográfico — teoria e aplicações

a. *Edelstein-Keshet L.*, Mathematical Models in Biology [14].

- Teoria das equações de diferenças lineares aplicada ao crescimento de populações;
- Equações de diferenças não lineares; Aplicações a populações biológicas;
- Introdução aos modelos contínuos; Plano de fase e soluções qualitativas;
- Aplicação de modelos contínuos à dinâmica populacional;
- Ciclos limites, oscilações e sistemas excitáveis;
- Introdução às equações parciais; Difusão em fenômenos biológicos.

b. *Anderson, R. M. e May, R. M.*, Infectious Diseases of Humans and Control [2].

- Desenvolvimento histórico de pesquisa em epidemiologia;
- Taxa de reprodução basal R_0;Densidade limiar de hospedeiros;
- Transmissão direta e indireta;

- Dinâmica e genética de associações parasita-hospedeiro.

c. *Bassanezi, R. C. e Ferreira Jr, W. C.*, Equações Diferenciais com Aplicações [5].

- Resolução de equações diferenciais;
- Estabilidade de sistemas;
- Análise de modelos matemáticos clássicos: Malthus, Verhurst, Gompertz, von Bertalanffy, Lotka e Volterra, difusão de calor, despoluição de lagoas, alometria etc.

d. *Hoppenstead, C. S. and Pesquin, C. S.*, Mathematics in Medicine and the Life Science [20].

- Dispersão de infecções; Limiar epidêmico;
- Grau de severidade de uma epidemia.

e. *von Zuben et alls*, "Theorical approaches to forensic entomology: II. Mathematical model of larval development" [34].

f. *Bassanezi, R. C. et alls*, "Diffusion Model Applied to Postfeeding Larval Dispersal in Blowplies (*Diptera Caliphoridae*) [6].

g. *Ross, S.*, Introduction to probability models [28].

h. *Taylor, H. M. e Karlin, S.*, An Introduction To Stochastic Modeling [32].

i. *Malice, M. P. e Lefèvre, C.*, "On the General epidemic Model in discrete Time" [24].

Estudo de programas computacionais e pesquisa em sites da Internet

a. *Abell, M. L. e Braselton, J. R.*, Differential Equations with Mathematica [1].

- Métodos de resolução de equações diferenciais usando o *software Mathematica*.

b. *Richard, J. G. e Paul, R. W.*, Computer Simulations with Mathematica [27].

- Simulação de modelos biológicos com o software *Mathematica*.

c. *Malajovich, G., software* "Traçador de diagramas de fase".

- Programa para traçado de tragetórias em planos de fase.

d. Pesquisas em sites de Internet relacionadas à área de Biomatemática.

- http://www.ti.com/calc/docs/86.html;
- http://www.math.wisc.edu/wwwmathserv.html;

- http://www.orsoc.org.uk/
- http://www.seanet.com/~ksbrown/icalculu.html;
- http://brahma.mscs.mu.edu/BIOMATH/Resources/specialink.html;
- http://biomodel.georgetown.edu/model/modsites.html;
- http://www.brandeis.edu/biomath/menu.html.

5.2.2 Modelos Desenvolvidos

Dos modelos desenvolvidos com fenômenos biológicos neste projeto, mostraremos aqui apenas aqueles relacionados com 3 grupos: *dinâmica populacional, crescimento de aves e enterramento de larvas.*

Dinâmica populacional

O modelo logístico para a população brasileira foi obtido utilizando-se os dados dos censos de 1940 a 1991. Assumindo que a cada período de 10 anos a população cresce exponencialmente, calcula-se a taxa de crescimento médio anual λ da população pela fórmula:

$$P_{i+10} = P_i(1 + \lambda)^n \implies \lambda = \left[\sqrt{\frac{P_{i+10}}{P_i}}\right]^{\frac{1}{n}} - 1, \tag{5.1}$$

com P_i correspondendo à população no instante i. Como a taxa é decrescente a cada censo, a população máxima pode ser estimada, considerando-se seu valor quando $\lambda \to 0$. A regressão linear de λ com P fornece a reta $\lambda = -0.000174P + 0.042217$ e portanto, para $\lambda = 0$ tem-se $P = P_{\max}$, isto é, $P_{\max} = 243626437$.

A solução do modelo logístico é dado por (veja capítulo 2):

$$P(t) = \frac{P_{\max}}{1 + \left(\frac{P_{\max}}{P_0} - 1\right) \exp(-rt)}$$

O valor do parâmetro r pode ser estimado da equação a cima ajustando-se aos dados dos censos, obtendo-se $r = 0.042078$. Considerando-se $P_0 = 51.944.397$ (população do censo de 1950, a partir do qual sua variação começou a decrescer), pode-se estimar a população brasileira em qualquer ano.

O modelo formulado pelos estudantes para a população americana é uma generalização do logístico, supondo dois níveis de equilíbrio da população. Os modelos estabelecidos neste programa de Iniciação Científica encontram-se no capítulo 6.

Modelo de crescimento em peso de aves

Partindo de dados experimentais da variação do peso do peru, procuramos formular um modelo determinístico para o crescimento desta ave através de equações diferenciais. Utilizamos como referência inicial o modelo clássico de von Bertalanffy para o crescimento de peixes e consideramos taxas de metabolismo (catabolismo e anabolismo) variáveis com o tempo.

O modelo generalizado que propomos mostrou ser bastante razoável para o fenômeno estudado, reproduzindo os dados experimentais e servindo para previsões futuras. Através do modelo podemos estabelecer estratégias ótimas para o abate da ave.

A criação de aves para o abate requer bastante atenção no que diz respeito aos cuidados que devem ser tomados na alimentação, ambiente e profilaxia. Por isso, muitos criadores desenvolvem estratégias para maximizar o peso da ave e minimizar os gastos necessários para a sua criação. Particularmente, o peso ideal para o abate deve ser escolhido criteriosamente, sob pena de o criador perder dinheiro alimentando uma ave que já não satisfaz mais a relação custo-benefício.

Podemos dizer que o peso de um peru varia de acordo com a sua taxa de metabolismo. Vamos considerar as seguintes hipóteses:

H_1: Nas primeiras semanas de vida seu crescimento é exponencial, o que indica ser a taxa de anabolismo preponderante.

H_2: Na fase adulta, o catabolismo tem forte influência negativa no seu crescimento, levando a uma estabilidade no valor do seu peso.

Von Bertalanffy obteve experimentalmente um modelo que caracteriza o crescimento (em peso) de peixes. Seu modelo de metabolismo é dado na forma de um problema de valor inicial:

$$\begin{cases} \dfrac{dp}{dt} &= \alpha p^{2/3} - \beta p \\ p(0) &= p_0 \simeq 0 \end{cases} \tag{5.2}$$

onde os parâmetros α e β devem ser considerados como taxas de anabolismo e catabolismo, respectivamente.

Esta equação diferencial pode ser caracterizada como uma Equação de Bernoulli, com um método de resolução bastante conhecido. Sua solução é dada pela expressão:

$$p(t) = p_\infty (1 - e^{-kt})^3,$$

onde p_∞ é o valor máximo para o peso do peixe e $k = \frac{\beta}{3}$ (veja capítulo 2).

Modelo de Metabolismo Modificado

Observando que no modelo clássico de von Bertalanffy (5.2) o termo $p^{\frac{2}{3}}$ é proveniente da relação alométrica do peso com a área corporal do peixe, propomos um modelo para o peru que é uma generalização desta relação utilizando o termo p^γ.

$$\begin{cases} \dfrac{dp}{dt} &= \alpha p^\gamma - \beta p \\ p(0) &= p_0 \end{cases} \tag{5.3}$$

A equação do sistema (5.3) é não linear e sabemos que algumas equações não lineares são de difícil resolução. O que nos deixa mais tranquilos quanto à resolução desta é a sua classificação. Trata-se de uma Equação de Bernoulli e uma mudança de variáveis nos conduz a uma equação linear.

Se $z = p^{1-\gamma}$, temos:

$$\frac{dz}{dt} = (1-\gamma)\, p^{-\gamma} \frac{dp}{dt} = (1-\gamma)\, p^{-\gamma} \left(\alpha p^{\gamma} - \beta p\right) = (1-\gamma)\left(\alpha - \beta p^{1-\gamma}\right) = (1-\gamma)\left(\alpha - \beta z\right).$$

Logo,

$$\frac{dz}{dt} + (1-\gamma)\,\beta z = (1-\gamma)\,\alpha \quad \text{(equação linear em } z!) \tag{5.4}$$

Resolvendo (5.4): a solução da equação homogênea associada é

$$z_h = ce^{-\beta(1-\gamma)t}. \tag{5.5}$$

Uma solução particular de (5.4) é dada pelo ponto estacionário, isto é, $\frac{dz}{dt} = 0$, ou seja,

$$(1-\gamma)\,\beta z_p = (1-\gamma)\,\alpha \iff z_p = \frac{\alpha}{\beta}.$$

A solução geral de (5.4) é a combinação linear da solução particular com a solução da homogênea. Logo,

$$z\,(t) = \frac{\alpha}{\beta} + ce^{-\beta(1-\gamma)t} = \frac{\alpha}{\beta}\left(1 + c\frac{\beta}{\alpha}e^{-\beta(1-\gamma)t}\right).$$

Como $p(t) = z(t)^{1-\gamma}$, temos

$$p(t) = \left(\frac{\alpha}{\beta}\right)^{\frac{1}{1-\gamma}} \left(1 + c\frac{\beta}{\alpha}e^{-\beta(1-\gamma)t}\right)^{\frac{1}{1-\gamma}} \tag{5.6}$$

Sabemos que $p_\infty = \lim_{t\to\infty} p(t)$, e portanto,

$$p_\infty = \left(\frac{\alpha}{\beta}\right)^{\frac{1}{1-\gamma}}. \tag{5.7}$$

Considerando $k = \beta\,(1-\gamma)$, podemos escrever (5.6) na forma simplificada:

$$p(t) = p_\infty \left(1 + c\frac{\beta}{\alpha}e^{-kt}\right)^{\frac{1}{1-\gamma}}. \tag{5.8}$$

Como $p(0) = p_0$,

$$p_0 = p_\infty \left(1 + c\frac{\beta}{\alpha}\right)^{\frac{1}{1-\gamma}} \implies \left(\frac{p_0}{p_\infty}\right)^{1-\gamma} = 1 + c\frac{\beta}{\alpha} \implies c = \frac{\alpha}{\beta}\left[\left(\frac{p_0}{p_\infty}\right)^{1-\gamma} - 1\right].$$

Então,

$$p(t) = p_\infty \left(1 + \frac{\alpha}{\beta} \left[\left(\frac{p_0}{p_\infty} \right)^{1-\gamma} - 1 \right] \frac{\beta}{\alpha} e^{-kt} \right)^{\frac{1}{1-\gamma}} . \qquad (5.9)$$

Simplificando, temos o modelo para crescimento em peso de fêmeas de peru:

$$p(t) = p_\infty \left(1 + \left[\left(\frac{p_0}{p_\infty} \right)^{1-\gamma} - 1 \right] e^{-kt} \right)^{\frac{1}{1-\gamma}} . \qquad (5.10)$$

Estimação dos parâmetros p_∞ e γ

A tabela 5.2 fornece os dados experimentais do crescimento em peso da ave:

Idade	Massa do macho	Massa da fêmea
1	122	107
2	154	222
3	474	423
4	751	665
5	1148	971
6	1760	1466
7	2509	2079
8	3454	2745
9	4231	3495
10	5160	4194
11	6083	4870
12	6998	5519
13	7906	6141
14	8805	6732
15	9695	7290
16	10574	7813
17	11444	8299
18	12302	8744
19	13148	
20	13982	

Tabela 5.2: Dados experimentais do crescimento em peso de peruas.

Vamos analisar o crescimento da fêmea através do modelo generalizado de metabolismo proposto (equação (5.10)).

Avaliação do peso máximo p_∞

Podemos estimar o valor do peso máximo do peru fêmea usando o método de Ford-Walford. Tal método consiste em considerar $p_t = p_{t+1}$ quando o peso está estabilizado.

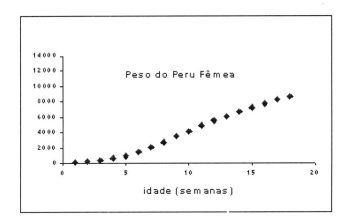

Figura 5.5: Dados experimentais do peso da fêmea do peru.

Ajustamos linearmente os pontos p_t e p_{t+1} e calculamos a intersecção desta reta com a reta $p_t = p_{t+1}$. Esse ponto de intersecção será o p_∞, pois se o peso em dois instantes consecutivos é o mesmo, é sinal de que não houve aumento de peso, o que só ocorre quando o valor do peso está estabilizado. A equação da reta ajustada para os quatro últimos valores de p_t (figura 5.6) é dada por

$$p_{t+1} = 0.9282 p_t + 1044.1.$$

O ponto de intersecção é calculado fazendo $p_\infty = 0.9282 p_\infty + 1044.1 \Rightarrow p_\infty = \frac{1044.1}{1 - 0.9282} \simeq 14541$.

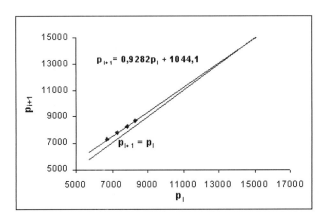

Figura 5.6: Cálculo de p^* usando o método do Ford-Walford.

Estimação do parâmetro de alometria γ

Pelos dados experimentais (vide figura 5.5), observamos a existência de um ponto p_* onde a variação é máxima (ponto de inflexão da curva). Neste caso, devemos ter $\frac{d^2 p_*}{dt^2} = 0$. Agora,

$$\frac{d^2 p}{dt^2} = \alpha\gamma p^{\gamma-1}\frac{dp}{dt} - \beta\frac{dp}{dt}.$$

E, portanto, no ponto de inflexão p_* , temos

$$\frac{dp}{dt}\left(\alpha\gamma p_*^{\gamma-1} - \beta\right) = 0.$$

Como a taxa de aumento de peso $\left(\dfrac{dp}{dt}\right)$ é considerada sempre positiva (a ave deve estar sendo alimentada corretamente), temos que

$$\alpha\gamma p_*^{\gamma-1} = \beta \Leftrightarrow \frac{p_*^{1-\gamma}}{\gamma} = \frac{\alpha}{\beta}.$$

Por outro lado de (5.7), vem que $\dfrac{\alpha}{\beta} = p_\infty^{1-\gamma}$. Logo,

$$
\begin{aligned}
p_\infty^{1-\gamma} &= \frac{p_*^{1-\gamma}}{\gamma} \Leftrightarrow \left(\frac{p_\infty}{p_*}\right)^{1-\gamma} = \frac{1}{\gamma} \Rightarrow (1-\gamma)\ln\left(\frac{p_\infty}{p_*}\right) = \ln\left(\frac{1}{\gamma}\right) \\
&= \ln\left(\frac{p_\infty}{p_*}\right) = \frac{1}{1-\gamma}\ln\left(\frac{1}{\gamma}\right).
\end{aligned}
\tag{5.11}
$$

A expressão (5.11) fornece, implicitamente, o valor do parâmetro γ desde que p_* seja conhecido.

Agora, dos dados experimentais podemos inferir que $p_* \simeq 2745$.

O valor de γ pode ser obtido por métodos computacionais elementares – optamos por fazê-lo geometricamente calculando a intersecção das curvas

$$y = \frac{1}{1-\gamma}\ln\left(\frac{1}{\gamma}\right) \quad \text{e} \quad y = \ln\left(\frac{p_\infty}{p_*}\right).$$

de acordo com a figura 5.7.

Da figura 5.7 podemos também perceber que o valor de γ é aproximadamente igual a 0.3. Usando o Método de Newton para cálculo de raízes, obtemos $\gamma = 0.32399$.

Modelo com taxa de metabolismo variável

Num modelo mais realista, devemos considerar a taxa de catabolismo β variável com o tempo, uma vez que quando a ave envelhece, a sua perda de energia tende a ser mais elevada (hipótese adicional).

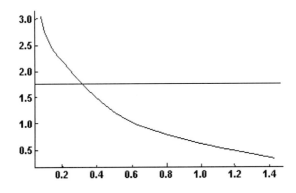

Figura 5.7: Cálculo geométrico do parâmetro γ.

Da equação (5.10), podemos explicitar β em função de t:

$$p(t) = p_\infty \left(1 + \left[\left(\frac{p_0}{p_\infty}\right)^{1-\gamma} - 1\right] e^{-\beta(1-\gamma)t}\right)^{\frac{1}{1-\gamma}} \Rightarrow$$

$$\left(\frac{p}{p_\infty}\right)^{1-\gamma} - 1 = \left[\left(\frac{p_0}{p_\infty}\right)^{1-\gamma} - 1\right] e^{-\beta(1-\gamma)t} \Rightarrow$$

$$\ln\left(\frac{\left(\frac{p}{p_\infty}\right)^{1-\gamma}-1}{\left(\frac{p_0}{p_\infty}\right)^{1-\gamma}-1}\right) = -\beta(1-\gamma)t.$$

Logo,

$$\beta = \frac{\ln\left(\frac{\left(\frac{p}{p_\infty}\right)^{1-\gamma}-1}{\left(\frac{p_0}{p_\infty}\right)^{1-\gamma}-1}\right)}{(1-\gamma)t}. \tag{5.12}$$

A figura 5.8 mostra a tendência de β em função de t, para cada t_i da tabela 5.2.

Observemos que a taxa β tende a se estabilizar com o tempo. Usando o Método de Ford-Walford para encontrar o valor máximo dessa taxa, obtemos o resultado exibido na figura 5.9.

Logo,

$$\beta_{\max} = \frac{0.014}{1 - 0.8717} = 0.10912.$$

Com o ajuste exponencial assintótico encontramos, finalmente, que $\beta(t) = 0.10912 - 0.1279 e^{-0.1397t}$. Assim, o modelo generalizado, considerando a taxa de metabolismo variável, é dado por:

$$p(t) = p_\infty \left(1 + \left[\left(\frac{p_0}{p_\infty}\right)^{1-\gamma} - 1\right] e^{-\beta(t)(1-\gamma)t}\right)^{\frac{1}{1-\gamma}} \tag{5.13}$$

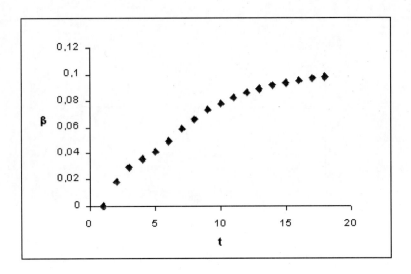

Figura 5.8: Tendência de crescimento de β.

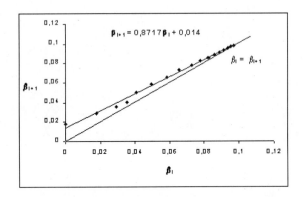

Figura 5.9: Cálculo de $\beta_{\max}$.

A figura 5.11 mostra a coerência entre o modelo proposto e os dados experimentais.

Observação 5.1. *A equação (5.13) foi obtida diretamente da generalização das equações (5.11 e 5.12). Vamos, a seguir, obter um modelo na forma de uma equação diferencial cuja solução seja a expressão (5.13).*

Expressão diferencial do modelo generalizado de metabolismo

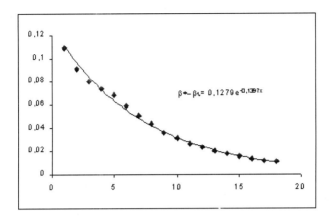

Figura 5.10: Ajuste exponencial de $\beta_{\max} - \beta_i$.

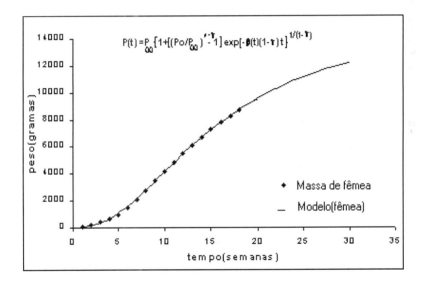

Figura 5.11: Modelo generalizado do crescimento em peso do peru fêmea.

Derivando a expressão (5.13), obtemos

$$\frac{dp}{dt} = p_\infty \frac{1}{1-\gamma} \left(1 + \left[\left(\frac{p_0}{p_\infty}\right)^{1-\gamma} - 1\right] e^{-\beta(t)(1-\gamma)t}\right)^{\frac{1}{1-\gamma}-1} *$$

$$\left\{-(1-\gamma)\frac{d\left(\beta\left(t\right)t\right)}{dt}\left[\left(\frac{p_0}{p_\infty}\right)^{1-\gamma} - 1\right] e^{-\beta(t)(1-\gamma)t}\right\};$$

$$\frac{dp}{dt} = -\frac{p_\infty \left(1 + \left[\left(\frac{p_0}{p_\infty}\right)^{1-\gamma} - 1\right] e^{-\beta(t)(1-\gamma)t}\right)^{\frac{1}{1-\gamma}}}{1 + \left[\left(\frac{p_0}{p_\infty}\right)^{1-\gamma} - 1\right] e^{-\beta(t)(1-\gamma)t}} \times$$

$$\times \left\{ -\frac{d\left(\beta\left(t\right)t\right)}{dt} \left[\left(\frac{p_0}{p_\infty}\right)^{1-\gamma} - 1\right] e^{-\beta(t)(1-\gamma)t} \right\}$$

De (5.13),

$$\left(\frac{p}{p_\infty}\right)^{1-\gamma} = \left(1 + \left[\left(\frac{p_0}{p_\infty}\right)^{1-\gamma} - 1\right] e^{-\beta(t)(1-\gamma)t}\right)$$

Logo,

$$\frac{dp}{dt} = \frac{p}{\left(\frac{p}{p_\infty}\right)^{1-\gamma}} * \left\{ -\frac{d\left(\beta\left(t\right)t\right)}{dt} \left[\left(\frac{p}{p_\infty}\right)^{1-\gamma} - 1\right] \right\} \qquad \Longleftrightarrow$$

$$\frac{dp}{dt} = \frac{d\left(\beta\left(t\right)t\right)}{dt} p^\gamma p_\infty^{1-\gamma} \left[1 - \left(\frac{p}{p_\infty}\right)^{1-\gamma}\right]$$

Finalmente, obtemos a equação

$$\frac{dp}{dt} = \frac{d\left(\beta\left(t\right)t\right)}{dt} \left[p^\gamma p_\infty^{1-\gamma} - p\right]. \tag{5.14}$$

Observação 5.2. *Se $\beta\left(t\right) = \beta$, constante, então o modelo (5.14) é o mesmo que o modelo (5.8). Se $\beta\left(t\right) = \beta$ constante e $\gamma = \frac{2}{3}$, o modelo (5.14) se reduz ao modelo clássico de von Bertalanffy (5.2), com $\alpha = \beta p_\infty^{1-\gamma}$.*

Enterramento de larvas de moscas

O processo de enterramento de larvas de moscas do gênero *Calliphoridae* (moscas varejeiras) foi tema de estudo de um grupo de pesquisadores do Instituto de Biologia da UNICAMP nos anos 1996/97. Baseados nos dados experimentais obtidos, publicamos na revista científica *Men. Inst. Oswaldo Cruz* ([6]) um trabalho de modelagem matemática, utilizando equações de difusão-advecção para prever a dinâmica de enterramento de tais larvas. O trabalho consiste basicamente em estudar a dinâmica de enterramento das larvas de três espécies de moscas que depositam seus ovos em carcaças de animais mortos. Estes ovos eclodindo dão origem às larvas que se alimentam da carcaça até atingirem um certo estágio de seu desenvolvimento, após o qual deixam a carcaça para se enterrarem onde vão completar outra fase de seu ciclo de desenvolvimento, atingindo o estágio de pupa. O interesse da modelagem está justamente nesta etapa em que a larva deixa a carcaça e se movimenta até se enterrar em determinado lugar. Por motivos de maior simplicidade o experimento e a modelagem foram feitos utilizando um espaço unidimensional, ou seja, a larva, após deixar a carcaça, só podia caminhar em um sentido, para frente ou para trás, dentro de uma calha onde a carcaça está localizada em uma das extremidades.

O experimento de laboratório consistiu-se em depositar ovos das tres espécies de moscas varejeiras, em uma carcaça colocada em uma das extremidades da calha. Quando as larvas abandonaram a carcaça, foram observados e coletados os dados a respeito do número de larvas enterradas em cada posição, da seguinte forma: a calha, de 3m de comprimento foi dividida em intervalos de 20 cm, ou seja, havia 15 posições nas quais as larvas poderiam se enterrar.Terminado o processo de enterramento, foi contado o número de larvas em cada uma dessas posições, e os resultados obtidos, para as 3 espécies, estão resumidos nas figuras 5.12, 5.13 e 5.14.

No projeto de I.C. a proposta foi estudar o mesmo fenômeno com modelos mais simples, ao invés de utilizarmos um modelo contínuo, trabalhamos com equações de diferenças e simulações. No modelo contínuo, citado anteriormente ([6]), foram modelados os comportamentos de larvas de três espécies do gênero *Calliphoridae*, a saber: *C. putoria*, *C. macellaria* e *C. megacephala*.

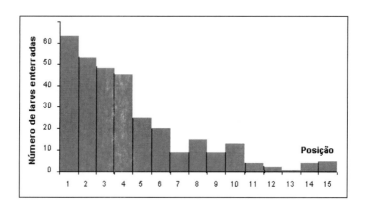

Figura 5.12: Enterramento de larvas da espécie *C. putoria* de acordo com a posição na calha. Dados obtidos experimentalmente.

Nossa intenção foi propor um modelo discreto razoável para representar este fenômeno, considerando o espaço unidimensional, que foi o mesmo utilizado no experimento, e depois utilizar o computador para gerar simulações, também como forma alternativa de estudar o comportamento das larvas quando deixam a carcaça. As simulações computacionais foram realizadas para testar o modelo discreto.

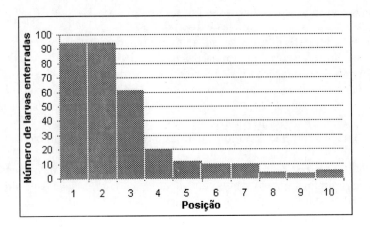

Figura 5.13: Enterramento de larvas da espécie *C. macelaria* de acordo com a posição na calha.

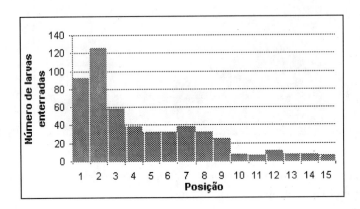

Figura 5.14: Enterramento de larvas da espécie *C. megacephala* de acordo com a posição na calha.

Um modelo discreto simples

Inicialmente, propomos um modelo simples com a intenção de desenvolver nosso estudo a respeito da situação a ser modelada.

No experimento de laboratório foram contadas 335 larvas enterradas no final do processo, depois de 2 horas (tempo final do processo de enterramento).

No nosso caso modelo consideramos um número inicial N de larvas na carcaça.

Indicamos cada posição ocupada por X_i, $i = 0, 1, 2, 3, 4 \ldots$, considerando o intervalo da posição i em que foi dividida a calha. O tempo, que também é considerado discreto, indicamos por T_j, com $j = 0, 1, 2, 3, 4 \ldots$, com $\sum_{j=0} T_j = 2$ horas.

Supomos que no tempo inicial T_0 as larvas estão todas na superfície e na posição X_0.

Indicamos por $A_{i,j}$ o número de larvas enterradas e de $C_{i,j}$ o número de larvas que estão na superfície, na posição X_i e no tempo T_j .

Supomos também que a quantidade de larvas que se enterram numa posição, em cada instante, seja proporcional à quantidade que está na superfície. Assim, se temos $C_{i,j}$ larvas na superfície, na posição X_i e no tempo T_j, então a quantidade de larvas que se enterram na posição X_i e no tempo T_{j+1} será igual a $\alpha C_{i,j}$. De modo análogo vamos supor que ω seja a proporção de larvas que ficam paradas na mesma posição, ou seja, se movem sem mudar de posição em uma unidade de tempo.

Seja ainda β a proporção de larvas que vão para a direita, ou seja, se movem da posição X_i para a posição X_{i+1}. Nesse modelo simples, vamos considerar também que as larvas, uma vez em movimento, não voltam para trás, ou seja, as larvas sempre se afastam da carcaça. Esta última suposição é uma simplificação forte que será modificada nos modelos seguintes.

A dinâmica de movimento e enterramento das larvas é modelado pelo sistema de equações de diferenças:

$$\begin{cases} A_{i,j+1} & = & A_{i,j} + \alpha C_{i,j} \\ C_{i,j} & = & \lambda C_{i,j-1} + \beta C_{i-1,j-1}. \end{cases} \qquad (5.15)$$

A primeira equação de (5.15) é interpretada da seguinte forma: a quantidade de larvas enterradas na posição X_i, no tempo T_{j+1} é igual à quantidade de larvas que já estavam enterradas nesta posição no instante anterior, acrescida de α vezes a quantidade de larvas que estava na superfície desta posição no instante anterior. A segunda equação nos dá a quantidade de larvas na superfície na posição X_i, que é igual a λ vezes a quantidade de larvas que já estava ali no instante anterior mais β vezes o número de larvas que estava na posição anterior e caminharam uma posição para a direita.

O sistema (5.15) pode ser dado com apenas uma equação de diferenças, basta substituir a expressão de $C_{i,j}$ da segunda equação na primeira. Assim, temos:

$$A_{i,j+1} = A_{i,j} + \alpha C_{i,j}(\lambda C_{i,j-1} + \beta C_{i-1,j-1}). \qquad (5.16)$$

Vamos agora achar a solução da equação (5.16) recursivamente, lembrando que no início do processo $C_{0,0} = N$. Temos ainda que $C_{i,j} = 0$ para $i > j$, pois não podemos ter larvas na superfície, em uma certa posição, se elas não tiveram tempo para chegar até lá.

Usando recursivamente a 2ª equação de (5.15), temos:

$$
\begin{array}{rclclcl}
C_{0,1} & = & \lambda C_{0,0} + \beta C_{-1,0} & = & \lambda C_{0,0} & = & \lambda N \\
C_{0,2} & = & \lambda C_{0,1} + \beta C_{-1,1} & = & \lambda(\lambda N) & = & \lambda^2 N \\
& \vdots & & & & & \\
C_{0,j} & = & \lambda^j N & & & &
\end{array}
$$

$$
\begin{array}{rclclcl}
C_{1,1} & = & \lambda C_{1,0} + \beta C_{0,0} & = & \beta C_{0,0} & = & \beta N \\
C_{1,2} & = & \lambda C_{1,1} + \beta C_{0,1} & = & \lambda \beta N + \beta \lambda N & = & 2\beta\lambda N \\
C_{1,3} & = & \lambda C_{1,2} + \beta C_{0,2} & = & \lambda(2\beta\lambda N) + \beta(\lambda^2 N) & = & 3\beta\lambda^2 N \\
& \vdots & & & & & \\
C_{1,j} & = & j\beta\lambda^{j-1} N. & & & &
\end{array}
$$

Da mesma forma obtemos:

$$
C_{2,j} = \binom{j}{2} \beta^2 \lambda^{j-2} N,
$$

onde $\binom{j}{2}$ é a combinação de j, 2 a 2.

Uma forma geral para $C_{i,j}$ é dada por:

$$
C_{i,j} = \binom{j}{i} \beta^i \lambda^{j-i} N. \tag{5.17}
$$

Agora que temos uma expressão para $C_{i,j}$ em qualquer posição e instante, podemos usá-la na 1ª equação do sistema (5.15) para obter uma expressão geral de $A_{i,j}$ que é o total de larvas enterradas em uma determinada posição e instante. Usando a expressão (5.17) em (5.15), temos:

$$
A_{i,j} = A_{i,j-1} + \alpha \binom{j-1}{i} \beta^i \lambda^{j-i-1} N. \tag{5.18}
$$

Lembramos que $A_{i,j} = 0$ para $i \geq j$, e utilizando a fórmula (5.18) recursivamente, obtemos uma expressão geral para $A_{i,j}$:

$$
\begin{array}{rcl}
A_{0,1} & = & \alpha N \\
A_{0,2} & = & \alpha N + \alpha\lambda N \\
& \vdots &
\end{array}
$$

$$
\begin{array}{rcl}
A_{1,2} & = & \alpha\beta N \\
A_{1,3} & = & \alpha\beta N + 2\alpha\beta\lambda N \\
& \vdots &
\end{array}
$$

$$
A_{i,j} = \sum_{k=i+1}^{j} \binom{k-1}{i} \alpha\beta^i \lambda^{k-i-1} N.
$$

A expressão de $A_{i,j}$ nos fornece o número total de larvas enterradas na posição X_i em qualquer instante T_j , para $i < j$, supondo as proporções α, β e λ conhecidas, bem como o número inicial de larvas N.

Analisando mais detalhadamente as expressões para $A_{i,j}$, obtidas anteriormente, vemos que

$$A_{0,n} = \alpha N + \alpha\lambda N + \cdots + \alpha\lambda^{n-1}N = \alpha N \sum \lambda^n$$

que converge para

$$\alpha N \frac{1 - \lambda^n}{1 - \lambda} = N \frac{\alpha}{1 - \lambda}.$$

$$A_{1,n} = \alpha\beta N \sum n\lambda^{n-1} \to \alpha\beta N \frac{1}{(1-\lambda)^2}$$

$$A_{2,n} = \alpha\beta^2 N \sum \frac{n(n-1)\lambda^{n-2}}{2} \to \alpha\beta^2 N \frac{1}{(1-\lambda)^3}$$

Analisando os resultados acima podemos chegar a uma outra expressão para $A_{i,j}$, ou seja,

$$A_{i,j} = \alpha\beta^i N \sum_{j>i} \frac{j(j-1)\dots(j-i+1)\lambda^{j-1}}{2} \tag{5.19}$$

Com (5.19) podemos calcular a convergência de $A_{i,j}$, ou seja, podemos determinar o total de larvas que se enterraram em uma determinada posição X_i no final do processo.

Note que a expressão para $A_{i,j}$ é a derivada da expressão para $A_{i,j-1}$, dividida por $j!$ (j fatorial). Logo, esta convergirá para a derivada daquela que vai conter o termo $j!$ no denominador, isto é, $A_{i,j}$ converge para o valor $\alpha\beta^i N \frac{1}{(1-\lambda)^{i+1}}$.

Devemos notar finalmente, que nas somatórias j vai de i até ∞, e que devemos somar apenas para $j > i$ (perceba que isto não altera a convergência da série).

Dessa forma ilustramos como procedemos para chegar a uma solução do sistema (5.15), lembrando que esse modelo não inclui a possibilidade da larva voltar, ou seja, supomos que a larva *sempre se afasta* da carcaça. Na realidade, embora a larva tenha mesmo uma tendência de se afastar maior do que a de retornar à esquerda, o que acontece na realidade é que a larva tem um movimento que podemos classificar como aleatório, ou seja, devemos incluir também a possibilidade da larva se aproximar da carcaça.

Modelo discreto modificado

Vamos reformular o modelo (5.15) incluindo uma certa taxa de larvas que caminham em direção da carcaça. A maneira mais simples de fazermos isso é considerar λ como sendo a proporção de larvas que caminham em direção da carcaça e portanto não teremos larvas que ficam estacionadas em uma mesma posição. Essa suposição parece mais realista que a do modelo anterior (5.15) pois, considerando o tamanho das posições pequeno suficiente, podemos supor que, dependendo do intervalo de tempo $T_{j+1} - T_j$, a larva raramente permanecerá na mesma posição na superfícies durante esse intervalo de tempo.

310 Modelagem Matemática

Considerando os comentários acima, podemos formular o seguinte modelo:

$$\begin{cases} A_{i,j+1} & = & A_{i,j} + \alpha C_{i,j} \\ C_{i,j} & = & \lambda C_{i+1,j-1} + \beta C_{i-1,j-1} \end{cases} \tag{5.20}$$

O número de larvas na posição X_i e instante T_j é proporcional ao número de larvas na posição anterior, $\beta C_{i-1,j-1}$, e ao número de larvas na posição posterior, $\lambda C_{i+1,j-1}$.

A segunda equação do sistema (5.20) só não se aplica para a posição X_0, porque nesta posição a larva não pode voltar. Na posição X_0 todas as larvas que não se enterram vão para a próxima posição. Para corrigir este fato, basta definir $C_{i,j} = 0$ para $i < 0$. Essa simples modificação tornará o sistema (5.20) bem mais difícil de se solucionar recursivamente, sendo assim, não vamos resolvê-lo passo a passo como foi feito no caso anterior de forma ilustrativa, mas enfatizamos que o método utilizado para se chegar à solução foi idêntico.

Uma outra forma que talvez torne a resolução mais fácil e menos trabalhosa é simular a evolução do processo passo a passo, ou seja, desenhamos em uma folha a calha com suas posições, colocamos N larvas na posição inicial e no tempo inicial, e vamos registrando manualmente quantas larvas se enterram e quantas estão na superfície a cada etapa do processo, depois tentamos deduzir uma fórmula para o total de larvas enterradas em cada posição, isto é, para $A_{i,j}$. Mas, qualquer que seja o método utilizado, a solução final será a mesma.

A expressão final para $A_{i,j}$ se mostrou extremamente complicada e cheia de regras, por este motivo nos limitaremos a apresentar aqui uma expressão exata para o enterramento das larvas até o instante $j = i + 9$. Com exceção da posição X_0, a fórmula funciona até o instante T_{11}, mas não funciona para o instante T_1, quando, evidentemente, a quantidade de larvas enterradas é αN. Apresentaremos, no entanto um método prático, muito mais simples que a fórmula e que funciona sempre.

Seja $S_{i,j}$ o número de larvas que se enterram na posição X_i e no instante T_j, então, utilizando as suposições do sistema (5.20), teremos:

$$S_{i,j} = \alpha \lambda^{\frac{j-1-i}{2}} \beta^{i-1} (1-\alpha) N \left[\sum_{p=0}^{m} Y_p (1-\alpha)^{m-p} \beta^p \right] \tag{5.21}$$

sendo que

$$Y_p = \left\{ \binom{n}{p} + (p-1) \left[\binom{n-1}{p-1} + \binom{n-2}{p-2} + \binom{n-3}{p-3} \right] + (p-2) \left[\binom{n-2}{p-2} + \binom{n-3}{p-3} \right] \right\}. \tag{5.22}$$

Restrições às fórmulas (5.21) e (5.22):

- Todas as quantidades com que trabalhamos nestas duas últimas fórmulas devem ser números inteiros; Os números decimais devem ser substituidos para os inteiros mais próximos, enquanto que números negativos devem ser considerados como zero;

- Na expressão (5.21), $m = (j-i)/2$, e portanto, devemos considerar apenas até m=4, já que a fórmula só é exata até o instante $i+9$, como foi dito acima. Lembramos, porém, que se o número inicial de larvas N não for muito grande (< 1000), a quantidade de larvas que se enterra após o instante $i+9$ é bem pequena, podendo até ser desprezada;

  A expressão (5.21) tem valor 0 para os casos em que $i \geq j$; isto acontece porque neste caso as larvas não tiveram tempo para chegarem à posição i; A expressão (5.21) também tem valor 0 nos casos em que $j - i$ é impar, pois nestas posições e tempos não há larvas na superfície para se enterrar. Para entender porque isto acontece, basta notar que se tivermos N larvas em uma determinada posição, no próximo instante todas sairãodesta posição, pois assumimos que as larvas não ficam paradas, e assim, a posição ficará vazia e nenhuma larva pode se enterrar no próximo instante naquela posição.

- Na expressão (5.22), $n = \frac{(i+j)}{2} - 1$ e devemos considerar o binômio de Newton igual a zero quando $(p - a) \leq 0$, $a = 1.2, 3$, mesmo que na realidade o valor desse binômio, nesse caso, não seja zero;

- Lembramos que $S_{0,1}$ é dado por αN e não pela expressão (5.21);

  Observando as restrições anteriores, podemos concluir que

$$A_{i,j} = \sum_{k=0}^{j} S_{i,k} \tag{5.23}$$

nos dá o total de larvas enterradas na posição X_i e no instante T_j. Observamos novamente que a fórmula (5.21) para $S_{i,j}$ é trabalhosa além de não ser exata para determinados valores de k, por isso apresentaremos outro método que tem a vantagem de, além de ser exato, é bem mais simples para se calcular $S_{i,j}$.

Resolução pelo triângulo de Pascal

Primeiramente constroi-se o *triângulo numérico* mostrado abaixo, que é muito semelhante ao *"triângulo de Pascal"*, e de fácil construção:

u/p	0	1	2	3	4	5	6
0	1	0					
1	1	1	0				
2	1	2	2	0			
3	1	3	5	5	0		
4	1	4	9	14	14	0	
5	1	5	14	28	42	42	0
6	1	6	20	48	90	132	132

Nomeamos as linhas de u e as colunas de p e cada elemento $Y_{u,p}$ é dado por:

$$Y_{u,p} = Y_{u,p-1} + Y_{u-1,p}. \tag{5.24}$$

Na verdade, a construção deste *triângulo* é para facilitar o cálculo de Y_p, que agora chamaremos de $Y_{u,p}$. O que vamos fazer em seguida é utilizar esse triângulo para facilitar o cálculo de $S_{i,j}$.

Seja a equação (5.21)

$$S_{i,j} = \alpha \lambda^{\frac{j-1-i}{2}} \beta^{i-1}(1-\alpha)N \left[\sum_{p=0}^{m} Y_{u,p}(1-\alpha)^{m-p}\beta^p \right],$$

onde o termo $Y_{u,p}$ é o valor encontrado na u-ésima linha e p-ésima coluna do *triângulo* com $u = \frac{i+j}{2} - 1$ e $m = \frac{j-1}{2}$, sendo que u e m devem ser números inteiros.

Esse método não funciona para a posição X_0 mas, nesse caso, $Y_{u,p}$ é o mesmo da posição X_1, então basta calcular $Y_{u,p}$ considerando $i = 1$. O que mudou neste método foi somente a forma para se calcular o coeficiente Y_p da expressão (5.21), portanto a solução geral continua sendo a expressão (5.23). Assim, resolvemos o sistema (5.20), faltando agora atribuir valores razoáveis aos parâmetros α, β e λ para que os resultados sejam representativos da realidade. Este, porém, é um problema que podemos tentar resolver através de simulações, isto é, atribuímos valores a esses parâmetros e fazemos simulações para testá-los. Para que nosso modelo se aproxime mais do fenômeno real, podemos transformar esses parâmetros, que até agora foram entendidos como proporções, em probabilidades, ou mais que isso, essas probabilidades podem ser funções da posição ou do tempo, afinal, faz sentido pensar, por exemplo, que a probabilidade da larva se enterrar em determinado local é tanto maior quanto mais longe estiver da carcaça.

Simulações

Com o objetivo de testarmos a eficácia de nosso modelo anterior, decidimos fazer simulações, atribuindo valores aos parâmetros α, β e λ. Como estamos agora trabalhando com probabilidades e simulações, podemos dar quaisquer valores a estes parâmetros, no entanto parece muito óbvio que estes valores não devem ser constantes pelo próprio comportamento dos dados experimentais mostrados nas figuras 5.12, 5.13 e 5.14. Observando, por exemplo, os dados da mosca *C. Putoria* podemos notar que as larvas se concentram perto da carcaça, diminuindo rapidamente e depois aumentando a concentração, atingindo um ponto de máximo por volta da posição 18 e então diminuindo novamente. Com base neste fato e no resultado do modelo contínuo em questão [6], achamos por bem utilizar em nossa simulação uma função trigonométrica para descrever α. Ainda assim, pelas facilidades que os métodos computacionais nos oferecem, resolvemos fazer diversas simulações para testar diversas funções para as probabilidades. Todas estas simulações foram feitas com base no experimento cujo resultado é mostrado na figura 5.15, isto é, foi criado um vetor de 15 posições, sendo que na posição zero estava a carcaça e as larva eram postas inicialmente na posição 1. Foram também contados os instantes de tempos, para que pudéssemos saber em que instante todas as larvas estavam enterradas. Estas simulações foram feitas no programa *Minitab 10*.

Um das propostas mais simples para as probabilidades de movimentação das larvas é que elas sejam funções constantes. Com o objetivo de testar essa ideia, relizamos tais simulações e depois de acertar os parâmetros, obtivemos o resultado mostrado na Figura 5.15.

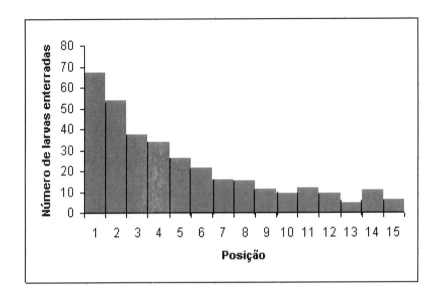

Figura 5.15: Simulação do enterramento de larvas com probabilidades constantes.

Além das suposições gerais descritas anteriormente, nesta simulação incluímos um parâmetro θ que definimos como sendo a probabilidade de a larva ficar parada em uma mesma posição. Utilizamos os seguintes valores para cada probabilidade: $\alpha = 0.07$, $\beta = 0.48$, $\lambda = 0.25$ e $\theta = 0.2$.

O gráfico da figura 5.16 foi baseado na média de três simulações com tempo médio de 91 unidades para cada simulação. Observamos que, fazendo as probabilidades constantes, o resultado apresenta um decrescimento constante no número de larvas enterradas de acordo com a posição, e tal decrescimento é relativamente lento se comparado com os dados experimentais. Como se pode notar essa simulação representou razoavelmente o enterramento das larvas da espécie *C. macellaria* (figura 5.13).

A figura 5.16 mostra a distribuição do número de *passos* (mudança de posição) dados pelas larvas até se enterrarem. A grande maioria das larvas deu menos que vinte passos antes de se enterrarem e também houve larvas que caminharam mais de 60 passos. Na média foram observados 15.08 passos por larva.

É mais realista supormos que essas probabilidades variam de alguma forma. Assim, podemos fazer simulações com a probabilidade de enterramento crescendo com o tempo, ou com a posição. Também seria interessante tentarmos fazer a probabilidade de se distanciar da carcaça diminuir com a distância da carcaça e o contrário, com a probabilidade de ir

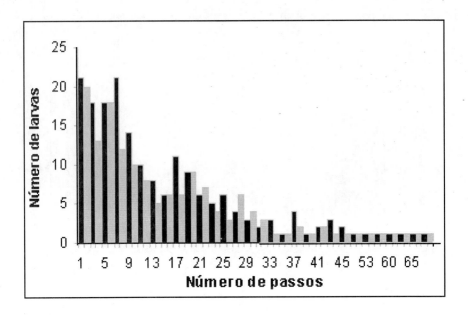

Figura 5.16: Histograma de distribuição dos passos dados pelas larvas na simulação.

em direção à carcaça... Quando pensamos em fazer estas probabilidades variáveis acabamos por ter três variáveis que podem ser usadas separadamente ou em conjunto: o tempo, o espaço (posição que a larva ocupa) e o número de larvas enterradas na posição em que a larva está. Por exemplo, podemos querer simular uma situação em que a probabilidade de enterramento das larvas diminui com o número de larvas enterradas naquela posição, ou então que a probabilidade de enterramento das larvas diminui com a posição, aumenta com o tempo e diminui com o número de larvas já enterradas naquela posição. Dessa forma, temos muitas possibilidades de simulação e nos limitamos a apresentar os resultados cuja variação das probabilidades são mais condizentes com a realidade.

Na figura 5.17 mostramos o resultado de uma simulação onde supomos que as larvas enterradas em determinada posição inibe o enterramento de outras larvas na mesma posição, ou seja, as larvas preferem posições mais vazias. Também aqui supomos que o afastamento da carcaça faz aumentar a tendência da larva voltar em direção à carcaça; enquanto a larva está próxima da carcaça ela tem uma tendência grande de se afastar e a medida que a larva vai se afastando aumenta a aleatoriedade do seu movimento. Esta simulação levou 36 unidades de tempo para se completar.

Outros tipos de simulações com o modelo foram feitos mas achamos por bem não descrevê-los aqui.

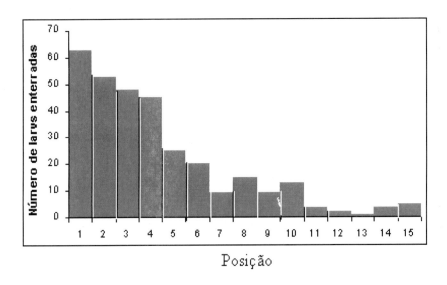

Figura 5.17: Simulação de enterramento de larvas. α varia de 0 a 0.18, diminuindo quanto maior é o número de larvas enterradas na posição; β varia de 0.54 a 0.72, aumentando com o número de larvas enterradas na posição; λ varia de 0.1 a 0.2, aumentando com o aumento da distância da carcaça e θ varia de 0.08 a 0.18 diminuindo com a posição.

Um Modelo Estocástico

Como é mais ou menos evidente que os parâmetros do modelo anterior não devam ser constantes pelos próprios resultados das simulações, resolvemos tentar encontrar uma expressão para a probabilidade de enterramento. Vamos desenvolver um método interessante e relativamente simples para encontrarmos uma expressão para esta probabilidade e que tenha significado biológico.

Inicialmente, supomos que existem lugares mais apropriados para que uma larva se enterre, por exemplo, a larva talvez não se enterre em lugares pedregosos, de solo compacto, ocupado por um determinado vegetal ou qualquer coisa sobre a superfície que a atrapalhe, ou até mesmo em lugares onde já tenham se enterrado previamente outras larvas. No fundo, o que supomos aqui é que existem lugares apropriados para que as larvas se enterrem e elas procuram por estes lugares. Ou seja, a escolha de um lugar para se enterrar não é completamente aleatória. Dessa forma, uma determinada larva se enterrará se encontrar um local apropriado e, a probabilidade de que a larva se enterre se torna agora a probabilidade de que ela encontre um local apropriado. O número de encontros de locais apropriados pode ser modelado por

$$N_e = \alpha S_{(t)} P_{(t)}, \tag{5.25}$$

onde N_e é o número de encontro de locais apropriados, $P_{(t)}$ é o número de locais apropriados existentes no instante t, e α é uma constante de eficiência de procura pelas larvas.

Para se ter uma expressão para a probabilidade de enterramento, vamos usar a *distribuição de Poisson*. Esta distribuição, pode ser utilizada para descrever a ocorrência de eventos aleatórios e discretos, como o encontro de lugares apropriados pelas larvas. Assim, a probabilidade de que ocorram n eventos é dada por:

$$P_{(n)} = \frac{\mu^n}{n!} e^{-\mu} \qquad \text{onde} \quad \mu \text{ é a média de acontecimentos.} \qquad (5.26)$$

A expressão acima nos fornece a probabilidade de que ocorram n encontros de lugares apropriados por cada larva. No caso do encontro entre as larvas e locais de enterramento, podemos dizer que

$$\mu = \frac{N_e}{S_{(t)}} = \frac{\alpha S_{(t)} P_{(t)}}{S_{(t)}} \qquad (5.27)$$

Observamos que o número de locais apropriados $P_{(t)}$ para o enterramento de larvas no instante t, decresce conforme as larvas se enterram, ou seja, quando aumenta o número de larvas enterradas $A_{(t)}$.

Seja P^* o número total de locais apropriados para o enterramento das larvas então,

$$P_{(t)} = P^* - A_{(t)} \quad \text{e} \quad \alpha P_{(t)} = \alpha P^* \left(1 - \frac{A_{(t)}}{P^*}\right) = \kappa E_{(t)}. \qquad (5.28)$$

com, $\kappa = aP^*$ e $E_{(t)} = 1 - \frac{A_{(t)}}{P^*}$.

Podemos dizer que $E_{(t)}$ é o termo que indica o grau de facilidade da larva em encontrar uma posição para se enterrar e este termo varia entre N/P^* e 1.

$E_{(t)}$ pode ser relacionado com a exigência das larvas em se enterrar em locais melhores. Se, por exemplo, colocarmos $P^* = N$, estamos supondo que as larvas têm uma exigência maior possível, ou seja, é como se elas tivessem que localizar as N melhores posições dentre todas disponíveis. Aumentando P^* estaríamos diminuindo o grau de exigência das larvas. Se colocarmos P^* muito maior que N, teremos que as últimas larvas teriam ainda muita facilidade para encontrar posições apropriadas. Agora, substituindo $\kappa E(t)$ na variável de Poisson e fazendo $n = 0$ obtemos a probabilidade de que uma determinada larva não encontre um local apropriado para se enterrar, em um determinado instante de tempo, que é a probabilidade de que a larva continue na superfície. Este valor é dado por

$$P_{(0)} = e^{-\kappa E_{(t)}} \frac{(\kappa E_{(t)})^0}{0!} = e^{-\kappa E_{(t)}}. \qquad (5.29)$$

Portanto a probabilidade de enterramento das larvas será: $(1 - e^{-\kappa E_{(t)}})$; Podemos aplicá-la em nosso modelo matemático como sendo o parâmetro α. Logo, o modelo é dado pelo sistema

$$\begin{cases} A_{x,t} &= A_{x,t-1} + S_{x,t-1}(1 - e^{-\kappa E_{(t)}}) \\ S_{x,t-1} &= \beta S_{x+1,t-2} + \lambda S_{x-1,t-2}. \end{cases} \qquad (5.30)$$

onde β e λ são funções de t a se determinar pois $(1 - e^{-\kappa E_{(t)}}) + \beta + \lambda = 1$. Note que fazendo isto o nosso problema, que era linear, passou a ser não linear sendo portanto de difícil resolução analítica. No entanto é bem fácil analisar o comportamento do sistema (5.30) através de simulações, e isto é o que mostramos a seguir.

Simulações

Com o objetivo de estudar o comportamento do sistema de equações (5.30), fizemos várias simulações utilizando as hipóteses deste sistema. Primeiramente tivemos que achar alguma função para as probabilidades de movimentação das larvas para a direita e esquerda (β e λ), tal que estas probabilidades, juntamente com a probabilidade de enterramento somassem 1. No experimento em laboratório com as larvas, observou-se que estas tendem muito mais a caminharem para longe da carcaça (para a direita), principalmente nas posições iniciais. Assim achamos interessante fazer com que a probabilidade de ir para a direita fosse máxima na posição 1 e mínima na posição 15. Não foi criada propriamente uma função para estas duas probabilidades, porque nosso objetivo não era mais resolver o sistema anterior. Utilizamos um procedimento mais simples: em um primeiro passo a larva se enterrava ou não. Num segundo passo, se a larva não se enterrou ainda, ela ia para esquerda ou para a direita. As decisões nos passos 1 e 2 eram tomadas com base na geração de números uniformemente distribuídos entre 0 e 1. Se a larva não se enterrou ela poderia ir para a direita ou para a esquerda com probabilidades que somavam 1, sendo que a probabilidade de ir para a direita decrescia linearmente de 1 a 0.5 e a de ir para a esquerda crescia de zero a 0.5, também linearmente, de modo que as duas probabilidades sempre somassem 1. A probabilidade de enterramento sempre foi dada pela expressão

$$\left(1 - e^{-\kappa\left(1 - \frac{A_{(t)}}{P^*}\right)}\right)$$

e nosso objetivo nas simulações foi descobrir quais os valores dos parâmetros κ e P^* que melhor se ajustavam a cada tipo de larva.

Embora tenhamos testado diversos valores de P^* e κ, a simulação apresentada na Fig.5.16 foi a que melhor representou a larva $C.$ $putoria$, com um comportamento bastante oscilatório.

Utilizamos nesta simulação κ=0.3 e P^*=350, ou seja, supomos que as larvas têm um alto nível de exigência em relação ao local onde se enterrar. Foi calculada uma média do número de passos dados por cada larva, que neste caso foi de 10.91 passos.

Uma simulação que representou razoavelmente a larva da espécie $C.$ $macellaria$ está representada no gráfico da figura 5.19. Observe que neste caso, obtivemos uma oscilação bem menor que no caso da figura 5.17, o ponto de máximo na posição 8 é bem inferior ao da figura 5.18. Utilizamos o mesmo valor para o parâmetro κ mas aumentamos o valor de P^*, o que pode ser interpretado como uma espécie de larva menos seletiva e menos eficiente, que busca menos por posições apropriadas para seu enterramento. Menos eficiente porque $\kappa = \alpha P^*$ e, mantendo κ constante com o aumento de P^* temos que diminuir o valor de α, que representa a eficiência da larva na localização de posições apropriadas. Neste caso, o número médio foi de 6.74 passos por larva.

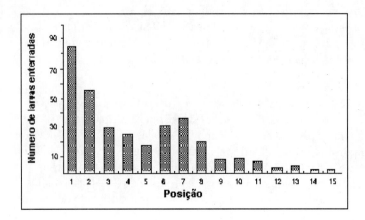

Figura 5.18: Simulação do enterramento de 335 larvas utilizando $\lambda = 0.3$ e $P^* = 350$ (*C. putoria*).

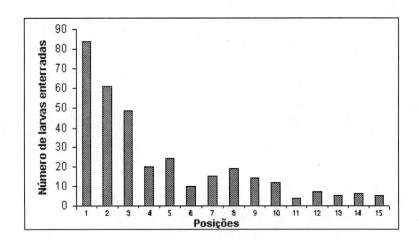

Figura 5.19: Simulação do enterramento de 335 larvas utilizando $\lambda = 0.3$ e $P^* = 450$ (*C. macelaria*).

Na figura 5.20 aparece o resultado de uma simulação onde mantivemos o valor de κ e aumentamos ainda mais o valor de P^* para 600, ou seja, quase o dobro do número de larvas. Agora temos um enterramento parecido com o da larva *C. Megacephala*, praticamente sem oscilações. Esta simulação se concluiu com 5.29 passos por larva, em média. Neste caso, com o aumento no valor de P^* simulamos uma larva menos exigente e menos eficiente na procura de posições onde se enterrar.

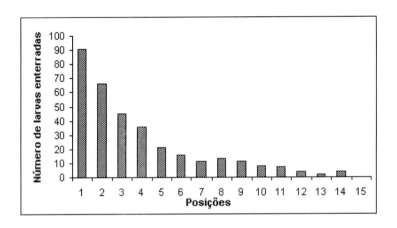

Figura 5.20: Simulação do enterramento de 335 larvas utilizando $\lambda = 0.3$ e $P^* = 600$ (*C. megacephala*).

O número médio de passos dado por uma larva é uma medida importante nas nossas simulações pois através deste indicador podemos fazer suposições acerca das diversas espécies de larvas. Por exemplo, o fato de uma larva ter se movimentado mais pode significar que sua espécie é mais exigente em termos de solo e condições de enterramento.

5.2.3 Considerações

O trabalho sobre enterramento de larvas foi desenvolvido com o objetivo de estudar o comportamento de um fenômeno biológico sob várias formas, usando a simplicidade e objetividade, sem no entanto fugir da realidade do problema.

Num primeiro momento utilizamos um modelo simples de equações de diferenças parciais, do qual obtivemos uma solução analítica com relativa facilidade. O fato de não termos levado em conta a probabilidade de que a larva voltasse em direção à carcaça foi considerado representativo da realidade por profissionais do departamento de Biologia da Unicamp. Na realidade, segundo eles, no experimento observou-se um número pequeno de larvas que voltaram em direção à carcaça e isto pode ter ocorrido porque o ambiente do experimento era bem diferente da realidade (principalmente pelas limitações espaciais).

Depois incluímos no sistema a probabilidade de que a larva volte em direção à carcaça. Neste caso, tentamos aproximar mais o modelo da suposta realidade, o que acabou por complicar sua resolução analítica. Embora ambos os modelos determinísticos propostos tivessem ainda a simplificação demasiada das probabilidades constantes, suas formulações e resultados foram considerados interessantes. O modelo modificado, por ser formulado através de equações de diferenças parciais, o acréscimo de parâmetros probabilísticos não constantes acabou por dificultar muito e até impossibilitar o encontro de soluções analíticas. Assim, com a finalidade de se estudar o comportamento do mesmo modelo com funções probabilísticas variáveis decidimos optar pelas simulações, onde fizemos diversas generalizações do modelo e as estudamos em termos de seus resultados . Mostramos praticamente todos os resultados embora alguns deles não representassem o experimento realizado, pois achamos que, além de interessantes, não podíamos descartá-los, visto que mesmos o experimento de laboratório nos dá um resultado de certa forma probabilístico e assim, na realização de outros experimentos em laboratório poderia se encontrar outros resultados.

Por fim, o uso intenso de parâmetros e funções probabilísticas fizeram com que tentássemos modelar o mesmo fenômeno estocasticamente. Utilizando a distribuição Binomial e a de Poisson, chegamos a um processo markoviano que modelou de forma interessante o número total de larvas na superfície independentemente de sua posição. Quando considerávamos as posições, o sistema se tornava bem mais complicado, envolvendo mais de uma cadeia de Markov ou uma cadeia de Markov cujo espaço de estado não é unidimensional. Mas, independente da resolução do modelo, conseguimos uma expressão para a probabilidade de enterramento, bem fiel à realidade, por não ser constante. Utilizamos esta expressão no segundo modelo discreto de equações de diferenças parciais e embora não pudéssemos resolver o sistema não linear resultante, pudemos simulá-lo e, variando os parâmetros, conseguimos resultados semelhantes ao experimento realizado. O relacionamento destes parâmetros pela adequação do local onde vão se enterrar nos possibilitou diferenciar as três espécies quanto suas exigências, que, segundo nosso modelo final, é o que diferencia o comportamento dentre as espécies consideradas.

Também estudamos a cadeia de Markov relacionada à quantidade de larvas na superfície do terreno e obtivemos a distribuição do número de larvas na superfície nos diversos instantes de tempo.

Concluindo, o modelo final fez com que interagissem entre si três ramos da matemática. Utilizando os conhecimentos da matemática aplicada propusemos uma formulação para o problema através de um sistema de equações de diferenças parciais. Com conhecimentos probabilísticos (processos estocásticos) melhoramos o modelo matemático inserindo em seu contexto mais realidade. O sistema resultante ficou intratável analiticamente e as simulações numéricas nos proporcionaram um meio de visualizarmos sua solução.

Podemos dizer por fim que uma possível explicação para as diferenças nas figuras 5.18, 5.19 e 5.20 se deve está no fato de que as larvas são diferentes em termos de exigência e de eficiência em relação a localização de posições adequadas para seu enterramento. É interessante notar que conseguimos isto usando equações matemáticas e estocásticas com um problema específico da área de Biologia!

Salientamos que este projeto de Iniciação Científica foi desenvolvido por 2 alunos do curso de Estatística, o que ocasionou o direcionamento e formulação de modelos enfatizando a estocaticidade do fenômeno. Se fossem alunos de Física ou Química, provavelmente os rumos seriam outros.

5.3 Iniciação Científica em outros países

Em muitos países foram criados grupos de trabalho com o objetivo de desenvolver modelos matemáticos, como material didático, para serem utilizados em projetos de Iniciação Científica. Daremos aqui os grupos mais conhecidos, citados por Blum ([11]):

1. Estados Unidos:

   - High School Mathematics and its Applications – Project (HIMAP), e o Undergraduate Mathematics and its Applications Project (UMAP), ambos coordenados e publicados pelo Consortium for Mathematics and its Applications (COMAP), dirigido por Solomon Garfunkel e Laurie Aragon.
   - University of Chicago School Mathematics Project (UCSMP), dirigido por Zalman Usiskin.
   - Committee on Enrichment Modules e seu continuador Contemporary Applied Mathematics, dirigido por Clifford Sloyer na University of Delaware.

2. Grã-Bretanha:

   - Shell Centre for Mathematical Education, University of Nottingham, dirigido por Hugh Burkhardt, Rosemary Fraser et al.
   - Spode Group e o Centre for Innovations in Mathematics Teaching da University of Exeter, dirigido por David Burghes.
   - The Mathematics Applicable Project, dirigido por Christopher Ormell na University of East Anglia.

3. Australia:

   - The Mathematics in Society Project (MISP), um projeto internacional baseado na Australia e dirigido por Alan Rogerson.

4. Holanda:

   - HEMET Project no O.W. & O.C. Institute, University of Ultrecht.

5. Alemanha:

   - Mathematikunterrichts-Einheiten-Datei (MUED), que é uma associação composta principalmente de professores.

Além desses projetos existem inúmeras contribuições individuais em toda parte do mundo. No que se refere ao Brasil, estamos organizando no IMECC–UNICAMP um banco de modelos para atender a todos os usuários, no futuro via Internet, e desde já o leitor está convidado a dar sua contribuição!

Referências Bibliográficas

[1] Abell, M. L. & Braselton, J. R., Differential Equations with *Mathematica* (internet).

[2] Anderson, R. M. & May, R. M., *Infectious Diseases of Humans: Dynamics and Control*. Oxford Science Publishing, N. York - Tokio, 1991.

[3] Andrews, J. G. & McLone, R. R., *Mathematical Modelling*, Butterworths, London, 1976.

[4] Barbosa, R. M., Descobrindo padrões em mosaicos, Atual Editora, S. Paulo, 1993.

[5] Bassanezi, R. C. & Ferreira Jr, W. C., Equações Diferenciais com Aplicações. Ed. Harbra, S.Paulo, 1988.

[6] Bassanezi, R. C. et alli, *Diffusion model applied to postfeeding larval dispersal*, Mem. Inst. Oswaldo Cruz, Rio de Janeiro, vol. 92, 2, 1997, pp. 281–286.

[7] Bassanezi, R. C. & Biembengut, M. S., "Donald na Matemagicalândia", Bolema 8, pp. 15–37, Rio Claro, 1992.

[8] Bassanezi, R. C. & Biembengut, M. S., "Gramática dos ornamentos e a cultura de Arica", Relatório Técnico 8, IMECC, 1987.

[9] Batschelet, E., "Introdução à Matemática para Biocientístas", Eds. EDUSP e Interciência, S. Paulo, 1984.

[10] Boyce, W. E., *Case Studies in Mathematical Modelling*, Pitman Advanced Publishing, Boston, (1981).

[11] Blum, W. & Niss, M., Mathematical Problem Solved, Modelling... *in* Modelling, Application and Applied Problem Resolved, Cap. 1, Brum, Niss e Huntley eds., Ellis Horwood Ltd., Chinchester, 1989.

[12] Chiang. A., *Matemática para Economistas*, McGraw Hill-EDUSP, S. Paulo, (1974).

[13] Davis, P. J. & Hersh, R., A Experiência Matemática, Ed. Francisco Alves, Rio de Janeiro, 1985.

[14] Edelstein-Keshet, L., Mathematical models in Biology. Random House Ed., Toronto, 1988.

[15] Franchi, R. H., A modelagem como estratégia de aprendizagem do Cálculo diferencial e integral nos cursos de Engenharia, Dissertação de Mestrado, UNESP, Rio Claro, 1993.

[16] Garding, L., Encontro com a matemática, Ed. Univ. de Brasília, Brasília, 1981.

[17] Gerdes, P., "Karl Marx – arrancar o véu misterioso à matemática", *in* TLANU, 5, Maputo.

[18] Gerdes, P., "Desenhos da África", Coleção Vivendo a Matemática. Ed. Scipioni, S. Paulo, (1990).

[19] Haberman, R., *Mathematical Models*, Prentice Hall, Englewood Cliffs, (1977).

[20] Hoppenstead, F. C. & Peskin, C. S., Mathematics in Medicine and Life Science. Springer-Verlag, N. York - Berlim, 1992.

[21] Imenes, L. M., "Geometria dos Mosaicos" (1998), "Geometria das Dobraduras" (1991), "Os números na história da civilização", "Brincando com Números" (1992) e "A enumeração indu-arábica" (1989). Coleção Vivendo a Matemática. Ed. Scipioni, S. Paulo.

[22] Lancaster, P., *Mathematics: Models of the Real World*, Prentice Hall, Englewood Cliffs, (1976).

[23] Machado, N. J., "Polígonos, centopeicos e outros bichos". Coleção Vivendo a Matemática, Ed. Scipioni, S. Paulo, (1998).

[24] Malice, M. P. & Lefèvre, C., *On the general epidemic model in discret time*, Univ. de Bruxelas.

[25] Mendonça, M. C., Problematização: um caminho a ser percorrido em Educação Matemática. Tese de Doutorado, FE-UNICAMP, 1993.

[26] Pollard, H., *Applied Mathematics: an introduction*, Addison Wesley Publishers Co, Massachusetts, (1972).

[27] Richard, J. G. & Paul, R. W., Computer simulations with *Mathematica* (internet).

[28] Ross, S., Introduction to probability models, Acad. Press, 1997.

[29] Segel, L., *Mathematics Applied to Deterministic Problems in the Natural Sciences*, McMillan Pu. Co, New York, (1974).

[30] Struik, D. J., A Concise History of Mathematics, Ed. Dover, 1948.

[31] Táboas, C., A história e evolução dos números, Tese de Doutorado, FE-UNICAMP, 1993.

[32] Taylor, H. M. & Karlin, S., An introduction to stochastic modeling, Acad. Press, 1994.

[33] Trotta, F., Imenes, L. M. P., Jakubovic, J., *Matemática Aplicada*, 2º grau, 3 vols., Ed. Moderna, S. Paulo, (1979).

[34] von Zuben et alli, *Theorectical approaches to forensic entomology: II Mathematical model of larval development*. J. Applied Entomology, 122, 1998. pp. 275–278.

Capítulo 6
Evolução de Modelos

"Os modelos quantitativos são uma ferramenta potente pois se prestam para descrever e predizer o comportamento da natureza. Sua nobreza reside em instigar a intuição e enriquecer a especulação."

M. Petrere Jr., 1992

6.1 Introdução

Vimos, através de alguns exemplos ao longo do livro, a importância da analogia no processo de modelagem, o que implica naturalmente, que conhecimentos adquiridos numa determinada área podem ser transferidos para outras áreas. Em termos de equações variacionais (diferenciais ou de diferenças) esta implicação é evidenciada em muitas situações, indicando que um bom modelador deve, antes de mais nada, conhecer os modelos clássicos da literatura — mesmo porque uma única equação ou sistema pode servir para modelar situações de naturezas completamente diversas.

Neste capítulo a ênfase será dada na *evolução* ou modificação dos modelos. Lembramos, mais uma vez, que um modelo matemático de uma situação é uma representação simbólica envolvendo uma formulação matemática abstrata. Uma formulação matemática somente se torna um *modelo* quando as variáveis interrelacionadas têm significados próprios provenientes da situação modelada.

Um modelo matemático é considerado *adequado* quando for sastisfatório na opinião do seu modelador, o que torna qualquer modelo matemático vulnerável e sempre passível de ser modificado — e esta é uma das características mais importantes da modelagem.

No estudo de fenômenos biológicos em que as variáveis são abundantes, a utilização da modelagem matemática nem sempre tem sido bem aceita pelos biólogos. Essa rejeição pode ser explicada por dois fatores: os modelos, naturalmente, não contemplam todas as variáveis observadas e, muitas vezes, são esquematizações criadas antes ou independentemente da análise dos fenômenos biológicos. Por outro lado, atualmente, os pesquisadores mais jovens são os que demonstram maior entusiasmo com o uso de modelos matemáticos em suas pesquisas.

De qualquer forma, pode-se dizer que o emprego de ferramentas matemáticas na ilustração de fenômenos e na formulação de leis em Biologia está apenas em sua fase inicial —

325

muito distante do desenvolvimento da Matemática e seu uso na Física — e que não pode ser descartado, pois pode vir a ser indispensável no futuro das ciências biológicas.

Nosso objetivo aqui é apenas reforçar um pouco mais a aproximação profícua de Matemática e Biologia procurando motivar alunos e professores de Matemática para que se interessem pelo estudo de modelos simples (ou didáticos), baseados em poucas variáveis e suposições, que, mais tarde, lhes permitam formular modelos mais complexos relacionados a fenômenos biológicos intrigantes, os chamados *modelos práticos* ou *realistas*.

Para o trabalho com modelos com poucas variáveis sugerimos a opção pelos determinísticos (baseados em equações diferenciais ordinárias ou de diferenças).

Os modelos práticos, que envolvem interrelações de um grande número de variáveis, por sua vez, são formulados através de um sistema de equações que contemplam numerosos parâmetros.

Nestes casos, um tratamento analítico é geralmente impossível e os métodos de resoluções devem ser computacionais. E, quanto mais complexo ou realista for o modelo, mais difícil será mostrar estatisticamente que ele descreve a realidade! Os modelos "realistas" tendem a empregar *equações estocásticas* em suas formulações — muito mais complexas e dependentes de métodos computacionais sofisticados.

Uma outra alternativa, mais recente e talvez mais prática e simples, é empregar modelos variacionais fuzzy, onde as variáveis e/ou os parâmetros são considerados como conjuntos que exibem o grau de pertinência de seus elementos e portanto, a subjetividade vem embutida no próprio conceito de variável ou dos parâmetros.

De qualquer forma, os modelos determinísticos, embora não descrevam precisamente a realidade, podem ser abalizadores de muitos modelos estocásticos ou fuzzy. Quando se trabalha com uma amostra grande de indivíduos, pode-se dizer que o *processo segue uma trajetória determinística que representa a média dos caso isolados*. Nos modelos fuzzy, a solução determinística é a "preferida" [1].

6.2 Modelos Determinísticos de Populações Isoladas

O estudo da dinâmica populacional dá uma ideía do processo de evolução dos modelos empregados. Os biossistemas são quase sempre constituidos de um grande número de populações interrelacionadas. Assim, uma população raramente pode ser considerada isolada, a não ser em condições ideais de laboratório ou quando não é possivel individualizar no biossistema outra população interagindo com a primeira. Mesmo na análise de populações isoladas, muitos fatores podem contribuir com sua dinâmica — fatores abióticos (temperatura, vento, humidade etc.) e fatores de auto-regulação (espaço, alimento, idade, guerra etc).

A apredizagem com modelagem, tanto do fenômeno quanto da própria matemática, consiste em utilizar *gradativamente* cada fator que interfere no fenômeno, dependendo de seu grau de importância. Em termos práticos, a busca de generalizações deve ser adotada enquanto conseguirmos testar ou medir o grau de influência e sensibilidade de cada fator utilizado nos modelos. Um atalho para o entendimento da dinâmica populacional é considerar que *as populações interagem para persistirem, e para tal necessitam aumentar.*

A proposta de utilização da matemática para estabelecer um modelo para o crescimento de uma população humana começou com o economista inglês T. R. Malthus (An Essay on the Principle of Population, 1798).

Seu "modelo" é baseado em dois postulados:

1. "O alimento é necessário à subsistência do homem";

2. "A paixão entre os sexos é necessária e deverá permanecer aproximadamente em seu estado permanente".

Supondo, então, que tais postulados estejam garantidos, Malthus afirma que "a capacidade de reprodução do homem é superior à capacidade da terra de produzir meios para sua subsistência e, a inibição do crescimento populacional é devida à disponibilidade de alimentos. A população quando não obstaculizada (*unchecked*), aumenta a uma razão geométrica. Os meios de subsistência aumentam apenas a uma razão aritmética. Pela lei de nossa natureza, que torna o alimento necessário à vida do homem, os efeitos dessas duas diferentes capacidades devem ser mantidos iguais"[1].

Atualmente, em dinâmica populacional, o que se convencionou chamar de modelo de Malthus assume que o crescimento de uma população é proporcional à população em cada instante (progressão geométrica ou crescimento exponencial), e desta forma, a população humana deveria crescer sem nenhuma inibição. Assim, o modelo de Malthus propõe um crescimento de vida otimizada, sem fome, guerra, epidemia ou qualquer catástrofe, onde todos os indivíduos são idênticos, com o mesmo comportamento. A formulação deste modelo em termos de uma equação diferencial não foi feita por Malthus, apesar de ser muito simples, mesmo para a época em que foi postulado.

"O homem malthusiano é uma abstração vazia ou um recurso do pensamento para analisar e sintetizar os conflitos reais que as classes mais empobrecidas viviam? Malthus em sua primeira versão do princípio de população, polemiza com os chamados socialistas utópicos — Condorcet, Godwin, Wallace — cujas obras, de modo geral, propunham uma sociedade igualitária como alternativa à situação de miséria vivida. Segundo ele, a causa verdadeira dessa miséria humana não era a sociedade dividida entre proprietários e trabalhadores, entre ricos e pobres. A miséria seria, na verdade, um obstáculo positivo, que atuou ao longo de toda a história humana, para reequilibrar a desproporção natural entre a multiplicação do homem - o crescimento populacional - e a produção dos meios de subsistência - a produção de alimentos. A miséria e o vício são obstáculos positivos ao crescimento da população. Eles reequilibram duas forças tão desiguais. A miséria para Malthus, é, portanto, necessária. Ao se ampliarem os meios de subsistência, invariavelmente a população volta a crescer, e, assim, os pobres vivem em perpétuo movimento oscilatório entre o progresso e o retrocesso da felicidade humana". (Amélia Damiani, População e Geografia, Ed. Contexto, 1992).

---

[1] Malthus: Economia, Textos de Malthus organizado por T. Szmrecsányi, Ed. Ática, 56-57.

A previsão da população mundial, segundo o modelo malthusiano, atingia números astronômicos em pouco tempo o que tornaria a Terra um planeta superlotado e inabitável, o que não ocorreu. Também as suas previsões drásticas em relação à alimentação estavam erradas pois não se supunha o grande salto que ocorreu na produção mundial de alimentos entre os anos de 1950 a 1998, quando passou de 247 quilos per capita para 312 quilos (*Veja* nº 39, set/99, pp. 86–89). De qualquer forma, a humanidade que levou milhares de anos para atingir o primeiro bilhão de pessoas, em menos de dois séculos depois passou a 6 bilhões.

A modelagem matemática para descrever o crescimento populacional evoluiu, passando por várias modificações após Malthus. Um dos modelos mais importante e conhecido é do sociólogo belga P. F. Verhulst (1838) que supõe que toda população é predisposta a sofrer inibições naturais em seu crescimento, devendo tender a um valor limite constante quando o tempo cresce. É um modelo de crescimento mais significativo, do ponto de vista biológico e realístico.

Os modelos de Malthus e Verhurst foram formulados para tempo contínuo, onde se supõe que os indivíduos se reproduzem a todo instante, o que na realidade poucas populações biológicas satisfazem. Os modelos discretos podem ser considerado mais realísticos, neste caso, uma vez que contemplam a reprodução dos indivíduos sazonalmente — tais modelos, em Ecologia, foram introduzidos somente a partir de 1975 pelo ecólogo austríaco Robert M. May [13] que observou a complexa dinâmica do modelo logístico discreto (veja parágrafo 2.5) sob a luz da teoria do caos, mostrando que uma equação de aparente ingenuidade pode ter solução sem comportamento previsível.

As formulações estocásticas dos modelos determinísticos de Malthus e Verhurst só apareceram a partir de 1924 (Yule), sendo usadas posteriormente por Bailey (1964) e Pielou (1977).

Na década de 40, Leslie (1945-48), modelou o crescimento populacional compartimentalizando a população por idade e estudando o fluxo entre os compartimentos através da álgebra matricial.

Um fato curioso ocorreu recentemente quando manchetes de todos os meios de comunicações anunciaram o nascimento do bebê de nº 6 bilhões — a previsão para tal evento dava como certo o dia 12 de outubro de 1999 às 11 horas e dois minutos (horário de Brasília). Evidentemente este fato estava baseado em algum modelo matemático determinístico incontestável porque não existiria maneira possível de testá-lo. No entanto é claro que a probalilidade de se ter "acertado na mosca" é quase nula basta ver que a previsão para este acontecimento foi anteriormente dada como sendo 16 de junho. Esta diferença, aparentemente insignificante, acarreta uma diminuição na população de, aproximadamente, meio bilhão de pessoas em 50 anos. Entretanto, o que se pode afirmar com alguma convicção é que a Terra tem, *aproximadamente*, 6 bilhões de pessoas, o que não deixa de ser preocupante.

Os dados (aproximados) da população mundial estão na tabela 6.1.

A previsão da Fnuap é que em 2050 a população mundial será de 8.9 bilhões.

A previsão do crescimento populacional de um país é fundamental para avaliar sua capacidade de desenvolvimento e estabelecer mecanismos que sustentem uma produção compatível com o bem estar social e, naturalmente, quanto maior o grau de precisão exigido nas

Ano	População
1804	1
1927	2
1960	3
1974	4
1987	5
1999	6

Tabela 6.1: População mundial (em bilhões de pessoas).

previsões mais complexo deve ser o modelo matemático utilizado.

O crescimento populacional nem sempre vem acompanhado de mecanismos que sustentam uma produção compatível com o bem estar social. A violência e a miséria tem sido características marcantes, relacionadas com o crescimento populacional dos países subdesenvolvidos.

Vamos analisar a evolução numérica da população brasileira considerando os modelos clássicos simples (Malthus e Logístico). Trataremos de explorar neste parágrafo estes modelos determinísticos dando ênfase também num conteúdo mais simples (modelos discretos) que pode ser, por exemplo, trabalhado com alunos do ensino médio.

A tabela 6.2 fornece os censos demográficos do Brasil de 1940 a 1991.

Períodos	População	Taxas de Crescimento (% a.a.)	Crescimento Absoluto	Distribuição Etária (%)		
				0–14	15–64	65 e mais
1940	41.236.315			42.6	55.0	2.4
		2.3	10.708.082			
1950	51.944.397			41.9	55.5	2.6
		3.2	19.047.946			
1960	70.992.343			43.2	54.3	2.5
		2.8	22.146.694			
1970	93.139.037			42.6	54.3	3.1
		2.5	25.863.669			
1980	119.002.706			38.8	57.2	4.0
		1.9	27.822.769			
1991	146.825.475			35.0	60.2	4.8

Tabela 6.2: Fonte: FIBGE. Censos Demográficos do Brasil de 1940 a 1991. NEPO/UNICAMP

As taxas de crescimento (% a.a.) entre dois censos consecutivos da tabela 6.2 são obtidas via modelo de Malthus, cuja análise faremos a seguir:

6.2.1 Modelo Malthusiano

Seja P o número de indivíduos em uma população animal ou vegetal. Este número é dependente do tempo e assim podemos escrever

$$\frac{dP}{dt} = P(t) \tag{6.1}$$

Na realidade, $P(t)$ assume somente valores inteiros sendo pois uma função discreta de t. Entretanto, quando o número de indivíduos é suficientemente grande, $P(t)$ pode ser aproximado por uma função contínua, variando continuamente no tempo.

Admitimos que a proporção de indivíduos reprodutores permanece constante durante o crescimento da população. Admitimos também que as taxas de fertilidade n e de mortalidade

m sejam constantes. Estas hipóteses são realísticas em uma população grande que varia em condições ideais, isto é, quando todos os fatores inibidores do crescimento estão ausentes (a espécie tem recursos ilimitados e não interage com competidores ou predadores).

Temos que $\alpha = n - m$ (coeficiente de natalidade menos o de mortalidade) é a *taxa de crescimento específico* da população $P(t)$, aqui considerada constante. Assim,

$$\frac{P(t+1) - P(t)}{P(t)} = n - m = \alpha. \tag{6.2}$$

Esta formulação matemática indica que a *variação relativa* da população é constante ou, em outras palavras, que a *variação da população é proporcional à própria população em cada período de tempo*.

O modelo discreto (tempo discreto) de Malthus é dado por

$$P(t+1) - P(t) = \alpha P(t). \tag{6.3}$$

Considerando dada a população inicial $P(0) = P_0$, a solução de (6.3) é obtida por recorrência da expressão:

$$\begin{cases} P_{t+1} & = & (1 + \alpha)P_t \\ P(0) & = & P_0 \end{cases} \tag{6.4}$$

ou seja,

$$P_t = (\alpha + 1)^t P_0 \qquad \text{(cf. parágrafo 2.5.1)} \tag{6.5}$$

Assim, dados dois censos P_0 e P_t, a taxa de crescimento demográfico em t anos é obtida de (6.5), fazendo

$$(\alpha + 1)^t = P_t / P_0 \quad \Rightarrow \quad \alpha = \sqrt[t]{\frac{P_t}{P_0}} - 1. \tag{6.6}$$

Por exemplo, na tabela 6.2, temos que a população de 1940 é $P_0 = 41.236.351$ e, dez anos depois, $P_{10} = 51.944.397$, então a taxa de crescimento populacional média (relativa), entre 1940 e 1950 é dada por

$$\alpha = \sqrt[10]{\frac{51944397}{41236351}} - 1 = 1.0233539 - 1 = 0.0233539,$$

ou, aproximadamente, 2.3% ao ano.

Se consideramos as populações entre os censos de 1940 e 1991, α é dada por

$$\alpha = \sqrt[51]{\frac{146825475}{41236351}} - 1 = 0.0252131,$$

o que nos permite afirmar que a população brasileira cresceu a uma taxa média de, aproximadamente, 2.5% ao ano nestes 51 anos.

Lembrando que $P_t = (1 + \alpha)^t P_0$ pode ser escrito na forma exponencial

$$P_t = P_0 e^{\ln(1+\alpha)t} \tag{6.7}$$

podemos comparar a solução do Modelo de Malthus discreto (6.4) com a solução do o modelo contínuo correspondente, considerando que

$$\frac{dP}{dt} = \lim_{\Delta t \to 0} \frac{P(t + \Delta t) - P(t)}{\Delta t}$$

e que $P(t + \Delta t) - P(t) = \beta P(t) \Delta t$ (modelo discreto).

Assim, podemos escrever o modelo contínuo por:

$$\begin{cases} \dfrac{dP}{dt} &=& \beta P(t) \\ P(0) &=& P_0 \end{cases} \tag{6.8}$$

cuja solução é dada por

$$P(t) = P_0 e^{\beta t}.$$

Portanto, os modelos discreto (com taxa α) e contínuo (com taxa β) fornecem a *mesma solução* quando

$$\beta = \ln(1 + \alpha).$$

Se considerarmos o modelo Malthusiano para projetar a população brasileira, teremos

- $\alpha = 0.0252131$ para o modelo discreto, e

- $\beta = 0.0249$ para o modelo contínuo.

A equação

$$P(t) = 41.236 e^{0.0249t} \tag{6.9}$$

fornece a população (em milhões de habitantes) em cada ano t (veja tabela 6.3)

Observação 6.1. *Se ajustamos o valor de β, usando os dados dos censos de 1940 a 1991, obtemos $\beta = 0.0256$ e a curva ajustada é*

$$P(t) = 41.57 e^{0.0256t}. \tag{6.10}$$

Tanto a expressão (6.9) como a (6.10) dão uma projeção para 1996 supervalorizada (veja tabela 6.3) o que demonstra que considerar a taxa de crescimento média constante não é uma boa estratégia neste caso, pois a população irá aumentar indefinidamente, o que é irreal. O modelo Malthusiano funciona bem quando a população ainda está em fase de crescimento exponencial, e num espaço de tempo pequeno.

Período	Censo demog.	mod. discreto	mod. contínuo
1940	41.236	41.236	41.570
1950	51.944	52.896	53.698
1960	70.992	67.851	69.365
1970	93.139	87.036	89.602
1980	119.003	111.645	115.744
1991	146.825	146.822	153.389
1996	156.804	166.288*	174.335

Tabela 6.3: Projeção de crescimento exponecial da população brasileira (em milhões de habitantes).

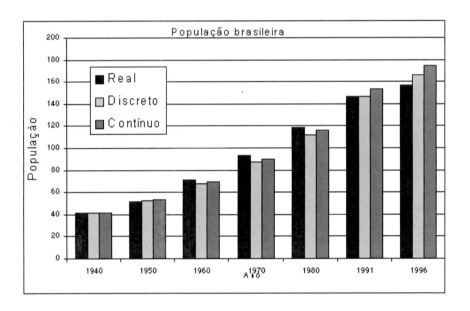

Figura 6.1: Projeção malthusiana da população brasileira.

6.2.2 Modelo Logístico contínuo (Verhurst)

Se observamos a tabela 6.2 vemos claramente que entre censos consecutivos, a partir de 1950 as taxas de crescimento relativo tendem a diminuir com o tempo. O primeiro modelo que atende à variação da taxa de crescimento (ou razão intrínseca do crescimento populacional) foi formulado pelo matemático belga Pierre F. Verhurst em 1837. O Modelo de Verhurst supõe que uma população, vivendo num determinado meio, deverá crescer até um limite máximo sustentável, isto é, ela tende a se estabilizar. A equação incorpora a queda de crescimento da população que deve estar sujeita a um fator inibidor de proporcionalidade. Este modelo teve um impacto maior quando, no início do século XX, os pesquisadores americanos R. Pearl e L. Reed utilizaram-no para projetar a demografia americana (veja [5], pp. 86–87).

O modelo de Verhurst é, essencialmente, o modelo de Malthus modificado, considerando a taxa de crescimento como sendo proporcional à população em cada instante. Assim

$$\frac{dP}{dt} = \beta(P)P \tag{6.11}$$

com $\beta(P) = r\left(\frac{P_\infty - P}{P_\infty}\right)$, $r > 0$ e P_∞ sendo o valor limite da população. Desta forma $\beta(P)$ tende a zero quando $P \to P_\infty$.

Explicitando $\beta(P)$ na equação (6.11), e supondo que $P(0) = P_0$ seja dado, temos o modelo clássico de Verhurst ou modelo logístico:

$$\begin{cases} \dfrac{dP}{dt} &= rP\left(1 - \dfrac{P}{P_\infty}\right) \\ P(0) &= P_0, \quad r > 0. \end{cases} \tag{6.12}$$

Observamos que $P(t) \equiv 0$ e $P(t) \equiv P_\infty$ são soluções da equação diferencial dada em (6.12). A solução analítica de (6.12) é obtida por integração após a separação das variáveis, isto é,

$$\int \frac{dP}{P(1 - P/P_\infty)} = \int r\,dt.$$

Usando a técnica das frações parciais para resolver a integral do $1^\underline{o}$ membro, obtemos

$$\int \frac{dP}{P(1 - P/P_\infty)} = \int \left(\frac{1}{P} + \frac{1/P_\infty}{1 - P/P_\infty}\right) dp = \ln|P| - \ln\left|1 - \frac{P}{P_\infty}\right|.$$

Logo,

$$\ln\left|\frac{P(t)}{1 - P(t)/P_\infty}\right| = rt + c.$$

Usando a condição inicial $P(0) = P_0$, podemos determinar o valor da constante de integração c:

$$c = \ln\left|\frac{P_0}{1 - \frac{P_0}{P_\infty}}\right| = \ln\left|\frac{P_0 P_\infty}{P_\infty - P_0}\right|.$$

Portanto

$$\ln\left|\left(\frac{P(t)P_\infty}{P_\infty - P(t)}\right)\right| = rt + \ln\left|\frac{P_0 P_\infty}{P_\infty - P_0}\right|,$$

ou seja,

$$\ln\left|\frac{P(P_\infty - P_0)}{P_0(P_\infty - P)}\right| = rt \quad \Rightarrow \quad \frac{P}{P_\infty - P} = \frac{P_0}{P_\infty - P_0}e^{rt}.$$

Explicitando $P(t)$, temos

$$P(t) = \frac{P_\infty}{(\frac{P_\infty}{P_0} - 1)e^{-rt} + 1} = \frac{P_\infty P_0}{(P_\infty - P_0)e^{-rt} + P_0}. \tag{6.13}$$

A curva $P(t)$ é denominada *logística* (figura 6.3) e, de sua expressão (6.13), podemos observar que:

a. Se $P_0 < P_\infty$ então $P_0 < P(t) < P_\infty$ e $P(t)$ tende a P_∞, crescendo. Neste caso a equação (6.12) mostra claramente que $\frac{dP}{dt} > 0$;

b. Se $P_0 > P_\infty$ então $P(t)$ tende a P_∞, decrescendo (verifique que, neste caso, $\frac{dP}{dt} < 0$).

c. Da equação (6.12) temos que

$$\frac{dP}{dt} = rP - r\frac{P^2}{P_\infty}$$

ou seja, $\frac{dP}{dt}$, como função de P, é uma parábola com concavidade voltada para baixo (veja figura 6.2) e cujas raízes $P = 0$ e $P = P_\infty$ são os pontos de equilíbrio ou *soluções de equilíbrio* da equação diferencial (6.12), pois $\frac{dP}{dt} = 0$ nestes pontos.

d. Como $r > 0$, temos que $\frac{dP}{dt}$ é crescente se $0 < P(t) < \frac{P_\infty}{2}$ e decrescente se $\frac{P_\infty}{2} < P(t) < P_\infty$. O valor máximo de $\frac{dP}{dt}$, relativamente a P, é atingido quando $P = \frac{P_\infty}{2}$, isto é, quando a população for igual à metade da população limite.

e. Se considerarmos em (6.13), $P(t) = \frac{P_\infty}{2}$, podemos determinar o instante t_m em que a população atinge a máxima variação:

$$\frac{P_\infty}{2} = \frac{P_0 P_\infty}{(P_\infty - P_0)e^{-rt} + P_0} \quad \Rightarrow \quad e^{rt} = \frac{P_\infty - P_0}{P_0}$$

e portanto

$$t_m = \frac{1}{r}\ln\frac{P_\infty - P_0}{P_0}, \tag{6.14}$$

considerando que $P_0 < \frac{P_\infty}{2}$.

Assim, para $t = t_m$ temos:

(i)
$$P(t_m) = P_\infty/2 \tag{6.15}$$

(ii)
$$\frac{dP}{dt}\Big|_{t=t_m} = r\frac{P_\infty}{2}\left(1 - \frac{P_\infty/2}{P_\infty}\right) = \frac{r}{4}P_\infty > 0 \tag{6.16}$$

(iii)
$$\frac{d^2P}{dt^2}\bigg|_{t=t_m} = r\frac{dP}{dt} - \frac{2r}{P_\infty}P\frac{dP}{dt} = r\frac{dP}{dt}\left(1 - 2\frac{P}{P_\infty}\right)\bigg|_{P=\frac{P_\infty}{2}} = 0.$$

Logo, $t = t_m$ é um *ponto de inflexão* de $P(t)$. Desta forma,

- Se $P_0 = \frac{P_\infty}{2} \Rightarrow t_m = 0$;
- Se $\frac{P_\infty}{2} < P_0 < P_\infty \Rightarrow$ a curva não tem ponto de inflexão

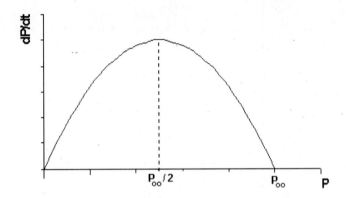

Figura 6.2: Variação de $P(t)$.

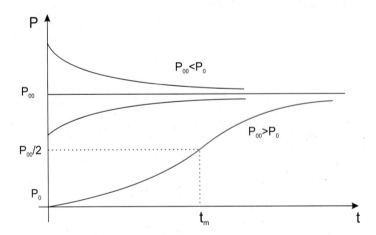

Figura 6.3: Curva logística.

Para usarmos a curva logística (6.13) como modelo de projeção da população brasileira devemos estimar os valores de P_∞ e r.

Na figura 6.4 observamos que a tendência de desaceleração do crescimento populacional ocorre a partir do censo de 1980.

Agora, como o modelo logístico pressupõe que a taxa decai linearmente, em função da população, podemos ajustar os valores r_i médios (estimados entre os censos conscutivos i e $i+1$) com as respectivas populações médias P_i (estimadas através de um modelo exponencial):

$$r_i = \left(\frac{P_i}{P_{i-1}} \right)^{\frac{1}{i}} - 1.$$

$$
\begin{array}{llllll}
r_1 & = & \sqrt[10]{\frac{70992343}{51944397}} - 1 & = & 0.03173 & \Rightarrow \quad P_1 = P(1955) = 51.994.397 e^{0.03173 \times 5} = 60.934.558 \\
r_2 & = & \sqrt[10]{\frac{93139037}{70992343}} - 1 & = & 0.02752 & \Rightarrow \quad P_2 = P(1965) = 70.992.343 e^{0.02752 \times 5} = 81.466.558 \\
r_3 & = & \sqrt[10]{\frac{P_{1980}}{P_{1970}}} - 1 & = & 0.02481 & \Rightarrow \quad P_3 = P(1975) = 105.439.088 \\
r_4 & = & \quad \ldots & = & 0.01928 & \Rightarrow \quad P_4 = P(1985.5) = 132.315.104
\end{array}
$$

Consideremos os valores de Pi em milhões de habitantes, então a equação da reta que ajusta r_i e P_i é dada por:

$$r = -0.0001682P + 0.04182402. \tag{6.17}$$

O modelo de Verhurst será, neste caso, dado por

$$\frac{dP}{dt} = r(P)P = 0.04182402P - 0.0001682P^2,$$

ou

$$\frac{dP}{dt} = 0.04182P[1 - \frac{P^2}{248.656}] \tag{6.18}$$

onde $P\infty = 248.656$ é a população limite, isto é, $P\infty$ é o valor de P quando $r = 0$ em (6.16). A solução de (6.17) é a curva logística dada por:

$$P(t) = \frac{248.656}{3.786 \exp[-0.0418(t - 1950)] + 1}$$

onde $3.787 = \frac{P\infty}{P_0} - 1$, considerando $P_0 = P(1950) = 51.944$.

Uma outra maneira de determinar o valor de r é considerar a hipótese que o ponto de inflexão t_m da curva $P(t)$ se encontra entre os anos 1980 e 1991. Podemos usar a equação (6.14) para estimar o valor da "constante" r a cada ano no intervalo [1980, 1991], comparando com os valores das populações dados pelos censos e pela equação (6.13). Isto pode ser realizado facilmente com um programa computacional do tipo do Excel.

No intervalo considerado, cada r_i, obtido de (6.17), é dado por:

$$r_i = \frac{1}{t_i} \ln \frac{P_\infty - P_0}{P_0} \tag{6.19}$$

com $0 \leq i \leq 11$, $t_0 = 30$ (ano de 1980), $P_0 = P(30) = 51.944$ e $P_\infty = 248.656$. Assim, $r_0 = 0.0443$. Da mesma forma calculamos $r_1 = 0.0429$, $r_3 = 0.0416$, $r_4 = 0.0403, \ldots, r_{11} = 0.0325$.

O melhor valor de r que ajusta os dados dos censos está entre os valores 0.0416 e 0.0403, ou seja, entre os anos 1982 e 1983. Repetindo o mesmo procedimento anterior, obtemos $r = 0.0414$. Este valor de r, ajustado na equação (6.18), fornece o valor de t_m, isto é, o instante em que a variação populacional é máxima.

$$t_m = 32.1636 \text{ anos.}$$

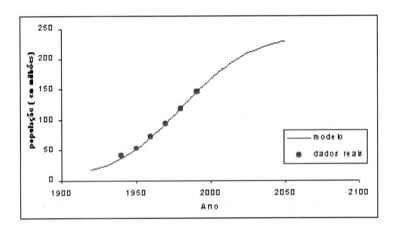

Figura 6.4: Projeção logística da população brasileira.

Portanto, o ponto de inflexão de $P(t)$ acontece em fevereiro de 1982. Os valores estimados para P_∞ e r, substituimos na equação (6.13) fornecem o modelo logístico para a projeção da população brasileira:

$$P(t) = \frac{248.65648}{3.786974 \exp[-0.0414(t - 1950)] + 1} \tag{6.20}$$

onde t indica o período (ano).

Observamos que este modelo é bastante razoável para reproduzir os valores das populações dos censos, desde 1950. Podemos conjecturar também que, se não houver nenhuma fatalidade provocada por guerras, epidemias, controles forçados de natalidade etc., o modelo (6.20) deve ser razoável para projetar populações futuras.

Salientamos que, para a estimação dos parâmetros P_∞ e r, não consideramos o censo de 1996, objetivando utilizá-lo como teste para o modelo. A população de 1996, dada pelo censo, é de156.80433 milhões e o valor projetado pelo modelo (6.20) é 158.995039 milhões, o erro relativo é de 1.39%.

Nosso objetivo, ao propor este modelo, é mostrar que ele pode ser melhorado, o que o leitor poderá realizar sem muito esforço – basta considerar também o censo de 1996 para estimar os valores de P_∞ e r.

Projeto 6.1. *Modelo Logístico discreto*

O Modelo de Verhurst pode ser formulado também através de uma equação de diferenças (veja §2.5, capítulo 2).

Seja P_n a população no instante n. Então, o crescimento absoluto de P_n é dado por

$$P_{n+\Delta_n} - P_n = (\alpha - \beta P_n)P_n\Delta_n. \tag{6.21}$$

Considerando P_0 dado, podemos obter P_n em função de P_0 através da fórmula de recorrência

$$\begin{cases} P_{n+\Delta_n} = (\alpha\Delta_n + 1)P_n\left[1 - \dfrac{\beta}{\alpha\Delta_n + 1}P_n\right] \\ P_0 \quad \text{dado} \end{cases} \tag{6.22}$$

A equação (6.22) pode ser dada na forma normalizada por

$$\begin{cases} N_{n+1} &=& rN_n(1 - N_n) \\ N_0 &=& \dfrac{P_0}{P_\infty}. \end{cases} \tag{6.23}$$

onde

$$N_n = \frac{\beta}{\alpha\Delta_n + 1}P_n \quad \text{e} \quad (\alpha\Delta_n + 1) = r.$$

P_∞ é obtido de (6.21), considerando que, quando n é muito grande, $P_{n+\Delta_n} \simeq P_n = P_\infty$ (valor de estabilidade ou valor máximo sustentável), e portanto $P_\infty = \frac{\alpha\Delta_n}{\beta}$.

Quando os valores de Δ_n são diferentes para cada n (como os da tabela 6.1), o cálculo dos parâmetros e de P_∞ podem ser efetuados ajustando a expressão

$$\frac{P_{n+\Delta_n} - P_n}{\Delta_n}$$

por uma parábola

$$f(P_n) = aP_n - bP_n^2.$$

- Faça um ajuste de $f(P_n) = aP_n - bP_n^2$ com os dados dos censos demográficos de população brasileira (tabela 6.2).

340   *Modelagem Matemática*

- Estime os valores dos parâmetros dos modelos (6.22) e (6.23) e compare as projeções dadas por estes modelos com o modelo contínuo (6.20).

- Determine P_∞ considerando a intersecção da parábola $f(P_n)$ com a reta $P_{n+\Delta_n} = P_n$ e estime o valor da população brasileira no ano 2000.

Uma das limitações do modelo de Verhurst consiste no fato de que o ponto de inflexão (ou de crescimento máximo) da curva está sempre localizado no ponto $P_m = \frac{P_\infty}{2}$, o que nem sempre acontece na maioria das variáveis relacionadas a fenômenos com tendência assintótica.

Montroll em 1971 propôs um modelo geral para traduzir o crescimento assintótico de uma variável, levando em conta que o posicionamento da variação máxima pode ser qualquer valor entre P_0 e P_∞.

6.2.3 Modelo de Montroll (1971)

Seja P_∞ o valor limite finito de uma população $P = P(t)$ e λ a sua taxa de crescimento relativa quando P é "pequeno". O modelo de Montroll é dado pela equação diferencial não linear

$$\frac{dP}{dt} = \lambda P \left[1 - \left(\frac{P}{P_\infty} \right)^\alpha \right], \quad \lambda > 0 \quad \text{e} \quad \alpha > 0. \tag{6.24}$$

O valor do parâmetro α é o indicador da posição do ponto de inflexão da curva. Quando $\alpha = 1$, a equação (6.24) é simplesmente o modelo de Verhurst (6.12).

Para determinar a posição do ponto P_m, onde o crescimento é máximo, é suficiente considerar a equação $\frac{d^2P}{dt^2} = 0$, uma vez que $\frac{dP}{dt} > 0$ pois $0 < P < P_\infty$.

$$\frac{d^2P}{dt^2} = \lambda \frac{dP}{dt} \left(1 - \frac{P}{P_\infty} \right)^\alpha - \alpha\lambda \frac{P}{P_\infty} \left(\frac{P}{P_\infty} \right)^{\alpha-1} \frac{dP}{dt}$$

$$= \lambda \frac{dP}{dt} \left[1 - \left(\frac{P}{P_\infty} \right)^\alpha - \alpha \left(\frac{P}{P_\infty} \right)^\alpha \right].$$

Logo,

$$\frac{d^2P}{dt^2} = 0 \iff \left(\frac{P}{P_\infty} \right)^\alpha = \frac{1}{\alpha+1} \iff \frac{P}{P_\infty} = \left(\frac{1}{\alpha+1} \right)^{\frac{1}{\alpha}}$$

e portanto,

$$P_m = P_\infty \left(\frac{1}{1+\alpha} \right)^{1/\alpha}. \tag{6.25}$$

Assim, dado P_∞, o valor de P_m depende somente do parâmetro α:

$$\alpha = 3 \rightarrow P_m = 0.6299 P_\infty$$
$$\alpha = 2 \rightarrow P_m = 0.5773 P_\infty$$
$$\alpha = 1 \rightarrow P_m = 0.5 P_\infty \quad \text{(modelo de Verhurst)}$$
$$\alpha = 0.5 \rightarrow P_m = 0.4444 P_\infty$$
$$\alpha = 0.25 \rightarrow P_m = 0.4096 P_\infty$$

O objetivo principal deste modelo geral é propor diferentes formas possíveis de decrescimento das taxas de variação. Podemos considerar estas taxas como sendo dadas pela expressão

$$r = f(P, \alpha) = \lambda \left[1 - \left(\frac{P}{P_\infty} \right)^\alpha \right]. \tag{6.26}$$

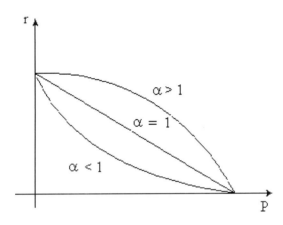

Figura 6.5: Taxa de crescimento interespecfico do Modelo de Montroll, com α fixo.

Observamos de (6.25) que quando $\alpha > 0$ decresce, o ponto de inflexão P_m também decresce e tende a um valor positivo igual a $\frac{P_\infty}{e} \cong 0.3678 P_\infty$. De fato, tomando $\alpha \to 0$, por valores positivos ($\alpha \to 0^+$), temos

$$\lim_{\alpha \to 0^+} P_m = P_\infty \lim_{\alpha \to 0^+} \left(\frac{1}{1 + \alpha} \right)^{1/\alpha}.$$

Do Cálculo Diferencial, sabemos que se $F(x)$ é uma função contínua no intervalo (a, b) então

$$F(\lim_{x \to a^+} g(x)) = \lim_{x \to a^+} F(g(x)).$$

Usando este fato, podemos escrever

$$\ln\left[\lim_{\alpha\to 0^+}\left(\frac{1}{1+\alpha}\right)^{1/\alpha}\right] = \lim_{\alpha\to 0^+}\left[\ln\left(\frac{1}{1+\alpha}\right)^{1/\alpha}\right] = -\lim_{\alpha\to 0^+}\frac{\ln(1+\alpha)}{\alpha}.$$

Aplicando a regra de L'Hôpital, vem

$$-\lim_{\alpha\to 0^+}\frac{\ln(1+\alpha)}{\alpha} = -\lim_{\alpha\to 0^+}\frac{1}{1+\alpha} = -1.$$

Logo,

$$\lim_{\alpha\to 0^+}\left(\frac{1}{1+\alpha}\right)^{\frac{1}{\alpha}} = e^{-1} = \frac{1}{e} \cong 0.3678.$$

Veremos no próximo parágrafo que $P_m = \frac{1}{e}P_\infty$ corresponde ao famoso modelo de Gompertz de 1825.

Por outro lado, quando α cresce, o ponto P_m tende ao próprio valor P_∞. Isto decorre do fato que

$$\lim_{\alpha\to +\infty}\left(\frac{1}{1+\alpha}\right)^{1/\alpha} = 1. \quad \text{(verifique!)}$$

Os pontos de estabilidade do modelo geral de Montroll são obtidos considerando $\frac{dP}{dt} = 0$ na equação 6.24, isto é,

$$\lambda P\left[1 - \left(\frac{P}{P_\infty}\right)^\alpha\right] = 0 \quad \Leftrightarrow \quad P = 0 \quad \text{ou} \quad P = P_\infty.$$

Um esboço das soluções da equação (6.24) é dado na figura 6.6

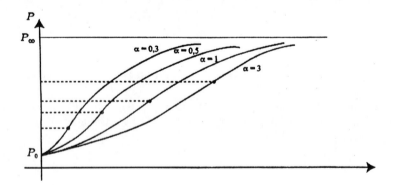

Figura 6.6: Soluções do Modelo de Montroll para diversos valores de α.

Salientamos outra vez mais que a *validação* de um modelo matemático consiste na verificação de quanto os dados reais estão próximos daqueles estimados pelo modelo. Desta forma, a aceitação de um modelo depende, essencialmente, do usuário — é ele que vai estabelecer o "grau desejado de proximidade". Entretanto, o modelador, na busca de um melhor "grau de aproximação", não pode perder de vista o significado intrínseco das variáveis e parâmetros utilizados no modelo e que devem sempre traduzir ou explicar o fenômeno analisado. Em outras palavras, muitas vezes um ajuste ótimo de dados experimentais pode causar erros de projeções futuras. Uma curva ajustada aos dados reais não é necessariamente um modelo da situação estudada, ela simplesmente fornece informações que podem ser usadas na elaboração do modelo!

Um modelo clássico frequentemente utilizado na área das ciências biológicas é o modelo de Gompertz, onde o fator de desaceleração do crescimento de P não é dado na forma de uma potência de P, como em (6.26).

6.2.4 Modelo de Gompertz (1825)

O modelo de Gompertz utiliza uma taxa de inibição da variável de estado proporcional ao logarítimo desta variável. Isto significa que a taxa de crescimento é grande no início do processo, mudando rapidamente para um crescimento mais lento. É um modelo bastante adequado para traduzir crescimentos celulares (plantas, bactérias, tumores etc), sendo que, no início, todas as células são meristemáticas, perdendo esta propriedade num intervalo de tempo relativamente pequeno.

O modelo de Gompertz é dado pelo problema de Cauchy (equação diferencial com condição inicial):

$$\begin{cases} \dfrac{dx}{dt} & = & ax - bx \ln x = x(a - b \ln x) \\ x(0) & = & x_0 \quad \text{com } a > 0 \text{ e } b > 0. \end{cases} \tag{6.27}$$

A taxa de crescimento $r(x) = a - b \ln x > 0$ decresce com x e o valor de estabilidade de x é obtido considerando-se $r(x) = 0$, isto é,

$$\frac{dx}{dt} = 0 \quad \Longleftrightarrow \quad (a - b \ln x) = 0 \quad \Longleftrightarrow \quad x_\infty = e^{a/b}, \quad \text{com } x > 0.$$

Observamos que quando x é muito pequeno, $r(x)$ é muito grande[2] pois

$$\lim_{x \to 0^+} r(x) = +\infty.$$

Agora, como $0 = a - b \ln x_\infty$, podemos tomar $a = b \ln x_\infty$ na equação (6.27) e reescrevê-la como

$$\frac{dx}{dt} = bx \ln x_\infty - b \ln x = bx \ln \left(\frac{x_\infty}{x} \right) = x \ln \left(\frac{x_\infty}{x} \right)^b \tag{6.28}$$

e neste caso, $r(x) = \ln \left(\dfrac{x_\infty}{x} \right)^b$.

---

[2]Este fenômeno é característico das reações enzimáticas (veja [15] – pg. 109) onde os valores de $x(t)$ só podem ser observados a partir de algum valor $x_0 > 0$.

A solução de (6.27) é obtida considerando-se a mudança de variável $z = \ln x$:

$$\frac{dz}{dt} = \frac{1}{x}\frac{dx}{dt} = a - bz.$$

Integrando,

$$\int \frac{dz}{a - bz} = \int dt \quad \Longleftrightarrow \quad -\frac{1}{b}\ln|a - bz| = t + c.$$

Para $t = 0$, obtemos $c = -\frac{1}{b}\ln|a - b\ln x_0|$.

Portanto, $\ln|a - bz| = -bt + \ln|a - b\ln x_0|$,

$$a - bz = (a - b\ln x_0)e^{-bt} \quad \Longleftrightarrow \quad z(t) = \frac{1}{b}[a - (a - b\ln x_0)e^{-bt}].$$

Voltando à variável $x = e^z$, obtemos

$$x(t) \;=\; e^{\frac{a}{b}}.\exp\left[-\left(\frac{a}{b} - \ln x_0\right)e^{-bt}\right], \quad \text{ou} \tag{6.29}$$

$$x(t) \;=\; x_\infty \left(\frac{x_0}{x_\infty}\right)^{e^{-bt}} \tag{6.30}$$

A curva $x(t)$ tem um ponto de inflexão quando

$$t = t_m = \frac{1}{b}\ln\left(\frac{a}{b} - \ln x_0\right) \tag{6.31}$$

e

$$x(t_m) = \frac{1}{e}x_\infty = \frac{1}{e}e^{\frac{a}{b}} = e^{\frac{a-b}{b}}. \tag{6.32}$$

Os modelos de Gompertz são bastante usados também no estudo da evolução de tumores sólidos. Neste caso, é assumido que a taxa de crescimento diminui quando a massa tumoral aumenta pois as células centrais não recebem nutrientes e oxigênio suficientes para sua multiplicação ([4]).

Além das formulações (6.28) e (6.27), os seguintes modelos são também versões equivalentes do modelo de Gompertz:

a.

$$\frac{dx}{dt} = \lambda x e^{-\alpha t}; \tag{6.33}$$

b.

$$\begin{cases} \dfrac{dx}{dt} &= \gamma x \\[2mm] \dfrac{d\gamma}{dt} &= -\alpha\gamma \end{cases} \tag{6.34}$$

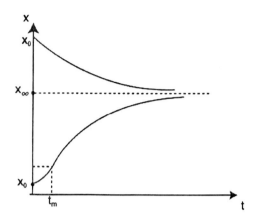

Figura 6.7: Soluções do Modelo de Gompertz.

Projeto 6.2. *Modelo de Gompertz para a população brasileira*
Considere os dados da tabela 6.2 (população brasileira).

a. Faça o ajuste linear dos valores das taxas de variação

$$r_i = \frac{x_{i+1} - x_i}{(t_{i+1} - t_i)x_i} \quad \text{relacionados com } \ln x_i;$$

b. Determine $x_\infty = e^{a/b}$ onde a e b são os coeficientes da reta ajustada em (a);

c. Determine o valor de t_m, sabendo-se que $x(t_m) = \frac{x_\infty}{e}$;

d. Calcule o valor de x_0, usando (a) e (b), e escreva o modelo de Gompertz da dinâmica populacional na forma

$$x(t) = x_\infty \left(\frac{x_0}{x_\infty}\right)^{e^{-bt}};$$

e. Construa o gráfico da curva $x(t)$.

Levando em conta que o crescimento de y é inibido e assintótico (e portanto, a taxa de variação de y é decrescente e tende a zero quando $y \to y_\infty$), podemos construir modelos particulares que tenham as características de crescimento assintótico.

Existe um grande número destes modelos, citaremos mais dois como exemplos:

6.2.5 Modelo de Smith (1963)

$$\frac{dP}{dt} = \lambda \ln \frac{P_\infty}{P}, \quad \lambda > 0. \tag{6.35}$$

6.2.6 Modelo de Ayala, Ehrenfeld, Gilpin (1973)

$$\frac{dP}{dt} = P(\lambda - aP + be^{-P}), \quad a > 0, b > 0 \text{ e } \lambda > 0. \tag{6.36}$$

Projeto 6.3.

- Analise o modelo alternativo de Smith (6.35), comparando-o com os modelos de Verhurst e Gompertz.

- Aplique o modelo de Smith para o crescimento de plantas (veja tabela 5.1, Cap. 5).

Observação 6.2. *Em termos de dinâmica populacional, os modelos apresentados através das EDO (modelos contínuos), representam o desenvolvimento de populações isoladas e sem migrações.*

A forma geral destes modelos é uma equação autônoma do tipo

$$\frac{dP}{dt} = r(P)P \tag{6.37}$$

onde $r(P)$ *é denominada* taxa de crescimento densidade-dependente.

Nos modelos que supõem estabilidade das populações tem-se que

$$r(P) \to 0 \quad quando \quad P \to P_\infty.$$

As soluções analíticas de (6.37) são obtidas por integração das formas diferenciais com variáveis separadas.

Em relação aos modelos da forma (6.37) ainda é suposto que $\frac{dP}{dt}\big|_{P=0} = 0$, *isto é, não se admite geração expontânea, e portanto, "todo organismo deve ter pais" (Axioma de Parenthood).*

Quando (6.37) é escrita na forma

$$\frac{dP}{dt} = rP - g(r)P^2, \tag{6.38}$$

$g(r)$ é o termo de competição inter-específica — e indica que a inibição é proporcional à taxa de encontros entre pares de indivíduos da população. Os indivíduos podem competir por alimentos, espaço, ou outros recursos limitados.

Quando $r(P)$ *em (6.37) é da forma*

$$r(P) = a_1 + a_2 P + a_3 P^2, \text{ com } a_2 > 0 \text{ e } a_3 < 0$$

obtemos o chamado efeito Allee e neste caso, temos que a taxa de reprodução é máxima em densidades intermediárias (veja [9], pg. 215).

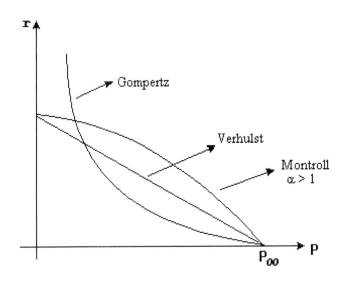

Figura 6.8: Taxa de crescimento interespecfica decrescente: $r'(P) < 0$.

Observação 6.3. *Os modelos de crescimento populacional da forma (6.37) são, na melhor das hipóteses, aproximações grosseiras da realidade e frequentemente são usados como instrumentos para verificação das tendências dos dados observados. Os modelos mais realistas exigem um alto grau de sofisticação matemática, como as* **equações diferenciais parciais**, *quando se quer considerar a dinâmica dependente da idade, fecundidade, taxas de mortalidade variáveis, habitat etc. ou as* **equações diferenciais não homogêneas**, *quando se considera os parâmetros variando com o tempo (modelos mesoscópicos). Entretanto, os modelos mais sofisticados são, invariavelmente, aperfeiçoamentos dos modelos simples, e cujas limitações não devem ser ignoradas. A evolução de modelos é, de fato, a etapa mais importante do processo de modelagem, em qualquer nível de pesquisa ou de ensino-aprendizagem.*

6.2.7 Modelos Mesoscópicos

Se examinarmos mais atentamente o crescimento de certas populações ou mesmo de um indivíduo, verificamos que pode existir comportamentos diferentes em relação ao tamanho limite P_∞, pré estimado.

Ocorre que o crescimento de uma população pode insinuar uma tendência de estabilidade assintótica local, vindo a mudar seu comportamento em decorrência de algum acontecimento abiótico ou não. Um exemplo simples desta situação é observado quando se tem a curva de tendência da altura de um indivíduo em relação à sua idade (figura 6.10). Existe uma

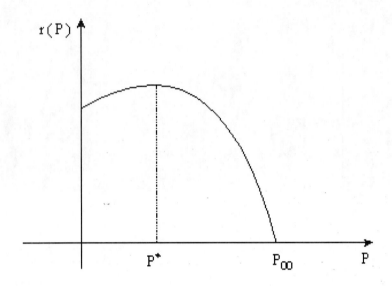

Figura 6.9: Efeito Allee – $r'(P^*) = 0$, $0 < P^* < P_\infty$.

desaceleração no crescimento, seguido de um estirão na puberdade (entre 10 e 12 anos para mulheres e 11 e 13 anos para homens)

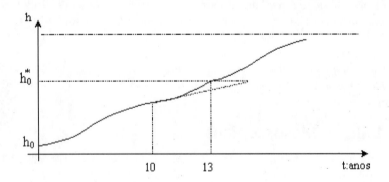

Figura 6.10: Tendência do crescimento em altura do homem.

Também, o crescimento populacional na Terra é um caso típico deste processo, onde os valores pré-estimados de P_∞ estão ligados a acontecimentos históricos. Assim,

- $P_\infty \simeq 10^7$ antes do advento das ferramentas (até aproximadamente 10.000 anos atrás);
- $P_\infty \simeq 10^8$ com a Revolução Agrícola (entre 10.000 e 1.000 anos atrás);
- $P_\infty \simeq 5.10^9$ com a Revolução Industrial.

Modelos que traduzem estes fenômenos devem levar em consideração, outros pontos de equilíbrio além de $P = 0$ e $P = P_\infty$ (fixo).

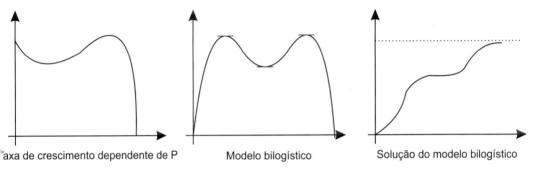

Taxa de crescimento dependente de P   Modelo bilogístico   Solução do modelo bilogístico

Figura 6.11: Taxa de crescimento, modelo bilogístico e solução do modelo bilogístico, respectivamente.

Outro exemplo de mudança de tendência de estabilidade é dado pelos valores da população norte-americana (veja exemplo 2.8 do capítulo 2 – Modelo Logístico), onde o valor estimado para a população limite era 197.273 milhões de habitantes. Com o advento da 2ª Guerra Mundial e a forte migração para os Estados Unidos houve um aumento da taxa de crescimento populacional e foi necessário reavaliar uma nova tendência de crescimento e de estabilidade.

Neste caso, uma primeira tentativa para modelar a dinâmica da população é considerar o modelo logístico

$$P(t) = \frac{197.273.000}{1 + \exp[-0.03134(t - 1913.25)]} \tag{6.39}$$

para $1790 \leq t \leq 1940$ e a partir de 1940 formular outro modelo logístico. Por exemplo,

$$P(t) = \frac{476.2}{1 + \exp[-0.20884(t - 1940)]} \tag{6.40}$$

para $t > 1940$.

Se quisermos um modelo dado por uma única expressão podemos levar em consideração que a taxa $\alpha(P)$ deve ter a forma de um polinômio de 3º grau e portanto $\frac{dP}{dt} = \alpha(P)P$ será

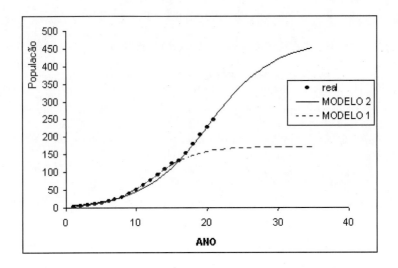

Figura 6.12: População Norte-Americana e a dupla modelagem logística.

um polinômio do 4º grau. Uma maneira mais simples para esta nova modelagem pode ser realizada, considerando uma forma generalizada do modelo logístico

$$P(t) = \frac{P_\infty P_0}{(P_\infty - P_0)e^{f(t)} + P_0} \qquad (6.41)$$

onde $f(t)$ representa rt do modelo clássico.

A expressão para $f(t)$, obtida da equação anterior, é dada por:

$$f(t) = -\ln\left[\frac{P_0(P_\infty - P)}{P(P_\infty - P_0)}\right]. \qquad (6.42)$$

Utilizando os valores conhecidos da população americana, obtemos como ajuste para $f(t)$ a expressão

$$f(t) = 0.0001t^3 - 0.0076t^2 + 0.3564t - 0.0478.$$

O modelo generalizado não leva em conta o decaimento populacional na década de 40, mas apenas ajusta os dados da melhor forma possível. As previsões que se consegue com o modelo generalizado e com o modelo logístico duplo diferem de, aproximadamente, 3%.

Na verdade, a modelagem de qualquer fenômeno está intimamente relacionada com os objetivos a serem atingidos. Os *modelos determinísticos macroscópicos* têm como objetivo principal determinar tendências gerais seguidas pelo fenômeno, sem a preocupação explícita de relacioná-las com fatores localizados e, portanto, considerados despresíveis na formulação do modelo. No exemplo 2.23 (captulo 2 – §2.6) o modelo de von Bertalanffy para crescimento de peixes, considera como fatores essenciais o metabolismo e a perda de energia com respectivas taxas constantes. Assim as equações

$$P(t) = P_\infty(1 - e^{-\frac{\beta}{3}t})^3 \quad \text{e} \quad \ell(t) = \ell_\infty(1 - e^{-\frac{\beta}{3}t})$$

são considerados modelos macroscópicos dos crescimentos, respectivamente, em peso e comprimento dos peixes. Entretanto, se levarmos também em consideração que, em determinados períodos o peixe se alimenta menos e se movimenta mais e portanto, seu crescimento está sujeito às flutuações sazonais, devemos impor que as taxas de metabolismo e de perda de energia sejam também dependentes do tempo. Neste caso, pode ser conveniente modelar estas taxas, utilizando obviamente a experiência de algum ictiólogo, antes da formulação do modelo global.

Muitas vezes o modelo macroscópico funciona como uma *suavização* do modelo mesoscópico.

6.2.8 Crescimento em peso de corvinas

O modelo de von Bertalanffy (macroscópio) que obtivemos para o crescimento em peso de corvinas é dado por

$$P(t) = 5.6[1 - 0.627 \exp(-0.26t)]^{3.16}$$

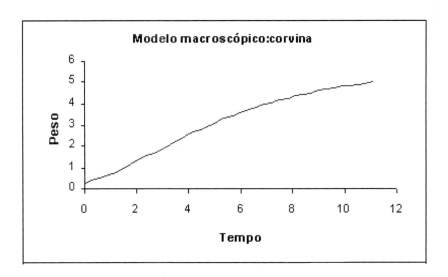

Figura 6.13: Crescimento da corvina em peso – modelo macroscópico.

com $k = \frac{\beta}{3} = 0.26$. β é a taxa de perda de energia e t é dado em anos.
Considerando agora a taxa $k(t)$ como uma função periódica da forma

$$k(t) = 0.26(1 + 0.15\cos 2\pi t), \quad t \text{ dado em anos,}$$

obtemos um modelo mesoscópico (figura 6.14) do peso da corvina:

$$P(t) = 5.6\left\{1 - 0.627\exp\left[-0.26(1 + 0.15\cos 2\pi t)\right]\right\}^{3.16}. \tag{6.43}$$

A tabela 6.4 fornece os dados comparativos entre os dois modelos. Observe que o modelo macroscópio funciona como um ajuste do modelo mesoscópico (figura 6.15)

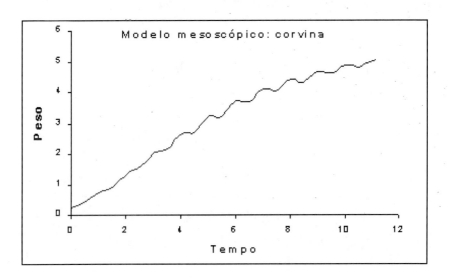

Figura 6.14: Peso da corvina – modelo mesoscópico.

6.2.9 Dinâmica Populacional de molusco

O estudo populacional do *Donax gemmula* (um pequeno molusco, comum nas praias do sul do Brasil), formulado através de modelos determinísticos mesoscópicos, deve considerar o efeito das tempestades, na forma de parâmetros variáveis sazonalmente, como um dos fatores abióticos responsáveis pela inibição da espécie (veja em [16]).

Considerando $P = P(t)$ a densidade populacional do molusco, um modelo do tipo logístico poderia dar globalmente a tendência demográfica da espécie. Entretanto, se levarmos em consideração os fatores abióticos que influenciam na tendência macroscópica da

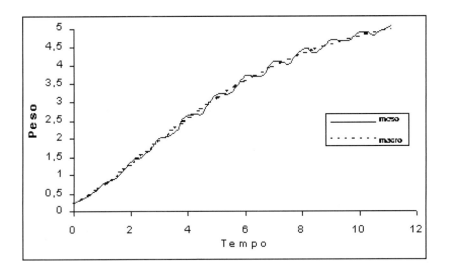

Figura 6.15: Crescimento da corvina – comparação entre modelos.

dinâmica populacional, o modelo pode ser formulado pela equação (6.44)

$$\begin{cases} \dfrac{dP}{dt} = R(t)\left[1 - \dfrac{P}{k}\right]P - [d(t) + \beta f(t)]P \\ P(t_0) = P_0, \quad t \text{ em meses.} \end{cases} \quad (6.44)$$

onde, $R(t)$, $f(t)$ e $d(t)$ são funções periódicas, de mesmo período $w > 0$.

- $R(t)$: taxa de recrutamento;
- $f(t)$: medida da intensidade de tempestades;
- $d(t)$: taxa de mortalidade fisiológica;
- k: capacidade suporte do meio;
- β: constante de proporcionalidade da mortalidade abiótica.

Os parâmetros do modelo (6.44) foram obtidos através de simulações numéricas ([22]), usando dados experimentais colhidos por Paes no litoral do Rio Grande do Sul em 1989.

- $R(t) = r_1 + \dfrac{r_2}{2}\left(1 - \cos\dfrac{\pi t}{6}\right)$, $r_1 = 0.3$ e $r_2 = 0.2$;

Tempo	Meso	Macro
0.0	0.248192	0.248192
0.3	0.35936	0.361252
0.6	0.481938	0.493283
0.9	0.660718	0.641753
1.2	0.81445	0.803919
1.5	0.932859	0.977004
1.8	1.175159	1.158325
2.1	1.399318	1.345375
2.4	1.47432	1.535866
2.7	1.700359	1.727765
3.0	2.014427	1.919293
3.3	2.077926	2.108924
3.6	2.204591	2.295376
3.9	2.570576	2.477591
4.2	2.69383	2.654715
4.5	2.668132	2.826081
4.8	3.029119	2.991182
5.1	3.255863	3.149656
5.4	3.192972	3.301261

Tempo	Meso	Macro
5.7	3.401801	3.445863
6.0	3.713922	3.583415
6.3	3.674956	3.713945
6.6	3.726196	3.83754
6.9	4.055431	3.954337
7.2	4.106449	4.064512
7.5	4.037617	4.168271
7.8	4.300507	4.265844
8.1	4.452724	4.357474
8.4	4.347659	4.443418
8.7	4.485457	4.523938
9.0	4.703204	4.599299
9.3	4.63969	4.669766
9.6	4.647554	4.735598
9.9	4.871006	4.797053
10.2	4.885705	4.85438
10.5	4.811819	4.90782
10.8	4.981064	4.957608
11.1	5.068907	5.003966

Tabela 6.4: Peso do peixe – modelos macro e mesoscópico.

- $d(t) = 0.2 \left[0.3025 + 0.1225 \ \text{sen} \left(\frac{\pi(t-3)}{6} \right) \right]$

- $f(t) = 1.3083 + 3.5279 \cos \left(\frac{\pi t}{6} + \frac{\pi}{12} \right)$;

- $\beta = 0.003$, obtido empiricamente;

- $k = 650$, obtido do ajuste de dados;

- $P_0 = 122$, observado por Paes.

Um agrupamento dos parâmetros em (6.44) fornece a equação simplificada

$$
\begin{cases}
\dfrac{dP}{dt} &= \alpha(t)P - \gamma(t)P^2 \\
P(t_0) &= P_0 > 0.
\end{cases}
\tag{6.45}
$$

A solução de (6.45) converge assintoticamente para uma solução de equilíbrio $P_\infty(t)$ periódica conforme figura 6.16 [22].

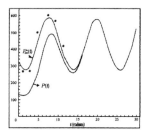

Figura 6.16: Solução $P(t)$ com $t_0 = 0.6$ e $P_0 = 122$. Solução de equilíbrio $P_\infty^*(t)$ e dados experimentais P_∞^*.

Podemos observar pela figura que os dados experimentais estão relativamente próximos da solução de equilíbrio, o que já é bastante tratando-se de um fenômeno ecológico relativamente complexo como este.

Exercício 6.1. Analise o crescimento de uma variável $P(t)$ através da figura 6.17, dada pela equação autônoma $\frac{dP}{dt} = Pf(P)$

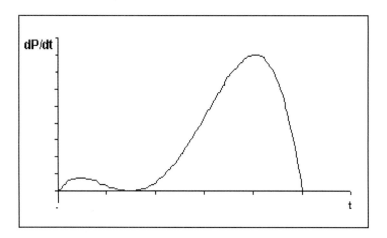

Figura 6.17: Crescimento de P.

- Quantos pontos de equilíbrio temos neste caso?
- Dê uma expressão analítica para $f(P)$.

- Mostre que uma composição de 2 modelos assintóticos simples pode fornecer um modelo para esta situação.

Projeto 6.4. *População mundial*
Estude o crescimento populacional mundial (veja tabela 6.1).

- Determine qual o modelo que foi utilizado para prever o nascimento do bebê de número 6 bilhões.

- Use o modelo logístico para prever o nascimento do bebê 7 bilhões.

- J. Cohen, diretor do Laboratório de Populações da Universidade Rochefeller, acredita que se não houver grandes mudanças no comportamento de consumo, a Terra pode suportar uma população de 10 bilhões de pessoas. Utilize este dado para melhorar seu modelo.

- Com uma mudança nos hábitos de consumo, os demógrafos acreditam que nosso planeta pode comportar até 20 bilhões. Formule um modelo bilogístico com este novo P_∞.

- Dê uma explicação para a afirmação: *"Em 1960 a população europeia era o dobro da africana. Em 2050 haverá três vezes mais africanos que europeus"* (Veja, 39, set/99).

- Os países mais populosos do mundo são (% do total): China - 21.2%, Índia - 16.7%, EUA - 4.6%, Indonésia - 3.5%. O Brasil tem 2.8% da população mundial. Faça uma previsão da população destes países para o ano 2050, usando o modelo logístico formulado anteriormente para a população mundial.

6.3 Modelos Subjetivos de Crescimento Populacional

O processo de crescimento populacional é geralmente estocástico e, num dado instante, este crescimento não é necessariamente proporcional à população presente (conforme foi observado experimentalmente com leveduras). Apresentaremos, como ilustração deste fato, o modelo clássico de Pielou que mostra a importância da solução determinística como uma aproximação da solução média estocástica e o modelo malthusiano fuzzy onde se considera a variável de estado como um conjunto subjetivo.

6.3.1 Modelo Estocástico de Pielou

O modelo estocástico de Pielou determina o processo evolutivo de uma população através das distribuições de probabilidades relacionadas por equações diferenciais. Para a formulação do modelo devemos fazer algumas considerações ([14]):

Rodney Carlos Bassanezi 357

a. A probabilidade de que, num pequeno intervalo de tempo Δt, um indivíduo reproduza exatamente uma vez é igual a

$$p(P+1, \Delta t) = \alpha P \Delta t + h_1(\Delta t) \qquad (6.46)$$

onde $h_1(\Delta t)$ é um infinitésimo de ordem menor que Δt, isto é, $\lim \frac{h_1(\Delta t)}{\Delta t} = 0$. Denotaremos esta propriedade por $h_1(\sigma \Delta t)$.

b. A probabilidade de que um indivíduo reproduza mais de uma vez num intervalo de tempo Δt é "muito pequena" $h_2(\sigma \Delta t)$.

c. A reprodução em intervalos de tempo disjuntos é um evento independente, isto é, se $I_1 \cap I_2 = \phi$ então a reprodução no intervalo de tempo I_2 independe de já ter reproduzido ou não no intervalo I_1.

Seja $p(P; \Delta t)$ a probabilidade de uma população do tamanho P *reproduzir apenas um indivíduo no intervalo de tempo* $(t, t + \Delta t)$. Observamos que, para que este evento ocorra é necessário que apenas um indivíduo da população reproduza e $(P - 1)$ indivíduos não reproduzam. Desta forma, existem P possibilidades para o nascimento de um único indíviduo e $(P - 1)$ possibilidades para o nascimento de qualquer quantidade.

Logo, podemos escrever

$$p(P; \Delta t) = P[\alpha \Delta t + h_1(\sigma \Delta t)].[1 - (\alpha \Delta t + h_1(\sigma \Delta t)]^{P-1}. \qquad (6.47)$$

Considerando a expansão binomial do $2^{\underline{o}}$ termo (binômio de Newton) e agrupando os elementos de ordem inferior a Δt, obtemos

$$p(P; \Delta t) = \alpha P \Delta t + H(\sigma \Delta t).$$

Por outro lado, temos que $p(P; t + \Delta t)$ é a probabilidade de se ter menos que $(P - 1)$ elementos num instante t, acrescida da probabilidade de se ter dois ou mais elementos no intervalo $(t, t + \Delta t)$, isto é,

$$p(P; t + \Delta t) = p(P; t)(1 - \alpha P \Delta t) + p(P - 1; t)\alpha(P - 1)\Delta t + H_1(\sigma \Delta t)$$

ou

$$\frac{p(P; t + \Delta t) - p(P; t)}{\Delta t} = \alpha(P - 1)p(P - 1; t) - \alpha P p(P; t) + \frac{H_1(\sigma \Delta t)}{\Delta t}.$$

Passando ao limite quando $\Delta t \to 0$, obtemos a equação diferencial

$$\frac{dp(P; t)}{dt} = \alpha[(P - 1)p(P - 1; t) - P p(P; t)]. \qquad (6.48)$$

Suponhamos que para $t = 0$ tenhamos $P = P_0$ (população inicial). Uma equação para P_0 deve ser análoga à equação (6.48) sujeita à observação: pode-se ter P_0 indivíduos num instante $t + \Delta t$ somente quando se tem P_0 no instante t e nenhum nascimento no intervalo de tempo $(t, t + \Delta t)$. Logo,

$$p(P_0; t + \Delta t) = p(P_0; t)(1 - \alpha P_0 \Delta t) + H_2(\sigma \Delta t)$$

ou

$$\frac{p(P_0; t + \Delta t) - p(P_0; t)}{\Delta t} = -\alpha P_0 p(P_0; t) + \frac{H_2(\sigma \Delta t)}{\Delta t}.$$

Agora, considerando o limite com $\Delta t \to 0$, obtemos

$$\frac{dp(P_0; t)}{dt} = -\alpha P_0 p(P_0; t). \tag{6.49}$$

As equações diferenciais (6.48) e (6.49) determinam as distribuições de probabilidades $\{p(P; t)\}_{P \geq P_0}$, $P = P_0 + 1, P_0 + 2, \ldots, P_0 + n$, e portanto, o processo evolutivo de uma população, dada inicialmente por $p(P_0; 0)$.

Se a população inicial P_0 for conhecida precisamente, isto é se $p(P_0, 0) = 1$, então a avaliação de $p(P_0; t)$ é obtida da equação (6.49), através da solução do problema de valor inicial

$$\begin{cases} \dfrac{dp(P_0; t)}{dt} &= -\alpha P_0 p(P_0; t) \\ p(P_0, 0) &= 1 \end{cases} \tag{6.50}$$

ou seja, $p(P_0; t) = e^{-\alpha P_0 t}$.

A evolução da população a partir de P_0, isto é, a obtenção de $p(P_0 + n; t)$ é feita passo a passo, considerando-se a equação (6.48)

$$\frac{dp(P_0 + 1; t)}{dt} = \alpha[P_0 p(P_0; t) - (P_0 + 1)p(P_0 + 1; t)].$$

Substituindo a expressão de $p(P_0; t)$, obtida anteriormente de (6.50), vem

$$\frac{dp(P_0 + 1; t)}{dt} = \alpha P_0 e^{-\alpha P_0 t} - \alpha(P_0 + 1)p(P_0 + 1; t)], \tag{6.51}$$

que é uma equação linear não homogênea. Sua solução geral é dada pela soma de uma solução particular com a solução da equação homogênea correspondente.

Temos que:

$$p(P_0 + 1; t) = e^{-\alpha(P_0 + 1)t}$$

é a solução da equação homogênea associada a (6.51) e

$$p(P_0 + 1; t) = P_0 e^{-\alpha P_0 t}$$

é uma solução particular de (6.51).

Então,

$$p(P_0 + 1; t) = [ke^{-\alpha t} + P_0]e^{-\alpha P_0 t}$$

é a solução geral de (6.51).

Agora, como $p(P_0 + 1; t) = 1$ então $p(P_0 + 1; 0) = 0$ e portanto, $k = -P_0$.
Logo,

$$p(P_0 + 1; t) = P_0 e^{-\alpha P_0 t} \left[1 - e^{-\alpha t}\right].$$

Continuando o processo, obtemos de maneira análoga que

$$p(P_0 + 2; t) = \frac{P_0(P_0 - 1)}{2} e^{-\alpha P_0 t} (1 - e^{-\alpha t})^2.$$

Donde, podemos conjecturar[3] que a probabilidade de se ter $P_0 + n$ elementos no instante t é dada por

$$p(P_0 + n; t) = \frac{P_0(P_0 + 1)...(P_0 + n - 1)}{n!} e^{-\alpha P_0 t} (1 - e^{-\alpha t})^n.$$

Considerando uma população geral $P = P_0 + n$, obtemos a expressão do modelo de Pielou estocástico:

$$p(P; t) = \frac{(P - 1)!}{(P - P_0)!(P_0 - 1)!} e^{-\alpha P_0 t} (1 - e^{-\alpha t})^{(P - P_0)}. \tag{6.52}$$

Como a *função densidade de probabilidade* é dada por (6.52), podemos determinar seu valor esperado $E(P)$ (média populacional), isto é,

$$\overline{P}(t) = E(P) = \sum_{P=0}^{\infty} P p(P; t) = P_0 e^{\alpha t}. \tag{6.53}$$

Portanto, neste caso, o modelo determinístico (modelo de Malthus) expressa o estado médio obtido no processo estocástico.

Observamos que este resultado, válido para o crescimento malthusiano, pode ser ou não verdadeiro em casos mais gerais. A razão entre o desvio padrão $D(P)$ e $E(P)$:

$$CV(P) = \frac{D(P)}{E(P)},$$

dá o *coeficiente de variação* de P.

Temos que

$$D(P) = \sqrt{P_0 e^{2\alpha t} - P_0 e^{\alpha t}} = \sqrt{P_0} e^{\alpha t} (1 - e^{-\alpha t})^{1/2}.$$

Logo

$$CV(P) = \left(\frac{1 - e^{-\alpha t}}{P_0}\right)^{1/2}$$

e, portanto

$$CV(P) \to \frac{1}{\sqrt{P_0}} \quad \text{quando } t \to \infty.$$

---

[3] A demonstração desta "conjectura" está bem clara no livro de Maki-Thompson [14].

Isto mostra que o erro de aproximação entre os modelos determinístico e estocástico varia inversamente com $\sqrt{P_0}$, à medida que o tempo passa.

Portanto, quanto maior a população inicial P_0, melhor será a aproximação entre a solução determinística e a solução estocástica.

6.3.2 Modelos variacionais Fuzzy [1]

Os modelos estocásticos, como o de Pielou, são frequentemente utilizados para analisar variações sujeitas às distribuições de dados estatísticos. Entretanto, se pretendemos modelar alguma população cujos elementos são heterogêneos relativamente a alguma característica, devemos considerar o comportamento desta característica no processo evolutivo. Por exemplo, se temos uma população de *fumantes* num instante t_0, sujeita a alguma taxa de mortalidade, podemos querer saber como estará composta esta população no futuro. Se considerarmos que cada indivíduo desta população é simplesmente fumante ou não fumante o problema pode ser resolvido com um modelo determinístico, tomando separadamente ambas as populações. Por outro lado, se temos inicialmente uma distribuição de probabilidades dos fumantes desta população, podemos usar um modelo estocástico para estudar a evolução desta distribuição inicial. Agora, se a característica de ser fumante depender da quantidade de cigarros que se fuma diariamente, qualidade dos cigarros, intermitência do ato de fumar etc., devemos caracterizar também o *grau* de ser fumante. Neste caso, cada indivíduo pertence à população de fumantes com um *grau específico de pertinência*. Se não fumar, seu grau de pertinência é zero – se fumar 3 carteiras diárias podemos dizer que é uma fumante de grau 1.

Um *subconjunto fuzzy* A de um conjunto U é caracterizado por uma função $\mu_A : U \to$ [0.1], chamada grau de pertinência, onde $\mu_A(x)$ atribui o grau com que o elemento x pertence ao subconjunto fuzzy A.

$\mu_A(x)$ indica o grau com que o elemento x de U está em "concordância" com o conceito que caracteriza os "elementos" de A.

Observamos que se A for um subconjunto clássico de U, então os únicos valores de $\mu_A(x)$ são *um* ou *zero*, dependendo se o elemento x está ou não em A.

Por exemplo, a população dos animais predadores de uma determinada espécie pode ser considerada como um subconjunto fuzzy, se associarmos a cada predador seu grau de predação.

Os modelos variacionais fuzzy podem comportar vários tipos de subjetividades (fuzziness), dependendo da escolha da variável de estado e dos parâmetros dos modelos. Temos uma *fuzziness demográfica* quando a variável de estado é um subconjunto fuzzy, e *fuzziness ambiental* quando somente os parâmetros são considerados subconjuntos fuzzy. Em geral ambos os tipos de fuzziness estão presentes nos fenômenos biológicos. Os modelos formulados através de equações variacionais com fuzziness demográfica geralmente têm um tratamento matemático muito complexo a não ser que nos restrinjamos aos modelos lineares.

Modelo fuzzy do tipo Malthusiano

Um modelo fuzzy do tipo malthusiano consiste de uma equação gerada pela hipótese de crescimento populacional proporcional à população em cada instante, considerando a variável de estado P como sendo um conjunto fuzzy em cada instante (cada indivíduo pode mudar seu grau de pertinência ao conjunto considerado com o tempo-Por exemplo, no conjunto dos predadores, a predação de cada indivíduo depende de sua idade).

Seja $P_A(t)$ a função grau de pertinência do subconjunto fuzzy A para cada valor de t. Podemos subentender o subconjunto fuzzy A como sendo a própria função P_A. Por simplicidade, denotamos o subconjunto fuzzy P_A por P.

Definimos o α-*nível de um subconjunto fuzzy* P, como sendo o subconjunto *dos números reais*, dado por:

$$[P]^\alpha = \{x \in \mathbb{R} : P(x) \geq \alpha\} \quad \text{se } 0 < \alpha \leq 1.$$

Quando os α-níveis de P forem intervalos fechados, colocaremos

$$[P(t)]^\alpha = [P_1^\alpha(t), P_2^\alpha(t)] \quad \text{para cada } t \geq 0.$$

O modelo fuzzy do tipo malthusiano é dado pela equação

$$\begin{cases} P'(t) & = & aP(t) \\ \\ P_0 & = & P_A(0) \quad \text{onde, } P_0 \text{ é um conjunto fuzzy e } a \geq 0. \end{cases} \tag{6.54}$$

A solução desta equação (veja [18]) é obtida da solução do sistema de equações determinísticas de seus α-níveis:

$$\begin{cases} \dfrac{dP_1^\alpha}{dt} = aP_1^\alpha(t), & P_1^\alpha(0) = P_{01}^\alpha \\ \\ \dfrac{dP_2^\alpha}{dt} = aP_2^\alpha(t), & P_2^\alpha(0) = P_{02}^\alpha \end{cases} \tag{6.55}$$

para cada $\alpha \in (0.1]$.

Para cada α, a solução existe e é dada por

$$\begin{cases} P_1^\alpha(t) = P_{01}^\alpha \, e^{at} \\ \\ P_2^\alpha(t) = P_{02}^\alpha \, e^{at} \end{cases} \tag{6.56}$$

onde $[P_{01}^\alpha, P_{02}^\alpha] = [P(0)]^\alpha$.

Se $[P(0)]^1$ tiver somente um ponto, isto é, $P_{01} = P_{02} = P_0$ então $[P(t)]^1$ se comporta como a solução do modelo determinístico de Malthus: $[P(t)]^1 = P_0 e^{at}$.

A solução do modelo (6.54) quando $a < 0$, é obtida do sistema de α-níveis dado por:

$$\begin{cases} \dfrac{dP_1^\alpha}{dt} = aP_2^\alpha(t), & P_1^\alpha(0) = P_{01}^\alpha \\ \\ \dfrac{dP_2^\alpha}{dt} = aP_1^\alpha(t), & P_2^\alpha(0) = P_{02}^\alpha. \end{cases} \tag{6.57}$$

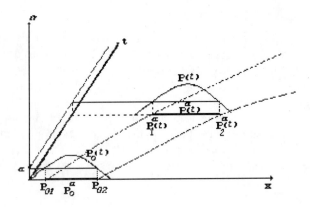

Figura 6.18: Solução do modelo fuzzy-malthusiano.

6.4 Modelos de Interação entre espécies

Os modelos matemáticos de competição e predação tiveram sua origem com os trabalhos de Lotka (1925), Volterra (1926), Kostitzin e outros poucos (veja [17]) formulados em termos de sistemas não-lineares de equações diferenciais ordinárias.

Muito tem sido escrito e pesquisado sobre estes modelos, originando uma enorme quantidade de modelos alternativos. Entretanto, com excessão de experimentos em laboratórios efetuados por Gause (1934), os ecólogos colocam fortes resistências sobre sua validade na Natureza. Por outro lado, a *medida de competição* carece de novas ferramentas matemáticas que estão sendo desenvolvidas a partir da Teoria Fuzzy ([10] e [2]).

6.4.1 Modelo de Lotka-Volterra

Dentre os modelos de interação entre espécies vamos destacar o clássico *modelo presa-predador*, cuja formulação matemática é composta do modelo malthusiano (crescimento/descrescimento exponencial) e da lei de ação de massas (interação entre as espécies). A analogia pode ser facilmente observada nos modelos epidemiológicos, biodigestores, crescimento de tumores, aplicações quimioterápicas, uso de herbicidas etc. O modelo presa-predador também conhecido por modelo Lotka-Volterra tem sido também ponto de partida para o desenvolvimento de novas técnicas e teorias matemáticas.

O modelo presa-predador trata da interação entre duas espécies, onde uma delas (*presa*) dispõe de alimentos em abundância e a segunda espécie (*predador*) tem como suprimento alimentar exclusivamente a população de presas. Vamos admitir também que durante o processo, num intervalo de tempo Δt, o meio não deve mudar favorecendo alguma das espécies e que qualquer adaptação genética é suficientemente lenta.

As variações são dadas pelas seguintes equações:

Sejam

- $x = x(t)$ a densidade populacional das presas, e
- $y = y(t)$ a densidade da população dos predadores destas presas, em cada instante t.

Simplificadamente, o modelo de Lotka-Volterra supõe que as presas crescem exponencialmente na ausência dos predadores (modelo de Malthus) e que a taxa de mortalidade dos predadores, na ausência das presas, é proporcional a sua população $y(t)$ em cada instante (morte por falta de alimento).

Admitindo que o encontro das duas espécies seja ao acaso, então quanto maior o número de presas, mais fácil será encontrá-las e quanto mais predadores, mais alimento será necessário. É razoável supor que a taxa de destruição das presas deve ser proporcional ao número de encontros possíveis entre as duas espécies!

A taxa de nascimento dos predadores depende exclusivamente, neste modelo, da quantidade de presas devoradas em cada encontro.

Se modelarmos os *encontros possíveis* pelo termo bilinear xy, então o sistema presa-predador, simplificado pelas imposições à cima, é dado por

$$\begin{cases} \dfrac{dx}{dt} = ax - bxy \\ \dfrac{dy}{dt} = -\alpha y + \beta xy \end{cases} \tag{6.58}$$

onde a, b, α, β são constantes positivas.

O sistema (6.58) apesar de ser não linear, pode ser analisado qualitativamente no plano de fase, eliminando a variável independente t, através da regra da cadeia:

$$\frac{dx}{dt} \Big/ \frac{dy}{dt} = \frac{dx}{dy}.$$

A equação autônoma, correspondente a (6.58) é dada por

$$\frac{dx}{dy} = \frac{x(a - by)}{y(-\alpha + \beta x)} \tag{6.59}$$

que pode ser resolvida analiticamente por integração das formas diferenciais com variáveis separadas

$$\int \frac{-\alpha + \beta x}{x} dx = \int \frac{a - by}{y} dy$$

ou
$$-\alpha \ln x + \beta x = a \ln y + by + k, \tag{6.60}$$

onde k é uma constante de integração.

Na equação (6.60) nem x ou y podem ser explicitados em termos de funções elementares. As trajetórias representadas pela equação (6.60) podem ser traçadas por meio do *método gráfico de Volterra*:

Consideramos as funções auxiliares

$$\begin{cases} z = f(x) = -\alpha \ln x + \beta x \\ w = g(y) = a \ln y + by \\ z = w + k \end{cases} \tag{6.61}$$

As partes positivas das três funções de (6.61) podem ser esboçadas separadamente em cada quadrante de um plano, conforme figura 6.19, e suas interrelações fornecem os pontos da trajetória no 1º quadrante xy:

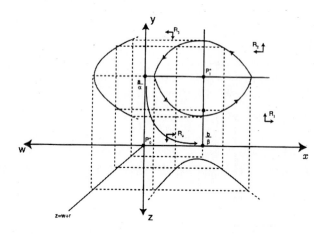

Figura 6.19: Construção de trajetórias no plano de fase.

A curva obtida pelo método gráfico de Volterra é *fechada* no plano xy ($x > 0$ e $y > 0$), indicando que as soluções de (6.58), $x = x(t)$ e $y = y(t)$, são *periódicas*.

Observação 6.4. *Atualmente, empregando métodos da análise numérica, a integração de (6.58) pode ser desenvolvida rapidamente por um computador. Optamos pelo método gráfico de Volterra por ser mais interessante dos pontos de vista didático e histórico.*

A figura 6.20 é um exemplo clássico do modelo presa-predador obtido por Gause em testes de laboratório.

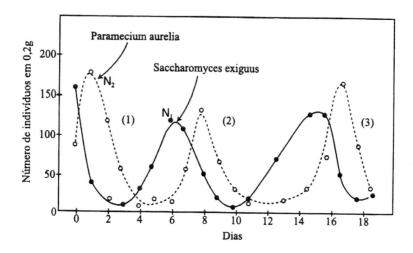

Figura 6.20: Flutuação no tamanho da população de *Paramecium aurelia* que se alimenta de *Saccharomyces exiguus*. A experiência foi desenvolvida por G. F. Gause. A figura foi reproduzida de D'Ancona (1954, p. 244).

As curvas representadas pelas figuras 6.19 e 6.20 proporcionam *interpretações* do fenômeno presa-predador apesar de não termos as soluções explicitadas analiticamente. O comportamento das trajetórias pode ser analisado, considerando diferentes regiões do plano de fase:

Região I ($\frac{dx}{dt} > 0$ e $\frac{dy}{dt} > 0$): Quando a população de presas aumenta em tamanho, as espécies predadoras se tornarão também mais numerosas por ter uma base alimentar maior, com um certo atraso no tempo;

Região II ($\frac{dx}{dt} < 0$ e $\frac{dy}{dt} > 0$): A crescente demanda por alimento reduz a população das presas e as espécies predadoras têm seu crescimento inibido;

Região III ($\frac{dx}{dt} < 0$ e $\frac{dy}{dt} < 0$): O alimento se escasseia para as espécies predadoras e como consequência apresentam uma redução em tamanho;

Região IV ($\frac{dx}{dt} > 0$ e $\frac{dy}{dt} < 0$): A redução dos predadores favorece a população das presas que, lentamente, começam a crescer.

O padrão nas variações dos tamanhos das populações pode se repetir quando as condições permanecem constantes. O processo continua em ciclos, denominados *ciclos ecológicos*.

Esta análise qualitativa é baseada, essencialmente, na variação dos sinais das derivadas do sistema (6.58) e consequentemente no estudo *dos pontos de equilíbrio*.

Um sistema está em equilíbrio quando sua variação é nula, isto é, quando $\frac{dx}{dt} = 0$ e $\frac{dy}{dt} = 0$. No caso do sistema presa-predador (6.58) temos

$$
\begin{cases}
\dfrac{dx}{dt} = 0 \iff ax - bxy = 0 \iff x = 0 \text{ ou } y = \dfrac{a}{b} \\[3mm]
\dfrac{dy}{dt} = 0 \iff -\alpha y + \beta xy = 0 \iff y = 0 \text{ ou } x = \dfrac{\alpha}{\beta}
\end{cases}
\iff
\begin{cases}
x = 0 \text{ e } y = 0 \\
\text{ou} \\
x = \dfrac{\alpha}{\beta} \text{ e } y = \dfrac{a}{b}
\end{cases}
$$

O estudo da estabilidade dos pontos de equilíbrio $P_0 = (0.0)$ e $P_1 = \left(\frac{\alpha}{\beta}, \frac{a}{b}\right)$ é realizado através de uma linearização do sistema (6.58). Por exemplo: o sistema linear

$$
\begin{cases}
\dfrac{dx}{dt} = ax \\[3mm]
\dfrac{dy}{dt} = -\alpha y
\end{cases}
\tag{6.62}
$$

corresponde à linearização de (6.58) em torno do ponto $P_0 = (0.0)$.

A solução geral de (6.62) é dada por $x(t) = x_0\, e^{\alpha t}$ e $y(t) = y_0\, e^{-\alpha t}$.

Então, se a condição inicial (x_0, y_0) é tal que $x_0 > 0$ e $y_0 > 0$, a trajetória $P(t) = (x(t), y(t))$ se afasta de P_0. Neste caso P_0 é dito se *instável*.

Salientamos que a única trajetória de (6.62) que se aproxima do ponto de equilíbrio P_0 é aquela que parte do ponto inicial $(0, y_0)$ com $y_0 > 0$, isto é, na ausência de presas, a população dos predadores será extinta.

Agora, se considerarmos o ponto $P_1 = \left(\frac{\alpha}{\beta}, \frac{a}{b}\right)$, através da mudança de variáveis em (6.58)

$$
u = x - \frac{\alpha}{\beta} \qquad \text{e} \qquad v = y - \frac{a}{b}
$$

P_1 é transportado para a origem, isto é, obtemos o sistema (6.58) transladado

$$
\begin{cases}
\dfrac{du}{dt} = -\dfrac{b\alpha}{\beta} v - buv \\[3mm]
\dfrac{dv}{dt} = \dfrac{\beta a}{b} u + \beta uv
\end{cases}
\tag{6.63}
$$

O ponto $P^* = (0,0)$ do sistema (6.63), correspondente do ponto P_1 do sistema (6.58), pode ser analisado qualitativamente quando consideramos o sistema linearizado

$$
\begin{cases}
\dfrac{du}{dt} = -\dfrac{b\alpha}{\beta} v \\[3mm]
\dfrac{dv}{dt} = \dfrac{\beta a}{b} u.
\end{cases}
\tag{6.64}
$$

Os autovalores de (6.64) são complexos conjugados puros $\lambda = \pm i\sqrt{a\alpha}$, obtidos do polinômio característico $Q(\lambda)$,

$$Q(\lambda) = \det \begin{pmatrix} -\lambda & -\dfrac{b\alpha}{\beta} \\[2mm] \dfrac{\beta a}{b} & -\lambda \end{pmatrix} = 0 \quad \Longleftrightarrow \quad \lambda^2 + a\alpha = 0.$$

Logo, as soluções reais de (6.64) são periódicas de período $T = \frac{2\pi}{\sqrt{a\alpha}}$

$$\begin{cases} u(t) = k\dfrac{\alpha}{\beta} \cos \sqrt{a\alpha}\, t \\[5mm] v(t) = k\dfrac{a}{b}\sqrt{\dfrac{\alpha}{a}}\ \operatorname{sen} \sqrt{a\alpha}\, t. \end{cases} \tag{6.65}$$

Observação 6.5. *Usando a regra-da-cadeia em (6.64) podemos escrever*

$$\frac{du}{dv} = -\frac{\alpha b^2}{a\beta^2}\frac{v}{u} \tag{6.66}$$

cuja solução geral são as trajetórias no plano de fase uv:

$$\frac{u^2}{2} = -\frac{\alpha b^2}{a\beta^2}\frac{v^2}{2} + k$$

ou

$$a\beta^2 u^2 + \alpha b^2 v^2 = k \quad \Leftrightarrow \quad \frac{u^2}{\frac{k}{a\beta^2}} + \frac{v^2}{\frac{k}{\alpha b^2}} = 1. \tag{6.67}$$

E portanto, o ponto $P^*(0,0)$ é um centro de todas as trajetórias (elípses), se $k > 0$. Neste caso, o ponto de equilíbrio P_1 de (6.64) é dito ser estável.

A transferência das características dos pontos de equilíbrio dos sistemas linearizados (6.62) e (6.64), correspondentes aos pontos de equilíbrio do sistema quase-linear (6.58) é dada através do Teorema de Linearização de Lyaponov-Poincaré (veja [3], pg. 370).

As trajetórias fechadas (6.60), em torno do ponto $P_1 : \left(\frac{\alpha}{\beta}, \frac{a}{b}\right)$, descrevem o que se convencionou chamar de *ciclo ecológico*.

Historicamente, a questão fundamental que deu origem ao modelo presa-predador de Volterra foi a observação do biólogo italiano D'Ancona, que constatou um aumento relativo da população de tubarões no Mar Mediterrâneo no período da I Guerra Mundial quando o perigo de bombardeios reduziu drasticamente a pesca na região.

Modelo presa-predador com pesca

Se introduzirmos no modelo (6.58) o fator pesca, a população de presas decresce a uma taxa de $Ex(t)$ e a população de predadores descreve a uma taxa de $Ey(t)$, onde, E é a medida do *esforço de pesca*, traduzida pelo nº de embarcações, redes, pescadores etc, supondo que com o mesmo esforço são capturados presas e predadores.

O modelo presa-predador com pesca é dado pelo sistema

$$\begin{cases} \dfrac{dx}{dt} = ax - bxy - Ex = (a-E)x - bxy \\ \dfrac{dy}{dt} = -\alpha y + \beta xy - Ey = -(\alpha+E)y + \beta xy \end{cases} \quad (6.68)$$

As equações do modelo (6.68) são equivalentes às equações do modelo (6.58) com parâmetros modificados:

$$a \to a - E$$
$$\alpha \to \alpha + E$$

Logo, o ponto de equilíbrio não trivial de (6.68) é dado por $P_2 = (\frac{\alpha+E}{\beta}, \frac{a-E}{b})$. Isto implica que uma pesca moderada ($E < a$) faz crescer a população de presas e decrescer a de predadores (veja figura 6.21).

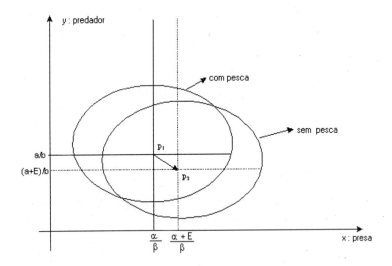

Figura 6.21: Trajetórias do modelo linearizado de Volterra com pesca e sem pesca.

6.4.2 Modelo Geral de Kolmogorov

A principal crítica ao modelo de Lotka-Volterra é dirigida ao fato de ser muito simplificado em se tratando de um processo tão complexo como é o de interação entre espécies, além do que pressupõe um tipo de estabilidade rara na Natureza. Na tentativa idealizadora de se aproximar da realidade, vários modelos alternativos foram propostos posteriormente, modificando ou generalizando o modelo de Lotka-Volterra que sempre tem servido de padrão.

Kolmogonov (1936) analisa condições sobre um modelo teórico geral [veja [3], pg. 390] dado na forma

$$\begin{cases} \dfrac{dx}{dt} = xf(x,y) \\[3mm] \dfrac{dy}{dt} = yg(x,y) \end{cases} \tag{6.69}$$

onde f e g devem satisfazer relações consistentes com a natureza do sistema presa-predador, isto é,

$$\frac{\partial f}{\partial x} < 0 \quad (\text{para } x \text{ grande}), \qquad \frac{\partial g}{\partial x} > 0$$

$$\frac{\partial f}{\partial y} < 0 \qquad \qquad e \qquad \qquad \frac{\partial g}{\partial y} < 0 \tag{6.70}$$

Deste modelo geral surgiram vários modelos particulares com modificações das taxas interespecíficas (função de densidade-dependência) e das taxas de ataque (veja [9], pg. 223):

a. Trocando a taxa de crescimento interespecífica a em (6.58) por $f_1(x)$ temos:

- Modelo de Pielou (1969): $f_1(x) = r\left(1 - \dfrac{x}{K}\right)$;

- Modelo de Shoener (1973): $f_1(x) = r\left(\dfrac{K}{x} - 1\right)$.

b. Trocando o termo de predação bxy em (6.58) por $g_1(x,y)$ temos:

- Modelo de Ivlev (1961): $g_1(x,y) = ky(1 - e^{-cx})$;

- Modelo de Holling-Tanner (1965): $g_1(x,y) = \dfrac{kxy}{x+D}$;

- Modelo de Rosenzweig (1971): $g_1(x,y) = kyx^p$, $0 \le p \le 1$;

- Modelo de Takahashi (1964): $g_1(x, y) = \dfrac{kyx^2}{x^2 + D^2}$.

Evidentemente, a criação de um modelo teórico é bastante simples, basta seguir as condições estabelecidas por Kolmogonov. O complicado é formular um modelo que se ajuste a alguma situação particular.

O modelo de Holling-Tanner é um exemplo de modelo teórico que altera a taxa de crescimento interespecífica e o termo de predação como veremos a seguir.

6.4.3 Modelo de Holling-Tanner

O modelo estabelece oscilações estruturalmente estáveis (ciclos limites) onde as equações dinâmicas são:

$$
\begin{cases}
\dfrac{dx}{dt} = rx\left(1 - \dfrac{x}{K}\right) - \dfrac{kxy}{x + D} \\[3mm]
\dfrac{dy}{dt} = \alpha\left(1 - \dfrac{\beta y}{x}\right) y
\end{cases}
\tag{6.71}
$$

com r, K, k, D, α e β constantes positivas.

Neste modelo temos:

a. A taxa de crescimento interespecífica (função densidade-dependência) é do tipo usado por Pielou que, por sua vez, usa a mesma taxa do modelo logístico para uma espécie isolada. Desta forma, o crescimento das presas é inibido, tendo uma capacidade suporte igual a K na ausência de predadores;

b. A taxa de ataque (efeito dos predadores) é crescente em relação à quantidade de presas, sendo estacionária;

c. A população de presas (alimento) pode suportar, no máximo, uma quantidade de $\frac{x}{\beta}$ predadores, isto é, y deve ser menor que $\frac{x}{\beta}$ para que a população y cresça;

d. k é o número máximo de presas que podem ser capturadas por um predador em cada unidade de tempo (taxa máxima de predação per capita);

e. D é o número de presas necessárias para se atingir metade da taxa máxima k;

f. β é uma medida da qualidade alimentícia proporcionada pela presa para conversão em nascimento de predadores;

O modelo de Holling-Tanner faz considerações sobre o efeito predação não estabelecidas no modelo clássico de Lotka-Volterra. Obviamente, sua resolução é mais complexa, mas muito interessante do ponto de vista matemático. Um resumo deste estudo pode ser dado através das *isóclinas* que são curvas obtidas considerando-se $\frac{dx}{dt} = 0$ e $\frac{dy}{dt} = 0$ em (6.71) (veja figura 6.22) e pelas *trajetórias* no plano de fase (figura 6.23).

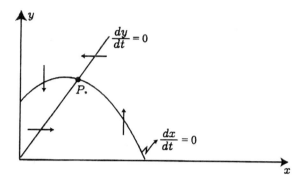

Figura 6.22: Isóclinas do modelo de Holling-Tanner.

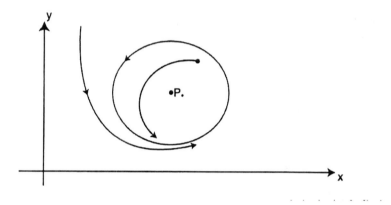

Figura 6.23: As trajetórias convergem para a trajetória fechada (ciclo limite).

Em termos práticos, os modelos do tipo presa-predador desempenham um papel fundamental na competição existente entre os homens e entre os insetos, podendo ser um instrumento facilitador no *controle biológico de pragas* na lavoura.

6.5 Controle Biológico de Pragas

A partir da década de 40 do século XX, acreditava-se que a proteção das lavouras estaria assegurada com lançamento de um defensivo químico de largo espectro, embora altamente tóxico, o DDT. A indústria química teve um desenvolvimento significativo depois da II Guerra Mundial, reinando absoluta por muito tempo, até que os agricultores começassem a perceber e admitir que a infestação das lavouras persistia e agora agravada pela resistência cada vez maior das pragas aos agrotóxicos. Até 1938, apenas 7 insetos apresentavam resistência à ação dos produtos químicos conhecidos. Atualmente, mais de 500 espécies são resistentes às mais ativas formas químicas (Globo Rural, 8; 84 – Out. 1992).

O controle de pragas, por processos exclusivamente químicos, pode comprometer irremediavelmente a cadeia de seus predadores naturais, diminuindo a diversidade biológica e facilitando o desequilíbrio em favor das próprias pragas.

Algumas evidências de que controles alternativos podem ser adotados tem mobilizado muitos pesquisadores nesta busca - Se considerarmos que a maioria dos insetos tem como alimentação preferencial outros insetos, o *controle biológico* pode ser o ideal como uma norma de combate às pragas. O controle biológico é a estratégia utilizada há muito tempo pela própria natureza para manter o equilíbrio dos ecossistemas. Na verdade, o que se busca atualmente é colocar em prática a diversificação de plantios, a preservação de espécies nativas, a criação de plantas transgênicas, a introdução de insetos predadores de outros insetos e o desenvolvimento de bioinseticidas como síntese de agentes patógenos.

"De qualquer forma, por mais que avance a biologização como monitora do equilíbrio de um sistema, sua simples adoção não será tão eficiente se for ignorada a própria diversidade do ecossistema - Basta ver que a sobrevivência de um simples repolho depende da estabilidade dinâmica de uma comunidade composta de 11 comedores de folhas, 10 sugadores de seiva, 4 comedores de raízes, 21 saprófitas, 78 sacarófilos e uma centena de predadores carnívoros" (Globo Rural, 8;84 Out. 92).

Modelos matemáticos que levem em conta a biodiversidade de um ecossistema podem ser impraticáveis, tanto do ponto de vista de uma formulação biologicamente coerente quanto da busca de alguma solução matemática. Um modelo matemático deve ser razoável, não tão simples que comprometa qualquer interpretação nem tão complexo que impossibilite obter qualquer informação prática.

Do ponto de vista instrucional, o modelo de Lotka-Volterra é ainda o mais recomendado, funcionando como um indicador do processo de apredizagem do fenômeno.

Apresentaremos a seguir um trabalho desenvolvido num programa de Especialização de Professores de Matemática na UNIMEP – Piracicaba (1993), cujo objetivo era aplicar as técnicas de modelagem e o tema escolhido pelos alunos foi *controle biológico da broca da cana-de-açúcar*.

6.5.1 Controle Biológico da Broca Cana-de-Açúcar

Das inúmeras pragas que atacam a cana-de-açúcar, a **broca** – *Diatraea saccharalis* – é a de mais difícil controle, pois trata-se de um inseto que passa a maior parte de sua vida no interior da cana (mais especificamente dentro do colmo), tornando difícil seu combate por meio de agentes químicos.

Ultimamente, a forma mais eficiente de combate da broca tem sido o controle biológico, utilizando-se propositadamente outras espécies de insetos predadores, que são espalhados no canavial.

Originária da Ásia Meridional, a cana-de-açúcar é muito cultivada em países tropicais e subtropicais para obtenção do açúcar, do álcool e da aguardente, devido a sacarose contida em seu caule, formado por numerosos nós. O Brasil, embora grande produtor de açúcar desde a Colônia, expandiu muito a cultura de cana-de-açúcar a partir da década de 1970, com o advento do Pro-Álcool — programa do governo que substituiu parte do consumo de gasolina por etanol, álcool obtido a partir da cana-de-açúcar — sendo pioneiro no uso, em larga escala, deste álcool como combustível.

No Brasil o controle da broca vem sendo efetuado principalmente pela utilização da vespa indiana *"Apanteles flavipes"*, aqui introduzidas em 1974.

O parasitismo se inicia por uma picada da vespa, ocasião em que um lote de ovos é depositado no corpo da lagarta (broca). Desses ovos eclodem as larvas que se desenvolvem às custas dos tecidos da lagarta hospedeira, pondo termo ao ciclo da broca.

Afim de estudar o controle biológico da broca da cana-de-açúcar, os alunos do curso de Especialização utilizaram o modelo clássico de Lotka-Volterra para descrever a dinâmica populacional da broca (presa) e da vespa (predador), com dados experimentais fornecidos pela Coopersucar de Piracicaba. O trabalho foi executado com a orientação do prof. João Frederico C. A. Meyer do IMECC–Unicamp.

O modelo descreve a interação entre duas espécies, onde uma delas – a presa, (neste caso a broca) – dispõe de alimento em abundância e a segunda espécie – o predador (neste caso, a vespa), alimenta-se exclusivamente da primeira.

O que se pretendeu não foi realizar um levantamento estatístico, mas simplesmente efetuar um treinamento de modelagem. Para tanto, foram colhidas as informações básicas, utilizando material bibliográfico [7] e entrevistas com pesquisadores da Coopersucar.

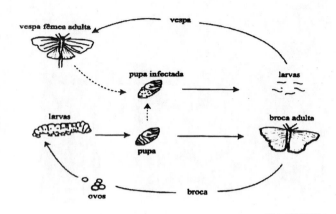

Figura 6.24: Esquema de uma interação hospedeiro-parasitoide.

Informações Básicas

O adulto da *Diatraea saccharalis* é uma mariposa de cor amarelo-palha, com cerca de 25mm de envergadura, que após o acasalamento faz as posturas, de preferência na face dorsal das folhas da cana, depositando de 5 a 50 ovos. Dependendo das condições climáticas, como no caso do Estado de São Paulo, após decorridos 4 a 9 dias estes ovos eclodem, surgindo as larvas que, inicialmente alimentam-se do parênquima das folhas, dirigindo-se posteriormente para a bainha.

Depois da primeira troca de pele, penetram na parte mais mole do colmo, que é a gema e abrem galerias, na sua maior parte longitudinais, de baixo para cima e aí permanecem alimentado-se por cerca de 40 dias até atingir seu desenvolvimento completo. No final deste período as lagartas, já com 22 a 25mm de comprimento, abrem um orifício para o exterior e imediatamente o fecham com seda e restos de bagaço, por onde emergirão as mariposas adultas.

Passam, então, para a fase de crisálida, de coloração castanha, com as mesmas dimensões, permanecendo neste estado por mais 9 a 14 dias. Metamorfoseiam-se em mariposas que saem do interior do colmo para completar seu ciclo de vida com duração de 53 a 63 dias.

No Estado de São Paulo ocorrem cerca de 4 gerações por ano, chegando a 5 em condições climáticas favoráveis.

Em Outubro-Novembro as mariposas procuram as canas novas e efetuam a postura, dando origem á primeira geração; A segunda se verifica entre Dezembro e Fevereiro; A terceira entre Fevereiro e Abril e finalmente, em Maio-Junho dá-se a quarta geração.

Quando as lagartas atacam as canas novas, causam a morte da gema apical, cujo sintoma é conhecido por "olho morto" (pequenas porções dos nós do colmo, visivelmente prejudicadas), ocasionando falhas na germinação.

Na cana adulta, além do dano descrito anteriormente, ocorre perda de peso, brotação lateral, enraizamento aéreo, colmos quebrados e entrenós atrofiados. Além disto, nos orifícios praticados pelas lagartas da broca penetram fungos (*Fusarium moniliforme e Colletotrichum falcatum*) que ocasionam a "podridão vermelha", causando perdas industriais consideráveis.

Durante a germinação do tolete infectado por estes fungos, ocorre a morte da gema e a consequente redução da germinação. Quando as plantas crescem, entre 3 e 4 meses, surgem as primeiras lesões nas folhas, que culminam com a morte prematura das mesmas.

Os prejuizos mais graves são os causados pela inversão de cerca de 50 a 70% da sacarose dos colmos atacados. Além disso, os fungos produzem invertases nestes colmos que, se industrializados, irão inverter a sacarose do caldo normal nos processos iniciais de fermentação.

No Brasil, as perdas estão associadas a intensidade de infestação da broca, com estimativas de 4.1% de perdas de sacarose para uma taxa de 22.2% de infestação.

O controle biológico visa interromper o ciclo evolutivo, a médio e longo prazo, em qualquer uma de suas fases. Atualmente se consegue o controle nas fases de ovo e de lagarta.

Os principais parasitas dos ovos da *Diatraea saccharalis* são o *Telenomus alecto* e o *Trichogramma minutum*, sendo o último não tão eficiente porque a espécie é inespecífica. Já a espécie *T. alecto* tem uma eficiência de 80 a 90%. Porém, no Estado de São Paulo a sua utilização sofre de continuidade, pois a *Diatraea* não faz posturas em determinadas épocas do ano (Julho–Setembro).

Os principais parasitos da lagarta são os dípteros (moscas larvíparas) *Metagonistylum minense* ou "Mosca do Amazonas", a *Lixophaga diatraeae* ("Mosca Cubana") e a *Paratheresia claripalpis* ("Mosca Africana"); e o himenóptero *Apanteles Flavipes* ("Vespa Indiana").

Após sua gestação, as larvas das moscas penetram na entrada do orifício provocado pela broca e encontram a lagarta (da broca), perfuram-lhe a pele e dela se alimentam. Em seguida as larvas, passam à forma de pupa no interior da galeria, próxima ao orifício de entrada, afim de garantir a saída do adulto. Em São Paulo o seu parasitismo natural oscila entre 15 a 20%.

O himenóptero *Apanteles flavipes*, proveniente da índia e do Paquistão, vem se adaptando às várias regiões de nosso país. Apresenta vantagens em relação aos outros predadores naturais por ter maior índice de multiplicação, ser específico (somente parasita esta broca) e poder ser produzido em laboratório com relativa facilidade.

O parasitismo se inicia quando a fêmea da vespa adulta, preta com 2 a 3mm de comprimento, entra no colmo pelo orifício praticado pela broca, ocasião em que encontra a lagarta e através de uma picada deposita no interior do corpo do hospedeiro cerca de 50 ovos. Estes permanecerão no interior da lagarta hospedeira alimentando-se de seus tecidos de reserva por cerca de 10 a 12 dias. Ao final deste período as larvas do *Apanteles* migram para fora do corpo da lagarta, que exaurida morre, e formam casulos (pupas), ficando neste estado de 3 a 5 dias quando tornam-se vespas adultas, completando então o seu ciclo vital.

No parasitismo pelas moscas, cada uma dá origem a duas outras, no máximo. Já com as vespas esta relação é de 1 para 50.

Como já observamos, existem várias espécies de predadores da broca. Aqui, por simplicidade, consideramos um único predador – a vespa. Com esta simplificação obtemos modelos mais didáticos que práticos, onde a ênfase maior está na obtenção dos parâmetros e no estudo de sistemas de equações diferenciais e de diferenças.

6.5.2 Modelo do tipo Lotka-Volterra: vespa × broca

Sejam

- $B = B(t)$: a população de brocas numa região limitada de um canavial, num instante t;

- $V = V(t)$: a população de vespas que convivem com as brocas no mesmo canavial, num instante t.

Hipóteses

a. A quantidade de alimento (cana-de-açúcar) para a broca (presa) é bastante grande, não existindo uma autorregulação de seu crescimento específico.

b. A vespa tem na broca sua alimentação básica e na ausência desta a vespa morre.

c. A broca só é predada pela vespa (hipótese altamente simplificadora).

Com estas considerações, podemos formular o modelo presa-predador discreto:

$$\begin{cases} B_{t+1} - B_t &= pB_t - qB_tV_t \\ V_{t+1} - V_t &= rB_tV_t - sV_t \end{cases} \tag{6.72}$$

onde p, q, r, s são constantes positivas.

O seu modelo análogo contínuo é dado por:

$$\begin{cases} \dfrac{dB}{dt} &= aB - bBV \\ \dfrac{dV}{dt} &= \beta BV - \alpha V \end{cases} \tag{6.73}$$

com as constantes a, b, α e β positivas.

Neste texto vamos analisar apenas o modelo contínuo (6.73) deixando ao leitor o prazer de estudar por si mesmo o modelo discreto (6.72).

A determinação dos coeficientes está condicionada à unidade de tempo (dias). Para efeito de cálculos consideramos período de 1 ano para o plantio e colheita da cana.

Vimos que o ciclo da broca varia entre 53 a 63 dias (desprezaremos a última geração, considerando apenas 4 gerações num ano) e o ciclo das vespas é de 13 a 17 dias.

Admitiremos os crescimentos e interações, como funções contínuas do tempo.

a) Coeficiente de crescimento interespecifico da broca: a

Temos que:

$$\tau_1 = \frac{53 + 63}{2} = 58 \text{ dias}$$

é o período médio de um ciclo de vida da broca.

$R = 5/1 = 5$ (razão de crescimento – cada adulto dá origem a 5 indivíduos adultos).

Supondo que, na ausência de vespas, a população de brocas aumenta sem inibição, temos:

$$B(\tau_1) = B_0 e^{a\tau_1} \;\Rightarrow\; RB_0 = B_0 e^{a\tau_1} \;\Rightarrow\; a = \frac{\ln R}{\tau_1}.$$

Portanto, $a = \frac{\ln 5}{58} = 0.02774893$.

Nota: Em condições de laboratório, $R = 36/1$, em cada geração.

b) Coeficiente de ataque: b

O coeficiente **b** é calculado através da taxa de eficiência do controle broca pela vespa. Temos que apenas as fêmeas das vespas causam prejuízo para as brocas - então, podemos admitir uma taxa de controle de 50%, isto é, $B(\tau_2) = 0.5B_0$, onde $\tau_2 = 15$ dias é o período médio do ciclo da vespa.

Atualmente, recomenda-se a liberação de 5000 vespas quando forem encontradas 10 brocas (10 furos na cana), por uma pessoa em 1 hora, em 1 hectare (neste caso, uma projeção estatística daria aproximadamente 2000 brocas na área).

Usando a equação das presas de (6.73), temos

$$\frac{dB}{dt} = aB - 5000bB = B(a - 5000b)$$

ou

$$\frac{dB}{B} = (a - 5000b)dt.$$

Integrando, vem

$$B(t) = B_0 \exp[a - 5000b]t,$$

considerando $t = \tau_2$, obtemos

$$\ln\left(\frac{B(\tau_2)}{B_0}\right) = (a - 5000b)\tau_2.$$

Tomando os valores $\tau_2 = 15$, $a = 0.02774893$ e $\ln\left(\frac{B(\tau_2)}{B_0}\right) = \ln 0.5 = -0.69314718$, obtemos $b = 0.00001479$.

c) Coeficiente de mortalidade das vespas (na ausência de alimento): α

Na verdade, somente a fêmea da vespa busca a broca para efetuar a postura de ovos. Contudo, as vespas duram de 48 a 72 horas, após a liberação dos ovos. Admitiremos, a partir destes dados, que a população das vespas seja reduzida a 5% em cerca de 60 horas.

Então, podemos escrever

$$V = V_0 e^{-\alpha t}.$$

Tomando 60hs $= 2.5$ dias, obtemos

$$0.05 V_0 = V_0 e^{-2.5\alpha}$$

ou seja

$$\alpha = -\frac{\ln 0.05}{2.5} = 1.198293.$$

d) Taxa de crescimento das vespas: β

O coeficiente β representa a taxa de natalidade das vespas, que obviamente depende da quantidade de hospedeiros (brocas) durante a postura.

Sabemos que cada vespa fêmea dá origem a 50 outras, das quais apenas 15 completam o ciclo de vida (cf. Knipling).

Da equação diferencial das vespas (6.73), temos

$$\frac{dV}{dt} = -\alpha V + \beta B_0 V,$$

onde $B_0 \simeq 2000$ brocas (valor inicial estimado por hectare pesquisado). Então,

$$\frac{dV}{V} = (-\alpha + 2000\beta)dt.$$

Integrando, temos

$$V = V_0 \exp[-\alpha + 2000\beta]t.$$

Usando os valores $V_0 = 5000$, $\alpha = 1.198293$, $t = \tau_2 = 15$, $V(\tau_2) = 5000 \times 15$, obtemos

$$\beta = 0.0006894.$$

Análise do Modelo

As trajetórias no plano de fase-BV, do sistema presa-predador, satisfazem a relação implícita geral (veja equação (6.60)):

$$-\alpha \ln B + \beta B = a \ln V - bV + K,$$

onde K é a constante de integração, a ser determinada com as condições iniciais $B_0 = 2000$ e $V_0 = 5000$.

Usando os valores estimados dos parâmetros, obtemos

$$K = -7.89167.$$

O ponto de equilibrio do sistema, $P_1 = (B^*, V^*)$ é tal que

$$B^* = \frac{\alpha}{\beta} = \frac{1.198293}{0.0006894} \simeq 1738 \text{ brocas}$$

$$V^* = \frac{a}{b} = \frac{0.02774893}{0.00001479} \simeq 1876 \text{ vespas.}$$

Sabemos que, para o modelo de Lotka-Volterra, as trajetórias são curvas fechadas no plano $-BV$ e portanto existe um período $t = T > 0$ onde $B(T) = B_0$ e $V(T) = V_0$.

O sistema (6.73) pode ser escrito na forma

$$\begin{cases} \dfrac{1}{B}\dfrac{dB}{dt} = a - bV \\[3mm] \dfrac{1}{V}\dfrac{dV}{dt} = -\alpha + \beta B. \end{cases} \tag{6.74}$$

Integrando as equações de (6.74) entre 0 e T, obtemos

$$\begin{cases} \ln B(T) - \ln B(0) = \displaystyle\int_0^T (a - bV)dt \\[3mm] \ln V(T) - \ln V(0) = \displaystyle\int_0^T (-\alpha + \beta B)dt. \end{cases} \tag{6.75}$$

Como $B(T) = B_0$ e $V(T) = V_0$, obtemos

$$aT = b\int_0^T V dt \quad \text{e} \quad \alpha T = \beta \int_0^T B dt \tag{6.76}$$

Portanto,

- $\dfrac{a}{b} = \dfrac{1}{T}\displaystyle\int_0^T V dt$ é valor médio da população das vespas ao longo do período T;

- $\dfrac{\alpha}{\beta} = \dfrac{1}{T}\displaystyle\int_0^T B dt$ é valor médio da população das brocas ao longo de T.

Este resultado indica que, para este modelo, se queremos diminuir a quantidade de brocas não adianta aumentarmos a quantidade de vespas, pois tal fato somente alteraria a magnitude da oscilação do ciclo.

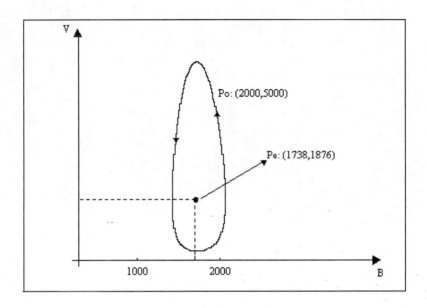

Figura 6.25: Ciclo ecológico da interação entre brocas e vespas.

Exercício 6.2. Nas condições anteriores, quais os valores mínimo e máximo das brocas?

Exercício 6.3. Se existisse um inseticida que matasse 30% dos insetos instantaneamente, seria conveniente aplicá-lo? E quando seria a aplicação? Faça o gráfico desta situação.

Observação 6.6. *O modelo presa-predador que adotamos para a interação vespa-broca propicia um equilíbrio entre as espécies em torno de 1738 brocas e 1876 vespas. Na realidade, o controle biológico com vespas é muito mais eficaz do que o previsto pelo modelo aqui adotado, o que nos leva à procura de outros modelos alternativos.*

Modelos mais modernos e eficientes podem ser formulados quando consideramos a interação de populações de insetos onde existe uma divisão natural do tempo em gerações discretas. Os modelos do tipo hospedeiro-parasitoide discretos, *podem ser testados no caso da interação vespa-broca.*

6.5.3 Modelo de Nicholson-Bailey (1935) [15]

Um modelo discreto do tipo hospedeiro-parasitoide considera:

- B_t: densidade da espécie hospedeira (broca), na geração t;
- V_t: densidade de parasitoides (vespas), na geração t;
- $f = f(B_t, V_t)$: fração de hospedeiros não parasitados;

- a: taxa de reprodução da broca;

- c: número médio de ovos viáveis depositados por um parasitoide num único hospedeiro.

Em termos de populações numa geração posterior $(t+1)$, podemos escrever:

$$B_{t+1} = \boxed{\begin{array}{c}\text{número de brocas na}\\\text{geração anterior}\end{array}} \times \boxed{\begin{array}{c}\text{fração não}\\\text{parasitada}\end{array}} \times \boxed{\text{taxa de reprodução}}$$

$$V_{t+1} = -\boxed{\begin{array}{c}\text{número de brocas na}\\\text{geração anterior}\end{array}} \times \boxed{\begin{array}{c}\text{fecundidade do}\\\text{parasitoide}\end{array}}$$

Assim, um modelo geral hospedeiro $\times$ parasitoide é da forma

$$\begin{cases} B_{t+1} = aB_t f(B_t, V_t) \\[2mm] V_{t+1} = cB_t(1 - f(B_t, V_t)) \end{cases} \tag{6.77}$$

A expressão para $f(B_t, V_t)$ depende de considerações sobre o *encontro* dos insetos hospedeiros e parasitoides. Nicholson e Bailey consideram, em seu modelo que:

a. Os encontros ocorrem aleatóriamente $\Rightarrow N_e = bB_t V_t$, isto é, o número de encontros N_e é proporcional ao produto das duas densidades populacionais, onde a constante b representa a *eficiência da broca na procura da vespa*;

b. Somente no primeiro encontro o parasitoide deposita seus ovos no hospedeiro – nos outros encontros a postura de ovos é insignificante;

c. A ocorrência de encontros aleatórios discretos (eventos) é descrita pela *distribuição de Poisson*

$$p(r) = \frac{e^{-\mu}\mu^r}{r!}$$

onde, $p(r)$ é a probabilidade do evento ocorrer r vezes e μ é o nº médio de eventos em um dado intervalo de tempo.

No caso vespa $\times$ hospedeiro, temos:

$$\mu = \frac{N_e}{B_t}$$

é o número médio de encontros por broca por unidade de tempo.

Substituindo o valor de $N_e = bB_t V_t$, obtemos

$$\mu = bV_t.$$

Assim, a probabilidade de zero encontros é

$$p(0) = \frac{e^{-bV_t}}{0!}(bV_t)^0 = e^{-bV_t}.$$

Portanto, a fração de brocas não parasitadas é dada por

$$f(B_t, V_t) = p(0) = e^{-bV_t}.$$

Logo, o modelo hospedeiro-parasitóide de Nicholson-Bailey é dado por

$$\begin{cases} B_{t+1} &=& aB_t e^{-bV_t} \\ \\ V_{t+1} &=& cB_t[1 - e^{-bV_t}] \end{cases} \tag{6.78}$$

A estimação dos valores dos parâmetros, neste caso, é diferente do caso contínuo (presa-predador 6.58) que fizemos anteriormente.

a) Como o ciclo de vida da broca é aproximadamente 60 dias e da vespa é 15 dias, consideraremos a unidade de tempo igual a 15 dias. Assim, na ausência de vespas o crescimento das brocas se dá através da equação discreta

$$B_{t+1} = aB_t$$

cuja solução é

$$B_t = B_0 a^t.$$

Temos também que cada broca gera 5 descendentes a cada 60 dias, ou seja, em cada 4 unidades de tempo. Assim,

$$B_1 = 5B_0 = B_0 a^4 \Rightarrow a = \sqrt[4]{5} = 1.49534878$$

b) Se admitirmos que a taxa de eficiência de parasitismo das brocas pelas vespas é, em torno de 50%, isto é, $B_{t+1} = 0.5B_t$ quando a proporção é de 5000 vespas por cada 2000 brocas, então

$$0.5 = \frac{B_{t+1}}{B_t} = ae^{-5000b}$$

Donde,

$$-5000b = \ln\left(\frac{0.5}{1.49534878}\right) \Rightarrow b = 0.0002191$$

c) Para o crescimento das vespas devemos considerar que cada adulto gera 15 descendentes que completam o ciclo de vida, ou seja, dos 50 ovos depositados apenas 15 são viáveis. Logo, $c = 15$.

O modelo de Nicholson-Bailey (6.78), com os parâmetros estimados, é dado pelo sistema

$$\begin{cases} B_{t+1} = 1.4953B_t \exp(-0.0002191V_t) \\ \\ V_{t+1} = 15B_t[1 - \exp(-0.0002191V_t)] \end{cases} \tag{6.79}$$

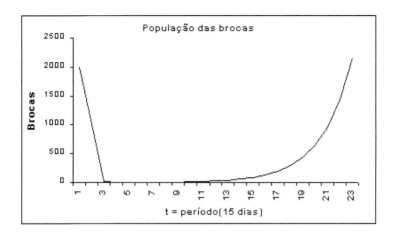

Figura 6.26: As brocas são reduzidas drasticamente até 45 dias. Sua recuperação significativa começa depois de 150 dias, sendo que um ano depois volta a atingir seu estágio inicial (em torno de 2000).

A solução de (6.79) pode ser obtida numericamente pelas fórmulas de recorrências. Os gráficos 6.26 e 6.27 mostram o comportamento dinâmico das duas populações.

Num estágio inicial onde são utilizadas 5000 vespas para controlar 2000 brocas, o modelo 6.79 prevê que o processo deve se repetir a cada ano, uma vez que as vespas se extiguem na 4ª geração.

Análise qualitativa do modelo

Um estudo qualitativo do modelo (6.79) nos dá condições de estimar os pontos de equilíbrio.

As espécies estarão em equilíbrio se, e somente se,

$$B_e = B_{t+1} = B_t \quad \text{e} \quad V_e = V_{t+1} = V_t.$$

Substituindo estes valores no modelo, obtemos:

$$\begin{cases} B_e = aB_e e^{-bV_e} \\ V_e = cB_e[1 - e^{-bV_e}] \end{cases} \Leftrightarrow P_0 : (0,0) \text{ ou } P_e = (B_e, V_e), \text{onde}$$

$$\begin{cases} 1 = a\, e^{-bV_e} \Rightarrow V_e = \dfrac{\ln a}{b} \\ \dfrac{\ln a}{b} = c\, B_e[1 - e^{-b(\frac{\ln a}{b})}] \Rightarrow \dfrac{\ln a}{b} = c\, B_e[1 - \dfrac{1}{a}] \Rightarrow B_e = \dfrac{a\ln a}{bc(a-1)} \end{cases}$$

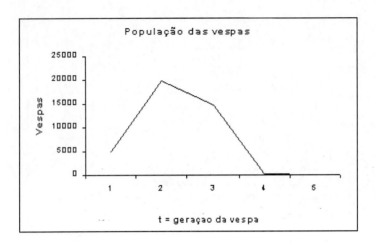

Figura 6.27: As vespas vão praticamente à extinção na quarta geração (75 dias).

Para analisarmos a estabilidade dos pontos de equilíbrio P_0 e P_e devemos considerar pequenas pertubações em torno destes pontos o que resulta na análise de um sistema linear associado a (6.79).

Sejam
$$B_{t+1} = F(B_t, V_t) = aB_t e^{-bV_t}$$
$$V_{t+1} = G(B_t, V_t) = cB_t[1 - e^{-bV_t}]$$

Então o sistema linear associado é dado por

$$\begin{cases} X_{t+1} = a_{11}X_t + a_{12}\,Y_t \\ Y_{t+1} = a_{21}X_t + a_{22}\,Y_t \end{cases} \quad (6.80)$$

onde $X_t = B_t - B_e$; $Y_t = V_t - V_e$, sendo B_e e V_e as coordenadas do ponto de equílibrio P_e e os valores dos a_{ij} são dados por:

$$a_{11} = \frac{\partial F}{\partial B_t}(B_e, V_e); \quad a_{12} = \frac{\partial F}{\partial V_t}(B_e, V_e);$$
$$a_{12} = \frac{\partial G}{\partial B_t}(B_e, V_e); \quad a_{22} = \frac{\partial G}{\partial V_t}(B_e, V_e) \quad (6.81)$$

Então, o ponto de equilíbrio (B_e, V_e) será *estável* se os autovalores λ_1 e λ_2 da matriz

$$A = \begin{pmatrix} a_{11} & a_{12} \\ a_{21} & a_{22} \end{pmatrix}$$

satisfazem $|\lambda_1| < 1$ e $|\lambda_2| < 1$; caso contrário será *instável*.

Sabemos que λ_1 e λ_2 são raízes do polinômio característico

$$P(\lambda) = \lambda^2 - (a_{11} + a_{22})\lambda + (a_{11}\, a_{22} - a_{11}\, a_{21}).$$

No modelo de Nicholson-Bailey, temos

$$a_{11} = \frac{\partial F}{\partial B_t} = ae^{-bV_t}\bigg|_{(B_e, V_e)} = a\frac{1}{a} = 1$$

$$a_{12} = \frac{\partial F}{\partial V_t} = -aB_t e^{-bV_t}\bigg|_{(B_e, V_e)} = -b\frac{a\ln a}{bc(a-1)} = -\frac{a\ln a}{c(a-1)}$$

$$a_{21} = \frac{\partial G}{\partial B_t} = c[1 - e^{-bV_t}]\bigg|_{(B_e, V_e)} = c\left[1 - \frac{1}{a}\right]$$

$$a_{22} = \frac{\partial G}{\partial V_t} = cB_t be^{-bV_t}\bigg|_{(B_e, V_e)} = \frac{cb}{a}\frac{a\ln a}{bc(a-1)} = \frac{\ln a}{a-1}$$

Agora, para os parâmetros do sistema broca × vespa (6.80) o polinômio característico é dado por

$$P(\lambda) = \lambda^2 + 1.812\lambda + 1.215$$

cujas raízes são

$$\lambda = \frac{-1.812 \pm \sqrt{-1.575}}{2} = \frac{-1.812 \pm 1.255i}{2} \quad \Rightarrow \quad |\lambda| = 1.102 > 1.$$

Logo, o ponto (B_e, V_e) é *instável*. Isto significa que a população de brocas deve voltar a crescer sem limitação se a aplicação de vespas não se repertir (veja figura 6.26).

Nas usinas onde os níveis populacionais da broca são elevados, o manejo com controle biológico da praga tem sido realizado com sucesso.

Em 1997, existiam cerca de 60 laboratórios de controle biológico da broca no Brasil dos quais 14 ligados à Copersucar. Tais unidades se dedicavam à produção de parasitoides, aos levantamentos populacionais da praga, às liberações dirigidas, à avaliação de parasitismo e aos levantamentos dos danos. Uma avaliação realizada com base em premissas agronômicas, econômicas e financeiras, considerando o período de 16 anos para uma usina de 22.300 ha, com liberação anual de parasitoides em 6.312 ha, constatou que o ganho em valor presente líquido (VPL), para o horizonte considerado, foi de US$ 611.9 mil. O ganho por hectare foi da ordem de US$ 4.60. No período analisado com controle biológico, o parasitismo médio geral da broca foi de 38 e o parasitoide *C. flavipes* mostrou-se o mais eficiente, com participação de 58% no parasitismo médio geral[4].

---

[4] Modelo de análise econômica para avaliação do controle biológico da broca da cana-de açúcar, *Diatraea saccharalis* (L. C. de Almeida, E. B. Arrigoni e J. P. Rodrigues Filho) – VII Seminário Copersucar de Tecnologia Agronômica - 1997.

Modelagem Matemática

O modelo de Lotka-Volterra pode servir como parâmetro para a formulação de modelos mais gerais do tipo presa-predador, mesmo quando a "presa" ou o "predador" não são *espécies vivas* (veja Projeto 6.5), ou quando se estuda evolução de doenças (modelos epidemiológicos).

Projeto 6.5. *Preservação do meio ambiente*

Uma indústria descarrega suas águas residuais contaminadas em um rio. Para preservar o meio ambiente é necessário descontaminar esta água, o que deve ser realizado por um método biológico que consiste em utilizar bactérias que digerem o elemento contaminante, em um tanque de volume v.

O problema consiste em determinar o volume mínimo deste tanque.

Dados e hipóteses:

- A concentração de poluentes na água residual é de 10^{-2}g/m^3;

- As bactérias consomem o puluente a uma taxa proporcional à sua população por unidade de volume, com uma constante de proporcionalidade de $0.1 \text{m}^3/\text{g h}$;

- A taxa de crescimento da população de bactérias é diretamente proporcional à concentração de poluentes, com constante de proporcionalidade igual a $1.3 \text{m}^3/\text{g h}$;

- A taxa de mortalidade das bactérias é de $10^{-5}/\text{h}$;

- A descarga de águas residuais é contínua, na ordem de $9 \text{m}^3/\text{h}$.

Justifique a formulação do seguinte modelo matemático para descrever o fenômeno:

$$\begin{cases} \dfrac{dx}{dt} = \dfrac{1.3}{v}xy - 10^{-5}x - \dfrac{q}{v}x \\[3mm] \dfrac{dy}{dt} = 10^{-2}q - \dfrac{0.1}{v}xy - \dfrac{q}{v}y \end{cases} \tag{6.82}$$

- Encontre os pontos de equilíbrio do sistema;

- Estude a estabilidade dos pontos de equilíbrio;

- Calcule o nível de contaminação no ponto de equilíbrio estável;

- Determine v de modo que o nível de contaminação no ponto de equílibrio seja menor que 10^{-3}g/m^3.

Projeto 6.6. *Modelo de Leslie*

P. H. Leslie (1948) sugere o seguinte modelo como formulação alternativa do modelo presa-predador:

$$\begin{cases} \dfrac{dx}{dt} = ax - bx^2 - cxy & : \text{ presas} \\[3mm] \dfrac{dy}{dt} = \alpha y - \beta \dfrac{y^2}{x} & : \text{ predador} \end{cases} \tag{6.83}$$

Justifique e faça um estudo completo do modelo de Leslie. Aplique o modelo no caso da interação vespa × broca.

Observação 6.7. *A análise de um sistema do tipo presa-predador pode depender fortemente da velocidade $\varphi(x)$ com que o predador captura as presas. A função $\varphi(x)$ é denominada* resposta funcional *dos predadores às presas. Nos modelos de Lotka-Volterra temos que $\varphi(x) = kx$.*

De uma maneira geral $\varphi(x)$ é uma função positiva e crescente, sendo diferenciada para cada tipo de predador. Holling (1965) estabeleceu alguns padrões para respostas funcionais (figura 6.28)

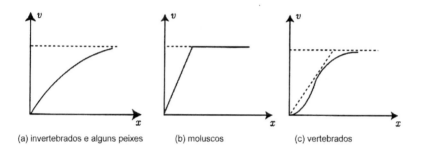

Figura 6.28: Tipos de função "resposta funcional" em sistemas presa-predador.

Projeto 6.7. *Formulação de um modelo alternativo*

Um modelo geral do tipo presa-predador, definido por Kolmogorov, é da forma

$$\begin{cases} \dfrac{dx}{dt} = xF(x) - \varphi(x)y \\ \\ \dfrac{dy}{dt} = y\,G(x) \end{cases} \quad (6.84)$$

- Formule um modelo próprio, definindo as funções $F(x)$, $\varphi(x)$ e $G(x)$ compatível com um modelo presa-predador.

- Analise seu modelo (pontos de equilíbrio, estabilidade etc).

Para finalizar, gostaríamos de salientar, uma vez mais, que não existe modelo definitivo ou perfeito quando se quer representar matematicamente um fenômeno da realidade. Todo modelo sempre poderá vir a ser modificado e melhorado, basta que se pergunte: **e se...?**

Neste sentido, a Natureza é uma fonte inesgotável de problemas e a Matemática ocupará sempre uma posição de destaque diante de desafios de novos conhecimentos.

Referências Bibliográficas

[1] Barros, L. C., Tonelli, P. e Bassanezi, R. C. - *"Fuzzy modelling in population dynamics"*, Ecological Modelling, 128, pp. 27-33, 2000.

[2] Barros, L. C. & Tonelli, P. - *"Notas e exemplos de complexidade e estabilidade em dinâmica populacional"*, Biomatemática III, pp. 110-118, Campinas, 1993.

[3] Bassanezi, R. C.- "Equações diferenciais com Aplicações". Ed. Harbra, S. Paulo, 1988.

[4] Bassanezi, R. C.; Leite, M. F. & Rettori, O. - *Um estudo evolutivo de tumores sólidos*. Biomatemática IV, pp. 1-7, Campinas, 1994.

[5] "Differential Equations Models". Edits. Braun, M.; Coleman, C. S. & Drew, D. A., Modules in Applied Mathematics, vol. 1. Springer-Verlag, 1983.

[6] Berry, J. S. et alli edts - "Teaching and Applying Mathematical Modelling". Ellis Horwood Ltd, N.York, 1984.

[7] Manual de Entomologia Agrícola, Ed. Ceres Ltda., SP, 1988.

[8] Doucet, P. & Sloep, P. B. - "Mathematical Modeling in the Life Sciences". Ellis Horwood Ltd, N. York,1992.

[9] Edelstein-Keshet, L. - "Mathematical Models in Biology". The Random House Ed., Toronto, 1988.

[10] Giering III, E. W. & Kandel, A. - *The application of fuzzy set theory to the modeling of competition in ecological systems*, Fuzzy Sets and Systems, 9 (2), pp. 103-127, 1983.

[11] Svirezhev, Y. M. & Logofet, D. O. - Stability of Biological Communities. Ed. Mir, Moscou, 1983.

[12] Lotka, A. J. - "Elements of Physical Biology". Baltimore, Williams & Wilkins, 1925.

[13] May, R. M. - *Simple Mathematical Models with very Complicated Dynamics*. in Nature, 261, 1976.

[14] Maki e Thompson - "Mathematical Models and Applications", Pretice-Hall, pp. 335-340.

[15] Murray, J. D. - "Mathematical Biology". Springer-Verlag, Berlin, 1990.

[16] Paes, E. T.; Blinder, P. B.; Bassanezi, R. C. - *O meio ambiente como fator de predação: um estudo populacional do Donax Gemmula*", Biomatemática II, (1992), pp. 134-142.

[17] Scudo, F. M. & Ziegler, J. R. - *The Golden Age of Theoretical Ecology: 1923-1940*, Springer - Verlag, Berlim (1978) - Lectures Notes in Biomathematics, 22.

[18] Seikkala, S. - *"On the fuzzy initial value problem"*, in Fuzzy sets and systems, 24 (1987), pp. 309-330.

[19] Smith, J. M. - "L'Ecologia e i suoi Modelli". Edizioni Scient. e Tech. Mondadori, Milano, 1975.

[20] Volterra, V. - "Leçons sur la théorie mathematique de la lute pour la vie", Paris, Gauthier-Villars, 1931.

[21] Volterra, V. - "Variazioni e fluttuazione del numero d'individui in specie animali conviventi". Mem. Accad. Lincei, 2(6), pp. 31-113.

[22] Zotin, R. - "Efeitos abióticos e a periodicidade em dinâmica populacional" - Dissertação de Mestrado, IMECC - UNICAMP, 1993.

Cadastre-se no site da Contexto
e fique por dentro dos nossos lançamentos e eventos.
www.editoracontexto.com.br

Formação de Professores | Educação
História | Ciências Humanas
Língua Portuguesa | Linguística
Geografia
Comunicação
Turismo
Economia
Geral

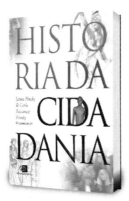

Faça parte de nossa rede.
www.editoracontexto.com.br/redes

GRÁFICA PAYM
Tel. [11] 4392-3344
paym@graficapaym.com.br